城市经济理论
土地利用与城市规模

URBAN ECONOMIC THEORY
LAND USE AND CITY SIZE

经济学精选教材译丛

〔日〕藤田昌久（Masahisa Fujita）著
周京奎 等译

北京大学出版社
PEKING UNIVERSITY PRESS

著作权合同登记号　图字：01-2018-3220

图书在版编目(CIP)数据

城市经济理论：土地利用与城市规模/(日)藤田昌久著；周京奎等译.—北京：北京大学出版社，2020.8

(经济学精选教材译丛)

ISBN 978-7-301-31388-6

Ⅰ.①城… Ⅱ.①藤… ②周… Ⅲ.①城市经济学—教材②土地利用—教材 Ⅳ.①F290 ②F301.2

中国版本图书馆 CIP 数据核字(2020)第 107932 号

Urban Economic Theory: Land Use and City Size, ISBN 978-0-521-39645-5 by Masahisa Fujita, first published by Cambridge University Press, 1989.

All rights reserved.

This simplified Chinese edition for the People's Republic of China is published by arrangement with the Press Syndicate of the University of Cambridge, Cambridge, United Kingdom.

© Peking University Press, 2020

This book is in copyright. No reproduction of any part may take place without the written permission of Cambridge University Press and Peking University Press.

This edition is for sale in the People's Republic of China (excluding Hong Kong SAR, Macau SAR and Taiwan Province) only. 此版本仅限在中华人民共和国(不包括香港、澳门特别行政区及台湾地区)销售。

Copies of this book sold without a Cambridge University Press sticker on the cover are unauthorized and illegal. 本书封面贴有 Cambridge University Press 防伪标签，无标签者不得销售。

书　　　名	城市经济理论：土地利用与城市规模 CHENGSHI JINGJI LILUN: TUDI LIYONG YU CHENGSHI GUIMO
著作责任者	〔日〕藤田昌久（Masahisa Fujita）著　周京奎　等译
责 任 编 辑	贾米娜
标 准 书 号	ISBN 978-7-301-31388-6
出 版 发 行	北京大学出版社
地　　　址	北京市海淀区成府路 205 号　100871
网　　　址	http://www.pup.cn
微信公众号	北京大学经管书苑(pupembook)
电 子 信 箱	em@pup.cn
电　　　话	邮购部 010-62752015　发行部 010-62750672　编辑部 010-62752926
印 刷 者	北京市科星印刷有限责任公司
经 销 者	新华书店 787 毫米×1092 毫米　16 开本　18.5 印张　381 千字 2020 年 8 月第 1 版　2020 年 8 月第 1 次印刷
定　　　价	56.00 元

未经许可，不得以任何方式复制或抄袭本书之部分或全部内容。

版权所有，侵权必究

举报电话：010-62752024　电子信箱：fd@pup.pku.edu.cn

图书如有印装质量问题，请与出版部联系，电话：010-62756370

出版者序

作为一家致力于出版和传承经典、与国际接轨的大学出版社,北京大学出版社历来重视国际经典教材,尤其是经济管理类经典教材的引进和出版。自2003年起,我们与圣智、培生、麦格劳-希尔、约翰-威利等国际著名教育出版机构合作,精选并引进了一大批经济管理类的国际优秀教材。其中,很多图书已经改版多次,得到了广大读者的认可和好评,成为国内市面上的经典。例如,我们引进的世界上最流行的经济学教科书——曼昆的《经济学原理》,已经成为国内最受欢迎、使用面最广的经济学经典教材。

呈现在您面前的这套"引进版精选教材译丛",是主要面向国内经济管理类各专业本科生、研究生的教材系列。经过多年的沉淀和累积、吐故和纳新,本丛书在各方面正逐步趋于完善:在学科范围上,扩展为"经济学精选教材译丛""金融学精选教材译丛""国际商务精选教材译丛""管理学精选教材译丛""会计学精选教材译丛""营销学精选教材译丛""人力资源管理精选教材译丛"七个子系列;在课程类型上,基本涵盖了经济管理类各专业的主修课程,并延伸到不少国内缺乏教材的前沿和分支领域;即便针对同一门课程,也有多本教材入选,它们或难易程度不同,或理论和实践各有侧重,从而为师生提供了更多的选择。同时,我们在出版形式上也进行了一些探索和创新。例如,为了满足国内双语教学的需要,我们改变了影印版图书之前的单纯影印形式,而是在此基础上,由资深授课教师根据该课程的重点,添加重要术语和重要结论的中文注释,使之成为双语注释版。此次,我们更新了丛书的封面和开本,将其以全新的面貌呈现给广大读者。希望这些内容和形式上的改进,能够为教师授课和学生学习提供便利。

在本丛书的出版过程中,我们得到了国际教育出版机构同行们在版权方面的协助和教辅材料方面的支持。国内诸多著名高校的专家学者、一线教师,更是在繁重的教学和科研任务之余,承担了图书的推荐、评审和翻译工作;正是每一位推荐者、评审者的国际化视野和专业眼光,帮助我们书海拾慧,汇集了各学科的前沿和经典;正是每一位译者的全心投入和细致校译,保证了经典内容的准确传达和最佳呈现。此外,来自广大读者的反馈既是对我们莫大的肯定和鼓舞,也总能让我们找到提升的空间。本丛书凝聚了上述各方的心血和智慧,在此,谨对他们的热忱帮助和卓越贡献深表谢意!

"千淘万漉虽辛苦,吹尽狂沙始到金。"在图书市场竞争日趋激烈的背景下,北京大学出版社始终秉承"教材优先,学术为本"的宗旨,把精品教材的建设作为一项长期的事业。尽管其中有探索,有坚持,有舍弃,但我们深信,经典必将长远传承,并历久弥新。我们的事业也需要您的热情参与!在此,诚邀各位专家学者和一线教师为我们推荐优秀的经济管理图书(em@pup.cn),并期待来自广大读者的批评和建议。您的需要始终是我们为之努力的目标方向,您的支持是激励我们不断前行的动力源泉!让我们共同引进经典,传播智慧,为提升中国经济管理教育的国际化水平做出贡献!

北京大学出版社
经济与管理图书事业部

译者序

自阿隆索（Alonso，1964）出版《区位与土地利用》一书以来，城市经济理论经历了半个世纪的发展，理论框架正趋于明晰化，这期间，Muth（1969）、Mills（1972a）、Henderson（1977）、Kanemoto（1980）、Miyao（1981）等人的理论贡献均较为突出。藤田昌久（Masahisa Fujita）于1989年出版的《城市经济理论：土地利用与城市规模》是其中较为经典的城市经济理论著作。

本书由藤田昌久在多年授课资料的基础上整理而成，全书分为两个部分：第1部分在不考虑外部性的单中心城市背景下，发展了住宅土地利用和城市规模的基本理论，主要包括家庭区位选择、单一类型家庭与多类型家庭均衡土地利用与最优土地利用、城市总量与城市规模等；第2部分则通过引入各种不同形式的外部性来扩展第1部分的基本理论，主要由地方公共品、邻里外部性与交通拥堵、外部经济与产品多样性在城市形成中的作用等内容构成。本书逻辑严谨、结构清晰，尤其是作者利用数学分析与图形分析相结合的方法，对各种观点进行了分析和验证，可以使读者更深入地掌握城市经济理论的精髓。

正如作者所言，本书所讨论的仅限于住宅土地利用和城市规模的静态理论。也就是说，在标准的单中心城市模型下，给定一组不变时间数据，本书研究在不同时间点上，住宅土地利用的静态均衡和最优模式。考虑到发达国家已经实现了城市化，其城市发展也进入缓慢发展期，此时静态理论可以有效地描述城市在各个时间点上的均衡空间结构。当前我国正处于城市化进程不断加快的时期，城市发展为社会经济发展带来了前所未有的机遇，但同时城市均衡发展也成为其中面临的最大挑战之一。这意味着我们必须采用科学的理论方法，解决城市经济发展、产业布局、城市规划、土地利用、公共财政、城市住房、基础设施、公共服务、城市环境等种种问题。因此，理解、掌握本书的基本内容，并不断推陈出新，对我国城市发展乃至整个国民经济的发展都是非常有益的。

本书各章的模型均采用竞价租金函数方法，以此构建了全书统一的分析框架。该方法的优势在于，竞价租金函数是间接效用函数的反函数，这使得本书可以运用现代微观经济学中的相关分析工具，因此使得本书各章的内容逻辑性更强，问题分析更加严谨。城市经济学作为一门重要的经济学分支学科，它所研究的对象是社会经济发展所面对的各种城市问题。基于上述认识和我国城市发展的现状，我们认为本书最佳的服务对象应该是高等院校城市经济、区域经济、房地产、城市规划、土地管理、经济地理、公共管理等专业的研究生。我们深信，本书所呈现的完整的土地利用与城市规模理论，定能使读者受益匪浅。

本书的翻译由周京奎统筹组织，具体翻译安排如下：周京奎（前言、第1章、第2章、第3章），周京奎、王文波、黄思艺（第4章），龚明远、宋健（第5章），张朕、王文波（第6章），崔彦哲、宋健（第7章），王叶军、王文波（第8章），黄小华、王文波、宋健（附录）。此外，王叶军、崔彦哲、张朕、王文波、宋健、赵天爽、白程赫、刘曦桐对最终的翻译稿进行了校对。全书最后由周京奎审校并统稿。

本书的顺利翻译出版得到了北京大学出版社经济与管理图书事业部林君秀主任、贾米娜编辑的大力支持，在此深表谢意。

把这样一本经典的教材翻译成中文介绍给广大读者是一项艰巨而荣耀的工作，由于译者的学识水平所限，书中难免会有翻译不准确之处，敬请读者不吝赐教。

周京奎
2020年3月12日于南开大学

前　言

本书在一个统一框架下呈现了城市土地利用与城市规模的基础理论。在微观经济框架下分析了家庭的住宅区位选择行为,并考察了住宅土地利用的均衡和最优模式。此外,在不同的背景下,研究了相应的均衡和最优城市规模。在我们计划的第二本书中,将会考虑把该理论拓展到一般均衡框架(即同时确定家庭和企业的区位)和动态框架中。

本书是我过去几年在宾夕法尼亚大学给研究生所做的一系列讲座的成果。纵观全书,数学分析与直观的解释和图表分析并存。因此,虽然本书主要是为研究生(城市经济学、区位理论、城市地理学和城市规划等专业)写的,但是任何对数学符号有一定耐心的读者都能理解这本书的主要内容。

我的主要目的是用一种学生可以接受的方式,来发展现有的城市土地利用与城市规模理论。为此,我尝试根据竞价租金函数统一该理论的主要结果。这种方法的起源相当古老。事实上,冯·杜能(von Thünen,1826)利用这一方法创造了他的农业土地利用原始模型,这也是土地利用理论的基石。但令人惊讶的是,这种方法与现代微观经济学的对偶方法密切相关。因此,运用现代微观经济学的对偶方法,可以比传统方法更直观、更严谨地发展现代土地利用理论。

这项工作得到了其他人的大力帮助。首先,非常感谢 Tony E. Smith 一直以来的鼓励和帮助。同样十分感谢 Walter Isard、Ronald E. Miller 和 Jacques-François Thisse 的宝贵建议及鼓励。此外,与 Larry Bissett、Tatsuhiko Kawashima 和 Kunio Kudo 的持续探讨也非常宝贵。同样感谢 Noboru Sakashita 和 Hiroyuki Yamada,他们对于我对城市经济学最初兴趣的培养非常有帮助。

特别感激 Richard Arnott 和 Yoshitsugu Kanemoto,他们阅读了本书早期的版本,并提出了许多宝贵意见。同时,我也从他们发展本书框架的工作中受益匪浅。此外,Takeo Ihara、Yoshio Itaba、Masuo Kashiwadani、Hisayoshi Morisugi、Yasoi Yasuda 和 Komei Sasaki 也阅读了本书早期的版本,提出了有价值的建议并进行了点评。我也对我当年在宾夕法尼亚大学的学生致以谢意。特别地，我要感谢 Hesham Abdel-Rahman、Takahiro Akita、Asao Ando、Yasushi Asami、Hiroyuki Koide、Hideaki Ogawa、Akihiko Tani 和 Chung-Hsin Yang 对与本书所涉及的一些主题相关的工作所做出的贡献。非常感谢剑桥大学出版社前编辑主任 Colin Day 一直以来的鼓励。

非常感谢 Laura Huntoon、Tatsuaki Kuroda、Shin Kun Peng、Mary Nevader、Elizabeth Titus 和 Robert Walker 在编辑本书时所做的杰出工作，感谢 Yasushi Asami 和 Mitsuru Ota 所做的精准的图形。感谢 Kathy Kane 在打印本书原稿过程中展现的技术和耐心。本书基于我在过去十年中受 NSF Grants SOC 78-12888、SES 80-14527 和 SES 85-028886 支持的部分研究，在此表示感谢。

我要对我在京都大学时的导师 Kozo Amano 致以最衷心的感谢，感谢他在我从事研究过程中的帮助和精神上的支持。我还要向 Caroline Isard、Judy Smith、Donald 和 Suzzane Rudalevige，以及 Snitt 和 Teddy Snyder 表示最热烈与诚挚的感谢，感谢他们在我的家人赴美国期间给予的鼓励和热情款待。最后，感谢我的妻子 Yuko，她的不懈鼓励与耐心使我能够完成本书的撰写工作。

目 录
contents

第1章 引 言 / 1
    1.1 本书的性质 / 1
    1.2 竞价租金函数方法 / 3
    1.3 本书的范围和安排 / 4

第1部分 基础理论

第2章 家庭区位选择 / 9
    2.1 引言 / 9
    2.2 居住选择基础模型 / 9
    2.3 家庭竞价租金函数 / 12
    2.4 家庭的均衡区位 / 20
    2.5 扩展模型 / 26
    2.6 结论 / 36

第3章 均衡土地利用与最优土地利用：单一类型家庭 / 38
    3.1 引言 / 38
    3.2 一个初步分析：竞价租金函数的替代表达式 / 39
    3.3 均衡土地利用 / 41
    3.4 最优土地利用 / 49
    3.5 均衡与最优 / 55
    3.6 比较静态分析 / 59
    3.7 进一步讨论穆斯模型：土地资本强度 / 70
    3.8 结论 / 74

第4章 均衡土地利用与最优土地利用：多类型家庭 / 76
    4.1 引言 / 76
    4.2 良好性状的竞价租金函数与土地面积函数 / 77
    4.3 均衡土地利用 / 80

4.4 最优土地利用 / 89

4.5 均衡与最优 / 95

4.6 比较静态 / 97

4.7 总结 / 102

第5章 城市总量与城市规模 / 104

5.1 引言 / 104

5.2 城市集聚的成因 / 104

5.3 城市核算 / 107

5.4 人口供给函数与人口成本函数 / 110

5.5 资源与运输优势 / 119

5.6 固定成本与城市规模 / 120

5.7 规模经济与城市规模 / 128

5.8 结论 / 134

第2部分 存在外部性的扩展模型

第6章 地方公共品 / 139

6.1 引言 / 139

6.2 初步分析：住宅选择的外部性模型 / 141

6.3 纯城市产品 / 145

6.4 拥挤性城市产品 / 152

6.5 社区产品 / 159

6.6 超级社区产品 / 166

6.7 总结和扩展 / 173

第7章 邻里外部性与交通拥堵 / 175

7.1 引言 / 175

7.2 拥挤外部性与密度分区 / 176

7.3 种族外部性 / 189

7.4 交通拥堵与交通土地利用 / 201

7.5 结论 / 207

第 8 章　外部经济、产品多样性与城市规模　/ 209
　　8.1　引言　/ 209
　　8.2　马歇尔外部经济　/ 211
　　8.3　产业多样性与垄断竞争　/ 221
　　8.4　最优生产过程与最优政策　/ 228
　　8.5　结论　/ 236

附录 A　基础数学与消费者理论　/ 239

附录 B　运输成本与地租　/ 246

附录 C　本书的数学注释　/ 251

参考文献　/ 275

第 1 章　引　言

1.1　本书的性质

城市的历史几乎与文明的历史一样悠久。城市一直是财富与权力、创新与颓废、梦想与挫折的中心。在过去的几十年中,许多国家经历了迅速的城市化进程,因此,现在世界大部分人口居住在城市中。然而城市是人类发明创造中最为复杂的产物之一,在许多方面是最不为人所知的。从 20 世纪 50 年代末开始,随着世界各地城市问题的爆发,这一点变得非常明显。从那时起,许多不同领域的科学家开始致力于开发一个更好地理解城市的方法。尤其是在经济学方面,这些城市问题推动了一个新领域的诞生,即城市经济学。

构成城市经济学核心的现代城市土地利用理论,实质上是对冯·杜能(von Thünen, 1826)农业土地利用理论的复兴。尽管冯·杜能的理论对此做出了巨大的贡献,但它在一个多世纪的时间里却没有引起经济学家的广泛关注。[①] 在此期间,城市得到了广泛的发展,并最终超越了传统城市设计理念。自 20 世纪 50 年代末以来,城市问题的增加表明迫切需要一个关于现代城市体系的全面理论,特别是有助于把区位理论学者和经济学家的注意力重新集中到冯·杜能的开创性工作上的理论。继 Isard(1956)、Beckmann(1957)和 Wingo(1961)开创性的研究后,Alonso(1964)成功地将冯·杜能关于竞价租金曲线的主要概念推广到城市领域。从那时开始,城市经济学理论飞速发展,催生了大量的理论和实证研究。在该领域内做出突出贡献的包括 Muth(1969)、Mills(1972a)、Hen-

---

① 从现代经济理论的视角对冯·杜能成就的高度评价,可参见 Samuelson(1983),他指出"Thünen 与 Leon Walras、John Stuart Mill 和 Adam Smith 一起是属于万神殿的"(第 1482 页)。

derson(1977)、Kanemoto(1980)以及 Miyao(1981),等等。[②] 本书和计划的第二本书的主要目的是用统一的方式,去阐述城市土地利用和城市规模理论的精妙之处,包括理论的实证和规范两个方面。

在大多数西方社会中,土地主要通过私人市场在不同用途之间进行配置,或多或少受到公共监管。在这样的社会中,现有的城市空间结构是数以亿计的个体行为过去表现的结果。因此,人们可能会怀疑,如此不受监管的个人行为所产生的结果将近乎混乱。然而,科学发展的历史却呈现了相反面,即系统中个体参与者的数量越多,其所显示的规律性越强。事实上,许多研究表明,不同城市区域的空间结构具有很强的规律性。实证理论的任务在于对这些规律做出解释,并为进一步的研究提出可检验的假设条件。但我们不会满足于仅仅验证规律。规律的存在也并不一定表明现存的城市空间结构是理想的。因此,我们也应该对规范理论感兴趣,以识别有效率的城市空间结构和规模,并提出实现该城市空间结构和规模的方法。这个观点被 Lösch(1954,第 4 页)生动地表述为:"不! 经济学家的真正责任不在于解释我们糟糕的现状,而是改善它。最优区位问题远比确定实际区位更重要。"

城市土地利用与城市规模理论是一个特别有吸引力的研究课题,因为许多传统的经济学理论并不能很好地得到应用。虽然传统经济学理论适用于描述大多数西方社会典型的竞争性市场,但其主要用来解决非空间问题。因此,该理论的许多基本假设不再适用于空间问题,如土地利用。首先,人们通常会根据经验发现,家庭以及许多企业和政府机构都只选择一个区位。正如下一节将解释的,这意味着,用传统经济学理论的术语来说,消费者偏好和生产技术具有很强的非凸性。其次,由于城市的本质是许多人和企业在近距离内的存在,所以外部性是一个普遍的特征。公共服务、噪声、污染和交通拥堵都涉及外部性。此外,通过面对面的交流进行信息交换等非价格互动的必要性,是人们和企业选择城市的主要原因之一。再次,城市间距离的存在意味着地方产品(包括公共品和私人产品)的生产者可以享有垄断地位,每个城市的社区服务提供者也是如此。因此,寡头或垄断竞争是城市市场的共同特征。最后,建筑物和其他城市基础设施是所有人类产品中最耐用的,这限制了经典静态理论的应用。由于城市扩张和更新等许多空间问题只有在动态的框架下才能得到满意的处理,所以我们最终必须将城市土地利用理论与资本理论相结合。显然,城市是经济研究的沃土。

[②] 关于城市经济理论发展的早期历史,可参见 Alonso(1964,第 1 章)等。要了解城市经济理论的最新发展,可参见 Richardson(1977a)、Anas 和 Dendrinos(1976)、Wheaton(1979)、Fujita(1986a)、Wildasin(1986b)、Miyao 和 Kanemoto(1987),以及 Mills(1987)的综述文章。

1.2 竞价租金函数方法

本书的目的不仅仅是总结现有理论的主要成果,而是以一种统一的方法来呈现它们。为此,我们采用竞价租金函数的方法,这种方法由 von Thünen(1826)引入农业土地利用模型中,之后由 Alonso(1964)扩展到城市领域。这种方法在本质上和 Solow(1973)引入城市土地利用模型中的间接效用函数方法是一样的。因此,它也与现代微观经济学中的对偶方法密切相关。

城市经济理论的主要关注点当然是土地。但从经济学的角度来看,土地是一个具有双重特征的复杂对象。一方面,土地是通常的经济意义上的商品;另一方面,不同于其他商品,土地是完全固定的。因此,每一块土地都与地理空间中一个独特的区位相关联。土地的这种双重特征造成了消费者偏好(如在生产技术中)的严格非凸性。特别地,每个家庭通常选择仅居住在一个区位。这意味着每个家庭的偏好都具有严格非凸性。为了理解这一点,我们考虑在两个可能区位上的土地消费。如果所有其他商品的消费是固定的,则图 1.1 描述了家庭的消费空间,其中,s_1、s_2 分别代表了在区位 1 和区位 2 上的土地消费。因此,如果在每个给定的土地价格比例 R_1/R_2 下,家庭不会在两个区位上都消费土地,这就意味着其无差异曲线必然表现出一定的凹性,如图 1.1 所示。③

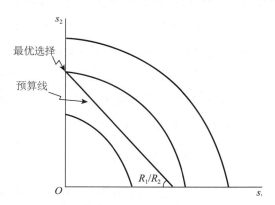

图 1.1 凹的无差异曲线和单个区位的选择

为了避免由偏好的非凸性所带来的数学上的困难,我们将遵循传统的区位理论,采用两个方便的假设。④ 首先,先验地假设每个家庭都选择且只能选择一个区位。由此,可以依据土地消费量以及其他所有商品的消费量,单独定义每个家庭在各区位上的消费空

---

③ 回顾传统的一般均衡分析文献[如 Debreu(1959);Arrow 和 Hahn(1971)],经济学家把土地作为一种附加区位指数的商品。这种方法的缺点是,不能再假设消费者的偏好(和企业技术)在整个消费空间上是凸的(如图 1.1 所示)。这一缺点由 Malinvaud(1972,第 22 页)和 Hildenbrand(1974,第 83—84 页)指出。

④ 回想一下,在有限的经济中,偏好的非凸性可能会导致竞争均衡不存在。

间。其次，假设每种类型的家庭数量足够多，因此可以将其在整个城市的分布用密度函数的形式来表示。⑤ 这两个假设使得我们可以用竞价租金函数的方法来确定每个家庭的均衡区位，以及城市的均衡和最优土地利用模式。竞价租金函数主要描述了特定家庭在每个固定效用水平下（在每个区位上）支付土地费用的能力。该函数可以被看作将消费空间中的无差异曲线映射为城市空间中相应的无差异曲线（位置维度和地租维度），即竞价租金曲线。给定这些在城市空间中定义的无差异曲线，我们就可以用图形的方式分析家庭的区位选择。此外，由于竞价租金曲线是以每单位土地的货币竞价来定义的，所以在不同的土地使用者之间是可以相互比较的。因此，我们同样可以在城市空间中用图形的方式分析不同经济个体之间的土地竞争。在数学上，竞价租金函数是间接效用函数（也是支出函数）的反函数。所以我们也可以在现代微观经济学中使用与这些函数相关联的工具。因此，用这种方法发展现代土地利用理论，不仅比传统方法更严格，而且更简单。

1.3 本书的范围和安排

本书的范围仅限于住宅土地利用与城市规模的静态理论。也就是说，在标准的单中心城市模型下，给定一组不变时间数据，我们研究在不同时间点上，住宅土地利用的静态（或长期）均衡和最优模式。⑥ 在前言中提到的计划的第二本书中，将会考虑把这一理论扩展到一般均衡框架（即同时确定家庭和企业的区位）和动态框架。

特别地，这种静态方法假定每个区位的单位土地价格 P（即土地资产价格）和土地租金 R 固定不变。因此，假设土地可以用于与城市建设相关的目的而不需要额外的成本，那么土地价格与土地租金相关的一个简单恒等式为

$$P = \int_0^\infty e^{-\gamma\tau} R d\tau = \frac{R}{\gamma} \tag{1.1}$$

其中，γ 表示贴现率（或利率），这一假定对所有市场参与者都是相同的。因此，在本书中我们只关注土地租金 R 的均衡模式。

本书的正文由两个部分组成。第 1 部分在没有外部性的单中心城市背景下，发展了

---

⑤ 关于这种密度方法（或连续总体方法）的数学证明，请参见 Asami、Fujita 和 Smith（1987）以及 Papageorgiou 和 Pines（1987）。实质上，当个体数量足够多时，我们将该密度模型看作一个数学工具，它与求解离散人口模型解的方法类似。Berliant（1984；1985a，b）、Berliant 和 Dunz（1987）以及 Berliant 和 ten Raa（1987）提出了另一种方法，称为离散人口方法，其中假设每个消费者占据二维欧氏空间的一个子集。虽然后一种方法在理论上更令人满意，但它涉及极为复杂的数学运算。我们将在我们计划的第二本书中比较这两种方法。

⑥ 当然，从教学方法上考虑，在引入由时间导致的复杂性前，最好先研究静态理论。此外，当城市发展相对缓慢时，静态理论可以有效地描述城市在各个时间点上的均衡空间结构。

住宅土地利用与城市规模的基本理论。这一部分共分为四章，可以简要总结如下：

第 2 章介绍了一个简单的、基本的住宅选择模型，定义了竞价租金函数和（最大竞价）土地面积函数，解释了这些函数和标准微观经济学中相关概念（如间接效用函数、支出函数、马歇尔需求函数和希克斯需求函数）之间的关系。通过使用竞价租金曲线的概念，我们研究在城市中家庭的均衡区位是如何决定的。我们也研究了不同竞价租金函数家庭间的相对区位。在第 2 章的后半部分，我们通过引入通勤的时间成本和家庭结构的差异性扩展了基础模型。我们还介绍了住宅产业的穆斯模型。

在第 3 章中，我们假定所有城市家庭都是同质的。在这一条件下，首先研究由竞争性土地市场决定的住宅土地利用均衡结构。根据迁移可能性条件和土地所有权形式，我们考虑以下四种市场模型：(a)在外土地所有者封闭城市模型；(b)公共土地所有者封闭城市模型；(c)在外土地所有者开放城市模型；(d)公共土地所有者开放城市模型。对于每种情况，我们都是利用基于边界租金曲线概念构造图形的方法，来解释均衡的存在性和唯一性。然后，我们考虑在外土地所有者封闭城市模型的情况，通过使用相同的边界租金曲线方法，从人口、运输成本、收入、农地租金、土地税收和分区等方面，对均衡空间结构进行比较静态分析。

接下来，我们研究了城市内住宅土地和家庭的最优配置，并探究最优土地利用和均衡土地利用模型的关系。最优土地利用问题是根据 Herbert-Stevens 模型（HS 模型）进行分析的。结果表明，通过适当地改变 HS 模型中的两个参数（目标效用和人口），我们可以经由对某些 HS 模型的求解，获得四个市场模型中任何一个的均衡解。由此我们可以得出结论，即在当前的情况下，土地利用均衡总是有效的。最后，我们回归到住宅产业的穆斯模型，研究城市土地利用强度的变化。

在第 4 章中，我们将第 3 章的分析扩展到多类型家庭城市的情形。我们主要关注在外土地所有者封闭城市模型。

在前三章研究了城市空间结构后，我们在第 5 章将注意力从空间结构转向城市集聚。也就是说，在单中心城市的相同背景下，我们研究城市宏观变量，例如城市人口、总收入、总土地租金和总运输成本之间的关系。这一章介绍人口供给函数和人口成本函数这两个概念。我们还会讨论城市形成的原因，并研究在不同背景下的均衡和最优城市规模。因此，这一章阐述了城市土地利用理论和城市体系理论之间的联系。

在第 2 部分，我们通过引入各种不同形式的外部性来拓展第 1 部分的基本理论。这种拓展包含三个独立章节，可以总结如下：

在第 6 章中，我们介绍了地方公共品，并研究如何在城市间或一个城市内部实现这些产品的有效供给。我们考虑四种地方公共品：纯城市产品、拥挤性城市产品、社区产品和超级社区产品。

在第7章中,我们将关注由家庭间相互联系而产生的负外部性。特别地,我们考虑三种类型的外部性:拥挤外部性、种族外部性和与通勤相关的交通拥堵。在每种外部性存在的情况下,我们研究了提高土地市场效率的最优政策和各种次优政策。

最后,在第8章中,我们研究了外部经济和产品多样性在城市形成中的作用。特别地,我们拓展了外部经济模型和城市集聚的垄断竞争模型,并研究了这两个模型间的关系。我们发现,分别从两个模型中推导出来的城市集聚体具有相同的结构关系。因此,从城市集聚描述性分析的角度来看,垄断竞争模型可以看成是外部经济模型的特殊情况。然而,从规范分析的角度来看,两个模型实质上会导致不同的结果。因此,在这两个模型的实证中,必须明确哪一种方法能更准确地反映实际的城市经济。

正文后附有三个附录。在附录A中,我们回顾了在正文中使用到的一些基本数学概念和消费者理论。附录B是对第5章的扩展。在该附录中,我们证明了,在一系列关于运输成本函数和土地配置的合理假设下,城市总运输成本和总级差地租之间存在一种简单的一般性关系。附录C给出了正文中一些结论的证明。

最后,本书的逻辑结构可总结为图1.2。

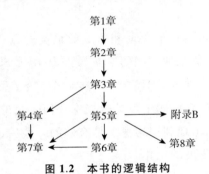

图1.2 本书的逻辑结构

第1部分

基础理论

第2章　家庭区位选择

第3章　均衡土地利用与最优土地利用：单一类型家庭

第4章　均衡土地利用与最优土地利用：多类型家庭

第5章　城市总量与城市规模

第 2 章 家庭区位选择

2.1 引言

任何家庭向城市迁移和进行居住地选择时,均面临着一系列复杂的决策问题。我们可以把人们需要做出的决策问题看作权衡问题,它包括三个基本要素:可达性、空间和环境舒适性。

可达性要素包括到达和返回工作地点、拜访亲戚朋友、购物以及参加其他活动所要花费的金钱和时间成本。空间要素包括土地规模,同时还包括住房面积和质量要求。最后,环境舒适性要素包括自然特征,如山丘、自然风景,也包括学区质量、种族结构的安全性所代表的邻里特征。

在做居住选择决策时,家庭必须合理地权衡这三个基本要素,同时还要面临预算和时间约束。例如,可达性好的区位通常拥有较高的空间价格。因此,家庭可能不得不牺牲空间以换取较高的可达性。然而,可达性好的区位的环境质量一般较差。因此,家庭还需要在可达性和环境质量之间做出选择。

虽然在实际中所有三个要素对于居住选择都很重要,但构建模型时同时考虑所有要素是很困难的。沿着理论构建的传统思路,我们将从一个简单模型开始,并在随后的分析中逐步扩展该框架。第一部分将分析家庭是如何在可达性与空间要素之间做出权衡的。第二部分将引入环境要素。

2.2 居住选择基础模型

为加深我们对住宅土地利用模式的理解,我们首先需要构建基础模型,并在基础模型中关注可达性和空间之间的权衡问题。该模型给出了如下城市空间特征假设:

1. 城市是单中心城市。也就是说,它有一个给定的固定规模的中心,该中心被称为中央商务区(CBD)。所有的就业机会都集中在 CBD。

2. 城市内部有一个密集的、呈放射状的交通系统。在该交通系统中,不存在拥挤,而且通勤仅发生在就业者居住地和工作地之间(CBD 内的通勤被忽略)。

3. 土地是一个无特征的平原。所有的土地都是同质的,且用于住宅建设。不存在地方公共品或有害物品,也没有任何邻里外部性。

在此背景下,城市每个区位的空间特征是到 CBD 的距离,该特征对家庭至关重要。因此,城市空间被视为一维的。

假定一个家庭在城市里寻找住所。根据典型的消费者行为分析,我们假设家庭将在预算约束下最大化其效用。① 我们给出效用函数 $U(z,s)$。其中,z 代表复合商品,包括除土地以外的所有消费品;s 代表土地消费或者住宅占用的土地面积。② 复合商品被视为计价单位,因此其价格计为 1。家庭单位时间获得的固定收入为 Y,这些收入被用于购买复合商品、土地和支付交通费。如果家庭到 CBD 的距离为 r,其预算约束可表示为 $z+R(r)s=Y-T(r)$。其中,$R(r)$ 代表距离 r 处的单位土地租金,$T(r)$ 是距离 r 处的交通成本,$Y-T(r)$ 代表距离 r 处的净收入。这样,家庭居住区位选择可表示为

$$\max_{r,z,s} U(z,s) \quad \text{s.t.} \quad z+R(r)s=Y-T(r) \tag{2.1}$$

其中,$r \geq 0, z>0, s>0$。该模型被称作居住选择的基础模型。

根据定义,区位选择 r 的取值范围为 $r \geq 0$。假设家庭的持续存在需要消费正的 z 和 s。也就是说,这两种商品属于基础性消费。因此,要使效用函数 $U(z,s)$ 有定义,需使 z 和 s 为正。这相当于说在消费空间内无差异曲线不与横轴或纵轴相交。基于该特征,我们引入如下假设③:

假设 2.1(良好性状的效用函数) 当 $z>0$ 和 $s>0$ 时,效用函数是连续且递增的;所有无差异曲线是严格凸且平滑的,并且不与坐标轴相交。

---

① 有关消费者理论的介绍,读者可以参考 J. M. Henderson 和 R. E. Quandt(1980)以及 Varian(1984)。也可以参阅附录 A.3 中消费者理论重要内容的总结。

② 虽然这个效用函数很简单,但足够一般化,可以达到我们目前关注的目的,即城市中的土地面积和家庭密度变化。本章中出现的函数推导如下:首先,假设家庭初始的效用函数为 $U(z_1,\cdots,z_n,s)$,其中,$z_i(i=1,2,\cdots,n)$ 表示(除土地外的)消费品 i 的数量,s 表示土地面积。有些 z_i 表示住房的非土地投入。假设每个消费品 i 的价格在城市内部不变,我们用 $p_i, i=1,2,\cdots,n$ 表示(这个假设是合理的,因为与土地租金相比,其他商品的价格在一个城市内是相对固定的)。在每个固定组合 (z,s) 下,定义

$$U(z,s) = \max\left\{ U(z_1,\cdots,z_n,s) \,\bigg|\, \sum_1^n p_i z_i = z \right\}$$

其中,z 表示除土地外的所有消费品的支出总额。推导得到的这个效用函数就是文中的效用函数[参见 Hicks(1946)的加总定理,第 312—313 页]。有关效用函数的备选设定,请参见 2.5 节。

③ 对于下面讨论中使用的一些数学术语(例如,严格凸和平滑曲线),请参见附录 A.1。

假设 2.2(递增的交通成本) 当 $r \geq 0$ 时,交通成本 $T(r)$ 是连续且递增的,其中,$0 \leq T(0) < Y, T(\infty) = \infty$。

在后续的分析中这些假设均成立。基于假设 2.1,消费空间内的无差异曲线如图 2.1 所示。从消费者理论可知,无差异曲线是由消费束组成的轨迹,在同一条无差异曲线上,家庭从每个消费束获得的效用相同。效用 u 的无差异曲线可以用隐性表达式 $u = U(z,s)$ 表示。或者利用 $u = U(z,s)$ 对 z 求解,得到效用水平为 u 的无差异曲线方程的另一种表达式:

$$z = Z(s,u) \tag{2.2}$$

根据定义,$Z(s,u)$ 代表当消费者的住房占用的土地面积为 s 时,其要获得效用 u 必须消费的复合商品数量。

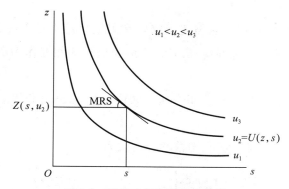

图 2.1 消费空间和无差异曲线

在我们所有的分析中,也会应用微分学以简化所要研究的问题。只要有关效用问题涉及微分学,我们都隐含地假设效用函数 $U(z,s)$ 关于 z 和 s 二阶连续可微(也就是说,存在二阶偏导数,且二阶偏导数是连续的)。同理,交通成本函数 $T(r)$ 关于 r 是连续可微的。那么,根据微分计算原理可知,效用函数关于 z 和 s 递增(假设 2.1),即④

$$\frac{\partial U(z,s)}{\partial z} > 0, \frac{\partial U(z,s)}{\partial s} > 0 \tag{2.3}$$

也就是说,每个商品的边际效用都是正的。需要注意的是,这个条件还可以表示为

$$\frac{\partial Z(s,u)}{\partial u} > 0, \frac{\partial Z(s,u)}{\partial s} < 0 \tag{2.4}$$

其中,$-\partial Z(s,u)/\partial s$ 被称为 z 和 s 间的边际替代率(MRS,见图 2.1)。那么,无差异曲线的严格凸性意味着 MRS 随 s 递减:

---

④ 严格地说,效用函数随 z 和 s 递增的事实,意味着条件(2.3)几乎处处成立。也就是说,在某个测度为零的点集上,不能排除 $\partial U/\partial z$ 或 $\partial u/\partial s$ 为零的可能性。然而,这一微小的差异并不会从本质上影响我们的结果,因此,我们在下面的讨论中予以忽略。同样,在条件(2.5)和(2.6)中也对此予以忽略。

$$-\frac{\partial^2 Z(s,u)}{\partial s^2}<0 \tag{2.5}$$

同理,交通成本函数随 r 递增意味着

$$T'(r)>0 \tag{2.6}$$

其中,$T'(r) \equiv dT(r)/dr$。

通过对基础模型(2.1)求解最优化问题,我们可以直接得到家庭的居住决策。但是,我们也可以用另一种含义更加丰富的方法求解,由此可得到更加精确的理论。这种方法模仿了冯·杜能的农业土地利用模型,并引入了竞价租金概念。

2.3 家庭竞价租金函数

竞价租金是一个核心概念,它描述了家庭在固定效用水平下支付土地费用的能力。该租金不能和城市的市场租金混淆,后者是众多家庭行为相互作用所决定的租金。竞价租金定义如下:

定义 2.1 竞价租金 $\Psi(r,u)$ 是指在居住区位 r 处,家庭为获得效用 u 所愿意支付的最大单位土地面积租金。

根据基础模型(2.1),竞价租金的数学表达式为

$$\Psi(r,u)=\max_{z,s}\left\{\frac{Y-T(r)-z}{s} \,\bigg|\, U(z,s)=u\right\} \tag{2.7}$$

上述公式表明,当家庭在居住区位 r 处选择消费束 (z,s) 时,$Y-T(r)-z$ 代表家庭可用于支付土地租金的全部资金,$(Y-T(r)-z)/s$ 代表在居住区位 r 处的单位土地面积租金水平。

因此,根据定义 2.1,在家庭所面临的效用 $U(z,s)=u$ 的约束下,该家庭通过选择消费束 (z,s) 最大化了 $(Y-T(r)-z)/s$,并由此决定竞价租金 $\Psi(r,u)$。或者说,在公式(2.7)的最大化问题中,我们可以首先利用效用约束 $U(z,s)=u$ 对 z 求解,获得类似公式(2.2)的无差异曲线方程。那么,竞价租金函数可再次定义为

$$\Psi(r,u)=\max_{s}\frac{Y-T(r)-Z(s,u)}{s} \tag{2.8}$$

上述公式是无约束最大化问题。⑤ 在求解公式(2.7)或(2.8)的最大化问题后,我们

---

⑤ 形式上,有约束条件 $s>0$。然而,由于无差异曲线不经过坐标轴,故当最大化问题(2.8)的最优 s 存在时,其为正(见图2.2)。因此,可以忽略对 s 的正约束。也要注意,在给定 s 的情况下,方程 $u=U(z,s)$ 中 z 的解可能不存在。在这种情况下,我们定义 $Z(s,u)=\infty$。那么在最大化问题(2.8)中,这样的 s 永远不会被选为最优的土地面积。

可以得到最优土地面积 $S(r,u)$,它被称作最大竞价土地面积。⑥

如图 2.2 所示,竞价租金 $\Psi(r,u)$ 是由在距离 r 处,与无差异曲线相切的预算线的斜率决定的。⑦ 为说明这一点,我们可以令参数 R 代表距离 r 处的土地租金。那么,在 r 处家庭的预算约束可一般化地表示为 $z+Rs=Y-T(r)$,或者表示为

$$z=(Y-T(r))-Rs \tag{2.9}$$

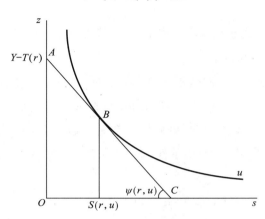

图 2.2 竞价租金 $\Psi(r,u)$ 和最大竞价土地面积 $S(r,u)$

在图 2.2 中,对于每个土地租金 R,方程(2.9)定义了一条以 A 为起点的直线,其斜率(绝对值)为 R。如果土地租金 R 大于线段 AC 的斜率,预算线将完全位于无差异曲线 u 的下方。这意味着,为获得所需要的效用 u,家庭将无法支付较高的租金 R。相反,如果土地租金 R 小于线段 AC 的斜率,预算线将与无差异曲线 u 相交。这意味着,即使土地租金略有上升,该家庭仍然能够获得效用 u。因此,我们可以得出竞价租金 $\Psi(r,u)$ 是由预算线 AC 的斜率决定的,该租金水平代表了家庭在获得效用 u 时所愿意支付的最高土地租金。切点 B 决定了最大竞价土地面积 $S(r,u)$。用图形的方法不仅能够加深对于该定义的理解,而且也适用于我们后续的分析。接下来需要关注的是,在公式(2.8)的最大化问题中,函数 $(Y-T(r)-Z(s,u))/s$ 关于 s 的边际变化等于零时,其关于 s 达到最大。由此得到下面的关系式⑧:

---

⑥ 由于每条无差异曲线都是严格凸的,因此如果存在最大竞价土地面积,那么其也是唯一的(见图 2.2)。引入以下约定:当最大化问题(2.8)无解时,定义 $\Psi(r,u)=0$ 和 $S(r,u)=\infty$。还要注意,在求解最大化问题(2.7)或(2.8)时,我们还可以得到,最大竞价复合商品的消费量 $Z(r,u)\equiv Z(S(r,u),u)$。但由于在后续的分析中,我们不会用到函数 $z(r,u)$,因此省略了对它的讨论。

⑦ 更准确地说,如果我们用 θ 表示角 ACO,那么 $\Psi(r,u)=\tan\theta$。但为了简化分析,我们在整本书中都用图形表示。

⑧ 我们利用
$$\frac{\partial}{\partial s}\left(\frac{Y-T(r)-Z(s,u)}{s}\right)=-\frac{1}{s}\frac{\partial Z(s,u)}{\partial s}-\frac{Y-T(r)-Z(s,u)}{s^2}=0$$
得到公式(2.10)。

$$-\frac{\partial Z(s,u)}{\partial s} = \frac{Y-T(r)-Z(s,u)}{s} \tag{2.10}$$

求解这个方程,我们得到最大竞价土地面积 $S(r,u)$。⑨ 由于公式(2.10)右边关于 s 的最优选择等于 $\Psi(r,u)$,那么条件(2.10)可以重新表述为

$$-\frac{\partial Z(s,u)}{\partial s} = \Psi(r,u) \tag{2.11}$$

从图 2.2 可知,该公式意味着在切点 B,无差异曲线 u 的斜率 $-\partial Z(s,u)/\partial s (= \mathrm{MRS})$ 等于预算线 AC 的斜率 $\Psi(r,u)$。

例 2.1 假定模型(2.1)中的效用函数为如下对数线性函数形式:

$$U(z,s) = \alpha \log z + \beta \log s \tag{2.12}$$

其中,$\alpha>0, \beta>0, \alpha+\beta=1$。不难发现,该效用函数满足假设 2.1 的所有条件。给定无差异曲线方程为 $Z(s,u) = s^{-\beta/\alpha} e^{u/\alpha}$。利用条件(2.10)求解公式(2.8)的最大化问题,得到如下公式⑩:

$$\Psi(r,u) = \alpha^{\alpha/\beta} \beta (Y-T(r))^{1/\beta} e^{-u/\beta} \tag{2.13}$$

$$S(r,u) = \beta(Y-T(r))/\Psi(r,u) = \alpha^{-\alpha/\beta}(Y-T(r))^{-\alpha/\beta} e^{u/\beta} \tag{2.14}$$

既然我们已经引入了竞价租金 $\Psi(r,u)$ 和最大竞价土地面积 $S(r,u)$,这两个概念是土地利用理论独有的概念⑪,建立它们与微观经济学相关概念的联系有助于我们的分析,那么,我们将可以利用已经得到较好发展的传统微观经济学的分析工具。为此,我们回到图 2.2。对于该图,我们可以用多种方法来解释。

首先,在给定土地租金 R 和净收入 I 的条件下,求解下列效用最大化问题:

$$\max_{z,s} U(z,s) \quad \text{s.t.} \quad z+Rs=I \tag{2.15}$$

通过求解,我们可以得到最优土地面积:

$$\hat{s}(R,I) \tag{2.16}$$

作为 R 和 I 的函数,其也被称作马歇尔(一般)土地需求函数。该问题的最大化值公式可表示为

$$V(R,I) = \max_{z,s} \{U(z,s) \mid z+Rs=I\} \tag{2.17}$$

该公式被称为间接效用函数,它给出了在土地租金为 R 时,基于净收入 I 可获得的

---

⑨ 由公式(2.5)和(2.10)可得

$$\frac{\partial^2}{\partial s^2}\left(\frac{Y-T(r)-Z(s,u)}{s}\right) = -\frac{1}{s}\frac{\partial^2 Z(s,u)}{\partial s^2} < 0$$

这意味着函数 $(Y-T(r)-Z(s,u))/s$ 是 s 的严格凹函数,因此一阶条件(2.10)给出了最优 s 的充要条件。

⑩ 实际计算见附录 C.1。

⑪ 更一般地说,当买家可以从一系列高度可替代的商品中选择一种(或至多几种)商品时,对任何此类市场,例如汽车和住房市场,竞价租金的概念都是可用的。

最大效用。如果令 $R=\Psi(r,u)$，$I=Y-T(r)$，那么最大化问题(2.15)可重新表述为

$$\max_{z,s} U(z,s) \quad \text{s.t.} \quad z+\Psi(r,u)s=Y-T(r) \tag{2.18}$$

我们可以把图 2.2 解释为无差异曲线 u 从上方与预算线 AC 相切于 B 点。由于预算线 AC 的方程是 $z+\Psi(r,u)s=Y-T(r)$，这意味着 B 点恰好是问题(2.18)的解，u 是其最大值。因此，当公式(2.16)和(2.17)中的 $R=\Psi(r,u)$，$I=Y-T(r)$ 时，下列等式必然恒成立：

$$S(r,u) \equiv \hat{s}(\Psi(r,u), Y-T(r)) \tag{2.19}$$

$$u \equiv V(\Psi(r,u), Y-T(r)) \tag{2.20}$$

换句话说，当土地租金为 $\Psi(r,u)$、净收入为 $Y-T(r)$ 时，最大化效用等于 u，而此效用对应的最大竞价土地面积等于租金为 $\Psi(r,u)$ 时的马歇尔土地需求。

接下来，考虑土地租金 R 和效用 u 下的最小支出问题：

$$\min_{z,s} z+Rs \quad \text{s.t.} \quad U(z,s)=u \tag{2.21}$$

求解该问题时，我们得到最优土地面积：

$$\tilde{s}(R,u) \tag{2.22}$$

作为 R 和 u 的函数，该公式被称作希克斯(补偿)土地需求函数。该问题的最小值可用 $E(R,u)$ 表示，即

$$E(R,u)=\min_{z,s}\{z+Rs \mid U(z,s)=u\} \tag{2.23}$$

该公式被称作支出函数。如果给定 $R=\Psi(r,u)$，问题(2.21)可表示为

$$\min_{z,s} z+\Psi(r,u)s \quad \text{s.t.} \quad U(z,s)=u \tag{2.24}$$

现在，图 2.2 显示预算线 AC 从下方与无差异曲线 u 相切于 B 点。由于预算线 AC 的方程是 $Y-T(r)=z+\Psi(r,u)s$，这意味着 B 点恰好是问题(2.24)的解，$Y-T(r)$ 是其最小值。[12] 因此，当公式(2.22)和(2.23)中的 $R=\Psi(r,u)$ 时，下列等式必然恒成立：

$$S(r,u) \equiv \tilde{s}(\Psi(r,u), u) \tag{2.25}$$

$$Y-T(r) \equiv E(\Psi(r,u), u) \tag{2.26}$$

换句话说，当土地租金为 $\Psi(r,u)$ 时，为达到效用 u，消费者最小支出等于 $Y-T(r)$，而在效用 u 水平上的最大竞价面积等于土地租金为 $\Psi(r,u)$、效用为 u 时的希克斯土地需求。

由于间接效用函数、支出函数、马歇尔需求函数和希克斯需求函数的性质已广为人知，恒等式(2.19)、(2.20)、(2.25)和(2.26)为我们提供了强有力的工具，这对于后

---

[12] 注意，在 E 的每一个取值下，方程 $E=z+\Psi(r,u)s$ 表示一条支出线(即预算线)，其平行于图 2.2 中的直线 AC。此支出线随着 E 的增加而向上移动。因此，$Y-T(r)=z+\Psi(r,u)s$ 为实现效用水平 u 的最低支出线。

面的分析是非常有用的。[13] 表 2.1 总结了本节所引入的不同函数[将在 3.2 节引入函数 $\psi(I,u)$ 和 $s(I,u)$]。

表 2.1 竞价租金和相关函数

	阿隆索	索洛	马歇尔	希克斯
竞价租金	$\Psi(r,u)$	$\psi(I,u)$	—	—
土地面积	$S(r,u)$	$s(I,u)$	$\hat{s}(R,I)$	$\tilde{s}(R,u)$
间接效用	—	—	$V(R,I)$	—
支出	—	—	—	$E(R,u)$

接下来，我们检验竞价租金和最大竞价面积函数的重要性质。首先考虑竞价租金和最大竞价面积如何随着 r 而变化。为此，假定效用水平为 u，考虑两个距离，且 $r_1<r_2$。由于 $T(r_1)<T(r_2)$，因而有 $Y-T(r_1)>Y-T(r_2)$。如前所述，在距离 r 处的竞价租金 $\Psi(r,u)$，可由在 r 处与无差异曲线 u 相切的预算线斜率确定。那么，从图 2.3 可以很容易得出 $\Psi(r_1,u)>\Psi(r_2,u)$，$S(r_1,u)<S(r_2,u)$。这就是说，竞价租金随着 r 的增加而下降，而最大竞价面积则随着 r 的增加而增大。这些性质有直观的意义。给定家庭净收入下降这个条件，那么只有在土地租金也同时下降时，用土地替代复合商品（该商品的价格固定为 1），该家庭才能获得与之前相同的效用。

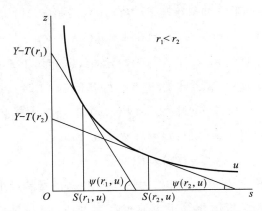

图 2.3 $\Psi(r,u)$ 和 $S(r,u)$ 随着 r 的增加而变化

竞价租金随 r 变化的情况可以通过对公式(2.8)应用包络定理得到，结果如下[14]：

$$\frac{\partial \Psi(r,u)}{\partial r}=-\frac{T'(r)}{S(r,u)}<0 \tag{2.27}$$

---

[13] 需求函数及其相关函数的重要特征总结见附录 A.3。
[14] 包络定理见附录 A.2。

从公式(2.8)可以看出,距离 r 的增加会对 $\Psi(r,u)$ 产生两个影响。一个是直接效应,它主要指交通成本的增加。通勤距离增加一单位,交通成本将增加 $T'(r)$,这进而也将使净收入减少相同的数量。因此,单位土地的支付能力(即竞价租金)下降 $T'(r)/S(r,u)$。其他影响由最优消费束 $(Z(S(r,u),u),S(r,u))$ 随着 r 的增加而发生的变化引起。然而,包络定理表明,当 r 的变化较小时,该影响效应是可忽略的。因此,我们仅考虑上面给出的直接影响效应。

结合公式(2.27)和恒等式 $S(r,u) \equiv \tilde{s}(\Psi(r,u),u)$,我们可以计算最大竞价土地面积关于 r 的变化率:

$$\frac{\partial S(r,u)}{\partial r} = \frac{\partial \tilde{s}}{\partial R}\frac{\partial \Psi(r,u)}{\partial r} = -\frac{\partial \tilde{s}}{\partial R}\frac{T'(r)}{S(r,u)} > 0 \quad (2.28)$$

因为希克斯需求 $\tilde{s}$ 的价格效应总为负,所以上述公式符号为正(见附录 A.3)。

接下来继续探讨竞价租金和最大竞价土地面积是如何随着效用水平的变化而改变的。给定距离 r,选择两个效用水平 u_1、u_2,且有 $u_1 < u_2$。由于无差异曲线 u_2 位于无差异曲线 u_1 的上方,因此从图 2.4 可以得出 $\Psi(r,u_1) > \Psi(r,u_2)$。该结论在直观上也成立,即在净收入固定不变的情况下,只有土地租金下降,一个家庭才可以获得更大的效用。效用变化对最大竞价土地面积的影响则更为复杂。根据图 2.4,提高效用水平的同时,最大竞价土地面积也得以增加。然而,在没有额外假设的条件下,这个结果并不能一直成立。下面的假设代表了产生这个结果的充分条件:

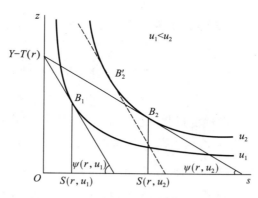

图 2.4 $\Psi(r,u)$ 和 $S(r,u)$ 随 u 的变化

假设 2.3(土地是正常商品) 马歇尔土地需求的收入效应为正。

为解释该假设的含义,考虑图 2.4 中点 B_1[在土地租金 $\Psi(r,u_1)$ 下的初始消费束]移向点 B_2[在较低的土地租金 $\Psi(r,u_2)$ 下的新消费束],该移动相当于从点 B_1 移动到点 B'_2,再从点 B'_2 移动到点 B_2 的过程之和。点 B'_2 代表了当土地租金固定为 $\Psi(r,u_1)$,且收入从 $Y-T(r)$ 提高到与虚线代表的预算线相一致的水平时的消费束。土地是正常商品,

这意味着从点 B_1 移动到点 B_2'(也就是收入效应)可以提高土地消费。由于从点 B_2' 移动到点 B_2[也就是说,效用水平保持在 u_2 时,土地租金从 $\Psi(r,u_1)$ 下降到 $\Psi(r,u_2)$ 引起的替代效应]也可以增大土地消费规模,则有 $S(r,u_1)<S(r,u_2)$。由于土地的正常商品属性得到了经验支持,我们可以假定假设 2.3 在后续的分析中一直成立。需要注意的是,在图形上,土地的正常商品属性还意味着在每个固定的 s 下,无差异曲线的斜率(绝对值)随着 u 的增加而增大。例 2.1 中的对数线性效用函数满足这个假设。

对公式(2.8)应用包络定理,计算竞价租金关于 u 的变化率为

$$\frac{\partial \Psi(r,u)}{\partial u} = -\frac{1}{S(r,u)} \frac{\partial Z(s,u)}{\partial u} < 0 \tag{2.29}$$

由于从公式(2.4)可知 $\partial Z/\partial u>0$,那么上式的符号为负。回顾恒等式 $S(r,u) \equiv \hat{s}(\Psi(r,u), Y-T(r))$,则有

$$\frac{\partial S(r,u)}{\partial u} = \frac{\partial \hat{s}}{\partial R} \frac{\partial \Psi(r,u)}{\partial u} > 0 \tag{2.30}$$

由于 $\partial \Psi/\partial u<0$,也因为土地的正常商品属性表明马歇尔需求的租金效应 $\partial \hat{s}/\partial R$ 是负的,所以上式的符号为正(见附录 A.3)。

最后,交通成本函数的连续性及效用函数的良好性状假设表明,竞价租金及最大竞价土地面积在 r 和 u 的取值范围内是连续的。因此,总结上述讨论,我们可以得出如下结论:

性质 2.1

(ⅰ)竞价租金 $\Psi(r,u)$ 是连续的,且随着 r 的增加和 u 的增加而下降(一直下降到 Ψ 等于零);

(ⅱ)最大竞价土地面积 $S(r,u)$ 是连续的,且随着 r 的增加和 u 的增加而增大(一直增大到 S 变得无穷大)。

从(ⅰ)可知,竞价租金曲线的形状一般如图 2.5 所示;从(ⅱ)可知,(最大竞价)土地面积曲线的形状一般如图 2.6 所示。每条竞价租金曲线(土地面积曲线)都向下方(上方)倾斜。随着效用水平的提升,竞价租金曲线(土地面积曲线)也向下方(上方)倾斜。在相应的竞价租金曲线与 r 轴相切处,每条土地面积曲线都趋向无穷。[15]

---

[15] 在图 2.5 中,竞价租金曲线被描绘成与 r 轴在不同点相交。然而,这并不总是正确的。例如,在对数线性效用函数的情况下(例 2.1),我们看到所有的竞价租金曲线在距离 $\bar{r}$ 处与 r 轴相交,距离 $\bar{r}$ 由公式 $Y-T(\bar{r})=0$ 定义。如果土地可以完全替代复合商品,就会出现共同的截距点,也就是说,如果用于推导竞价租金曲线的效用函数具有如下特征,即对于每一个 u,随着 $s \to \infty$,无差异曲线 $Z(s,u)$ 趋近于 s 轴。但是,这种竞价租金曲线形状上的微小差异在后续的分析中不会产生任何重要的差异。

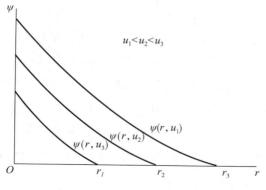

图 2.5　竞价租金曲线的一般形状

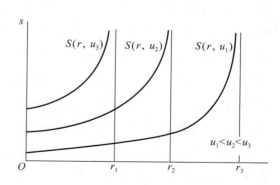

图 2.6　土地面积曲线的一般形状

竞价租金曲线并不总是如图 2.5 所示那样呈凸性,但是如果假设交通成本函数在距离 r 处是线性的或者凹的,那么即使 $T''(r) \equiv d^2 T(r)/dr^2 \leqslant 0$,该竞价租金曲线仍会呈凸性。从公式(2.27)可得

$$\frac{\partial^2 \Psi(r,u)}{\partial r^2} = -\frac{T''(r)}{S(r,u)} + \frac{T'(r)}{S(r,u)^2}\frac{\partial S(r,u)}{\partial r} \tag{2.31}$$

根据假设,$T'(r)>0$,从公式(2.28)可得 $\partial S(r,u)/\partial r>0$。因此,如果 $T''(r)\leqslant 0$,则有 $\partial^2 \Psi(r,u)/\partial r^2>0$。上述公式的符号表明,竞价租金曲线是严格凸的。线性或者凹的交通成本函数意味着,边际交通成本是非增的;这是现实中最常见的情况。

性质 2.2　如果交通成本函数关于距离是线性的或者凹的,那么竞价租金曲线具有严格凸性。

接下来回顾我们已经熟知的间接效用函数的特征(见附录 A.3):

性质 2.3

（ⅰ）当 $R>0, I>0$ 时,$V(R,I)$ 是连续的;

（ⅱ）$V(R,I)$ 随着 R 的上升而下降,随着 I 的上升而上升。

在效用函数可微性假设下,性质(ⅱ)意味着

$$\frac{\partial V(R,I)}{\partial R}<0, \frac{\partial V(R,I)}{\partial I}>0 \tag{2.32}$$

如果 $R(r)=\Psi(r,u)$,则有 $V(R(r),Y-T(r))=V(\Psi(r,u),Y-T(r))$。由于 V 随 R 递减,因此当 $R(r)$ 小于(大于)$\Psi(r,u)$ 时,我们可以进一步得出 $V(R(r),Y-T(r))$ 大于(小于)$V(\Psi(r,u),Y-T(r))$:

性质 2.4　在任何距离 r,当 $R(r) \lesseqgtr \Psi(r,u)$ 时,有 $V(R(r),Y-T(r)) \gtreqless V(\Psi(r,u), Y-T(r))$。

在后续的分析中,这个性质是非常有用的。

通过本节的分析,我们发现竞价租金曲线可以被看作在城市空间内定义的无差异曲

线(包括距离和租金维度)。恒等式(2.20)表明,如果城市实际土地租金曲线 $R(r)$ 与竞价租金曲线 $\Psi(r,u)$ 处处一致,那么家庭可以通过选择适当的消费束,在任何区位上获得相同的最大效用 u。这样,家庭对不同的区位选择并无差异。由于对于图 2.1 中的每条无差异曲线,在图 2.5 中都存在一条竞价租金曲线,所以该竞价租金曲线可以被看作一个转换,即商品空间内的无差异曲线向城市空间内对应曲线的映射。利用在城市空间内定义的无差异曲线,我们可以用图形法分析家庭区位选择。此外,由于竞价租金曲线是用单位土地的竞价金额来标示的,它们在不同土地使用者之间是可比的,因此,我们也能够在城市空间内利用图形来分析不同主体对土地的竞争。

2.4 家庭的均衡区位

现在我们将验证在给定城市土地租金结构的条件下,家庭的均衡区位是如何决定的。[16] 给定市场土地租金曲线 $R(r)$,家庭将其看作一个外生因素。家庭的居住选择行为用基础模型(2.1)表示。

我们可以利用图形分析均衡区位问题,如图 2.7 所示。这里,一组竞价租金曲线叠加在市场租金曲线 $R(r)$ 之上。进一步观察可以发现家庭均衡区位在 r^* 的位置,在该点竞价租金曲线 $\Psi(r,u^*)$ 从下方与市场租金曲线 $R(r)$ 相切。该切点代表了家庭为其所做出的居住区位决策所必须支付的土地市场租金。此时,该家庭获得了最大效用。由于越靠近原点,竞价租金曲线代表的效用也越大,因此,这意味着,在竞价租金曲线从下方与市场租金曲线相切处,该家庭可以获得最大效用。该结果可以非正式地用如下法则描述:

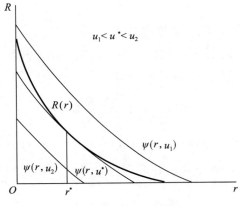

图 2.7 均衡区位的决定

---

[16] 均衡区位和最优区位这两个术语经常互换使用。请注意,最优仅仅意味着对家庭最好,并不意味着任何社会价值判断。

法则 2.1′　家庭均衡区位在竞价租金曲线从下方与市场租金曲线相切处。[17]

该法则可以利用间接效用函数(2.17)重新进行描述。我们把家庭在城市中能够获得的最大效用看作家庭的均衡效用，用 u^* 表示。回顾给定的市场租金曲线 $R(r)$，$V(R(r), Y-T(r))$ 给出了在区位 r 处家庭可以获得的最大效用。因此，当且仅当下列条件成立时，u^* 是家庭的均衡效用，r^* 是其最优区位：

$$u^* = V(R(r^*), Y-T(r^*)) \tag{2.33}$$

和

$$u^* \geqslant V(R(r), Y-T(r)) \quad \forall r \tag{2.34}$$

根据性质 2.4，这些条件可重写为

$$R(r^*) = \Psi(r^*, u^*)$$

和

$$R(r) \geqslant \Psi(r, u^*) \quad \forall r$$

因此，法则 2.1′可正式重新表述为

法则 2.1(个人区位均衡)　给定市场租金 $R(r)$，当且仅当以下条件

$$R(r^*) = \Psi(r^*, u^*) \text{ 和 } R(r) \geqslant \Psi(r, u^*) \quad \forall r \tag{2.35}$$

成立时，家庭均衡效用为 u^*，最优区位为 r^*。

需要注意的是，该法则在任何 $R(r)$ 和 $\Psi(r, u)$ 下均成立。基于此，我们可以把对应于均衡效用 u^* 的竞价租金曲线 $\Psi(r, u^*)$ 记为均衡竞价租金曲线。

给定曲线 $R(r)$ 和 $\Psi(r, u^*)$ 在 r^* 处是平滑的，这两条曲线在 r^* 处相切意味着

$$\frac{\partial \Psi(r^*, u^*)}{\partial r} = R'(r^*) \tag{2.36}$$

其中，$R'(r) \equiv dR(r)/dr$。因而，根据方程(2.27)，可以进一步得到

$$T'(r^*) = -R'(r^*)S(r^*, u^*) \tag{2.37}$$

该结果被称作穆斯条件(Muth's condition)。该条件表明，在均衡区位处，边际交通成本 $T'(r^*)$ 等于边际土地成本节约，即 $-R'(r^*)S(r, u^*)$。如果没有满足这个条件，则意味着家庭可以通过迁移[如果 $T'(r^*) > -R'(r^*)S(r^*, u)$，则可向 CBD 迁移；如果 $T'(r^*) < -R'(r^*)S(r^*, u)$，则可向更远处迁移]获得更大的效用。

根据定义，最优区位 r^* 处的均衡土地面积也是马歇尔土地需求 $\hat{s}(R(r^*), Y-T(r^*))$。根据条件(2.35)和恒等式(2.19)，它也等于最大竞价土地面积 $S(r^*, u^*)$：

---

[17]　这种说法在直觉上很吸引人，但并不十分准确。由于家庭的最优区位可能不唯一，所以将这里的均衡区位称为最优区位更为准确。此外，这里的相切为广义上的解释，包括存在角点解的情况。最后，如果有多条竞价租金曲线与市场租金曲线 $R(r)$ 相切，那么我们必须选择其中位置最低的一条。

$$\hat{s}(R(r^*), Y-T(r^*)) = S(r^*, u^*) \tag{2.38}$$

例 2.2 在例 2.1 给出的对数线性效用函数下,我们进一步假设:

$$R(r) = Ae^{-br}, T(r) = ar$$

其中,A、a、b 为正的常数。回顾公式(2.13)和(2.14),利用条件(2.35)和(2.37),我们可以得到家庭均衡区位(也就是最优区位)r^*,具体如下:

$$r^* = \frac{Y}{a} - \frac{1}{b\beta}$$

当 r^* 为正时,上述等式成立;否则,$r^* = 0$。

到目前为止,我们仅检验了单个家庭的区位决策。现在我们可以扩展上述分析,假定不同类型的家庭拥有不同的竞价租金函数,探讨这种情况下的土地利用模式。

假定有两类家庭:i 和 j,它们的竞价租金函数分别为 $\Psi_i(r,u)$ 和 $\Psi_j(r,u)$。[18] 对于不同类型的家庭来说,其均衡区位按照与 CBD 距离的排序满足如下法则:

法则 2.2 如果家庭 i 的均衡竞价租金曲线 $\Psi_i(r, u_i^*)$ 和家庭 j 的均衡竞价租金曲线 $\Psi_j(r, u_j^*)$ 仅相交一次,且在交叉点处 $\Psi_i(r, u_i^*)$ 要比 $\Psi_j(r, u_j^*)$ 陡峭,那么家庭 i 的均衡区位要比家庭 j 更靠近 CBD。

总之,陡峭度更大的均衡竞价租金曲线对应于更靠近 CBD 的均衡区位。该结果具体如图 2.8 所示。需要注意的是,任意家庭的均衡竞价租金曲线都不能在整个城市空间内对其他家庭占优。如果是这样的话,将与法则 2.1 所描述的每条均衡竞价租金曲线必定从下方与 $R(r)$ 相切的判断相矛盾。但是,如果一条曲线不能完全占优于另一条,那么两条曲线必定至少相交一次。在图 2.8 中,这发生在距离 x 处。由于家庭 i 由更为陡峭的曲线代表,在 x 的左侧,其均衡竞价租金曲线占优于家庭 j,在 x 右侧,则相反,因此,家庭 $i(j)$ 的均衡区位 $r_i^*(r_j^*)$ 一定位于 x 的左侧(右侧)。[19]

---

[18] 我们可以假设,住户 i 的居住选择行为可描述为

$$\max_{r,z,s} U_i(z,s) \quad \text{s.t.} \quad z + R(r)s = Y_i - T_i(r)$$

住户 j 的居住选择行为可描述为

$$\max_{r,z,s} U_j(z,s) \quad \text{s.t.} \quad z + R(r)s = Y_j - T_j(r)$$

其中,U_i、Y_i、T_i 分别是家庭 i 的效用函数、收入和运输成本函数,U_j、Y_j、T_j 分别是家庭 j 的效用函数、收入和运输成本函数。然后我们可以得出家庭 i 的竞价租金函数 $\Psi_i(r,u)$ 和家庭 j 的竞价租金函数 $\Psi_j(r,u)$,如 2.3 节所述。然而,无论从哪一种居住选择行为中推导出竞价租金函数,后面的法则(包括法则 2.1)都是有效的。因此,我们可以假设这些竞价租金函数是从一些居住选择模型中派生出来的。

[19] 当 $R(x)$ 在 x 处弯曲时,可能会出现例外情况。在这种情况下,两个家庭可能都居住在 x 处。但对于任何形式的市场租金曲线,均衡价格租金曲线更陡的家庭 i 都不会位于家庭 j 的右侧。

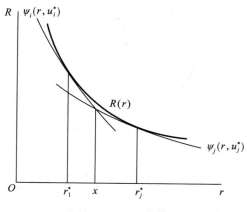

图 2.8 均衡区位排序

为了应用上面给出的法则,我们必须事先知道在交叉点处,哪条均衡竞价租金曲线更陡峭。一般来说,先验地获得该信息是非常困难的。然而,如果我们能够决定竞价租金函数的相对斜率,那么该问题就将被大大简化。相对斜率的定义如下:

定义 2.2 假设竞价租金函数 Ψ_i 和 Ψ_j 在 r 处是连续的,那么当且仅当下面的条件满足时,Ψ_i 要陡峭于 Ψ_j,即对于某些 (x, u_i, u_j),当 $\Psi_i(x, u_i) = \Psi_j(x, u_j) > 0$ 时,有如下不等式存在:

$$\Psi_i(r, u_i) > \Psi_j(r, u_j) \quad \text{对于所有的 } 0 \leqslant r < x$$

$$\Psi_i(r, u_i) < \Psi_j(r, u_j) \quad \text{当对于所有的 } r, \text{满足 } r > x \text{ 和 } \Psi(r, u_i) > 0 \text{ 时}$$

换句话说,当且仅当下列条件成立时,Ψ_i 要陡峭于 Ψ_j:当竞价租金曲线 $\Psi_i(r, u_i)$ 和 $\Psi_j(r, u_j)$ 在距离 x 处相交时,在 x 的左侧前者占优于后者,在 x 的右侧后者占优于前者。关键点是,任意一对竞价租金曲线都要满足该条件。当竞价租金曲线是非增的时,定义 2.2 可以用一个简单的方式重新描述如下:

定义 2.2′ 假定竞价租金函数 Ψ_i 和 Ψ_j 在 r 处是非增的可微函数,那么如果满足下列条件,Ψ_i 要陡峭于 Ψ_j[20],即当 $\Psi_i(x, u_i) = \Psi_j(x, u_j) > 0$ 时,有如下不等式存在:

$$-\frac{\partial \Psi_i(r, u_i)}{\partial r} > -\frac{\partial \Psi_j(r, u_j)}{\partial r} \quad \text{当 } r = x \text{ 时}$$

也就是说,对于任意家庭 i 和 j,如果在每对竞价租金曲线的交点,Ψ_i 陡峭于 Ψ_j,那么前者总会比后者更陡峭(见图 2.9)。

---

[20] 为了满足"当且仅当"的条件,以下条件必须变为:当 $\Psi_i(r, u_i) = \Psi_j(r, u_j)$ 时,对于 $r=x$, $-\partial\Psi_i(r, u_i)/\partial r > -\partial\Psi_j(r, u_j)/\partial r$,或者对于 $r=x$, $\partial\Psi_i(r, u_i)/\partial r = \partial\Psi_j(r, u_j)/\partial r$,并且 $\partial^2\Psi_i(r, u_i)/\partial r^2 < \partial^2\Psi_j(r, u_j)/\partial r^2$。

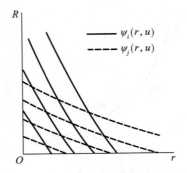

图 2.9 竞价租金函数的相对陡峭度

这是显而易见的,如果 Ψ_i 比 Ψ_j 陡峭,则没有任何一组竞价租金曲线相交超过一次(在到达 r 轴之前)。这意味着,均衡竞价租金曲线 $\Psi_i(r,u_i^*)$ 和 $\Psi_j(r,u_j^*)$ 仅相交一次。而且根据定义,在交点处曲线 $\Psi_i(r,u_i^*)$ 要比 $\Psi_j(r,u_j^*)$ 更陡峭。因此,基于法则 2.2,我们可以做出如下判断:

法则 2.3 如果家庭 i 的竞价租金函数比家庭 j 更陡峭,那么家庭 i 的均衡区位要比家庭 j 更靠近 CBD。

该法则的应用有一定的限制,因为我们并不总能确定各家庭竞价租金函数的相对陡峭度。然而,我们将看到它有助于从比较静态分析视角验证模型参数值的差异影响。事实上,采用比较静态分析方法对家庭区位选择做出确定的结论时,竞价租金函数的相对陡峭度(由参数值决定)也随之被确定。一个重要的例子是收入水平对家庭区位的影响效应。[21]

基于基础模型(2.1),我们任意设定两种收入水平 Y_1、Y_2,使 $Y_1<Y_2$。同时假定两个家庭拥有相同的效用函数,其交通成本函数也相同。用 $\Psi_i(r,u)$ 和 $S_i(r,u)$ 代表家庭竞价租金函数和最大竞价土地面积函数,该类型家庭的收入为 $Y_i(i=1,2)$。我们任取一对竞价租金曲线 $\Psi_1(r,u_1)$ 和 $\Psi_2(r,u_2)$,并假设它们相交于 x 点:$\Psi_1(x,u_1)=\Psi_2(x,u_2)\equiv\bar{R}$。回顾恒等式(2.19),由于 $Y_1-T(x)<Y_2-T(x)$,从土地的正常商品属性可得

$$S_1(x,u_1)=\hat{s}(\bar{R},Y_1-T(x))<\hat{s}(\bar{R},Y_2-T(x))=S_2(x,u_2)$$

这样,从公式(2.27)可进一步得到

$$-\frac{\partial\Psi_1(x,u_1)}{\partial r}=\frac{T'(r)}{S_1(x,u_1)}>\frac{T'(r)}{S_2(x,u_2)}=-\frac{\partial\Psi_2(x,u_2)}{\partial r}$$

由于我们任意选择了两个竞价租金曲线,该结果意味着函数 Ψ_1 要比 Ψ_2 陡峭,因此,基于法则 2.3,我们可以得出如下结论:

---

[21] 其他例子请参见 2.5.1 和 2.5.2 小节。

命题 2.1 在其他条件相同的情况下,相对于低收入家庭,高收入家庭更倾向于选择远离 CBD 的区位居住。

该结论经常被用来解释美国的居住模式。[②]

在结束本节时,需要注意的是,命题 2.1 是通过检验竞价租金函数的陡峭度随着收入而变化的方式获得的。检验竞价租金函数陡峭度如何随一个参数变化的类似方法,将经常被用于后续分析。为此,引入数学运算是非常有用的,它有助于我们检验相对陡峭度的变化。考虑一个一般性的竞价租金函数 $\Psi(r,u|\theta)$,其中,θ 为参数。为检验函数 Ψ 的相对陡峭度是如何随着 θ 的变化而变化的,我们任意选择一条竞价租金曲线 $\Psi(r,u|\theta)$,并在曲线上取一点 $(r,\Psi(r,u|\theta))$。然后,保持 $\Psi(r,u|\theta)$ 的值不变,我们可以检验,当参数 θ 变化时(见图 2.10),在距离 r 处竞价租金曲线的斜率是如何变化的。也就是说,我们可以给出如下算子:

$$-\frac{\partial \Psi_r(r,u|\theta)}{\partial \theta}\bigg|_{\Psi(r,u|\theta)=\text{常数}} \tag{2.39}$$

其中,$\Psi_r(r,u|\theta) \equiv \partial \Psi(r,u|\theta)/\partial r$。算子(2.39)通常被简化为

$$-\frac{\partial \Psi_r}{\partial \theta}\bigg|_{d\Psi=0} \tag{2.40}$$

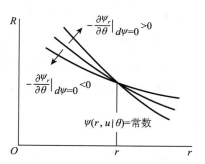

图 2.10 竞价租金函数相对陡峭度的变化

回顾定义 2.2′,我们可以得到如下法则:

法则 2.4 如果 $\Psi(r,u|\theta)>0$,在任意点 $-(\partial \Psi_r/\partial \theta)|_{d\Psi=0}$ 为正(负),那么 Ψ 将随着 θ 的增加而变得更陡峭(更平坦)。

该法则可用图 2.10 来解释。作为例证,我们可以应用该法则推导命题 2.1。为了强调 Y 是我们关注的参数,我们分别用 $\Psi(r,u|Y)$、$S(r,u|Y)$ 表示公式(2.8)给出的竞价租

---

② 这一结果取决于以下关键假设:所有家庭都具有相同的效用函数,且运输成本与收入无关。在欧洲、拉丁美洲和亚洲的许多城市,可以观察到完全相反的空间格局。同样,在美国,豪华公寓和联排别墅也经常出现在市中心附近。可以参见 Alonso(1964,第 6 章)、Muth(1969)以及 Wheaton(1977)关于家庭区位的实证研究。这些观察表明,非收入因素,如通勤的时间成本、家庭结构、外部性和动态因素,也会影响居住选择和空间模式。这些因素将在本书的其余部分一一引入。

金函数和土地面积函数。然后,由恒等式(2.19)可得

$$S(r,u|Y) = \hat{s}(\Psi(r,u|Y), Y-T(r)) \tag{2.41}$$

从公式(2.27)可知, $\Psi_r(r,u|Y) = -T'(r)/S(r,u|Y) = -T'(r)/\hat{s}(\Psi(r,u|Y), Y-T(r))$。因此,由于在距离 r 处 $I = Y - T(r)$,故有

$$-\frac{\partial \Psi_r}{\partial Y}\bigg|_{d\Psi=0} = \frac{\partial[T'(r)/\hat{s}(\Psi(r,u|Y), Y-T(r))]}{\partial Y}\bigg|_{\Psi(r,u|Y)=\text{常数}}$$

$$= -\frac{T'(r)}{\hat{s}^2} \frac{\partial \hat{s}}{\partial I} \frac{\partial(Y-T(r))}{\partial Y}$$

$$= -\frac{T'(r)}{\hat{s}^2} \frac{\partial \hat{s}}{\partial I} < 0$$

由于从土地的正常商品属性可知 $\partial \hat{s}/\partial I > 0$,因此上述公式的符号为负。由于该结论在任何 $\Psi(r,u|Y) > 0$ 的点都成立,故从法则 2.4 可知,竞价租金函数 $\Psi(r,u|Y)$ 将随着收入的提高而变得更为平坦。因此,从法则 2.3 可得命题 2.1。

2.5 扩展模型

鉴于读者们已经掌握了基础模型(2.1),现在比较适合将前面的分析中忽略的一些重要参数加入进来。在第一小节,我们将引入通勤时间成本,并用该模型检验工资收入和非工资收入是如何影响家庭区位选择的。在第二小节,我们将检验家庭结构的区位含义。在第三小节,我们将研究所谓的穆斯模型(Muth model),其中,住宅服务供给来源于住宅产业。

2.5.1 时间扩展模型

虽然我们没有明确地考虑通勤的时间成本,但事实上,时间成本与货币成本同等重要。为检验货币成本和时间成本对住宅区位选择的影响,我们假定家庭将在预算约束和时间约束下最大化其效用。效用函数可表示为 $U(z,s,t_l)$,其中,z 和 s 与前面的设定相同,t_l 代表闲暇时间。假设家庭选择距 CBD 的距离为 r 的区位。那么,总时间 $\bar{t}$ 包括闲暇时间 t_l、工作时间 t_w 和通勤时间 br。其中,b 是固定常数,代表每单位距离的通勤时间。这样,家庭的时间约束可表示为 $t_l + t_w + br = \bar{t}$。家庭收入包括非工资收入 Y_N 和工资收入 Wt_w。其中,W 代表工资率。该总收入被用于支付复合商品 z 的消费、土地租金 $R(r)s$ 和交通成本 ar。其中,a 是固定常数,代表单位距离的货币通勤成本。因此,家庭的预算约束可表示为 $z + R(r)s + ar = Y_N + Wt_w$。我们假定家庭可以自由地选择闲暇时间和工作时间。这样,家庭的区位选择可表示如下:

$$\max_{r,z,s,t_l,t_W} U(z,s,t_l) \quad \text{s.t.} \quad z+R(r)s+ar=Y_N+Wt_W, t_l+t_W+br=\bar{t} \tag{2.42}$$

上述公式被称为住宅区位选择的时间扩展模型。

从上述时间约束可得,$t_W=\bar{t}-t_l-br$。将其代入预算约束,上面的模型可变形为[23]

$$\max_{r,z,s,t_l} U(z,s,t_l) \quad \text{s.t.} \quad z+R(r)s+Wt_l=I(r) \tag{2.43}$$

其中,$I(r) \equiv Y_N+I_W(r)-ar, I_W(r) \equiv W(\bar{t}-br)$。这些公式表明,家庭可以进行如下交易:它将全部时间(扣除通勤时间 $\bar{t}-br$)以工资率 W 的价格出售给雇主,然后再以相同的单位时间价格 W 购买闲暇时间 t_l。这样,工资率 W 也可以看作闲暇时间的单位价格。我们称 $I_W(r)$、$I(r)$ 分别为在距离 r 处的潜在工资收入和潜在净收入。此时可以很方便地给出如下定义:

$$T(r)=ar+Wbr \tag{2.44}$$

该公式代表在距离 r 处的总通勤成本。

我们假设,给出上述变动,假设 2.1—2.3 对于时间扩展模型仍然成立。[24]那么,回顾定义 2.1,该模型的竞价租金函数可表述为

$$\Psi(r,u)=\max_{z,s,t_l}\left\{\frac{I(r)-z-Wt_l}{s}\ \bigg|\ U(z,s,t_l)=u\right\} \tag{2.45}$$

由此,最大竞价消费束 $(z(r,u),S(r,u),t_l(r,u))$ 可通过采用与基础模型类似的方法得到。首先,从效用约束 $U(z,s,t_l)=u$ 求解 z,我们可以得到无差异曲面方程为 $z=Z(s,t_l,u)$。将该表达式代入模型(2.45),我们可以得到无约束的竞价租金函数:

$$\Psi(r,u)=\max_{s,t_l}\frac{I(r)-Z(s,t_l,u)-Wt_l}{s} \tag{2.46}$$

关于 (s,t_l) 的最优选择,其一阶条件为

$$-\frac{\partial Z}{\partial s}=\Psi(r,u),\ -\frac{\partial Z}{\partial t_l}=W \tag{2.47}$$

该公式代表了常见的边际条件,该条件表明,在消费束的最优选择处,任何一组商品的边际替代率等于相应的价格比(回顾前面的假设,z 的价格等于1)。

例 2.3 假定模型(2.45)中效用函数用下面的对数线性函数表示:

$$U(z,s,t_l)=\alpha \log z + \beta \log s + \gamma \log t_l \tag{2.48}$$

其中,$\alpha>0, \beta>0, \gamma>0, \alpha+\beta+\gamma=1$。那么,有 $Z(s,u,t_l)=s^{-\beta/\alpha}t_l^{-\gamma/\alpha}e^{u/\alpha}$。利用公式(2.47),我们

---

[23] 在下文中,我们假设在最优选择处 t_W 总为正(即该住户并非退休),因此我们忽略了 t_W 的非负约束。

[24] 具体来说,假设 2.1 可转变为:效用函数是连续的,且当 $z>0, s>0, t_l>0$ 时,该函数随 z、s、t_l 递增;所有的无差异曲面都是严格凸且光滑,不经过坐标轴的。假设 2.2 变为 $a>0, b>0$。假设 2.3 保持不变。最后,假设效用函数是二阶连续可微的,没有奇异点。

可以得到如下表达式：

$$\Psi(r,u) = \alpha^{\alpha/\beta} \beta (\gamma/W)^{\gamma/\beta} I(r)^{1/\beta} e^{-u/\beta} \tag{2.49}$$

$$z(r,u) = \alpha I(r), t_l(r,u) = \gamma I(r)/W \tag{2.50}$$

$$S(r,u) = \beta I(r)/\Psi(r,u) = \alpha^{-\alpha/\beta} (\gamma/W)^{-\gamma/\beta} I(r)^{-(\alpha+\gamma)/\beta} e^{u/\beta} \tag{2.51}$$

与基础模型类似,也同样可以得到一系列恒等式。特别地,下面将描述两个最重要的等式。我们一般化地用 P_l 代表闲暇时间的单位价格。[25] 我们可以从如下效用最大化问题的解定义马歇尔土地需求 $\hat{s}(R,P_l,I)$：

$$\max_{z,s,t_l} U(z,s,t_l) \quad \text{s.t.} \quad z + Rs + P_l t_l = I \tag{2.52}$$

然后,有恒等式[26]：

$$S(r,u) \equiv \hat{s}(\Psi(r,u), W, I(r)) \tag{2.53}$$

也就是说,在效用 u 下,最大竞价土地需求正好等于土地租金 $\Psi(r,u)$ 和闲暇价格 W 下的马歇尔需求。类似地,可由下面支出最小化问题的解定义希克斯土地需求 $\tilde{s}(R,P_l,u)$：

$$\min_{z,s,t_l} z + Rs + P_l t_l \quad \text{s.t.} \quad U(z,s,t_l) = u \tag{2.54}$$

则有恒等式：

$$S(r,u) \equiv \tilde{s}(\Psi(r,u), W, u) \tag{2.55}$$

也就是说,在效用 u 下的最大竞价土地需求正好等于该效用下的补偿需求,此时土地租金为 $\Psi(r,u)$,闲暇价格为 W。

基于这些恒等式,我们可以用前面所使用的技术证明有关竞价租金曲线的性质2.1、2.2同样适合于时间扩展模型。[27] 另外,法则2.1'(或者法则2.1)同样可以被用于决定均衡区位。同前面的讨论类似,竞价租金关于距离的边际变化可表示为

$$\Psi_r \equiv \frac{\partial \Psi(r,u)}{\partial r} = -\frac{T'(r)}{S(r,u)} \tag{2.56}$$

其中,

$$T'(r) = a + Wb \tag{2.57}$$

现在我们准备验证非工资收入和工资收入对家庭区位选择的影响。首先,非工资收入 Y_N 的影响本质上与基础模型中的收入 Y 的影响类似。将恒等式(2.53)代入公式(2.56)可得 $\Psi_r = -T'(r)/\hat{s}(\Psi(r,u), W, I(R))$。应用2.4节给出的方法,可以得到

---

[25] 闲暇时间的价格就是闲暇时间的机会成本。当然,在我们的模型中,它恰好为 $P_l = W$。在这里,我们把闲暇时间的价格作为一个参数,用 P_l 表示。

[26] 这可以很容易看出,公式(2.47)的两个条件也代表着当 $R = \psi(r,u), P_l = W, I = I(r)$ 时,问题(2.52)的最优条件。相似的观点也适用于恒等式(2.55)。

[27] 由于运输成本函数 $T(r) = ar + Wbr$ 是线性的,因此性质2.2也成立。

$$-\frac{\partial \Psi_r}{\partial Y_N}\bigg|_{d\Psi=0} = \frac{\partial [T'(r)/\hat{s}(\Psi(r,u),W,I(r))]}{\partial Y_N}\bigg|_{\Psi(r,u)=\text{常数}}$$

$$= -\frac{T'(r)}{\hat{s}^2} \frac{\partial \hat{s}}{\partial I} \frac{\partial I(r)}{\partial Y_N}$$

$$= -\frac{a+Wb}{\hat{s}^2} \frac{\partial \hat{s}}{\partial I} < 0$$

土地的正常商品属性使得收入效应 $\partial \hat{s}/\partial I$ 为正,上述公式则为负。从法则 2.4 可知,这意味着竞价租金函数 Ψ 将随着 Y_N 的增长而变得更加平坦。因此,基于法则 2.3,我们可以得到如下命题:

命题 2.1′ 在其他条件相同的情况下,相对于非工资收入较低的家庭,非工资收入较高的家庭更倾向于居住在距 CBD 较远的区位。

综合命题 2.1 和命题 2.1′,我们可以得出,只要交通成本与收入水平无关,富裕程度较高的家庭将比富裕程度较低的家庭更倾向于居住在远离 CBD 的区位。

下一个逻辑问题是,工资收入是如何影响家庭的居住选择的?由于工资率同时影响交通成本函数和土地需求,因此总效应将变得较为复杂。为了验证工资率对竞价租金函数陡峭度的影响,基于公式(2.56)可得

$$-\frac{\partial \Psi_r}{\partial W}\bigg|_{d\Psi=0} = \left(\frac{1}{S}\frac{\partial T'}{\partial W} - \frac{T'}{S^2}\frac{\partial S}{\partial W}\right)_{d\Psi=0}$$

$$= \frac{T'}{SW}\left(\frac{\partial T'}{\partial W}\frac{W}{T'} - \frac{\partial S}{\partial W}\frac{W}{S}\right)_{d\Psi=0}$$

其中,$S = S(r,u)$,$T' = T'(r)$。因此有

$$-\frac{\partial \Psi_r}{\partial W}\bigg|_{d\Psi=0} \gtreqless 0 \quad \text{当} \quad \underbrace{\frac{\partial T'}{\partial W}\frac{W}{T'}\bigg|_{d\Psi=0}}_{\text{边际交通成本的工资弹性}} \gtreqless \underbrace{\frac{\partial S}{\partial W}\frac{W}{S}\bigg|_{d\Psi=0}}_{\text{土地面积的工资弹性}} \text{时} \qquad (2.58)$$

那么,该问题可以进一步简化为弹性问题。[28] 由于 $T'(r) = a + Wb$,则有

$$\frac{\partial T'}{\partial W}\frac{W}{T'}\bigg|_{d\Psi=0} = \frac{\partial T'}{\partial W}\frac{W}{T'} = \left(1 + \frac{a}{bW}\right)^{-1} \qquad (2.59)$$

通过简单计算得到[29]

---

[28] $(\partial T'/\partial W)(W/T') = (\partial T'/T')/(\partial W/W)$ 表示边际运输成本的百分比变化与工资率百分比变化的比例。类似地,$(\partial S/\partial W)(W/S) = (\partial S/S)/(\partial W/W)$ 表示土地面积的百分比变化与工资率百分比变化的比例。

[29] 由恒等式(2.53),$S(r,u) = \hat{s}(\psi(r,u),W,I(r))$,$P_l = W$,因此可以有

$$\frac{\partial S}{\partial W}\frac{W}{S}\bigg|_{d\Psi=0} = \left(\frac{\partial \hat{s}}{\partial I}\frac{\partial I(r)}{\partial W} + \frac{\partial \hat{s}}{\partial P_l}\frac{\partial P_l}{\partial W}\right)\frac{W}{\hat{s}} = \left(\frac{\partial \hat{s}}{\partial I}(\bar{t}-br) + \frac{\partial \hat{s}}{\partial P_l}\right)\frac{W}{\hat{s}}$$

$$= \frac{\partial \hat{s}}{\partial I}\frac{I_W(r)}{\hat{s}} + \frac{\partial \hat{s}}{\partial P_l}\frac{W}{\hat{s}} = \left(\frac{\partial \hat{s}}{\partial I}\frac{I(r)}{\hat{s}}\right)\frac{I_W(r)}{I(r)} + \frac{\partial \hat{s}}{\partial P_l}\frac{P_l}{\hat{s}}$$

$$\left.\frac{\partial S}{\partial W}\frac{W}{S}\right|_{d\Psi=0}=\eta\frac{I_W(r)}{I(r)}+\varepsilon \qquad (2.60)$$

其中,

$$\eta=\frac{\partial \hat{s}}{\partial I}\frac{I(r)}{\hat{s}}, \varepsilon=\frac{\partial \hat{s}}{\partial P_l}\frac{P_l}{\hat{s}} \qquad (2.61)$$

根据定义,η 代表土地面积的潜在净收入弹性,ε 代表土地面积对闲暇时间价格的交叉弹性。[30] 由于土地是正常商品,因此 η 总为正。我们假设在相关的分析领域,这些弹性是固定的。[31] 将公式(2.59)、(2.60)代入公式(2.58),可得如下性质:

性质 2.5 在时间扩展模型中,有

$$-\left.\frac{\partial \Psi_r}{\partial W}\right|_{d\Psi=0} \gtreqless 0 \quad \text{当} f(r,W) \equiv \left(1+\frac{a}{bW}\right)^{-1} - \left(\eta\frac{I_W(r)}{I(r)}+\varepsilon\right) \gtreqless 0 \text{ 时} \qquad (2.62)$$

其中,$I(r)=Y_N+I_W(r)-ar, I_W(r)=W(\bar{t}-br)$,$a$、$bW$ 分别代表通勤的边际货币成本和边际时间成本。

由于弹性差 $f(r,W)$ 是 r 和 W 的函数,因此验证工资变化对竞价租金函数陡峭度的一般影响是很困难的。但我们考虑一种特殊的情况,其中,家庭仅赚取纯工资收入(也就是 $Y_N=0$),货币交通成本相对于时间成本可以忽略不计(也就是 $a=1$)。[32] 在这些条件下,有

$$f(r,W)=1-(\eta+\varepsilon)$$

---

[30] 我们在市场上看到的不是 η,而是土地面积的净收入弹性,定义为

$$\eta_R=\frac{\partial \hat{s}}{\partial I_R(r)}\frac{I_R(r)}{\hat{s}}$$

其中,$I_R(r)$ 是在区位 r 实现的净利润,表示为 $I_R(r)=I(r)-Wt_l(r,u)$。η 和 η_R 的关系可由以下公式得到:令 $\hat{t}_l(R,P_l,T)$ 表示闲暇时间的一般需求,由效用最大化问题(2.52)的解得到,那么可得 $t_l(r,u)=\hat{t}_l(\Psi(r,u),W,I(r))$,因此,$I_R(r)=I(r)-W\hat{t}_l(\Psi(r,u),W,I(r))$,故有

$$\frac{\partial \hat{s}}{\partial I}=\frac{\partial \hat{s}}{\partial I_R}\frac{\partial I_R}{\partial I}=\frac{\partial \hat{s}}{\partial I_R}\left(1-W\frac{\partial \hat{t}_l}{\partial I}\right)$$

因此

$$\eta=\frac{\partial \hat{s}}{\partial I}\frac{I(r)}{\hat{s}}=\frac{\partial \hat{s}}{\partial I_R}\left(1-W\frac{\partial \hat{t}_l}{\partial \hat{s}}\right)\frac{I(r)}{\hat{s}}$$

$$=\frac{\partial \hat{s}}{\partial I_R}\frac{I_R(r)}{\hat{s}}\left(1-W\frac{\partial \hat{t}_l}{\partial I}\right)\frac{I(r)}{I_R(r)}=\eta_R\left(1-W\frac{\partial \hat{t}_l}{\partial I}\right)\left(1+W\frac{\hat{t}_l}{I_R(r)}\right)$$

也即

$$\eta=\eta_R\left(1-W\frac{\partial \hat{t}_l}{\partial I}\right)\left(1+W\frac{\hat{t}_l}{I_R(r)}\right)$$

[31] 这个假设不成立时,我们必须谨慎地给出命题 2.2 和 2.3。关于这一点,请参见本章注释[33]。

[32] 在城市经济学研究中这种简化的假设经常被采用[例如,Beckmann(1974),Henderson(1977),Hochman 和 Ofek(1977)]。

因此,根据性质 2.5 和前面给出的法则 2.3 和 2.4,我们可以给出如下命题:

命题 2.2 给定家庭是纯工资收入者,其货币交通成本等于零(也就是说,$Y_N = 0, a = 0$),那么[33]

(ⅰ)如果 $\eta+\varepsilon>1$,则随着工资率的提高,家庭均衡区位将从 CBD 向外移动;

(ⅱ)如果 $\eta+\varepsilon<1$,则随着工资率的提高,家庭均衡区位将向 CBD 移动;

(ⅲ)如果 $\eta+\varepsilon=1$,则工资率对区位没有影响。

例如,在日本,货币通勤成本通常由雇主支付($a=0$)。因此,命题 2.2(ⅱ)可以用于解释在大多数日本城市,富裕程度较高的家庭倾向于居住在距 CBD 较近的区位,而富裕程度较低的家庭则相反(当条件 $\eta+\varepsilon<1$ 成立时,这个条件代表最一般化的情况)。然而,在美国,货币交通成本不能忽略[34],命题 2.2 不再适用。

当货币交通成本不能忽略时,我们可以从纯工资收入者($Y_N=0$)的角度再次考虑关系式(2.62),以下关系成立:

$$\frac{I_W(r)}{I(r)} = \left(1 - \frac{ar}{W(\bar{t}-br)}\right)^{-1}$$

当 $r=0$ 时,该比例等于 1,它将随着 r 的增加而增加。因此,如果 $\eta+\varepsilon\geq 1$,那么对于所有的 r,有 $f(r,W)<0$,我们基于关系式(2.62)可以得到如下公式:

$$\text{若 } \eta+\varepsilon\geq 1, \text{则} -\frac{\partial \Psi_r}{\partial W}\bigg|_{d\Psi=0} < 0$$

上式表明,高工资居民将比低工资居民更倾向于居住在远离 CBD 的区位。[35]

如果 $\eta+\varepsilon<1$,则函数 $f(r,W)$ 可能为正也可能为负。对于这一情形,在参数 r、a、b 和 W 的现实取值范围内,相对于可比的弹性 a/bW,比率 $I_W(r)/I(r)$ 关于 W 的弹性非常小。需要注意的是,$I_W(0)/I(0)=1$,比率 $I_W(r)/I(r)$ 关于 r 的增长率是非常小的。[36]因此,我们可以得到如下关系式:

---

[33] 当 η 和 ε 不是常数时,例如(ⅰ),我们可重新将其表述为"(ⅰ)如果在相关的分析范围内,均衡区位……",同样的表述也适用于命题 2.3。

[34] 例如,Altmann 和 DeSalvo(1981)估计得出,1960—1975 年间,对于拥有城市平均收入的家庭,其 a/bW 比率为 0.9。Mills(1972a,第 85 页)使用的值为 $a/bW = 0.6$。其合理解释是 1973 年油价上涨。这一比例现在甚至更高。

[35] 一个例子是对数线性效用函数(例 2.3),其中,$\eta=1, \varepsilon=0$。事实上,由公式(2.49)可知,$-\Psi_r = I'(r)\Psi(r,u)/\beta I(r) = T'(r)\Psi(r,u)/\beta I(r) = (a+Wb)\Psi(r,u)/\beta I(r)$。所以假设 $Y_N=0$,则有

$$-\frac{\partial \Psi_r}{\partial W}\bigg|_{d\Psi=0} = \frac{-a\bar{t}\Psi(r,u)}{\beta I(r)^2} < 0$$

[36] a/bW 关于 W 的弹性为 -1,而 $I_W(r)/I(r)$ 关于 W 的弹性为 $-x(W)/(1-x(W))$,其中,$x(W) = ar/W(t-br)$。如果我们使用 Altmann 和 DeSalvo(1981)的参数值,则可以得到 $b = 1$(往返)$/35$ 英里/小时 $= 1/17.5$(英里/小时),$a = 1$(往返)$\times 4.61$(美分/英里·车)$= 0.0922$(美元/英里·车)。令 t 等于 24 小时,r 等于 50 英里,这比现在最大城市的半径还要大。那么,$I_W(r)/I(r)$ 关于 W 的弹性为 $0.22/(W-0.22)$,在美国任何合理的工资率(美元/小时)下,它都接近于零。同样,在美国的工资率下,$I_W(0)/I(0) - I_W(50)/I(50) \doteq 1 - 1/(1-4.6/21W)$,该式也接近于零。

$$f(r,W) \doteq f(W) \equiv \left(1+\frac{a}{bW}\right)^{-1} - (\eta+\varepsilon) \tag{2.63}$$

假定 $0<\eta+\varepsilon<1$,函数 $f(W)$ 的特征可用图 2.11(a) 表示。边际交通成本 $(1+a/bW)^{-1}$ 的工资弹性在 0 至 1 之间是递增的,而土地面积的工资弹性保持 $\eta+\varepsilon$ 不变。当 $W<\hat{W}$ 时,差值 $f(W)$ 为负;而当 $W>\hat{W}$ 时,该值为正,其中,

$$\hat{W} = \frac{a}{b}\frac{\eta+\varepsilon}{1-(\eta+\varepsilon)} \tag{2.64}$$

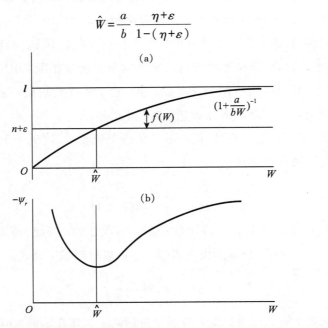

图 2.11 工资率对竞价租金函数斜率($\eta+\varepsilon<1$)的影响

因此,从性质 2.5 可知,随着工资率的变化,每个区位对应的竞价租金曲线($-\Psi_r$)斜率的变化如图 2.11(b) 所示。结合法则 2.3 和 2.4,当工资率提高到 $\hat{W}$ 时,家庭的均衡区位将移动到远离 CBD 的区位;而当工资率持续提高时,该家庭的均衡区位又将移向 CBD。㊲这将得到如下直观的含义:对于低收入家庭,货币交通成本和通勤时间的工资损失都很重要。这使得这类家庭倾向于居住在距离 CBD 较近的区位。随着收入的提高,该成本的重要性也逐渐下降,因此家庭可以选择距离 CBD 较远的区位。然而,在某个高工资率下,通勤时间的机会成本将变得非常重要。拥有这样高工资率的家庭倾向于向城市中心迁移。总之,我们可以得出如下结论:

㊲ 如果我们再次使用 Altmann 和 DeSalvo(1981) 的参数值,那么 $\hat{W}=(a/b)(\eta+\varepsilon)/(1-(\eta+\varepsilon))=1.61(\eta+\varepsilon)/(1-(\eta+\varepsilon))$,并且 $\eta_R=0.875$。本章注释㉚中的最后一个方程表明,η 将接近于 η_R。因此,如果我们假设 $\eta=\eta_R=0.875$,并且 $\varepsilon=0$,则有 $\hat{W}=11.27$ 美元/小时。因此,年工资收入 = 11.27 美元/小时×40 小时/周×50 周 = 22 540 美元/年·工人。如果用每个家庭的平均工作人数和非工资收入来调整这个数字,我们得到的值要比城市家庭平均收入高得多,后者在 1970 年为 12 577 美元。

命题 2.3 给定纯工资收入家庭,其货币交通成本是正的(也就是说,$Y_N=0$,$a>0$),那么有

（ⅰ）如果 $\eta+\varepsilon \geqslant 1$,则随着工资率的提高,家庭均衡区位将从 CBD 向外移动;

（ⅱ）如果 $0<\eta+\varepsilon<1$,则工资率的提高首先使家庭均衡区位远离 CBD,但随着工资率超过公式(2.64)给出的 $\hat{W}$,额外增加的工资将使家庭区位进一步向初始的区位移动。

当命题 2.3(ⅱ)成立时,工资收入很低的家庭和工资收入很高的家庭均倾向于居住在城市中心附近;中等工资收入家庭则被吸引到城市郊区。这一规律已经在美国的一些大城市得到了验证。[38] 图 2.11(b)中曲线的特征与 Wheaton(1977)所估计的旧金山的竞价租金曲线的斜率是一致的。

在结束本小节之前,我们注意到,命题 2.3 给出了一个重要的政策含义。无论土地面积的工资弹性($\eta+\varepsilon$)如何,低收入家庭总是偏好于城市中心的区位。因此,城市中心低质量住房的拆迁,并不能导致各收入组在城市内部呈均匀分布,其仅仅取代了一个特定组,而且该组将继续寻找位于城市中心的区位。[39]

2.5.2 家庭结构模型

现在我们扩展 2.5.1 小节给出的模型,利用该模型探讨家庭结构对区位选择的影响。基于 Beckmann(1973)的研究,我们假设家庭结构由两个参数代表:d 代表家庭受抚养成员的数量,n 代表家庭中工作成员的数量。家庭效用函数可一般化为 $U(z,s,t_l;d,n)$,其中,d 和 n 是参数。这样,模型(2.42)可表述为

$$\max_{r,z,s,t_l,t_W} U(z,s,t_l;d,n)$$
$$\text{s.t.} \quad z+R(r)s+nar=Y_N+nWt_W, \quad t_l+t_W+br=\bar{t} \tag{2.65}$$

上述模型被称为居住区位选择的家庭结构模型。第二个约束代表每个工作成员的时间约束。这里假设家庭中所有工作成员拥有相同的闲暇时间 t_l、工作时间 t_W 和通勤时间 br。第一个约束条件代表了家庭预算。同时假设家庭中每个工作成员有相同的货币交通成本 ar,并拥有相同的工资率 W。家庭所有成员的消费包括复合商品 z 和土地 s。

与 2.5.1 小节类似,家庭结构模型可重新表述为

$$\max_{r,z,s,t_l} U(z,s,t_l;d,n)$$
$$\text{s.t.} \quad z+R(r)s+nWt_l=I(r,n) \tag{2.66}$$

其中,$I(r,n)=Y_N+nW(\bar{t}-br)-nar$。因此,竞价租金函数可由如下公式给出:

---

[38] 美国最近的研究表明,土地面积的工资弹性可能远小于 1。Muth(1971)、Carliner(1973)和 Polinsky(1977)分别引用了文献中的 0.75、0.5 和 0.75 作为住房已实现的总收入弹性的样本值。Wheaton(1977)估计土地已实现的总收入弹性为 0.25。由于 ε 的值将接近于 0,因此这些数字表明 $\eta+\varepsilon$ 可能远小于 1。

[39] Muth(1969)强调了这一点。

$$\Psi(r,u) = \max_{s,t_l} \frac{I(r,n) - Z(s,t_l,u;d,n) - nWt_l}{s} \quad (2.67)$$

其中,$Z(s,t_l,u;d,n)$ 是 $U(z,s,t_l;d,n) = u$ 关于 z 的解。

例如,我们考虑下面的对数线性效用函数:

$$U(z,s,t_l;d,n) = h\alpha \log(z/h^\lambda) + h\beta \log(s/h^\mu) + n\gamma \log t_l + d\delta \log \bar{t} \quad (2.68)$$

其中,α、β、γ、δ、λ 和 μ 都是正的常数,$h = d+n$ 代表家庭规模。[40] 例如,$\lambda = \mu = 1$ 意味着,家庭所有成员都同等地分享 z 和 s。实际上,μ 要小于 1(对家庭成员来说,它反映了 z 和 s 的公共品特征)。通过计算,竞价租金函数和最大竞价消费组合可表示为

$$\Psi(r,u) = A\left(\frac{h\alpha}{B}\right)^{\alpha/\beta}\left(\frac{h\beta}{B}\right)\left(\frac{n\gamma}{B}\frac{1}{nW}\right)^{n\gamma/h\beta} I(r,n)^{B/h\beta} e^{-u/h\beta}$$

$$z(r,u) = \frac{h\alpha}{B}I(r,u), \quad S(r,u) = \frac{h\beta}{B}\frac{I(r,u)}{\Psi(r,u)}$$

$$t_l(r,u) = \frac{n\gamma}{B}\frac{I(r,u)}{nW}$$

其中,$A = \{h^{h\alpha\lambda + h\beta\mu}(\bar{t})^{-d\delta}\}^{-1/(h\beta)}$,$B = h\alpha + h\beta + n\gamma$。通过简单计算可得

$$-\frac{\partial \Psi}{\partial r} = \frac{\alpha + \beta + (n/h)\gamma}{\beta} \frac{a + bW}{(Y_N/n) + W(\bar{t} - br) - ar}\Psi(r,u) \quad (2.69)$$

由于 $h = d + n$,有

$$-\frac{\partial \Psi_r}{\partial d}\bigg|_{d\Psi = 0} = -\frac{n\gamma}{\beta h^2}\frac{a + bW}{(Y_N/n) + W(\bar{t} - br) - ar}\Psi(r,u) < 0$$

上述公式表明,随着家庭受抚养成员的增加,竞价租金函数将变得更平坦。相对于工作成员的闲暇时间,d 的增加提高了土地面积在效用函数中的权重。这进而增加了土地面积需求,因而竞价租金函数变得更平缓。接下来,我们从公式(2.69)可以看到,在纯工资收入的情形下($Y_N = 0$),随着通勤者与家庭规模比 n/h 的提高,竞价租金函数将变得更陡峭。类似地,我们从公式(2.69)可以看到,在没有受抚养人口($d = 0$,因而 $n/h = 1$)的纯工资收入者情形下,竞价租金函数的陡峭度与家庭规模(=通勤者数量)无关。因此,回顾法则2.3,我们可以得到如下命题:

命题 2.4 在家庭结构模型中,假定其效用函数为对数线性形式,则有

(ⅰ)家庭中受抚养成员越多,其区位均衡越倾向于远离CBD;

(ⅱ)对于包含纯工资收入者的家庭,其区位选择排序可由家庭的通勤者与家庭规模比 n/h 决定,该比例越低,家庭越倾向于选择远离CBD的区位;

(ⅲ)对于没有受抚养成员的纯工资收入者家庭,其区位选择独立于家庭规模(也就

---

[40] 当模型(2.66)和(2.68)相结合时,模型是 Beckmann(1973)的一个扩展,其中加入了货币通勤成本。

是通勤者数量)。

这些结论最初由 Beckmann(1973)得出,这与对美国许多城市随机观察的结论是一致的。虽然这些结论由一个对数线性效用函数得出,但从公式(2.65)的基础模型也容易得出类似的结论。

2.5.3 住宅产业的穆斯模型

在公式(2.1)的基础模型中,其隐含的假设是,每个家庭自己建造自己的住宅。然而,Muth(1969)还给出了另一类模型,其中,假设家庭消费一个商品集合,称为住宅服务。这样,每个家庭的行为可表示为

$$\max_{r,z,q} U(z,q) \quad \text{s.t.} \quad z+R_H(r)q=Y-T(r) \tag{2.70}$$

其中,R_H 是在区位 r 处住宅服务 q 的单位价格,z 代表除住宅服务外的复合消费品数量。相应地,住宅产业根据生产函数 $F(L,K)$ 来供给住宅服务,其投入品为土地 L 和资本(或非土地投入)K。也就是说,住宅产业中每个利润最大化企业的行为可表示为

$$\max_{L,K} R_H(r)F(L,K)-R(r)L-K \quad \text{对于每个 } r \tag{2.71}$$

其中,$R(r)$ 是在距离 r 处的土地租金,假设资本价格为与区位选择无关的常数,标准化为 1。

公式(2.70)和(2.71)的组合被称为住宅产业的穆斯模型。有两种不同的方法来处理该模型。一种方法是用基础模型的形式修改该模型。用 q 代表家庭住宅服务消费数量,并定义

$$s \equiv \frac{q}{F(L,K)}L, \quad k \equiv \frac{q}{F(L,K)}K \tag{2.72}$$

那么,s、k 分别代表家庭的土地投入和资本投入。与 Muth(1969)类似,我们假设住宅生产函数 F 存在固定规模收益。通过简单计算可得[41]

$$q=F(s,k) \tag{2.73}$$

上述公式代表住宅生产函数,用其表示家庭住宅服务的投入与产出水平。由于 F 的规模收益不变,故在均衡状态下所有区位上的住宅产业均获得零利润:$R_H(r)F(L,K)-R(r)L-K=0$。因此,有

$$R_H(r) = R(r)L/F(L,K)+K/F(L,K)$$
$$= R(r)s/q+k/q \tag{2.74}$$

将公式(2.73)和(2.74)代入公式(2.70),穆斯模型与下面的简化模型是相同的,其

---

[41] 由公式(2.72)的第一个方程,$q=F(L,K)s/L=F(s,Ks/L)$(由规模收益不变的假设)$=F(s,(kF(L,K)/q)(s/L))$[由公式(2.72)的第二个方程]$=F(s,(F(L,K)/Lq)(ks))=F(s,(1/s)(ks))=F(s,k)$。

中每个家庭自己选择土地和资本投入：

$$\max_{r,z,s,k} U(z,F(s,k)) \quad \text{s.t.} \quad z+k+R(r)s=Y-T(r) \tag{2.75}$$

除了增加一个新的选择变量 k，这个模型基本上与基础模型相同。[42]

另一种方法是保持穆斯模型的基本假设不变，其更适合研究公寓式住宅。我们定义住宅竞价租金函数 $\Psi_H(r,u)$ 为

$$\Psi_H(r,u) = \max_q \frac{Y-T(r)-Z(q,u)}{q} \tag{2.76}$$

其中，$Z(q,u)$ 是 $u=U(z,q)$ 关于 z 的解。注意，这里除了标记有差别，其与公式（2.8）是相同的。因此，如果我们分别用 $R_H(r)$ 和 $\Psi_H(r,u)$ 替换 $R(r)$ 和 $\Psi(r,u)$，那么前几小节得出的结论对于穆斯模型仍然成立。特别地，我们假定当 s 被 q 替代时，假设 2.1—2.3 成立，则仍然可以从穆斯模型得到命题 2.1—2.4。[43] 从这一点来看，它们是非常有力的结论。我们将在 3.7 节继续讨论穆斯模型。

2.6 结论

在本章，我们已经验证了如何通过权衡居住空间和工作可达性来决定家庭居住选择。在基础模型中，我们仅明确考虑了货币的交通成本。然后，我们引入了通勤时间成本、家庭结构和住宅消费。

这些模型得出的结论显示，在单中心城市中，一种特定的土地利用模式将成为主流模式。假定仍然存在货币交通成本，土地面积的工资弹性小于 1。那么，根据命题 2.1、2.2 和 2.4，下面的土地利用模式将成为主流模式。受抚养成员少（例如单身和孩子较少的双职工家庭）的低工资收入家庭和高工资收入家庭，将倾向于居住在靠近城市中心的区位。此外，家庭规模大和通勤者少的中等收入家庭，将居住在城市郊区；而家庭规模大和通勤者少的富裕家庭，将居住在更远的区位。该模式与我们所观察到的美国大城市的情况是一致的。

在本章中，我们利用类似的分析方法得出了系列命题。也就是说，我们检验了竞价租金函数的陡峭度如何随着参数值的变化而改变。如果竞价租金函数随着参数值的增加而变得更陡峭，那么参数值较大的家庭要比参数值较小的家庭更倾向于居住在城市中

---

[42] 在数学上，这个简化的模型可以看作基础模型的一个特例，即令 $c = z + k$，定义 $U(c,s) = \max_{z,k}\{U(z,F(s,k)) \mid z+k=c\}$，则公式（2.75）等价于：$\max_{r,c,s} U(c,s)$，s.t. $c+R(r)s=Y-T(r)$。如果我们进一步用 z 替换 c，就得到了基础模型。

[43] 为了从穆斯模型推导出命题 2.2—2.4，我们可将公式（2.70）替换为公式（2.42）或（2.65），其中，s 和 $R(r)$ 分别被替换为 q 和 $R_H(r)$。

心;反之亦然。需要注意的是,这些分析尚未假设市场租金曲线的形状或者土地所有者行为,仅假设了家庭是价格接受者,把土地市场租金曲线看作外生要素。因此,无论土地市场租金曲线的形状和土地所有者行为的情况如何,这些关于土地利用模式的结论仍然成立。

然而,如果想要获得更多有关均衡土地利用模式的详细信息,例如人口密度和市场租金曲线形状,我们就必须进一步给定土地所有者行为。我们将在下一章讨论该问题。

书目备注

本章提出的家庭区位理论在很大程度上是基于 Alonso、Beckmann 和 Muth 的开创性工作。2.2 节的基础模型是对阿隆索模型(Alonso,1964,第 2 章)的简化。在阿隆索的原始模型中,效用函数包含了另一个变量——到 CBD 的距离,它表示通勤的负效用。然而,阿隆索模型很难得到任何关于家庭区位的一般结果。因此,为了得到明确的结果,多数的后续工作采用了基础模型中更简单的框架。

本章描述的竞价租金函数方法最早是由 Alonso(1964)完成的。它是 von Thünen(1826)的农地竞价租金理论的推广。这种方法与 Solow(1973)在城市土地利用模型中引入的间接效用函数方法基本相同。许多城市经济学家,尤其是 Schweizer、Varaiya 和 Hartwick(1976)以及 Kanemoto(1980),进一步发展了竞价租金/间接效用函数方法。竞价租金函数的相对陡峭度概念由 Fujita(1985)提出。

2.5.1 小节的时间扩展模型是对 Beckmann(1974)、Henderson(1977)、Hochman 和 Ofek(1977)等类似模型的扩展,其在模型中只考虑了通勤的时间成本,而忽略了货币成本。我们对这个扩展模型的讨论基于 Fujita(1986a)。DeSalvo(1985)独立研究了类似的模型。命题 2.2 实质上与 Hochman 和 Ofek(1977)的推论 3 相同。我们也可以将时间扩展模型看作 Yamada(1972)的简化版本。在 Yamada 的模型中,还考虑了工作时间和通勤时间的负效用以及环境的外部影响等因素。注意,在这里家庭可以自由选择工作时间的长短。对于考虑最长工作时间的情况,可参见 Moses(1962)和 Yamada(1972)。

2.5.2 小节的家庭结构模型是 Beckmann(1973)的延伸。在 Beckmann 的模型中,假定货币交通成本为零且工作时间是固定的。2.5.3 小节中的住房产业模型是由 Muth(1969)引入的。在 Muth 的研究中,运输成本被隐含地假设为收入水平的函数。在我们的模型中,工资收入和非工资收入是被分开对待的,因此假定经济运输成本与收入无关。

在这一章中,为了解释在美国所观察到的家庭区位的一般模式,我们主要讨论时间扩展模型。LeRoy 和 Sonstelie(1983)提出了一个替代模型,引入了多种交通模式。

第3章 均衡土地利用与最优土地利用：单一类型家庭

3.1 引言

我们已经探讨了单个家庭如何在城市中选择居住区位。每个家庭都将把市场租金曲线看作给定的，并以此寻找其最渴望的区位，同时不考虑其他影响因素。接下来自然会关注土地供给与需求的总体平衡问题及其所涉及的家庭和土地所有者的决策问题。特别地，这些决策的连续性条件能够得到满足吗？该城市土地市场可以产生怎样的土地利用模式？

这些问题引出两个概念：均衡土地利用和最优土地利用。竞争性均衡土地利用的概念是指在给定的租金曲线下所有个人的决策是相互不矛盾的，城市不同区位的土地需求与供给均处于相等状态。然而，城市土地市场达到均衡并不意味着其产生的空间结构是最优的。因此，在单中心框架下给出最优土地配置的定义以及研究均衡土地利用和最优土地利用之间的关系是非常有必要的。

本章将开始探讨上述两个概念。为简化处理，所有家庭被看作是同质的。我们还将引入边界租金曲线的概念，在后续的研究中它是非常有用的工具。本章将给出竞价租金函数的其他表达式，这样可以使本章内容的讨论更加方便。然后，我们将探讨四个不同城市类型下的均衡土地利用，这四个不同城市类型依次为开放型城市、封闭型城市、外部所有者拥有土地的城市、城市政府拥有土地的城市。在给出竞争性均衡的存在性和唯一性后，我们将在 HS 模型的框架下探讨最优土地配置模式，并在此引入补偿性均衡。我们将进一步证明最优配置的数学条件与补偿性均衡的市场条件是一致的。在此处还将给出最优配置的存在性和唯一性。随后，我们讨论竞争性均衡土地利用和最优土地利用之间的关系，并在此给出如下结论：(a) 竞争性均衡总是有效的（福利经济学第一定理）；

(b)通过采取适当的收入税或补贴政策,任何有效的配置都可以通过竞争性市场获得(福利经济学第二定理)。然后,我们分析外生参数变化,如土地税和分区管制对均衡土地利用的影响。最后,我们转向住房产业的穆斯模型,讨论城市土地利用强度或者建筑高度的变化对均衡土地利用的影响。

3.2 一个初步分析:竞价租金函数的替代表达式

公式(2.7)给出的定义显示,竞价租金是距离 r 和效用水平 u 的函数。当收入 Y 保持不变时,这是一个很方便的表达式。然而,在均衡土地利用和最优土地利用的研究中,每个家庭的收入会随着税收和补贴的变化而改变。因此,把竞价租金和占地面积看作净收入与效用水平的函数是一种较为方便的表达方式。

下面,让我们再次考虑居住选择的基础模型(2.1),并回到图2.2。该图显示,竞价租金 Ψ 的基本决定因素是净收入 $Y-T(r)$ 和效用水平 u;距离 r 仅通过改变净收入间接影响竞价租金。基于上述条件,为便于理论分析,一个较为方便的处理办法是引入函数 $\psi(I,u)$,该竞价租金被看作净收入 I 和效用水平 u 的函数。这样通过用 I 替代公式(2.7)或(2.8)中的 $Y-T(r)$,可以得到

$$\psi(I,u) = \max_{z,s}\left\{\frac{I-z}{s} \,\bigg|\, U(z,s) = u\right\} \tag{3.1}$$

或者

$$\psi(I,u) = \max_{s} \frac{I-Z(s,u)}{s} \tag{3.2}$$

解公式(3.1)或者(3.2),我们可以得到最大竞价土地面积 $s(I,u)$,并把其看作净收入 I 和效用水平 u 的函数。[①] 为了进行区分,我们分别称 $\Psi(r,u)$ 和 $S(r,u)$ 为阿隆索竞价租金函数和最大竞价土地面积函数,把 $\psi(I,u)$ 和 $s(I,u)$ 称为索洛函数(详见表2.1)。

上述函数特征如图 3.1 所示。竞价租金 $\psi(I,u)$ 由收入水平 I 下与无差异曲线 u 相切的预算线斜率决定。需要注意的是,当 $I=Y-T(r)$ 时,图 3.1 中的预算线 ABC 与图2.2相一致。因此,比较这两个图,可以得到如下关系:

$$\Psi(r,u) \equiv \psi(Y-T(r),u) \tag{3.3}$$
$$S(r,u) \equiv s(Y-T(r),u) \tag{3.4}$$

这表明,在距离 r 处,阿隆索竞价租金等于净收入水平 $Y-T(r)$ 下的索洛竞价租金,阿隆索最大竞价土地面积等于净收入 $Y-T(r)$ 下的索洛最大竞价土地面积。

---

① 像以前一样,当公式(3.2)的最大化问题无解时,则定义 $\psi(I,u)=0, s(I,u)=\infty$。

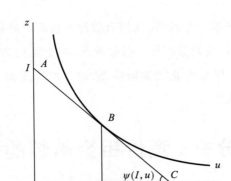

图 3.1 竞价租金函数 $\psi(I,u)$ 和最大竞价土地面积函数 $s(I,u)$

下面,设定 $Y-T(r)=I$,从公式(2.19)、(2.25)、(3.3)和(3.4),我们可以得到如下等式:

$$s(I,u) \equiv \hat{s}(\psi(I,u),I) \equiv \tilde{s}(\psi(I,u),u) \tag{3.5}$$

为简化分析,设定 $Y-T(r)=I$,结合公式(2.20)、(2.26)和(3.3),我们可以得到下面两个等式:

$$u \equiv V(\psi(I,u),I) \tag{3.6}$$

$$I \equiv E(\psi(I,u),u) \tag{3.7}$$

公式(3.6)显示索洛竞价租金 ψ 是间接效用函数关于土地租金 R 的反函数。从公式(3.7)可以看出,ψ 是支出函数关于 R 的反函数。

与性质 2.1 类似,给定假设 2.1 和 2.3,我们可以得到有关索洛函数的一些特征:

性质 3.1

(ⅰ) 竞价租金 $\psi(I,u)$ 是关于 I 连续递增的,同时是关于 u 连续递减的(直到 ψ 等于零);

(ⅱ) 最大竞价土地面积 $s(I,u)$ 是关于 I 连续递减的,同时是关于 u 连续递增的(直到 s 等于无穷大)。

这样,公式(3.2)应用包络定理,并利用公式(2.4)可得到

$$\frac{\partial \psi}{\partial I} = \frac{1}{s} > 0, \quad \frac{\partial \psi}{\partial u} = -\frac{1}{s}\frac{\partial Z}{\partial u} < 0$$

因此,利用等式(3.5)可以进一步得到[2]

$$\frac{\partial s}{\partial I} = \frac{\partial \tilde{s}}{\partial R}\frac{\partial \psi}{\partial I} < 0, \quad \frac{\partial s}{\partial u} = \frac{\partial \hat{s}}{\partial R}\frac{\partial \psi}{\partial u} > 0$$

值得注意的是,当函数 $\Psi(r,u)$ 和 $S(r,u)$ 可以用 $\psi(Y-T(r),u)$ 和 $s(Y-T(r),u)$ 替代

---

[2] 注意,$\partial \hat{s}/\partial R$ 总是负的,而根据假设 2.3,$\partial \tilde{s}/\partial R$ 也是负的。

时,性质 2.1、2.2、2.4 和法则 2.1 可以成立。因此,我们可以在新的符号设定下自由运用这些结论。

由于等式(3.3)和(3.4)成立,因此在应用中可根据研究的便利性选择阿隆索函数 Ψ 和 S 或者索洛函数 ψ 和 s。在 3.3—3.5 节中,研究的目的是比较不同模型的差异,因而使用索洛函数会更加便利。然而,在 3.6 和 3.7 节中,为了使符号更加简洁,我们应用了阿隆索函数。

3.3 均衡土地利用

均衡土地利用实质上描述了一个城市内部没有做出改变倾向的城市体系。均衡土地利用得以实现的必不可少的条件是要有竞争性的土地市场。当土地市场是竞争性的时,这些文字的经济学含义表明,所有参与者,包括家庭和土地所有者,对城市土地租金拥有完全信息,而且没有哪一个或特定组别的参与者能够发挥垄断作用。这意味着每个人都是土地租金的接受者,该土地租金是外生给定的。在这些理想化的条件下,均衡土地利用描述的是土地市场处处出清,没有哪个家庭或者土地所有者有动机改变已做出的决策。由于城市环境可以被看作在任意时间点都具有同质性,因此该均衡可以持续存在,这样的均衡也可以被看作稳态均衡。

在已有文献中,一个传统的方法是把市场模型归类为封闭型城市模型和开放型城市模型。在封闭型城市模型中,城市人口是外生的。在开放型城市模型中,假定家庭可以无成本地在城市内部迁移。因此,城市居民效用与其他经济体的居民相等,也就是说,居民效用是外生的,而城市人口是内生决定的。由于从理论角度来看,封闭型城市模型更具基础性,因此我们给予了其更多关注,但我们仍将深入讨论两种类型的城市模型。

封闭型城市模型是一个有用的分析工具,有助于我们分析大城市或者发达国家中等规模城市的土地利用。然而,由于发展中国家的农村地区拥有大量的剩余劳动力,这使得开放型城市模型更适合分析这种类型国家的城市发展问题。在开放型城市模型中,农村生活通常构成了经济体的基础效用水平。

在这两个模型中,我们需要设定土地所有者的状态。两个较为流行的设定是在外土地所有者模型,即土地由在外地的土地所有者所有,以及公共土地所有者模型,即土地收益被平均分配给城市居民。本部分将依次分析这四种情形。正如前面所提到的,我们假设经济体内所有家庭是同质的。我们用 $L(r)$ 代表城市土地分布[也就是说,在 r 和 $r+rd$ 距离内,住宅用地规模等于 $L(r)dr$]。我们给出如下假设:

假设 3.1 $L(r)$ 在任何一个距离上 ($r \geq 0$) 都是连续的,且在任何一个距离上 ($r>0$) 都是正的。

在涉及微分运算时,我们还假设 $L(r)$ 关于 r 是连续可微的。另外,我们还假定没有被城市居民占用的土地通常用于农业,并产生固定租金 R_A。根据杜能模型,R_A 代表农业竞价租金。③

情形 1 是在外土地所有者封闭城市模型(CCA 模型)。该模型假定城市内有 N 个同质家庭,这些家庭根据基础模型(2.1)采取行动,且家庭收入 Y 是外生给定的。假设 2.1—2.3 同样适用于该模型。这样就可进一步得到竞价租金函数 $\psi(Y-T(r),u)$ 和最大竞价土地面积函数 $s(Y-T(r),u)$。这些函数仍然具有性质 2.1、2.2、2.4 所总结的特征。

为了描述均衡土地利用条件,可以给出如下初步观察:由于所有家庭被假定为同质的,那么在均衡状态下处于不同区位的家庭,其获得的最大效用必须也是相同的。如果这个条件不成立,一些家庭将模仿具有较高效用水平的其他同质家庭的居住选择,并以此来提高自己的效用水平。在此条件下,这些家庭将有做出新决策的动机,因而该状态是一个非均衡状态。

我们把在均衡状态下获得的最大效用称为均衡效用,用 u^* 表示。假定 $R(r)$ 为均衡状态下的市场租金曲线。根据前面章节给出的间接效用函数的定义,u^* 和 $R(r)$ 的关系如下:

$$u^* = \max_r V(R(r), Y-T(r)) \tag{3.8}$$

该公式表明,均衡效用 u^* 是在市场租金曲线下可以获得的最大效用。接下来假设 $n(r)$ 为均衡状态下的家庭分布[也就是说,在 r 和 $r+dr$ 距离内,家庭数量等于 $n(r)dr$]。④ 进一步假设 $n(r)>0$。这意味着一些家庭恰好选择距离 r 作为其最优区位。那么,根据个人区位均衡条件(规则 2.1),市场租金曲线 $R(r)$ 和均衡竞价租金曲线 $\psi(Y-T(r),u^*)$ 的关系如下:

$$R(r) = \psi(Y-T(r), u^*) \quad \text{如果 } n(r)>0, \tag{3.9}$$

$$R(r) \geq \psi(Y-T(r), u^*) \quad \text{对于所有的 } r \tag{3.10}$$

从等式(3.6)可知,$u^* = V(\psi(Y-T(r),u^*), Y-T(r))$。因此,在条件(3.9)下,当 $R(r)$ 等于 $\psi(Y-T(r),u^*)$ 时可以得到均衡效用 u^*。从性质 2.4 可知,$R(r) \geq \psi(Y-T(r),u^*)$ 意味着 $V(R(r),Y-T(r)) \leq V(\psi(Y-T(r),u^*),Y-T(r)) = u^*$。因此,条件(3.10)保证了在市场租金曲线 $R(r)$ 下,该家庭通过选择其他区位来获得超过 u^* 的更大的效用。类似地,农业活动均衡要求

$$R(r) = R_A \quad \text{在农业用地区域} \tag{3.11}$$

---

③ 由于农业活动在城市土地利用理论中重要性较低,因此我们假设农业竞价租金是一个常数,与区位无关。

④ 根据定义,$n(r)$ 表示 r 处每单位距离的家庭数量。如 1.2 节所述,我们假设家庭数量如此之大,以至于家庭在城市地区的分布可以按密度处理。因此,在本书中,所有的均衡条件和最优化条件都以每个地点(或距离)的家庭密度与土地消费来表示。对于这种密度方法的数学证明,见 Asami、Fujita 和 Smith(1987)以及 Papageorgiou 和 Pines(1987)。

$$R(r) \geqslant R_A \quad 对于所有的 r \tag{3.12}$$

条件(3.11)保证了在距离 r 处的农业活动的利润为零(也就是说,获得正常利润)。同时,条件(3.12)保证了在任何区位上的农业活动都不能获得正利润。在均衡状态下,拥有正土地租金的地区将没有闲置的土地。⑤ 因此,所有的土地都将被利用,或者用于住宅或者用于农业活动。进一步地,根据公式(3.9)—(3.12)可得

$$R(r) = \max\{\psi(Y-T(r),u^*), R_A\} \quad 对于每个 r \tag{3.13}$$

也就是说,在每个区位上,市场土地租金与均衡竞价土地租金和农地租金中的最高者相一致。正如我们从图 3.2 可以看到,该结果在几何图形上表现为市场租金曲线等同于均衡竞价租金曲线和农地租金曲线的上包络线。由于均衡竞价租金曲线 $\psi(Y-T(r),u^*)$ 关于 r 递减,因此意味着如下关系式成立:

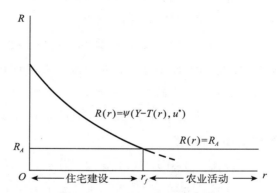

图 3.2 竞争均衡土地利用模式

$$R(r) = \begin{cases} \psi(Y-T(r),u^*) & 对于 r \leqslant r_f \\ R_A & 对于 r \geqslant r_f \end{cases} \tag{3.14}$$

其中,r_f 代表城市边缘距离。在图 3.2 中,r_f 左边的土地被用于住宅建设,而其右边的土地则被用于农业活动。换句话说,在均衡状态下,每个区位的土地都将被用于竞价(均衡)租金最高的经济活动。

在每个距离 $r \leqslant r_f$ 处,每个家庭的均衡土地面积 $s(r)$ 与其最大竞价土地面积 $s(Y-T(r),u^*)$ 相同:

$$s(r) = s(Y-T(r),u^*) \quad 对于 r \leqslant r_f \tag{3.15}$$

由于在每个距离 $r<r_f$ 处,没有土地是空闲的,因此我们可以得到如下关系式:

$$n(r)s(Y-T(r),u^*) = L(r)$$

尽管上面的等式并不要求在 r_f 处成立(也就是说,在 r_f 处一定数量的土地可以被用

---

⑤ 由于假定土地转换成本为零,因此土地所有者使其土地闲置只是错过了赚取租金的机会,这与土地所有者的理性相悖。

于农业活动),但为了数学运算的方便,我们还是假定该等式在 r_f 处成立。因此,均衡状态下的家庭分布表达式为

$$n(r) = \begin{cases} L(r)/s(Y-T(r),u^*) & \text{对于 } r \leq r_t \\ 0 & \text{对于 } r > r_t \end{cases} \quad (3.16)$$

假定城市家庭规模为 N,那么家庭人口约束可表述为

$$\int_0^{r_f} \frac{L(r)}{s(Y-T(r),u^*)} dr = N \quad (3.17)$$

总之,当且仅当条件(3.14)—(3.17)成立时,$R(r)$、$n(r)$、$s(r)$、u^* 和 r_f 代表着 CCA 模型下的均衡土地利用。⑥ 两个未知参数是均衡效用 u^* 和边缘距离 r_f。它们由公式(3.17)决定。下面的边界租金条件可由公式(3.14)得到:

$$\psi(Y-T(r_f),u^*) = R_A \quad (3.18)$$

均衡竞价租金曲线 $\psi(Y-T(r),u^*)$ 是关于 r 递减的,从公式(3.14)可知,该结果来源于下面的条件,即市场租金曲线 $R(r)$ 将随着 r 趋向于城市边缘而下降。我们从性质2.2 还可以得出,如果通勤成本函数 $T(r)$ 是线性的或者在 r 处是凹的,那么市场租金曲线将是严格凸的,并趋向于城市边缘。假设 $\rho(r)$ 为距离 r 处的家庭密度(即指单位土地上的家庭数量),那么,从公式(3.16)可以有

$$\rho(r) = \frac{n(r)}{L(r)} = \begin{cases} 1/s(Y-T(r),u^*) & \text{对于 } r \leq r_f \\ 0 & \text{对于 } r > r_f \end{cases} \quad (3.19)$$

从性质2.1可知,土地面积曲线 $s(Y-T(r),u^*)$ 是关于 r 递增的。因此,当 r 趋向于城市边缘时,家庭密度曲线将关于 r 递减。

现在,均衡解的存在性和唯一性可以用边界租金曲线的定义来描述。对于每个 u,我们可以对 b 求解下面的方程:

$$\int_0^b \frac{L(r)}{s(Y-T(r),u)} dr = N \quad (3.20)$$

同时得到居住区的外边界函数 $b(u)$。对于每个给定的 u,$b(u)$ 代表了与竞价租金曲线 $\psi(Y-T(r),u)$ 相对应的距离,例如图3.3中的点 A。通过改变 u,我们可以得到一个曲线 $\hat{R}(r)$,它被称作边界租金曲线,如图3.3所示。如果 $r=b(u)$ 的反函数可以用 $u=U(r)$ 表示,则这个边界租金曲线可以被定义为

$$\hat{R}(r) = \psi(Y-T(r),U(r)) \quad (3.21)$$

根据上述定义,$\hat{R}(r)$ 所代表的是在 r 处的一个假定的市场土地租金。这意味着,在均

---

⑥ 读者可能已经注意到,土地所有者在土地利用的静态理论中没有发挥积极作用。按照本章注释⑤所给出的解释,土地所有者的唯一理性选择是以市场价格出租土地。

衡状态下,如果所有 N 个家庭均在 r 距离内居住,那么在 r 处的市场土地租金将等于 $\hat{R}(r)$。

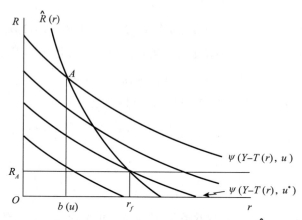

图 3.3　均衡土地利用情形下的边界租金曲线 $\hat{R}(r)$

假定已知曲线 $\hat{R}(r)$,那么正如图 3.3 所示,均衡居住区边界或者城市边缘 r_f 将位于曲线 $\hat{R}(r)$ 与农地租金曲线的交点处。

$$\hat{R}(r_f) = R_A \tag{3.22}$$

若 r_f 被定义,则可从如下等式中得到均衡效用 u^*:

$$\psi(Y-T(r_f), u^*) = R_A \tag{3.23}$$

这意味着,竞价租金曲线要经过边界租金曲线 $\hat{R}(r)$ 与农地租金曲线的交点,而 u^* 则是与该竞价租金曲线相一致的效用水平。这自然表明,组合 (r_f, u^*) 同时满足均衡条件(3.17)和(3.18)。在假设 2.1—2.3 和 3.1 下,不难看出边界租金曲线是关于 r 连续递减的,当 r 接近于一个有限的距离时,边界租金等于零;当 r 趋近于零时,边界租金则变为无穷大。⑦ 因此,如图 3.3 所示,我们可以得出如下结论:

命题 3.1　在收入 $Y > T(0)$ 和人口 $N > 0$ 条件下,CCA 模型存在一个唯一均衡。

在结束情形 1 的讨论时,我们给出一个均衡土地利用的例子,并以这个例子表明公式(3.17)和(3.18)仅仅在非常特殊的情形下才能得到显式解。为了深入讨论均衡解的基本特征,我们发展了边界租金曲线方法,从而避免了冗长的计算过程。

例 3.1　假设存在例 2.1 给出的线性对数效用函数,那么公式(3.17)和(3.18)可表示为

$$\int_0^{r_f} \alpha^{\alpha/\beta}(Y-T(r))^{\alpha/\beta} e^{-u^*/\beta} L(r) dr = N \tag{3.24}$$

$$\alpha^{\alpha/\beta} \beta (Y-T(r_f))^{1/\beta} e^{-u^*/\beta} = R_A \tag{3.25}$$

作为特殊的例子,假设存在如下条件:

---

⑦　这些要点将在下一章的正式分析中得到证明(参见性质 4.10)。

$$R_A = 0, T(r) = ar, \alpha = \beta = \frac{1}{2}, L(r) = \theta r^\lambda$$

其中,α、θ 和 λ 是常数,且 $\alpha, \theta > 0$[例如,如果 $\theta = 2\pi, \lambda = 1, L(r) = 2\pi r$,表明该城市为圆形城市]。从公式(3.25)可知,$r_f = Y/\alpha$,因此,从公式(3.24)可得到如下关系式:

$$e^{-u^*/\beta} = 2(\lambda+1)(\lambda+2)a^{\lambda+1}N/(\theta Y^{\lambda+2})$$

这样,当 $r < r_f = Y/\alpha$ 时,从公式(2.13)和(2.14)可进一步得到

$$R(r) = \Psi(r, u^*) = \frac{(\lambda+1)(\lambda+2)a^{\lambda+1}}{2\theta} \frac{(Y-ar)^2}{Y^{\lambda+2}} N \tag{3.26}$$

$$s(r) = S(r, u^*) = \frac{\theta}{(\lambda+1)(\lambda+2)a^{\lambda+1}} \frac{Y^{\lambda+2}}{Y-ar} \frac{1}{N}$$

情形 2 描述了在外土地所有者开放城市模型(OCA 模型)。该模型假设在城市居住的家庭,其拥有固定收入 Y,并根据基础模型(2.1)做出居住选择。⑧ 这样很容易得到该模型的均衡。给定收入 Y,假定 $\tilde{u}(Y)$ 是由下面的公式定义的最高效用水平:

$$\psi(Y-T(0), \tilde{u}(Y)) = R_A \tag{3.27}$$

如果公式(3.27)关于 $\tilde{u}(Y)$ 没有有限解[例如,如果 $Y \leq T(0)$],我们定义 $\tilde{u}(Y) = -\infty$。这样,如果给定家庭效用 u,则城市边界距离 r_f 可由下面的公式确定:

$$\psi(Y-T(r_f), u) = R_A \quad \text{如果 } u < \tilde{u}(Y) \tag{3.28}$$

$$r_f = 0 \quad \text{如果 } u \geq \tilde{u}(Y) \tag{3.29}$$

在确定边界 r_f 后,我们可以得到均衡土地租金曲线,其公式为

$$R(r) = \begin{cases} \psi(Y-T(r), u) & \text{对于 } r \leq r_f \\ R_A & \text{对于 } r \geq r_f \end{cases} \tag{3.30}$$

均衡土地面积为

$$s(r) = s(Y-T(r), u) \quad \text{对于 } r \leq r_f \tag{3.31}$$

而均衡家庭分布为

$$n(r) = \begin{cases} L(r)/s(Y-T(r), u) & \text{对于 } r \leq r_f \\ 0 & \text{对于 } r > r_f \end{cases} \tag{3.32}$$

最后,均衡人口 N^* 可表示为

$$N^* = \int_0^{r_f} \frac{L(r)}{s(Y-T(r), u)} dr \tag{3.33}$$

值得注意的是,给定任意 Y,公式(3.27)定义了唯一的最高效用水平 $\tilde{u}(Y)$,公式(3.28)和(3.29)依次定义了唯一的 r_f。因此,我们可以得到如下命题:

---

⑧ 在 5.7 节和第 8 章中研究了收入为城市人口的函数的情况。

命题 3.2 给定家庭收入 $Y>0$ 和效用 u，OCA 模型存在唯一均衡。当且仅当 $u<\tilde{u}(Y)$ 时，城市均衡人口规模为正。

情形 3 描述了公共土地所有者封闭城市模型（CCP 模型）。假定政府由城市居民组成，政府通过支付农地租金 R_A 从农村土地所有者那里获得土地，在确定每个区位的竞争性租金 $R(r)$ 后，政府将这些土地租给城市居民。总级差地租可由如下公式确定：

$$\text{TDR} = \int_0^{r_f} (R(r) - R_A) L(r) dr \tag{3.34}$$

假定城市有 N 个同质居民。那么，每个家庭的收入是其非土地收入 Y^0 加上获得的级差地租 TDR/N。这样，每个家庭的居住选择行为可由如下公式表示：

$$\max_{r,z,s} U(z,s) \quad \text{s.t.} \quad z + R(r)s = Y^0 + (\text{TDR}/N) - T(r) \tag{3.35}$$

由于 TDR 的均衡值是未知的，因此，我们可用 TDR^* 表示。那么用 $Y^0 + (\text{TDR}^*/N) - T(r)$ 替代 $Y-T(r)$，从 CCA 模型的均衡条件（3.14）—（3.17），我们可以得到 CCP 模型的均衡条件：

$$R(r) = \begin{cases} \psi(Y^0 + \text{TDR}^*/N - T(r), u^*) & \text{对于 } r \leq r_f \\ R_A & \text{对于 } r \geq r_f \end{cases} \tag{3.36}$$

$$s(r) = s(Y^0 + \text{TDR}^*/N - T(r), u^*) \quad \text{对于 } r \leq r_f \tag{3.37}$$

$$n(r) = \begin{cases} L(r)/s(Y^0 + \text{TDR}^*/N - T(r), u^*) & \text{对于 } r \leq r_f \\ 0 & \text{对于 } r > r_f \end{cases} \tag{3.38}$$

$$\int_0^{r_f} L(r)/s(Y^0 + \text{TDR}^*/N - T(r), u^*) dr = N \tag{3.39}$$

由于 TDR^* 是未知的，因此，我们不能用边界租金曲线方法去验证均衡的存在性和唯一性。然而，在 3.5 节中，根据最优土地利用的存在性和唯一性，我们可以得到如下命题：

命题 3.3 当任何非农收入 $Y^0 > T(0)$ 和人口 $N>0$ 时，CCP 模型存在唯一均衡。

情形 4 描述了公共土地所有者开放城市模型（OCP 模型）。与情形 3 类似，每个城市居民获得非农收入 Y^0 和级差地租 TDR/N。每个家庭的居住选择行为可由公式（3.35）决定。然而，TDR 和 N 都是未知的：在平均效用水平 u 下，居民效用是固定的。因此，用 N^*、u 替代公式（3.36）—（3.39）中的 N、u^*，我们可以得到 OCP 模型的均衡条件：

$$R(r) = \begin{cases} \psi(Y^0 + \text{TDR}^*/N^* - T(r), u) & \text{对于 } r \leq r_f \\ R_A & \text{对于 } r \geq r_f \end{cases} \tag{3.40}$$

$$s(r) = s(Y^0 + \text{TDR}^*/N^* - T(r), u) \quad \text{对于 } r \leq r_f \tag{3.41}$$

$$n(r) = \begin{cases} L(r)/s(Y^0 + \text{TDR}^*/N^* - T(r), u) & \text{对于 } r \leq r_f \\ 0 & \text{对于 } r > r_f \end{cases} \tag{3.42}$$

$$N^* = \int_0^{r_f} \frac{L(r)}{s(Y^0 + \text{TDR}^*/N^* - T(r), u)} dr \tag{3.43}$$

在5.4节中,我们将进一步讨论如下命题:

命题3.4 给定非农收入 $Y^0>0$ 和社会效用水平 u,OCP 模型存在唯一均衡。当且仅当 $u<\tilde{u}(Y^0)$ 时,城市均衡人口规模为正。

我们已经引入四类均衡模型。然而,不难发现这四类模型的均衡土地利用模式在本质上是相同的。为进一步确认这一点,我们引入如下标记:

$CCA(Y,N)$,家庭收入 Y 和人口 N 给定下的 CCA 模型,其中,$Y>T(0)$,$N>0$。

$CCP(Y^0,N)$,家庭非土地收入 Y^0 和人口 N 给定下的 CCP 模型,其中,$Y^0>T(0)$,$N>0$。

$OCA(Y,u)$,家庭收入 Y 和社会效用水平 u 给定下的 OCA 模型,其中,$Y>0$,$-\infty<u<\infty$。

$OCP(Y^0,u)$,家庭非土地收入 Y^0 和社会效用水平 u 给定下的 OCP 模型,其中,$Y^0>T(0)$,$-\infty<u<\infty$。

对比每组模型的均衡条件,我们可以得到如下命题(如图 3.4 所示):

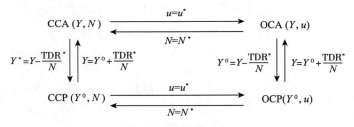

图 3.4 四类模型的关系

命题3.5 给定参数 Y、Y^0、N 和 u,其满足 $Y>T(0)$,$Y^0>T(0)$,$N>0$,$u<\tilde{u}(Y)$,$u<\tilde{u}(Y^0)$。⑨这样我们可以得到如下关系:

(ⅰ)如果 u^* 是 $CCA(Y,N)$ 模型[$CCP(Y^0,N)$ 模型]的均衡效用,那么 $CCA(Y,N)$ 模型[$CCP(Y^0,N)$ 模型]的解也是 $OCA(Y,u^*)$ 模型[$OCP(Y^0,u^*)$ 模型]的解。⑩

(ⅱ)反之,如果 N^* 是 $OCA(Y,u)$ 模型[$OCP(Y^0,u)$ 模型]的均衡人口,那么 $OCA(Y,u)$ 模型[$OCP(Y^0,u)$ 模型]的解也是 $CCA(Y,N^*)$ 模型[$CCP(Y^0,N^*)$ 模型]的解。

(ⅲ)如果 TDR^* 是 $CCA(Y,N)$ 模型[$OCA(Y,u)$ 模型]的解对应的总级差地租,那么 $CCA(Y,N)$ 模型[$OCA(Y,u)$ 模型]的解同时也是 $CCP(Y-\text{TDR}^*/N,N)$ 模型[$OCP(Y-$

---

⑨ 当 $u\geq\tilde{u}(Y)$[$u>\tilde{u}(Y^0)$]时,$OCA(Y,u)$ 模型[$OCP(Y,u)$ 模型]的均衡人口为 0;而当 $N=0$ 时,$OCA(Y,N)$ 模型和 $OCP(Y,N)$ 模型没有定义。当然,当 $Y\leq T(0)$ 或 $Y^0\leq T(0)$ 时,城市不存在。因此,以上都不是我们感兴趣的情形。

⑩ 更准确地,令 $(R(r),n(r),s(r),r_f,u^*)$ 代表 CCA 模型的均衡解,$(R(r),n(r),s(r),r_f,N^*)$ 代表 OCA 模型的均衡解,则命题 3.5(ⅰ)表示如果 $(R(r),n(r),s(r),r_f,u^*)$ 是 $CCA(Y,N)$ 模型的解,则 $(R(r),n(r),s(r),r_f,N)$ 是 $OCA(Y,u^*)$ 模型的解。同样的讨论也适用于命题 3.5 的其他部分。

TDR*/N,u)模型]的解。

（iv）相反，如果 TDR* 是 CCP(Y^0,N)模型[OCP(Y^0,u)模型]的解对应的总级差地租，那么 CCP(Y^0,N)模型[OCP(Y^0,u)模型]的解同时也是 CCA(Y^0+TDR*/N,u)模型[OCA(Y^0+TDR*/N,u)模型]的解。

图 3.4 描述了上述四类模型之间的关系。例如，图中箭头从 CCA(Y,N)到 OCA(Y,u)[从 CCP(Y^0,N)到 OCP(Y^0,u)]解释了命题 3.5(ⅰ)。我们还可以将图 3.4 中的每个箭头看作一类模型对另一类模型的映射。例如，图 3.4 上方中间位置标记为 $u=u^*$ 的箭头，代表了从 CCA 模型到 OCA 模型的映射，也就是说，如果 u^* 是 CCA(Y,N)模型的均衡效用水平，那么 OCA(Y,u^*)模型是与 CCA(Y,N)模型相关联的模型；这个映射域是 $\{(Y,N)|Y>T(0),N>0\}$，它的取值范围是 $\{(Y,u)|Y>T(0),u<\tilde{u}(Y)\}$。需要注意的是，由于存在命题 3.1—3.4，故每个映射都有自己的定义和取值范围，并且可以从一种类型转换为其他类型。由此可以得到如下命题：

命题 3.6 假定参数 Y、Y^0、N 和 u 的取值范围为 $Y>T(0),Y^0>T(0),N>0,u<\tilde{u}(Y)$，以及 $u<\tilde{u}(Y^0)$，那么，任何一类模型的解都可以从其他类型的近似模型获得。因此，模型的四种类型有相同的解集。

3.4 最优土地利用

然而，什么是最优土地利用呢？当然，这取决于目标函数的设定。在无限空间的经济学里，它一般是指功利主义者社会福利函数的最大化，是个人效用的加总（同质家庭情形下未考虑权重加总）。然而，对于土地利用问题，这并不是最方便的方法，因为功利主义福利函数导致相同主体依赖于区位差异而带来不同的效用水平。该结果被称作莫里斯不平等或者平等主体的不平等待遇，在引入空间非凸性条件下，该结果还具有唯一性。[11] 由于竞争性市场把所有的消费者看作同质的，这更清楚地表明功利主义福利函数的最大化不是研究土地市场效用最有效的方法。对于土地利用理论来说，最优化问题的一个更有效的形式被称为 HS 模型。该模型的目标是，在预先设定的效用水平的条件下，所有类型的家庭都获得最大化剩余。基于此设定的模型，其解总是有效的，并且所有有效配置都可以通过简化不同目标效用水平的方法获得。

在本部分，我们基于封闭型城市框架引入了 HS 模型，同时假设该城市居住着 N 个同质家庭。[12] 正如前所述，家庭效用函数用 $U(z,s)$ 表示，交通成本函数用 $T(r)$ 表示，土地分

---

[11] Mirrlees(1972)发现了这种现象。有关该主题的解释和进一步讨论，请参见 Riley(1973,1974)，Arnott 和 Riley(1977)，Levhari、Oron 和 Pines(1978)，Kanemoto(1980,附录 I)，以及 Wildasin(1986a)。

[12] 对于人口可变的 HS 模型，请参见 5.4 节。

布函数用 $L(r)$ 表示。没有被家庭占用的土地均被用于农业,每单位土地产生的净收益(或租金)为 R_A。这些函数——$U(z,s)$、$T(r)$、$L(r)$、R_A——同 3.3 节均衡模型的设定相同。因此,在这里假设 2.1—2.3 和 3.1 也能够得到满足。由于效用函数 $U(z,s)$ 被看作序数值,因此,为具有一般性,我们假设它的取值范围是从 $-\infty$ 到 ∞。

$$\inf\{U(z,s)\mid z>0,s>0\}=-\infty,\ \sup\{U(z,s)\mid z>0,s>0\}=\infty \tag{3.44}$$

我们用 $n(r)$ 代表在距离 r 处的家庭数量,用 $(z(r),s(r))$ 代表距离 r 处每个家庭的消费束,用 r_f 代表城市边缘。

假设给定目标效用水平 $\bar{u}$,并且在任何区位上,所有家庭均获得相同的效用水平。这暗示着每一个区位 $(n(r),z(r),s(r);0<r<r_f)$ 都必须满足下面的约束:

$$U(z(r),s(r))=\bar{u} \quad \text{如果 } n(r)>0$$

另一个相同的表述为

$$z(r)=Z(s(r),\bar{u}) \quad \text{如果 } n(r)>0$$

其中,$Z(s,\bar{u})$ 是 $\bar{u}=U(z,s)$ 关于 z 的解。因此,在每个配置下,总成本 C 的计算公式如下:

$$\begin{aligned} C &= 交通成本 + 复合商品成本 + 土地机会成本 \\ &= \int_0^{r_f}[T(r)+Z(s(r),\bar{u})+R_As(r)]n(r)dr \end{aligned} \tag{3.45}$$

每个配置都必须满足下列土地和人口约束:

$$s(r)n(r)\leqslant L(r) \quad \text{对于每个 } r\leqslant r_f \tag{3.46}$$

$$\int_0^{r_f}n(r)dr=N \tag{3.47}$$

通过上述公式要解决的问题是,在土地和人口约束下,通过选择 $(n(r),s(r),r_f)$ 组合来最小化总成本[13]:

$$\min_{r_f,n(r),s(r)} C = \int_0^{r_f}[T(r)+Z(s(r),\bar{u})+R_As(r)]n(r)dr \tag{3.48}$$

其中,公式(3.46)和(3.47)是其约束条件。

该问题用剩余法来表述较为方便。如果我们假设给定城市人均收入为 Y^0,则城市总收入为 NY^0。这里的 Y^0 是固定的值,且与居住土地利用模式无关。需要注意的是,$N=\int_0^{r_f}n(r)dr$,我们定义来自 $(n(r),s(r),r_f)$ 组合的剩余 $\mathscr{S}$ 为

$$\begin{aligned} \mathscr{S} &= NY^0 - C \\ &= \int_0^{r_f}(Y^0-T(r)-Z(s(r),\bar{u})-R_As(r))n(r)dr \end{aligned} \tag{3.49}$$

由于 NY^0 被假定是固定的,因此 C 的最小化等于 $\mathscr{S}$ 的最大化。$HS(Y^0,\bar{u},N)$ 可进一

---

[13] $(n(r),s(r),r_f)$ 是 $(n(r),s(r),r_f:n(r)\geqslant 0,s(r)>0,$ 对于每个 $0\leqslant r\leqslant r_f)$ 的简化表达式。

步表示为[14]

$$\max_{r_f,n(r),s(r)} \mathscr{S} = \int_0^{r_f}(Y^0 - T(r) - Z(s(r),\bar{u}) - R_A s(r))n(r)dr \quad (3.50)$$

其中,公式(3.46)和(3.47)是其约束条件。考虑到 $\mathscr{S}$ 代表的收益(或如果其为负,则代表成本),很容易看出,任何 HS 模型的解都是有效的,并且在效用相同的条件下,任何有效配置都是 HS 模型的一个解。[15]

下一个任务是得到 HS 模型解存在的数学条件。为了在下一节检验最优土地利用与均衡土地利用的关系,在此先引入一个市场均衡概念,其也被称作补偿均衡。在 3.3 节(类型 1),我们讨论了 CCA(Y,N)模型,在该模型中,每个家庭的收入固定为 Y,选择居住区位和消费束来最大化其效用。当土地市场在任何地点都出清,而且每个家庭都能获得由内生决定的相同的最大效用时,市场处于均衡状态。我们称此时的均衡为(一般)竞争均衡。与此相反,对于补偿均衡问题,我们需要解决如下问题:假定政府希望利用竞争性土地市场,使所有 N 个家庭获得确定的固定目标效用 $\bar{u}$。虽然每个家庭有相同的税前收入 Y^0,但政府可以向每个家庭征收一笔收入税 G(一次性支付)。给定收入税 G,每个家庭的居住选择行为可表示为

$$\max_{r,z,s} U(z,s) \quad \text{s.t.} \quad z+R(r)s=Y^0-G-T(r) \quad (3.51)$$

此时的问题是,多少数量的收入税 G(或当 $G<0$ 时,称之为收入补贴)可以使均衡效用恰好等于目标效用 $\bar{u}$?

为回答该问题,我们将再次利用 3.2 节引入的索洛竞价租金函数 $\psi(I,u)$ 和最大竞价土地面积函数 $s(I,u)$。在引入收入税 G 后,距离 r 处的净收入等于 $Y^0-G-T(r)$,而在距离 r 处的竞价租金、最大竞价土地面积则可分别表示为 $\psi(Y^0-G-T(r),u)$ 和 $s(Y^0-G-T(r),u)$。结合性质 3.1,我们很容易得到如下性质:

性质 3.2

(ⅰ) $\psi(Y^0-G-T(r),u)$ 随着 r、G、u 连续递减(直到 ψ 减少到 0);

(ⅱ) $s(Y^0-G-T(r),u)$ 随着 r、G、u 连续递增(直到 s 变得无穷大)。

现在假定 $R(r)$、$n(r)$、$s(r)$、r_f 和 G^* 代表了一个补偿均衡,在该均衡下消费者的目标效用为 $\bar{u}$。[16]这样的话,如果家庭选择在 r 处居住[也就是说,$n(r)>0$],其收入税将被确定,在 r 处可获得的最大效用等于目标效用 $\bar{u}$,对于该家庭来说,在其他任何区位,其获得

---

[14] 每个 HS 模型都包含人均收入 Y^0、目标效用 $\bar{u}$ 和人口 N。因此,我们可用 HS(Y^0,$\bar{u}$,N)来表示。

[15] 当且仅当满足以下两个条件时,一个可行分配被称为有效(或帕累托最优)的:(a)没有可行的重新分配能在不降低其他家庭效用水平或不减少剩余的同时提高某些家庭的效用水平;(b)没有可行的重新分配可以在不降低某些家庭效用水平的情况下增加剩余。不难看出,任何 HS 模型的解在这个意义上都是有效的。

[16] 如前所述,$R(r)$、$n(r)$、$s(r)$和r_f分别代表市场租金曲线、人口分布、地块尺寸函数和城市边缘距离,G^*是均衡的所得税。

的最大效用都不会超过目标效用 $\bar{u}$：

$$\bar{u} = V(R(r), Y^0 - G^* - T(r)) \quad \text{如果 } n(r) > 0$$

$$\bar{u} \geq V(R(r), Y^0 - G^* - T(r)) \quad \text{对于所有的 } r$$

因此，与公式(3.9)和(3.10)类似，它还可以表述为

$$R(r) = \psi(Y^0 - G^* - T(r), \bar{u}) \quad \text{如果 } n(r) > 0$$

$$R(r) \geq \psi(Y^0 - G^* - T(r), \bar{u}) \quad \text{对于所有的 } r$$

当然，同前面的讨论一致，还需要满足关系式(3.11)和(3.12)。同样，与之前一致，竞价租金 $\psi(Y^0 - G - T(r), \bar{u})$ 随着 r 的变化而下降。因此，与公式(3.14)类似，我们可以得到如下关系式：

$$R(r) = \begin{cases} \psi(Y^0 - G^* - T(r), \bar{u}) & \text{对于 } r \leq r_f \\ R_A & \text{对于 } r \geq r_f \end{cases} \tag{3.52}$$

图 3.5 描述了上述关系。根据定义，均衡土地面积 $s(r)$ 等于马歇尔土地需求 $\hat{s}(R(r), Y^0 - G^* - T(r))$。因此，根据关系式(3.52)和恒等式(3.5)，均衡土地面积可表示为

$$s(r) = s(Y^0 - G^* - T(r), \bar{u}) \quad \text{对于 } r \leq r_f \tag{3.53}$$

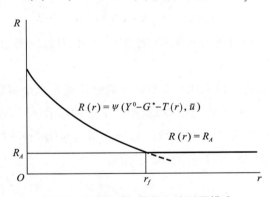

图 3.5 补偿均衡/最优土地利用模式

如前所述，在城市边缘区以内不会有农业用地：$n(r)s(r) = L(r)$。因此，从公式(3.53)可得

$$n(r) = \begin{cases} L(r)/s(Y^0 - G^* - T(r), \bar{u}) & \text{对于 } r \leq r_f \\ 0 & \text{对于 } r > r_f \end{cases} \tag{3.54}$$

最后，下面的人口约束必然成立：

$$\int_0^{r_f} \frac{L(r)}{s(Y^0 - G^* - T(r), \bar{u})} dr = N \tag{3.55}$$

上述分析表明，当且仅当满足条件(3.52)—(3.55)时，$R(r)$、$n(r)$、$s(r)$、r_f 和 G^* 代表了一个补偿均衡。两个未知参数 G^*、r_f 可由条件(3.55)决定，而下一个边界租金条件

可从公式(3.52)得出：

$$\psi(Y^0 - G^* - T(r_f), \overline{u}) = R_A \tag{3.56}$$

现在让我们转向有关最优配置的 HS 模型，详见公式(3.50)。该模型的最优条件可通过应用最优控制理论的最大化法则得到。正如附录 C.2 所示，满足最优配置的条件与土地利用补偿均衡条件(3.52)—(3.55)相同。也就是说，如果配置组合$(n(r), s(r), r_f)$是模型 $HS(Y^0, \overline{u}, N)$ 的最优配置组合，那么其充分必要条件是在满足条件(3.52)—(3.55)时，存在乘子 $R(r)$ 和 G^*。

上述关系可表述如下：

$$\begin{aligned}\mathscr{G} &= \int_0^{r_f}(Y^0 - T(r) - Z(s(r), \overline{u}) - R_A s(r))n(r)dr \\ &= \int_0^{r_f}(\frac{Y^0 - T(r) - Z(s(r), \overline{u})}{s(r)} - R_A)s(r)n(r)dr\end{aligned} \tag{3.57}$$

由于土地越是靠近 CBD，该土地上的住宅价值就越高于远离 CBD 的土地，在最优配置下，城市边缘区内所有的土地都将被用于建造住宅，因而，对于所有的 $r \leq r_f$，有 $s(r)n(r) = L(r)$。因此，问题(3.50)可以重新表示如下：

$$\max_{r_f, s(r)} \mathscr{G} = \int_0^{r_f}(\frac{Y^0 - T(r) - Z(s(r), \overline{u})}{s(r)} - R_A)L(r)dr$$

其中，人口约束为 $\int_0^{r_f}\frac{L(r)}{s(r)}dr = N$。

首先，我们忽略人口约束。很容易发现，在每个 $r \leq r_f$ 的距离处，为最大化 $(Y^0 - T(r) - Z(s(r), \overline{u}))/s(r)$，必须要确定 $s(r)$ 的取值。根据竞价租金函数(3.2)，这意味着 $s(r)$ 达到最优值的条件为

$$\frac{Y^0 - T(r) - Z(s(r), \overline{u})}{s(r)} = \psi(Y^0 - T(r), \overline{u}) \quad \text{对于每个 } r \leq r_f$$

根据最大竞价土地面积函数 $s(I, u)$，可得到如下关系式：

$$s(r) = s(Y^0 - T(r), \overline{u}) \quad \text{对于每个 } r \leq r_f$$

这意味着在城市边缘 r_f 处，有如下关系式：

$$\psi(Y^0 - T(r_f), \overline{u}) = R_A$$

如果 $\int_0^{r_f}L(r)/s(Y^0 - T(r), \overline{u})dr$ 恰好等于 N，则我们可以得到上述问题的解。当然，也可能存在一个意外情况，即假设 $\int_0^{r_f}L(r)/s(Y^0 - T(r), \overline{u})dr - N \neq 0$，那么，由于违反人口约束条件，为应用拉格朗日乘子法，需要引入惩罚参数 G^*。现在需要选择 $s(r)$ 和 r_f 来最大化拉格朗日函数 $\mathscr{L}$，该函数公式为

$$\mathscr{L} = \int_0^{r_f} \left(\frac{Y^0 - T(r) - Z(s(r),\bar{u})}{s(r)} - R_A \right) L(r) dr - G^* \left(\int_0^{r_f} \frac{L(r)}{s(r)} dr - N \right)$$

$$= \int_0^{r_f} \left(\frac{Y^0 - G^* - T(r) - Z(s(r),\bar{u})}{s(r)} - R_A \right) L(r) dr + G^* N$$

因此,在任何距离 $r \leq r_f$ 处,当且仅当函数 $(Y^0 - G^* - T(r) - Z(s,\bar{u}))/s$ 达到最大值时,$s(r)$ 达到最优。这意味着,根据竞价租金函数(3.2),对于每个 $r \leq r_f$,$s(r)$ 达到最优值需要满足如下条件:

$$\frac{Y^0 - G^* - T(r) - Z(s(r),\bar{u})}{s(r)} = \psi(Y^0 - G^* - T(r),\bar{u}) \quad \text{对于每个 } r \leq r_f \tag{3.58}$$

这依次表明,对于任何 $r \leq r_f$,有

$$s(r) = s(Y^0 - G^* - T(r),\bar{u}) \quad \text{对于每个 } r \leq r_f \tag{3.59}$$

最优值 r_f 可由下列条件决定:

$$\psi(Y^0 - G^* - T(r_f),\bar{u}) = R_A \tag{3.60}$$

家庭分布 $n(r)$ 可表示为

$$n(r) = \begin{cases} L(r)/s(Y^0 - G^* - T(r),\bar{u}) & \text{对于 } r \leq r_f \\ 0 & \text{对于 } r > r_f \end{cases} \tag{3.61}$$

合理的处罚或者收入税 G^* 必须满足人口约束条件:

$$\int_0^{r_f} \frac{L(r)}{s(Y^0 - G^* - T(r),\bar{u})} dr = N \tag{3.62}$$

需要注意的是,如果我们定义如下影子租金:

$$R(r) = \begin{cases} \psi(Y^0 - G^* - T(r),\bar{u}) & \text{对于 } r \leq r_f \\ R_A & \text{对于 } r \geq r_f \end{cases} \tag{3.63}$$

那么,条件(3.59)—(3.63)与条件(3.52)—(3.56)类似。也就是说,关于模型 $HS(Y^0,\bar{u},N)$ 的最优条件与目标效用 $\bar{u}$ 下的补偿均衡条件是一致的。由此,我们可以得到如下命题:

命题 3.7 对于以 $\bar{u}$ 为目标的模型 $HS(Y^0,\bar{u},N)$ 来说,如果其是一个补偿均衡,那么 $R(r)$、$n(r)$、$s(r)$、r_f 和 G^* 是该模型的一个解。

对于模型 $HS(Y^0,\bar{u},N)$ 来说,初始条件(3.52)—(3.56),或者(3.59)—(3.63)代表了达到最优区位的纯数学条件。现在,我们可以看出,这些条件代表了竞争性土地市场的均衡条件,在实现该均衡的过程中,政府通过引入收入税政策来实现目标效用 $\bar{u}$。影子租金 $R(r)$ 可以被看作在每个距离 r 处的土地租金,G^* 则代表了达到补偿均衡时的收入税。

下面,再次使用边界租金曲线方法,并用该方法确定两个未知参数 G^*、r_f。对于每个 G,我们可以得到下面有关 b 的方程:

$$\int_0^b \frac{L(r)}{s(Y^0 - G - T(r),\bar{u})} dr = N \tag{3.64}$$

并根据上述方程获得外边界函数 $b(G)$。对于每个给定的 G,$b(G)$ 代表与竞价租金曲线 $\psi(Y^0-G-T(r),\bar{u})$ 相对应的一个距离,如图 3.6 中的点 A。在图 3.6 中,通过改变 G,我们可获得边界租金曲线 $\hat{R}(r)$,具体可表示为

$$\hat{R}(r)=\psi(Y^0-G(r)-T(r),\bar{u}) \tag{3.65}$$

其中,$G(r)$ 是 $r=b(G)$ 的反函数。对于 $\hat{R}(r)$,如图 3.6 所示,r_f 可由关系式 $\hat{R}(r_f)=R_A$ 决定,G^* 则可由关系式 $\psi(Y^0-G^*-T(r_f),\bar{u})=R_A$ 决定。

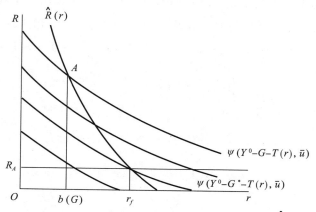

图 3.6　最优/补偿均衡土地利用下的边界租金曲线 $\hat{R}(r)$

除了假设 2.1、2.2 和 3.1,还需要假定满足如下条件[17]:

假设 3.2　z 与 s 具有完全替代性。也就是说,对于每条无差异曲线 $u=U(z,s)$,当 z 趋向于无穷时,s 趋向于零。

与前面的讨论类似,$\hat{R}(r)$ 关于 r 连续递减,当 r 达到一个确定边界距离时,$\hat{R}(r)$ 等于零,而当 r 趋向于零时,$\hat{R}(r)$ 将变得无穷大。[18] 因此,正如图 3.6 所示,我们可以得出如下结论:

命题 3.8　给定 Y^0、$\bar{u}$、$N>0$,模型 HS$(Y^0,\bar{u},N)$ 有唯一解。因此,对于每个目标效用 $\bar{u}$,都存在唯一的补偿均衡。

3.5　均衡与最优

在本节中,我们将检验 3.4 节 HS 模型的最优解与 3.3 节封闭城市模型 CCA 和 CCP

---

[17] 由于 u 是固定的,因此 HS$(Y^0,\bar{u},N)$ 模型解的唯一性和存在性不依赖于假设 2.3。另外,请注意,假设 2.2 中,没有必要假定 $T(0)<Y$。如果我们假设土地总量 $\int_0^\infty L(r)dr$ 是无限的,那么假设 3.2 也是没必要的。但是,如果 $\int_0^\infty L(r)dr < \infty$,为了确保方程(3.64)在 G 的每个值上存在解 b,假设 3.2 是必要的。

[18] 有关这些要点的证明,请参阅性质 4.10 和命题 4.3 之前的讨论。

均衡解的关系。[19] 对此,较为简便的方法是引入一个市场模型,也就是引入一个具有一般性的 CCA(Y,N) 模型。以基础模型 (2.1) 为基础,我们用 Y^0 代表初始(税前)收入,引入新的参数 $\overline{G}$,用其代表家庭收入税。其中,$\overline{G}$ 是固定的,且由政府确定其大小。那么,家庭居住区位选择可表示为

$$\max_{r,z,s} U(z,s) \quad \text{s.t.} \quad z+R(r)s=Y^0-\overline{G}-T(r) \tag{3.66}$$

假定城市中有 N 个同质家庭,我们用 CCA($Y^0-\overline{G},N$) 代表包含税收 $\overline{G}$ 的在外土地所有者封闭城市模型。然后,用 $Y^0-\overline{G}$ 替换均衡条件 (3.14)—(3.17) 中的 Y,可以看到,在满足下列条件时,$(R(r),n(r),s(r),r_f,u^*)$ 代表模型 CCA($Y^0-\overline{G},N$) 的一个均衡:

$$R(r)=\begin{cases}\psi(Y^0-\overline{G}-T(r),u^*) & \text{对于 } r\leq r_f \\ R_A & \text{对于 } r\geq r_f\end{cases} \tag{3.67}$$

$$s(r)=s(Y^0-\overline{G}-T(r),u^*) \quad \text{对于 } r\leq r_f \tag{3.68}$$

$$n(r)=\begin{cases}L(r)/s(Y^0-\overline{G}-T(r),u^*) & \text{对于 } r\leq r_f \\ 0 & \text{对于 } r>r_f\end{cases} \tag{3.69}$$

$$\int_0^{r_f}\frac{L(r)}{s(Y^0-\overline{G}-T(r),u^*)}dr=N \tag{3.70}$$

与 3.3 节类似,我们可以看到,如果 $\overline{G}$ 满足 $Y^0-\overline{G}>T(0)$,那么模型 CCA($Y^0-\overline{G},N$) 有唯一解。[20]

下面,我们再次利用 3.4 节的内容,在满足下列条件时,$(R(r),n(r),s(r),r_f,G^*)$ 代表 HS($Y^0,\overline{u},N$) 模型的解:

$$R(r)=\begin{cases}\psi(Y^0-G^*-T(r),\overline{u}) & \text{对于 } r\leq r_f \\ R_A & \text{对于 } r\geq r_f\end{cases} \tag{3.71}$$

$$s(r)=s(Y^0-G^*-T(r),\overline{u}) \quad \text{对于 } r\leq r_f \tag{3.72}$$

$$n(r)=\begin{cases}L(r)/s(Y^0-G^*-T(r),\overline{u}) & \text{对于 } r\leq r_f \\ 0 & \text{对于 } r>r_f\end{cases} \tag{3.73}$$

$$\int_0^{r_f}\frac{L(r)}{s(Y^0-G^*-T(r),\overline{u})}dr=N \tag{3.74}$$

其中,对于每个 $\overline{u}$,HS($Y^0,\overline{u},N$) 模型有唯一解。

现在,我们可以得到如下命题:

---

[19] 在 5.4 节中,将与开放城市模型(OCA 和 OCP)进行类似的比较。

[20] 我们在本节中假定假设 2.1—2.3 以及假设 3.1 和 3.2 成立。我们还假定 $N>0$。

命题 3.9 当且仅当 $(R(r), n(r), s(r), r_f, \bar{u})$ 是 CCA$(Y^0 - G^*, N)$ 模型的解时，$(R(r), n(r), s(r), r_f, G^*)$ 是 HS$(Y^0, \bar{u}, N)$ 模型的解。

为了进一步理解该命题，需要回想一下这个关系：当且仅当 $(R(r), n(r), s(r), r_f, G^*)$ 是以 $\bar{u}$ 为目标效用的补偿均衡时，它同时也是 HS$(Y^0, \bar{u}, N)$ 模型的解。也就是说，如果政府计划征收收入税 G^*，那么竞争性市场将促使在均衡状态下获得目标效用 $\bar{u}$。这暗示着，如果在公式 (3.66) 中存在关系式 $\bar{G} = G^*$，那么在竞争性均衡状态下，所有家庭都将获得效用 $\bar{u}$。因此，$(R(r), n(r), s(r), r_f, \bar{u})$ 必定是 CCA$(Y^0 - G^*, N)$ 模型的解。相反，如果 $(R(r), n(r), s(r), r_f, \bar{u})$ 是 CCA$(Y^0 - G^*, N)$ 模型的一个解，那么 $(R(r), n(r), s(r), r_f, G^*)$ 则是以 $\bar{u}$ 为目标效用的补偿均衡。因此，它也必定是 HS$(Y^0, \bar{u}, N)$ 模型的解。[21]

需要注意的是，命题 3.9 对于任何 $(G^*, \bar{u})$ 组合都将成立。因此，如果我们用 (G^*, u^*) 代替命题 3.9 中的 $(G^*, \bar{u})$，则可以得出如下结论：

推论 3.1 当且仅当 $(R(r), n(r), s(r), r_f, \bar{G})$ 是 HS(Y^0, u^*, N) 模型的解时，$(R(r), n(r), s(r), r_f, u^*)$ 将是 CCA$(Y^0 - \bar{G}, N)$ 模型的解。

命题 3.9 暗示，任何 HS 模型的解都可以在竞争性市场中通过引入适当的收入税（或者补贴）的方法来获得。这个推论还暗示，任何 CCA 模型的竞争性均衡都可以通过解含有目标效用的 HS 模型的方法来获得。那么，任何 HS 模型的解都是有效的，由此可以得到命题 3.10：

命题 3.10 任何 CCA 模型的竞争性均衡都是有效的（福利经济学第一定理）。在相同效用约束下，任何有效的配置都可以通过竞争性市场，以选择适当的收入税或补贴的方式获得（福利经济学第二定理）。[22]

再次回到命题 3.6，四类模型 CCA、CCP、OCA 和 OCP 有相同的解集（当参数 Y、Y^0、N 和 u 面临约束时）$Y > T(0)$、$Y^0 > T(0)$、$N > 0$、$u < \bar{u}(Y)$ 和 $u < \bar{u}(Y^0)$。从命题 3.10 可知，任何 CCA 模型的解都是有效的。因此，我们可以得出如下结论：

命题 3.11 四类均衡模型（也就是 CCA、CCP、OCA 和 OCP）的解都是有效的。

上述结论可用图示法做进一步的概括。假定 $(R(r), n(r), s(r), r_f, G^*)$ 是 HS$(Y^0, \bar{u}, N)$ 模型的解。利用公式 (3.71)—(3.74)，可以得到

---

[21] 在数学上，命题 3.9 是显而易见的。如果我们比较一下 (3.67)—(3.70) 这组条件与 (3.71)—(3.74)，很明显，$(R(r), n(r), s(r), r_f, G^*)$ 满足 (3.71)—(3.74) 所有的条件，当且仅当它满足 (3.67)—(3.70) 所有的条件时，u^* 和 $\bar{G}$ 被替换为 $\bar{u}$ 和 G^*。这意味着命题 3.9 成立。

[22] 基于传统的福利经济理论，这一结论并不令人惊讶。然而，值得在有连续的空间背景的模型中重新证实。还要注意，我们可以把原来的同质家庭分成任意有限数量的群体，为他们分配不同的目标效用水平（如果我们希望这样做的话）。然后我们会遇到多类型家庭问题，这将在 4.4 节中予以考虑。

$$\mathcal{G} = \int_0^{r_f} (Y^0 - T(r) - Z(s(r), \bar{u}) - R_A s(r)) n(r) dr$$

$$= \int_0^{r_f} \left(\frac{Y^0 - G^* - T(r) - Z(s(r), \bar{u})}{s(r)} - R_A \right) s(r) n(r) dr + \int_0^{r_f} G^* n(r) dr$$

$$= \int_0^{r_f} (R(r) - R_A) L(r) dr + G^* \int_0^{r_f} n(r) dr$$

$$= \text{TDR} + NG^*$$

其中，TDR 是公式（3.34）定义的总级差地租。总之，如果假设 $\mathcal{G}(Y^0, u, N)$、TDR(Y^0, u, N) 和 $G(Y^0, u, N)$ 分别代表 HS(Y^0, u, N) 模型的解所对应的总剩余、总级差地租、（影子）收入税，那么可以得到如下公式：

$$\mathcal{G}(Y^0, u, N) = \text{TDR}(Y^0, u, N) + NG(Y^0, u, N) \tag{3.75}$$

其中，假设 $R_A > 0$。关于函数 $\mathcal{G}(Y^0, u, N)$、$G(Y^0, u, N)$，我们可以用如下性质加以说明：

性质 3.3

（ⅰ）$\mathcal{G}(Y^0, u, N)$ 关于 u 呈连续递减，其中，$\lim_{u \to -\infty} \mathcal{G}(Y^0, u, N) = N(Y^0 - T(0))$，$\lim_{u \to \infty} \mathcal{G}(Y^0, u, N) = -\infty$。

（ⅱ）$G(Y^0, u, N)$ 关于 u 呈连续递减，其中，$\lim_{u \to -\infty} G(Y^0, u, N) = Y^0 - T(0)$，$\lim_{u \to \infty} G(Y^0, u, N) = -\infty$。

由于较大的目标效用意味着需要消费更多的商品，因此剩余 $\mathcal{G}(Y^0, u, N)$ 和可提取的收入税 $G(Y^0, u, N)$ 一定随着 u 的增加而下降。[23]

利用性质 3.3，曲线 $\mathcal{G}(Y^0, u, N)$ 和 TDR(Y^0, u, N) 的关系如图 3.7 所示。从公式（3.75）可知，剩余与总级差地租之间的差额等于总收入税：

$$NG(Y^0, u, N) = \mathcal{G}(Y^0, u, N) - \text{TDR}(Y^0, u, N) \tag{3.76}$$

由于 $G(Y^0, u, N)$ 关于 u 递减，在相交于点 A 之前，这两条曲线的差额 $NG(Y^0, u, N)$ 关于 u 递减；而在点 A 之后，该差额关于 u 递增。[24] 假定 $u(Y^0, G, N)$ 代表与 u 相关的反函数 $G = G(Y^0, u, N)$。从命题 3.9 可知，$u(Y^0, G, N)$ 代表 CCA$(Y^0 - G, N)$ 模型的解所对应的均衡效用。现在，给定收入税 G（或补贴），可以获得与 CCA$(Y^0 - G, N)$ 模型的解所对应的均衡效用 $u(Y^0, G, N)$，具体如图 3.7 所示。特别地，在点 A 处，G 等于零。因此，比较公式（2.1）和（3.66），我们可以看出，该点与 3.3 节（类型 1）中 CCA(Y^0, N) 模型的市场均衡是一致的。性质 3.3 确保了点 A 的唯一性，这再次证明了命题 3.1 的有效性。接下来，在点

---

[23] 性质 3.3 的证明见附录 C.3。$R_A > 0$ 的假设的必要性仅仅为了表明 $\lim_{u \to \infty} \mathcal{G}(Y^0, u, N) = -\infty$ 和 $\lim_{n \to \infty} G(Y^0, u, N) = -\infty$。

[24] 虽然如图 3.7 所示的 TDR(Y^0, u, N) 曲线呈现出随着 u 的增加而提升，但它可能并非总是如此。不过，这一点在后续的讨论中并不重要。

B，我们有 $\mathscr{G}(Y^0, u, N) = 0$，因此 $TDR/N = -G$。比较公式（3.35）和（3.66），我们可以看出点 B 与 3.3 节（类型 3）中的 $CCP(Y^0, N)$ 模型的市场均衡一致。由于曲线 $\mathscr{G}(Y^0, u, N)$ 关于 u 连续递减，当 u 较小时，$\mathscr{G}(Y^0, u, N)$ 为正，而当 u 较大时，$\mathscr{G}(Y^0, u, N)$ 则为负，并且点 B 具有唯一性，因此，我们可以得出如命题 3.3 那样的结论。

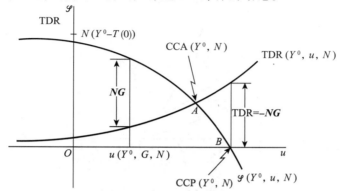

图 3.7　最优解和均衡解的关系（Y^0、N 是固定的）

3.6　比较静态分析

在本节中，我们将验证均衡土地利用是如何受农地租金、人口、交通成本、家庭收入、土地税和分区管制等外生参数变化影响的。在本节中，我们假设每个家庭的居住区位选择都是按照基础模型（2.1）给定的，并认为仅存在在外土地所有者封闭城市模型［也就是 3.3 节中的 $CCA(Y, N)$］。㉕

同时，假定假设 2.1—2.3 和 3.1 成立，并存在性质 3.3 和 3.4。为简化符号，我们用阿隆索函数 $\Psi(r, u)$ 和 $S(r, u)$ 代替索洛函数 $\psi(Y - T(r), u)$ 和 $s(Y - T(r), u)$。

正如我们将看到的，边界租金曲线起到核心作用。通过观察发现，边界租金曲线随着远离 CBD 而下降，从该发现可以得出许多重要结论。上述有关边界租金曲线的特性主要源于土地正常商品假设，在后续分析中，我们还将用到该特性。

3.6.1　农地租金和人口变化的影响

农地租金提高。假设农地租金从 R_A^a 变为 R_A^b，即

$$R_A^a < R_A^b$$

所有参数被假定保持不变。我们用 $r_f^a(r_f^b)$ 和 $u_a^*(u_b^*)$ 分别代表 $R_A^a(R_A^b)$ 下的城市边缘距离

㉕　可以类似地研究其他情况。特别地，开放城市模型的情况要简单得多。最佳土地利用的比较静态也可以这样研究。

和均衡效用水平。农地租金的变化既不会影响单个家庭的竞价租金函数,也不会影响其(最大竞价)土地面积,这使得边界租金曲线 $\hat{R}(r)$ 保持不变。因此,与图3.3类似,我们可用图3.8描述均衡土地利用及其相关变化。

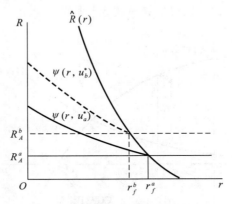

图 3.8　农地租金提高产生的影响

由于边界租金曲线 $\hat{R}(r)$ 关于 r 递减,因此,对于所有的 $r \leq r_f^a$,有 $r_f^a > r_f^b$ 和 $\Psi(r, u_a^*) < \Psi(r, u_b^*)$。

由于一个较高的竞价租金曲线意味着一个较低的效用水平,即

$$u_a^* > u_b^*$$

同时,由于最大竞价土地面积函数 $S(r,u)$ 是关于 u 递增的,即对于所有的 r,有 $S(r,u_a^*) > S(r,u_b^*)$,因此,根据市场租金曲线方程(3.13),我们可以得到如下命题:

命题 3.12　当农地租金 R_A 提高时,

(ⅰ) 城市边缘 r_f 将向内移动;

(ⅱ) 均衡效用 u^* 将变得更低;

(ⅲ) 土地租金曲线 $R(r)$ 将变得更高;

(ⅳ) 土地面积 $S(r,u^*)$ 将变得更小,因而在新的城市边缘区内,人口密度将提高。

总之,随着农业土地租金的提高,市场租金曲线也将被提高,这将降低人均土地消费。

人口增长。 假定城市人口(也就是家庭数量)从 N_a 变为 N_b,即

$$N_a < N_b$$

进一步地,假定所有参数都保持一致。我们用 $r_f^a(r_f^b)$ 和 $u_a^*(u_b^*)$ 分别代表 $N_a(N_b)$ 下的城市边缘距离和均衡效用水平。这就是说,人口变化不会影响土地面积函数 $S(r,u)$。因此,我们从公式(3.20)可知,在任意效用水平 u 下,N 的增加都将增大边界距离 $b(u)$。在每条竞价租金曲线都保持相同的情况下,从图3.3可以看出,随着 N 的增加,边界租金曲线 $\hat{R}(r)$ 将向外移动。均衡土地利用的变化如图3.9所示。由于 R_A 保持不变,我们可以得到如下关系式:

对于所有的 $r \leqslant r_f^b$，有 $r_f^a < r_f^b$ 和 $\Psi(r,u_a^*) < \Psi(r,u_b^*)$。

因此，与前面给出的农业租金提高的情形类似，有如下关系式存在：

对于所有的 $r \leqslant r_f^b$，有 $u_a^* > u_b^*$ 和 $S(r,u_a^*) > S(r,u_b^*)$。

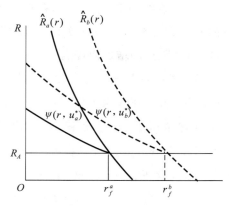

图 3.9 人口增加效应

基于上述分析，可以得到如下命题：

命题 3.13 如果城市人口增加，则有

（ⅰ）城市边缘 r_f 将向外移动；

（ⅱ）均衡效用 u^* 将变得更低；

（ⅲ）土地租金曲线 $R(r)$ 将变得更高，并趋向新的城市边缘；

（ⅳ）土地面积 $S(r,u^*)$ 将变得更小，因而在新的城市边缘区内，人口密度将提高。

总之，随着城市人口的增加，居住土地需求也将同步增加，这将进一步提高城市土地租金，并推动城市边缘向外移动。

3.6.2 交通成本和收入变化的影响效应

这里我们将关注两种不同的情形。在情形 A 中，交通成本函数从 $T_a(r)$ 变为 $T_b(r)$，并有[26]：

$$T_a(0) = T_b(0) \quad T'_a(r) > T'_b(r) \quad \forall r \tag{3.77}$$

其中，两种类型家庭的收入将保持相同。也就是说，在任何区位上，边际交通成本都呈下降趋势。在情形 B 中，家庭收入从 Y_a 变为 Y_b，并有

$$Y_a < Y_b \tag{3.78}$$

但是，交通成本相同。由于竞价租金和土地面积函数均发生变化，因此这两种变化的影响要比前面分析的情形更为复杂。然而，这两种变化又有非常相似的影响。在本节中，

---

[26] 由于固定运输成本 $T(0)$ 的变化可以认为是总收入 Y 的变化，因此我们假设 $T(0)$ 保持不变。

我们将首先探讨这两种情形的共同影响,然后再分别讨论这两种情形。

下面给出参数变化的表达式:

$$(T_a(r), Y_a) \rightarrow (T_b(r), Y_b)$$

基于上述条件,情形 A 意味着,条件(3.77)成立,但存在 $Y_a = Y_b$;而对于情形 B,条件(3.78)成立,并且对于所有的 r,存在关系式 $T_a(r) = T_b(r)$。需要注意的是,在这两种情形下,当距离大于零时,净收入将随着距离的增加而提高:

$$I_a(r) \equiv Y_a - T_a(r) < Y_b - T_b(r) \equiv I_b(r) \quad \forall r > 0 \tag{3.79}$$

上述公式对于后续研究非常重要。在参数集 $(T_a(r), Y_a)$ 下,我们用 $\Psi_a(r,u)$、$S_a(r,u)$、$\hat{R}_a(r)$、r_f^a、u_a^* 分别代表竞价租金函数、土地面积函数、边界租金函数、城市边缘距离、均衡效用水平;在参数集 $(T_b(r), Y_b)$ 下,我们用 $\Psi_b(r,u)$、$S_b(r,u)$、$\hat{R}_b(r)$、r_f^b、u_b^* 分别代表上述类似参数。根据定义,有 $\Psi_a(r,u) = \psi(Y_a - T_a(r), u)$,$S_a(r,u) = s(Y_a - T_a(r), u)$,$\Psi_b(r,u) = \psi_b(Y_b - T_b(r), u)$,$S_b(r,u) = s(Y_b - T_b(r), u)$。

首先,函数 Ψ_a 要比 Ψ_b 陡峭。假设两个竞价租金曲线 $\Psi_a(r, u_a)$ 和 $\Psi_b(r, u_b)$ 在距离 x 处相交:$\Psi_a(r, u_a) = \Psi_b(r, u_b) = \overline{R} > 0$。再次利用等式(2.19),从土地的正常商品属性和公式(3.79)可得

$$S_a(x, u_a) = \hat{s}(\overline{R}, I_a(x)) \leq \hat{s}(\overline{R}, I_b(x)) = S_b(x, u_b)$$

其中,当 $x > 0$ 时,上述不等式成立;当 $x = 0$ 时,则有 $Y_a = Y_b$(情形 A)。因此,在情形 A 和情形 B 中,从公式(2.27)可进一步得到

$$-\frac{\partial \Psi_a(x, u_a)}{\partial r} = \frac{T'_a(x)}{S_a(x, u_a)} > \frac{T'_b(x)}{S_b(x, u_b)} = -\frac{\partial \Psi_b(x, u_b)}{\partial r}$$

上式意味着 Ψ_a 要比 Ψ_b 陡峭(定义 2.2′)。

下面,我们进一步描述位于 $\hat{R}_a(r)$ 右侧的新边界租金曲线 $\hat{R}_b(r)$。对此,我们选择一个点,例如 A 点,其在边界租金曲线 $\hat{R}_a(r)$ 上,具体如图 3.10 所示。假定 $\Psi_a(r, u_a)[\Psi_b(r, u_b)]$ 为竞价租金曲线 $\Psi_a(\Psi_b)$,其经过 A 点。根据边界租金曲线 $\hat{R}_a(r)$ 的定义,A 点给出了外边界距离 $b_a(u_a)$,即

$$\int_0^{b_a(u_a)} \frac{L(r)}{S_a(r, u_a)} dr = N \tag{3.80}$$

根据已知条件,$\Psi_a(r, u_a)$ 要比 $\Psi_b(r, u_b)$ 陡峭,则对于所有的 $r < b_a(u_a)$,有 $\Psi_a(r, u_a) > \Psi_b(r, u_b)$。

同时,由于对于所有的 $r > 0$,有 $I_a(r) < I_b(r)$,再根据土地正常商品条件,有

$$S_a(r, u_a) = \hat{s}(\Psi_a(r, u_a), I_a(r)) < \hat{s}(\Psi_b(r, u_b), I_b(r))$$
$$= S_b(r, u_b) \quad \forall r < b_a(u_a) \tag{3.81}$$

根据公式(3.80)和(3.81),可以得到如下公式:

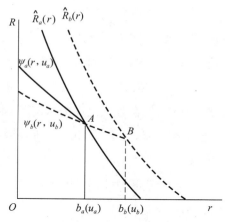

图 3.10 边界租金曲线随着交通成本的降低和收入的提高而移动

$$N = \int_0^{b_a(u_a)} \frac{L(r)}{S_a(r,u_a)} dr > \int_0^{b_a(u_a)} \frac{L(r)}{S_b(r,u_b)} dr$$

该公式表明,新外移边界距离 $b_b(u_b)$ 将位于 $b_a(u_a)$ 的右侧,具体如图 3.10 所示。由于该结论对于曲线 $\hat{R}_a(r)$ 上的任一点都成立,因此可以得出结论:新边界租金曲线 $\hat{R}_b(r)$ 必定位于 $\hat{R}_a(r)$ 的右侧。

参数从 $(T_a(r), Y_a)$ 向 $(T_b(r), Y_b)$ 转变的影响效应可用图 3.11 表示。与前面的假设类似,R_A 保持不变,从该图可以看出:

$$r_f^a < r_f^b \tag{3.82}$$

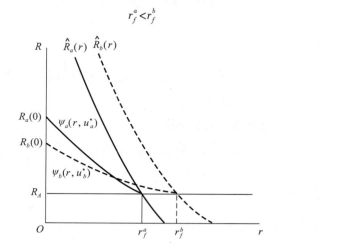

图 3.11 交通成本下降和收入提高的影响效应

一个较为直观的理论是:随着参数的变化,在任何区位上,净收入都将提高。因此,在任何区位上,土地需求都会随之增加,城市边界也将因此而向外移动。类似地,由于在任何区位上,参数变化都导致净收入提高,其直接的影响是,均衡效用将变得更大㉗:

㉗ 关系式(3.83)的正式证明见附录 C.4。

$$u_a^* < u_b^* \tag{3.83}$$

迄今为止,我们已经给出了交通成本下降的影响,收入提高的影响与其类似。事实上,唯一的差别是在城市中心土地租金变化的方向。从图3.11可以看出,城市中心边界租金将随着参数的变化而下降$[R_a(0) > R_b(0)]$。正如下面将进一步讨论的,在交通成本下降的情况下,上述结论总是存在的,但在收入提高的情况下,则存在不确定性。

交通成本下降。假定交通成本下降,与公式(3.77)所表明的一致,同时再次假定收入保持不变,则有

$$Y - T_a(0) = Y - T_b(0)$$

由于$u_a^* < u_b^*$,根据等式(2.20),可以得到

$$V(\Psi_a(0, u_a^*), Y - T_a(0)) = u_a^* < u_b^* = V(\Psi_b(0, u_b^*), Y - T_b(0))$$

假定间接效用函数V关于R递减,从上面两个关系式可以得出

$$\Psi_a(0, u_a^*) > \Psi_b(0, u_b^*), \quad 也即, R_a(0) > R_b(0) \tag{3.84}$$

简言之,当城市中心的土地租金变得更低时,在那里居住的居民将获得更大的效用[正如公式(3.83)所要求的]。这是因为在城市中心,收入并不随着边际交通成本的下降而改变。

最后,需要注意的是,根据等式(2.25),有$S_a(0, u_a^*) = \tilde{s}(\Psi_a(0, u_a^*), u_a^*)$,$S_b(0, u_b^*) = \tilde{s}(\Psi_b(0, u_b^*), u_b^*)$。然而,由于补偿均衡$\tilde{s}(R, u)$关于$R$递减,同时关于$u$递增,从公式(3.83)和(3.84),可以得出如下结论:

$$S_a(0, u_a^*) < S_b(0, u_b^*) \tag{3.85}$$

由于土地面积曲线$S(r, u)$关于r连续,因此,这意味着随着交通成本的下降,在靠近城市中心的区位上,土地面积将变得更大。

总结上述分析,我们可以得到如下命题:

命题3.14 假设在任何距离处,边际交通成本都呈下降趋势,而固定交通成本保持不变,那么,

(ⅰ)城市边缘r_f将向外移动;

(ⅱ)均衡效用u^*将变得更高;

(ⅲ)在靠近CBD的区位上,土地租金$R(r)$将变得更低,而在郊区,土地租金将变得更高;

(ⅳ)在靠近CBD的区位上,土地面积$S(r, u^*)$将变得更大,因此在该区位上,人口密度$\rho(r) = 1/S(r, u^*)$将变得更小。

换言之,交通成本下降将使郊区土地被开发利用的程度高于靠近城市中心的土地。因此,一部分家庭将从城市中心迁移到郊区,从而扩大了城市边界,城市中心的土地租金变得

更低,郊区的土地租金则进一步上涨。故土地租金曲线和人口密度曲线将变得更加平坦。

收入增长。在城市中心,收入增长对土地租金的影响,取决于交通成本函数的性质和土地分布特征。这可以从下面的例子得到进一步的证明。

例 3.2 在例 3.1 中,如果我们进一步假设 $\lambda = 1$,并有 $L(r) = \theta r$(饼状或圆形),那么,从公式(3.26)可得

$$R(0) = \frac{3a^2}{\theta} \frac{N}{Y}$$

因此,如果城市是饼状或圆形的,那么城市中心的土地租金将随着收入的提高而下降。相反,如果我们假设 $\lambda = 0$,并有 $L(r) = \theta$(一个线性城市),则有

$$R(0) = \frac{a}{\theta} N$$

因此,在线性城市的例子中,城市中心的土地租金独立于收入水平。最后,如果 $\lambda = -0.5$,并有 $L(r) = \theta / \sqrt{r}$,则有

$$R(0) = \frac{0.5 \times 1.5}{2\theta} \sqrt{a} \sqrt{Y} N$$

因此,如果在远离城市中心时,土地数量呈减少趋势,那么在城市中心,土地租金将随着收入的提高而上升。需要注意的是,在这个例子中,我们已经假设 $T(r) = ar$(固定边际交通成本)。

例 3.2 的结果可以在基础模型(2.1)的假设条件下被一般化,具体可表述为[28]

性质 3.4

(ⅰ) 如果 $L(r)/T'(r)$ 关于 r 递增,那么,$R(0)$ 随着收入的提高而递减;

(ⅱ) 如果在任何区位 $L(r)/T'(r)$ 都是固定的,那么,$R(0)$ 将不受 Y 的影响;

(ⅲ) 如果 $L(r)/T'(r)$ 关于 r 递减,那么,$R(0)$ 随着收入的提高而上升。

例如,假设边际交通成本 $T'(r)$ 是固定的,那么,如果 $L(r)$ 关于 r 递增,则有情形(ⅰ)的结论;如果 $L(r)$ 是固定的,则有情形(ⅱ)的结论;如果 $L(r)$ 是递减的,则有情形(ⅲ)的结论。在情形(ⅰ)下,收入提高的影响效应如图 3.11 所示。回顾一下已知条件:Ψ_a 比 Ψ_b 陡峭,在情形(ⅱ)和(ⅲ)下,当 $r>0$ 时,有 $R_a(r) = \Psi_a(r, u_a^*) < \Psi_b(r, u_b^*) = R_b(r)$。在大多数城市,距离市中心越远,可利用的土地数量越多,而边际交通成本则呈递减趋势。在实践中,我们更倾向于达到情形(ⅰ)的结果。

最后,我们再次回到马歇尔土地需求 $\hat{s}(R, I)$,该类型的土地需求关于 R 递减,同时关于 I 递增。在情形(ⅰ)和(ⅱ)中,$\Psi_a(0, u_a^*) \geq \Psi_b(0, u_b^*)$,同时有 $Y_a - T(0) < Y_b - T(0)$。因此,有下列关系式:

---

[28] 性质 3.4 的证明见附录 C.5。

$$S_a(0, u_a^*) = \hat{s}(\Psi_a(0, u_a^*), Y_a - T(0))$$
$$< \hat{s}(\Psi_b(0, u_b^*), Y_b - T(0)) = S_b(0, u_b^*)$$

从 $S_a(r, u_a^*)$ 和 $S_b(r, u_b^*)$ 关于 r 具有连续性可知,在靠近 CBD 的区位上,均衡土地面积 $S_b(r, u_b^*)$ 要大于 $S_a(r, u_a^*)$。由此可以得到如下命题:

命题 3.15 如果家庭收入提高,则有

(ⅰ) 城市边缘 r_f 将向外移动;

(ⅱ) 均衡效用 u^* 将变得更高;

(ⅲ) (a) 如果 $L(r)/T'(r)$ 关于 r 递增,那么在靠近 CBD 的区位上,土地租金 $R(r)$ 将变得更低;(b) 如果 $L(r)/T'(r)$ 是固定的,那么当 $r>0$ 时,土地租金 $R(r)$ 将变得更高;(c) 如果 $L(r)/T'(r)$ 关于 r 递减,那么在任何区位上土地租金 $R(r)$ 都会变得更高。

(ⅳ) 在上述两种情形下,在靠近 CBD 的区位上,土地面积 $S(r, u^*)$ 将变得更大。

综上所述,家庭收入提高将增大任何一个距离处的土地需求。这也会使交通成本变得不重要,并会提高城市郊区的土地利用强度。因此,如果在郊区存在一个有效的土地规模[性质(ⅰ)],许多家庭都将从城市中心移向郊区。这将依次降低城市中心的土地租金和人口密度,而在郊区则呈上升趋势。最终,土地租金曲线和人口密度曲线都将变得更加平坦。此外,如果在郊区没有一个有效的土地规模[性质(ⅱ)和(ⅲ)],增加的土地需求将抬高城市内任何区位的土地租金。

3.6.3 土地税和分区的影响

在本小节,我们将分析土地税和分区管制的影响效应。对于以实践应用为目的的读者来说,这部分分析可能不是非常有用,因为事实证明,任何土地税或分区政策的影响效应都会随着(一次性)收入税而发生变化,它也必将削弱竞争性土地市场的效率。这是因为市场不完善的要素尚未被包含在目前的分析中。[29]然而,该分析仍很重要。首先,它具有理论上的意义。其次,这些结论可以与本书第 2 部分的类似结论做对比分析,在第 2 部分将引入不同的外部性。最后,当收入税的征收出于政治原因而受到限制时,土地税或分区管制在福利再分配方面也许是一个有用的工具。

土地税通常采取比例税或固定税的形式。在比例税情形下,我们用 τ_R 或 τ_A 分别代表从住宅用地和农业用地取得的税收金额。在固定税情形下,我们用 T_R 或 T_R 代表从单位住宅用地和农业用地取得的税收金额。虽然有许多不同的分区政策,但我们在这里仅考虑土地利用分区,在其约束下,确定的活动要符合确定的分区。[30] 特别地,我们将分析

---

[29] 虽然稍后将详细解释这一点,但是由命题 3.10,任何有效的分配都可以通过实现适当的所得税加以实现。

[30] 另一种流行的分区是密度分区,例如最小面积分区、最大面积分区和建筑物高度分区。我们在这里只研究土地使用区划,因为如前所述,分区的研究在本书第 1 部分不是很重要。

城市边缘分区,基于该分区,以城市中心到城市边缘为半径的区域内的住宅土地利用都会受到限制。我们将证明,如果采取适当的选择方式,比例税、固定税和边缘分区这三种政策,对于均衡土地利用可以产生相同的影响。

土地税。为便于分析,我们假设土地税是由土地所有者支付的。[31] 同时假设土地收入(税收或者地租的形式)并不会再次进入城市经济。由于土地税既不影响收入,也不影响城市居民效用函数,每个家庭的竞价租金函数 $\Psi(r,u)$ 和土地面积函数 $S(r,u)$ 保持相同,因此,边界租金曲线 $\hat{R}(r)$ 也是相同的。最大化租金,即农民在零利润条件下支付的单位土地竞价租金 R_A 是一个固定值,并且不受土地税的影响。用 $R(r)$ 代表市场租金,它是租借者(家庭或农户)支付给土地所有者在距离 r 处的单位土地租金。由于城市边缘 r_f 内(外)的土地均用于住宅建设(农业),因此,如前所述,在均衡状态下,必然存在下列关系:

$$R(r)=\Psi(r,u^*) \quad \text{对于 } r<r_f \tag{3.86}$$

$$R(r)=R_A \quad \text{对于 } r>r_f \tag{3.87}$$

其中,u^* 是均衡效用。在比例税的情形下,假定 $\tau_R(\tau_A)$ 代表从每单位住宅用地(农业用地)征缴的税收。在城市边缘 r_f 处,土地所有者把土地租给家庭或者农民是无差异的。因此,我们可以得到如下关系式:

$$(1-\tau_R)\Psi(r_f,u^*)=(1-\tau_A)R_A \tag{3.88a}$$

在固定税的情形下,$T_R(T_A)$ 代表从每单位住宅用地(农业用地)征缴的税收。那么,我们可以得到如下简单的关系式:

$$\Psi(r_f,u^*)-T_R=R_A-T_A \tag{3.88b}$$

现在,如果对住宅用地和农业用地征收相同的税率(也就是 $\tau_R=\tau_A$ 或 $T_R=T_A$),那么公式(3.88a)和(3.88b)可简化为

$$\Psi(r_f,u^*)=R_A$$

因此,我们得到了与前面给出的关系式[也就是公式(3.14)—(3.18)]类似的关系式。比较清楚的是,在相同税率的情形下,均衡土地利用[包括土地利用模式和土地租金曲线 $R(r)$]都独立于土地税,这类似于没有土地税情形下的结果。这表明,所有土地税都将由土地所有者负担。

下面,在不同土地税情形下,给出如下关系式:

$$\Delta R=\Psi(r_f,u^*)-R_A \tag{3.89}$$

上式代表了在城市边缘的土地租金差。那么从公式(3.88a)和(3.88b)可以进一步得到

$$\Delta R=\frac{\tau_R-\tau_A}{1-\tau_R}R_A \tag{3.90a}$$

---

[31] 这只是为了方便。我们可以很容易地看到,无论我们假设土地税是由土地所有者还是由租户支付,对本小节的主要结论都没有影响。

或

$$\Delta R = T_R - T_A \tag{3.90b}$$

如果对住宅用地征收较高的税率($\tau_R > \tau_A$ 或 $T_R > T_A$),那么在该情形下,ΔR 是正的,均衡土地利用配置如图3.12所示。在该图中,r_f^0 代表城市边缘,在此位置上没有土地税。如果对农业用地征收较高的税率,那么 ΔR 将是负的,城市边缘将位于 r_f^0 的右侧。由于当竞价租金曲线 $\Psi(r, u^*)$ 位于较高的位置时,均衡效用 u^* 将处于较低的水平,因此,当 ΔR 变得较大时,u^* 将变得较低。由于当 ΔR 在任何时候都相同时,均衡土地利用都是相同的,因此均衡土地利用可以通过征收比例税或者固定税来获得。㉜

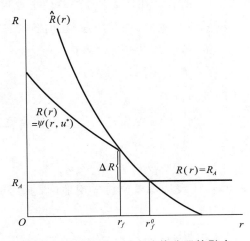

图3.12　土地税和城市边缘分区的影响

总结上面的讨论,我们可以得到如下命题:

命题3.16　在征收比例税或者固定税的情形下,

(ⅰ)如果住宅用地和农业用地的税率相同,那么土地税对均衡土地利用模式或者土地市场租金没有影响。

(ⅱ)在差异土地税的情形下,如果在城市边缘[由公式(3.90a)和(3.90b)定义]土地租金差 ΔR 增大,那么有:(a)城市边缘 r 将向内移动;(b)均衡效用 u^* 将下降;(c)在新的城市边缘区内,土地租金 $R(r)$ 将变得更高;(d)在该边缘区内的任何区位上的土地面积 $S(r, u^*)$ 将变得更小,因此其人口密度将加大。

城市边缘分区。让我们先考虑一个分区的顺序,并在此基础上解释半径以内(以外)的土地都将用于住宅建设(农业)。这里,r_f 是远离CBD的一个任意距离。假定 r_f 的确定方法与图3.12一致。那么从边界租金曲线 $\hat{R}(r)$ 的定义可以看出,在该分区顺序下,均

㉜　在这里,按比例征收土地税的情形下,我们隐含地假设 R_A 是正的。当 R_A 为零时,ΔR 始终为零,因此比例土地税对均衡土地利用没有影响。

衡土地利用与图 3.12 所描述的完全一致。如前所述,均衡竞价租金曲线 $\Psi(r,u^*)$ 将经过边界租金曲线 $\hat{R}(r)$ 与 r_f 处垂直线的交点。超过 r_f,土地租金将等于农地租金 R_A。而且,与图 3.12 类似,在任何类似的城市边缘分区下,对应的租金差 ΔR 都被唯一决定。对于任意的 ΔR,我们通过方程(3.90a)或者(3.90b)可以发现一个土地税集(比例税或者固定税)。因此,我们可以得出如下结论:

命题 3.17 对于任意城市边缘分区,我们可以发现一个土地税的适当设置(比例税或者固定税),并且它们对均衡土地利用有相同的影响效应。

最后,我们进一步观察图 3.12 所描述的均衡土地利用,该均衡土地利用并不是有效的。再次考虑有效土地利用的情形,此时所有家庭都将获得均衡效用 u^*,其中该均衡效用由 $HS(Y,u^*,N)$ 模型的解确定。对比图 3.12 中的均衡土地利用和图 3.5 中的补偿均衡土地利用,不难看出,图 3.12 中的土地利用模式并不是有效的。

通过本节的分析我们发现,本节的一些结论经常被用于解释美国的住宅用地利用模式。这已经被多个有关美国大城市的经验研究验证,这些研究发现,过去几十年,这些城市的人口密度曲线已经变得更加平坦。[33] 为了解释这个趋势,让我们再看看其他城市所出现的主要现象,包括建造铁路和公路之后交通成本(特别是通勤成本)的下降、经济增长带来的家庭收入提高和城市化导致的人口增长。一方面,命题 3.14(ⅳ)和 3.15(ⅳ)已经预测了,交通成本下降和收入增长将使城市人口密度曲线扁平化。在图 3.13 中,该影响效应可以描述为人口密度曲线从 $\rho_1(r)$ 移向 $\bar{\rho}(r)$。另一方面,根据命题 3.13(ⅳ),人口增长将使城市密度曲线变得更高。因此,整体影响效应将是密度曲线从 $\rho_1(r)$ 移向 $\rho_2(r)$。结果是,随着时间的推移,在城市的任何区位上,人口密度曲线都将变得更加平坦,并且变得更高。

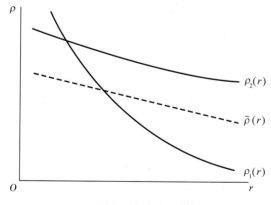

图 3.13　更为平缓的人口密度曲线

---

[33]　例如,可参见 Muth(1969)、Mills 和 Hamilton(1984)。

3.7 进一步讨论穆斯模型：土地资本强度

在真实的城市中，我们可以发现，距离市中心越近，不仅人口密度是增加的，每平方英里的资本强度或者建筑高度都是增加的。住宅产业的穆斯模型（2.5.3 小节引入的）考虑了住宅服务生产中的土地和资本投入，因此它对于解释该现象是一个较为有用的方法。

我们已经定义了该问题的多个要素，其中包括每个家庭的居住选择行为［公式（2.70）］、住宅竞价租金函数 $\Psi_H(r,u)$［公式（2.76）］和住宅产业行为［公式（2.71）］。现在，假设生产函数 F 满足标准新古典条件㉞，我们定义住宅产业的竞价土地租金函数为

$$\Psi(r;R_H(r))=\max_{L,K}\frac{R_H(r)F(L,K)-K}{L} \qquad (3.91)$$

上式给出了最大化租金表达式，该租金也是在保持零利润条件下，住宅企业在距离 r 处所能支付的单位土地租金。设定零利润条件是因为我们假定住宅产业是竞争性的，且生产的规模收益不变，因此在均衡时每个企业的利润都为零。

为获得均衡土地利用条件，根据每个家庭的投入和产出，可以重新给出公式（3.91）的表达式。首先，利用公式（2.72）和（2.73），住宅产业的行为［公式（2.71）］可重写为

$$\max_{s,k} R_H(r)F(s,k)-R(r)s-k \quad 对于每个 r \qquad (3.92)$$

这样，我们可以将住宅产业的竞价租金函数表述为

$$\Psi(r;R_H(r))=\max_{s,k}\frac{R_H(r)F(s,k)-k}{s} \qquad (3.93)$$

当然，由于 F 有固定的规模收益，因此定义（3.91）和（3.93）是相同的。

其次，在均衡状态下，有 $R_H(r)=\Psi_H(r,u)$，因此，将公式（2.76）代入（3.93），并重新表述 $\Psi(r,R_H(r))\equiv\Psi(r,u)$，我们得到㉟

$$\Psi(r,u)=\max_{s,k}\frac{Y-T(r)-Z(F(s,k),u)-k}{s} \qquad (3.94)$$

这代表了当均衡家庭效用预期为 u 时，每家企业可以出价的最高土地租金。求解公式（3.94）的最大化问题，我们可以得到（最大竞价）土地面积函数 $s(r,u)$ 和（最大竞价）资本投入函数 $k(r,u)$。

㉞ 那就是说，F 具有规模报酬不变的特性，它是严格拟凹和二阶连续可微的，且 $\partial F/\partial L>0, \partial F/\partial K>0, \partial^2 F/\partial L^2<0, \partial^2 F/\partial K^2<0$，当 $L\to 0$ 时，$\partial F/\partial L\to\infty$，当 $K\to 0$ 时，$\partial F/\partial K\to\infty$。

㉟ 公式（3.94）的推导过程为：$\max_{s,k}(R_H(r)F(s,k)-k)/s=\max_{s,k}\{R_H(r)F(1,k/s)-k/s\}=\max_{s,k,q}\{[(Y-T(r)-Z(q,u))/q]F(1,k/s)-k/s\}=\max_{s,k,q}\{[(Y-T(r)-Z(q,u))/q]F(1,k/s)-k/s|q=F(s,k)\}$（由 F 的规模收益率不变性质而得到的自由度）$=\max_{s,k}\{[(Y-T(r)-Z(F(s,k),u))/F(s,k)]F(s,k)/s-k/s\}=\max_{s,k}\{[Y-T(r)-Z(F(s,k),u)]/s-k/s\}$，由此得到公式（3.94）。另请注意，在简化模型（2.75）下，可以更直接的方式得出竞价土地租金函数。

现在假设 $R(r)$、$R_H(r)$、$n(r)$、$s(r)$、$k(r)$、u^* 和 r_f 代表一个均衡土地利用。其中，$k(r)$ 代表距离 r 区位上每户家庭的资本投入，其他符号与前面的设定相同。那么，均衡条件可总结如下：

$$R_H(r) = \Psi_H(r, u^*) \quad 对于\ r \leq r_f \tag{3.95}$$

$$R(r) = \begin{cases} \Psi(r, u^*) & 对于\ r \leq r_f \\ R_A & 对于\ r \geq r_f \end{cases} \tag{3.96}$$

$$s(r) = s(r, u^*), k(r) = k(r, u^*) \quad 对于\ r \leq r_f \tag{3.97}$$

$$n(r) = \begin{cases} L(r)/s(r, u^*) & 对于\ r \leq r_f \\ 0 & 对于\ r > r_f \end{cases} \tag{3.98}$$

$$\int_0^{r_f} \frac{L(r)}{s(r, u^*)} dr = N \tag{3.99}$$

与前面的设定相同，这里未知的参数仅有 u^* 和 r_f，它们由公式（3.99）决定。下面的条件可从公式（3.96）得到：

$$\Psi(r_f, u^*) = R_A \tag{3.100}$$

因此，同前面的论证方法一样，我们可以利用边界租金曲线方法，论证均衡的存在性和唯一性。

下面，我们将证明资本-土地比例 $k(r)/s(r)$ 是如何随着 r 的变化而变化的。为此，我们引入（最大竞价）住宅服务函数 $q(r,u)$，其定义为

$$q(r, u) = F(s(r, u), k(r, u)) \tag{3.101}$$

其中，$s(r,u)$、$k(r,u)$ 被定义为公式（3.94）的解。$s(r,u)$、$k(r,u)$ 和 $q(r,u)$ 之间的关系如图 3.14 所示。与图 2.2 类似，在最优投入组合 $(s(r,u), k(r,u))$ 下，等成本线 $k = (Y - T(r) - Z(q(r,u), u)) - \Psi(r,u)s$ 与等产量线 $F(s,k) = q(r,u)$ 相切。接下来，任意给定 R 和产出水平 q，我们可以进一步考虑成本最小化问题：

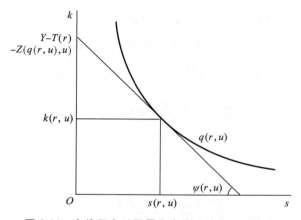

图 3.14　竞价租金以及最大竞价土地面积和资本

$$\min_{s,k} Rs+k \quad \text{s.t.} \quad F(s,k)=q \tag{3.102}$$

该问题的解可由 $(\tilde{s}(R,q), \tilde{k}(R,q))$ 代表，它由一组投入需求组成。从图形上来看，如图 3.15 所示，$(\tilde{s}(R,q), \tilde{k}(R,q))$ 是由斜率为 R 的等成本线与等产量线 $q=F(s,k)$ 相切的点决定的。需要注意的是，F 代表固定规模收益，$\tilde{k}(R,q)/\tilde{s}(R,q)$ 不受产出水平的影响，仅由土地租金 R 决定。因此，我们可以将其表示为

$$\frac{\tilde{k}(R,q)}{\tilde{s}(R,q)} \equiv v(R) \tag{3.103}$$

其中，投入比率是 R 的函数。

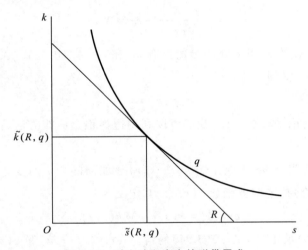

图 3.15　对土地和资本的附带需求

现在可以发现，如果设定 R 等于 $\Psi(r,u)$、q 等于 $q(r,u)$，则图 3.15 将与图 3.14 相似。这意味着下面的等式成立：

$$s(r,u)=\tilde{s}(\Psi(r,u),q(r,u)), k(r,u)=\tilde{k}(\Psi(r,u),q(r,u)) \tag{3.104}$$

从公式(3.96)、(3.97)、(3.103)和(3.104)可进一步得到

$$\frac{k(r)}{s(r)}=v(\Psi(r,u^*)) \tag{3.105}$$

从图 3.15 可以发现，$v(R)$ 随着 R 的增加而提高：

$$\frac{dv(R)}{dR}>0$$

对公式(3.94)应用包络定理，可得

$$\frac{\partial \Psi(r,u^*)}{\partial r}=-\frac{T'(r)}{s(r,u^*)}<0 \tag{3.106}$$

因此,有

$$\frac{d(k(r)/s(r))}{dr}=\frac{dv(\Psi(r,u^*))}{dR}\frac{\partial \Psi(r,u^*)}{\partial r}<0$$

上述研究总结如下:

命题 3.18 在穆斯模型条件下,住宅服务生产达到均衡时,随着距离 CBD 越来越远,资本-土地比 $k(r)/s(r)$ 呈下降趋势。

该结论如图 3.16 所示。事实上,我们可以把资本-土地比看作建筑高度的代理参数。因此,命题 3.18 暗示了住宅建筑高度随着距 CBD 的距离而下降。

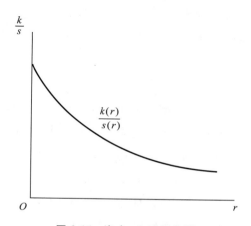

图 3.16 资本-土地比曲线

例 3.3 在穆斯模型条件下,我们假设

$$U(z,q)=\alpha \log z+\beta \log q, \qquad \alpha>0, \beta>0, \alpha+\beta=1$$
$$F(s,k)=As^a k^b, \qquad \alpha>0, b>0, a+b=1, A>0$$

那么有 $Z(F(s,k),u)=A^{-\beta/\alpha}s^{-a\beta/\alpha}k^{-b\beta/\alpha}e^{u/\alpha}$。解最大化问题(3.94),可得

$$\Psi(r,u)=A^{1/\alpha}\alpha^{\alpha/a\beta}(\alpha\beta)(b\beta)^{b/a}(Y-T(r))^{1/a\beta}e^{-u/a\beta}$$
$$k(r,u)=b\beta(Y-T(r)) \tag{3.107}$$
$$s(r,u)=a\beta(Y-T(r))/\Psi(r,u)$$
$$=A^{-1/a}\alpha^{-\alpha/a\beta}(b\beta)^{-b/a}(Y-T(r))^{-(1-a\beta)/a\beta}e^{u/a\beta}$$

因此,在均衡状态下有

$$\frac{k(r)}{s(r)}=\frac{b}{a}\Psi(r,u^*)=\frac{b}{a}R(r)$$

这就是说,在每个距离处,资本-土地比与土地租金呈一定的比例。如果交通成本 $T(r)$ 是关于 r 线性的或严格凹的,公式(3.107)中的竞价租金曲线 $\Psi(r,u^*)$ 就是严格凸的。因此,资本-土地比曲线同样也是关于 r 呈严格凸的,具体如图 3.16 所示。

3.8 结论

在本章中，我们证明了均衡土地利用模式，并将其与最优土地利用模式进行了比较，所得出的结论是，竞争性均衡是社会有效的。我们还分析了不同外生参数变化，如人口、交通成本和收入变化对均衡土地利用的影响。最后，我们验证了投资于土地上的资本强度或者说住宅建筑高度，是如何随着距离市中心远近的不同而变化的。

本章的这些结论与我们对现实城市的观察是一致的。尽管如此，该分析毕竟是基于非常简单的模型展开的，因此需要许多扩展。引入多类型家庭是接下来要讨论的一个扩展，也是下一章将要完成的主要任务。

书目备注

3.3 节中提出的均衡土地利用模型本质上是由 Alonso（1964）、Muth（1969）、Casetti（1971）、Mills（1972a,b）和 Solow（1973）等构建的新古典城市模型的简化版。Wheaton（1974a）引入了封闭和开放城市的定义。Solow（1973）提出了公共土地所有者模型，Kanemoto（1980，第 1 章）进一步研究了该模型。Kanemoto（1980，第 6 章）在混合城市稳定性分析中引入了类似于边界租金曲线的概念。Fujita（1985，1986a）将其推广到土地面积可变的情形，并将其用于研究均衡和最优土地利用的存在性及唯一性。

Mirrlees（1972）最先分析了边沁主义最优城市。他发现，在边沁最优条件下，不同的效用水平被分配给不同地点的同质家庭。这一结果被称为莫里斯不等式，本章注释⑪中引用的文献进一步分析了该结果。Dixit（1973）以及 Oron、Pines 和 Sheshinski（1973）提出了另一个最优城市公式，其中设定的目标是在资源约束下最大化公共效用。3.4 节中的 HS 问题是该效用最大化问题的对偶。Herbert 和 Stevens（1960）最初在离散空间的背景下提出了该问题，并用线性规划的对偶定理来分析。Britton Harris 在他众多未发表的论文中首次研究了 HS 问题与均衡土地利用问题之间的等价性，并由 Wheaton（1974b）、Fujita 和 Kashiwadani（1976）正式展示了这一点。Ando（1981）提出了 HS 问题的连续版本。

Wheaton（1974a）最先研究了单家庭类型均衡土地利用的比较静态，而 Wheaton（1976），Hartwick、Schweizer 和 Varaiya（1976），以及 Arnott、MacKinnon 和 Wheaton（1978）研究了多家庭类型均衡土地利用的比较静态。他们采用的方法是基于微分学的标准方法，而我们的边界租金曲线方法看起来更直观。Alonso（1964，第 6 章）以及 Henderson（1985）首先研究了土地税和分区制的影响。Wildasin（1985）研究了包含时间分配的关于收入税的比较静态。Witchard（1984）研究了最优土地利用的比较静态。以上研究都基于在外土地所有者城市的比较静态，而 Pines 和 Sadka（1986），Arnott、Pines 和 Sadka（1986），以及 Sasaki（1987）研究了公共土地所有者的比较静态。Koide（1985）研究了存在内生工资收入（由于生产规模收益）时的均衡土地利用的比较静态。对人口密度曲线扁平化（图 3.13）的讨论参考了 Schweizer（1985）。

由于空间限制，我们无法讨论几个重要的主题。首先，虽然我们假设从 CBD 各个方向的运输成本都相同，但 Muth（1969，第 4 章）、Anas 和 Moses（1979）已经考虑了更现实、更不统一的运输网络。其次，尽管我们假设就业和商业集中在 CBD，但许多文献引入了多个就业或商业中心，参见 Muth（1969）、Papageorgiou 和 Casetti（1971）、Hartwick 和 Hartwick（1974）、Odland（1976）、White（1976）、Romanos（1977）以及 Sullivan（1986）。Solow（1973）探讨了服务工人的空间分布。最后，回顾一下，负指数函数常被用于城市人口密度的实证分析。负指数人口密度函数的理论推导见 Muth（1969，第 4 章）、Niedercorn（1971）、Mills（1972b）以及 Brueckner（1982）。

第4章 均衡土地利用与最优土地利用：多类型家庭

4.1 引言

在本章中，我们将讨论多类型家庭的情形。本章与上一章的结构安排相似。首先，我们介绍具有良好性状的竞价租金函数和土地面积函数的概念，以便为竞价租金曲线方法构建严谨的数学基础。然后，在 4.3 节，我们在土地所有权缺乏的封闭城市模型背景下，继续定义均衡土地利用，并描述它的存在性和唯一性。在 4.4 节，我们定义了最优土地利用，并证明其存在性和唯一性。与第 3 章类似，我们使用边界租金曲线，用图形方法证明了均衡和最优土地利用的存在性及唯一性。这同时也给出了计算均衡和最优土地利用的一个简单算法。在 4.5 节，我们比较了均衡和最优土地利用，并且得出竞争性均衡是社会有效的结论。在 4.6 节，我们对均衡土地利用展开比较静态分析。最后，我们应用边界租金曲线方法，验证了人口和收入变化对均衡土地利用的影响。

虽然在分析存在性和唯一性问题时，我们的边界租金曲线方法具有数学分析上的简便性和直观性，但它需要一个强条件，即该问题所涉及的竞价租金函数集能够根据它们的梯度进行排序。因此，这一方法仅可应用于有限的一类问题。这自然会存在一个问题，即在没有给定可排序的竞价函数假设时，我们是否能证明均衡和最优土地利用的存在性和（或）唯一性。事实证明，虽然这个假设对于唯一性是必要的，但它对于存在性并不是必需的。然而，没有该假设的存在性证明需要复杂的数学分析，读者可参考 Fujita 和 Smith（1987）。

4.2 良好性状的竞价租金函数与土地面积函数

在后面各节中,我们将根据竞价租金函数和(最大竞价)土地面积函数,定义和分析均衡土地利用。我们简单地假设这些函数来源于某一住宅选择模型,如第 2 章的基础模型或者时间扩展模型。在本章中,我们仅需要假设这些来源于居住选择模型的函数是具有良好性状的,而无须对竞价租金函数和土地面积函数做详细说明。具有良好性状的函数的定义将在后面给出。为了给该定义奠定基础,我们首先考虑一个简单的住宅选择模型。①

我们考虑如下家庭住宅选择模型:

$$\max_{r,z,s} \alpha \log z + \beta \log s \quad \text{s.t.} \quad z + R(r)s = Y - T(r) \tag{4.1}$$

该模型通过在基础模型(2.1)中指定对数线性效用函数(2.12)得到。这里,α 和 β 是正的常数,$\alpha+\beta=1$,其他符号与第 2 章相同。由例 2.1 可知,竞价租金函数和土地面积函数可分别由如下公式表示:

$$\Psi^0(r,u) = \alpha^{\alpha/\beta} \beta \ (Y-T(r))^{1/\beta} e^{-u/\beta} \tag{4.2}$$

$$S^0(r,u) = \alpha^{-\alpha/\beta} (Y-T(r))^{-\alpha/\beta} e^{u/\beta} \tag{4.3}$$

我们很快就会清楚,为什么这里用 $\Psi^0(r,u)$ 和 $S^0(r,u)$ 来代替 $\Psi(r,u)$ 和 $S(r,u)$。需要注意的是,只有在 $D^0 = \{(r,u) \mid 0 \leqslant r < \infty, T(r) < Y, -\infty < u < \infty\}$ 时,函数(4.2)和(4.3)才都是具有良好性状的。为方便论证,我们希望在集合 $D = \{(r,u) \mid 0 \leqslant r < \infty, -\infty < u < \infty\}$ 上扩展每个函数的值域。我们可以如下扩展函数来实现这一点:

$$\Psi(r,u) = \begin{cases} \Psi^0(r,u) & \text{对于} (r,u) \in D^0 \\ 0 & \text{对于} (r,u) \in D-D^0 \end{cases} \tag{4.4}$$

$$S(r,u) = \begin{cases} S^0(r,u) & \text{对于} (r,u) \in D^0 \\ \infty & \text{对于} (r,u) \in D-D^0 \end{cases} \tag{4.5}$$

那么有 $\Psi:D \to [0,\infty)$ 和 $S:D \to (0,\infty]$。② 为进行区分,我们称 Ψ^0 和 S^0 为初始函数,Ψ 和 S 为扩展函数。对于扩展函数 S,可以很方便地与(扩展的)家庭密度函数 $\rho:D \to [0,\infty)$ 相联系,如下式所示:

$$\rho(r,u) = \frac{1}{S(r,u)} = \begin{cases} 1/S^0(r,u) & \text{对于} (r,u) \in D^0 \\ 0 & \text{对于} (r,u) \in D-D^0 \end{cases}$$

---

① 在本章和下一章中,我们使用阿隆索函数 $\Psi(r,u)$ 和 $S(r,u)$。这是因为在没有给出住宅选择具体模型的情形下,我们无法确定索洛竞价租金和最大竞价土地面积函数的具体形式。

② 例如,$\Psi:D \to [0 \to \infty)$ 意味着 Ψ 是定义域 D 上的一个函数,且取值范围为 $[0,\infty)$。

这些扩展函数有许多可取之处。通过归纳这些特点，我们可以得到如下具有良好性状的函数的定义[③]：

定义 4.1 假定 $D = \{(r,u) \mid 0 \leq r < \infty, -\infty < u < \infty\}$。当且仅当满足如下条件时，函数 $\Psi : D \to [0, \infty)$ 和 $S : D \to (0, \infty]$ 是具有良好性状的：

（ⅰ）Ψ 和 $\rho \equiv 1/S$ 关于 D 连续；

（ⅱ）$\{(r,u) \in D \mid \Psi(r,u) > 0\} = \{(r,u) \in D \mid \rho(r,u) > 0\} \neq \emptyset$，这个非空集用 D^0 表示；

（ⅲ）D^0、Ψ 和 ρ 是 r 和 u 的减函数；

（ⅳ）D^0 在 r 内有界，这表明，存在一个有限的距离 $\bar{r} > 0$，即如果 $(r,u) \in D^0$，那么 $r < \bar{r}$；

（ⅴ）存在一个有限的距离 $\bar{r} > 0$，即对于任何 $r \in [0, \bar{r}]$，当 $u \to -\infty$ 时，有 $\Psi(r,u) \to \infty$ 和 $\rho(r,u) \to \infty$；

（ⅵ）当 $u \to \infty$ 时，有 $\Psi(0,u) \to 0$ 和 $\rho(0,u) \to 0$。

当 Ψ 和 S 是具有良好性状的函数时，我们称定义 4.1 中的 D^0、D 分别为 Ψ 和 S 的有效域及扩展域。条件（ⅰ）表明，距离和效用水平的微小变化，只会导致竞价租金和土地面积发生微小的变化，这是一个纯数学要求。条件（ⅱ）表明，当竞价租金 $\Psi(r,u)$ 是正的时，土地面积 $S(r,u)$ 是有限的；换言之，当土地价格是正的时，土地需求将是有限的。条件（ⅲ）是关于性质 2.1 的一个简单重述。条件（ⅳ）表明，距 CBD 超过一定距离后，竞价租金将变为零。条件（ⅴ）表明，在靠近 CBD 的区位，可以通过降低效用水平使竞价租金（土地面积）实现期望的高（低）水平。在图 2.2 中，这意味着无差异曲线 u 将随着 u 的递减而趋向原点。最后，条件（ⅵ）表明，随着效用水平的提高，CBD 的竞价租金（土地面积）将变为零（无穷大）。同样，在图 2.2 中，这意味着随着 u 的增加，无差异曲线将无限制地向东北方向移动。

当在单中心城市背景下进行严格定义时，竞价租金和土地面积函数均是具有良好性状的。例如，在模型 (4.1) 中，进一步假设交通成本函数 $T(r)$ 满足假设 2.2。这样，我们可以很容易看到，由方程 (4.2)—(4.5) 所定义的函数 Ψ 和 S 均是具有良好性状的。[④] 下面给出一个更一般性的例子：

例 4.1（具有良好性状的竞价租金和土地面积函数） 让我们回顾一下住宅选择的基础模型：

[③] 在定义 4.1 中，我们可以选择指定 Ψ 的定义域为 $D = \{(r,u) \mid 0 \leq r < \infty, \underline{u} < u < \overline{u}\}$，其中，$\underline{u}$ 和 $\overline{u}$ 是一些常数，满足 $-\infty \leq \underline{u} < \overline{u} \leq \infty$。然而，如前所述，由于本书中的任何效用函数都被假定为序数函数，因此在不失一般性的情况下，我们可以在定义 4.1 中确定 Ψ 的定义域。

[④] 条件（ⅳ）满足的条件为：对于任意的 $\bar{r}$，满足 $T(\bar{r}) > Y$；条件（ⅴ）满足的条件为：对于任意的 $\bar{r} > 0$，满足 $T(\bar{r}) < Y$。其他条件明显满足。

$$\max_{r,z,s} U(z,s) \quad \text{s.t.} \quad z+R(r)s=Y-T(r)$$

假定满足假设 2.1—2.3。为不失一般性,我们还可以给出如下假设:

$$\inf\{U(z,s)\mid z>0,s>0\}=-\infty \qquad \sup\{U(z,s)\mid z>0,s>0\}=\infty$$

我们根据公式(2.8)来定义初始竞价租金函数,其表达式为

$$\Psi^0(r,u)=\max_{s>0}\frac{Y-T(r)-Z(s,u)}{s} \tag{4.6}$$

初始土地面积函数 $S^0(r,u)$ 被定义为等式右边最大化问题的最优 s。函数 Ψ^0 和 S^0 的值域为

$$D^0=\{(r,u)\mid 0\leqslant r<\infty,-\infty<u<\infty,Y-T(r)>\lim_{s\to\infty}Z(s,u)\}$$

我们用与公式(4.4)和(4.5)相同的方法定义扩展函数 Ψ 和 S。这样,不难发现函数 Ψ 和 S 是具有良好性状的。[5] 特别地,由于土地的正常商品属性,$\rho\equiv 1/S$ 关于 u 递减。如果对于任意的 $\bar{r}$,有 $T(\bar{r})>Y$,那么定义 4.1 的条件(ⅳ)将被满足。同理,如果对于任意的 $\bar{r}>0$,有 $T(\bar{r})<Y$,那么定义 4.1 的条件(ⅴ)将被满足。

由第 2 章可知,对于每个给定的 u,$\Psi(\cdot,u)$ 被定义为在 r(距离)-R(租金)空间上的竞价租金曲线,$S(\cdot,u)$ 被定义为在 r-R 空间上的土地面积曲线。假定函数 Ψ 和 S 是具有良好性状的。这样不难确定如下竞价租金曲线的性质[6]:

性质 4.1 竞价租金曲线(对于同一类型家庭)在达到 r 轴之前将不会相交。这就是说,如果 $u\neq u'$,那么对于任意的 $\Psi(r,u)>0$,$\Psi(r,u)\neq\Psi(r,u')$ 总成立。

性质 4.2 对于 R 轴正值部分的每个点,有且仅有一条竞价租金曲线始于该点。

性质 4.3 每条竞价租金曲线都是连续的,关于 r 递减,且与 r 轴相交。

性质 4.4 随着 u 的增加,竞价租金曲线的正值部分不断下移[7],并一致收敛于 r 轴。

类似地,不难确定如下土地面积曲线的性质:

性质 4.5 土地面积曲线(属于同一类型家庭)在达到无穷大时,永远不会相交。这就是说,如果 $u\neq u'$,那么对于任意的 $S(r,u)<\infty$,$S(r,u)\neq S(r,u')$ 总成立。

性质 4.6 每条土地面积曲线 $S(\cdot,u)$ 都是连续的,都是 r 的增函数,其将在竞价租金曲线 $\Psi(\cdot,u)$ 与 r 轴相交处趋于无穷。

性质 4.7 随着 u 的递减,土地面积曲线将不断下移。在 $[0,\tilde{r}]$ 区间,当 u 趋向于 $-\infty$ 时,土地面积曲线将一致收敛于 r 轴。

---

[5] 证明见 Fujita 和 Smith (1985)的附录 3。

[6] 有关竞价租金曲线和土地面积曲线的系列性质只是对 2.3 节基础模型中一些确定性质的重述。

[7] 也就是说,对于每个满足 $u_1<u_2$,$\Psi(r,u_1)>\Psi(r,u_2)$ 的 r,$\Psi(r,u_2)>0$。一旦给定 r,函数 $\Psi(r,\cdot)$ 在 $(-\infty,\infty)$ 上就是连续的。

因此,如前所述,竞价租金曲线的一般形状可用图 2.5 来描述,土地面积曲线的一般形状可用图 2.6 来描述。

4.3 均衡土地利用

4.3.1 均衡土地利用的定义

假定有 m 种不同类型的城市家庭,家庭类型 $i=1,2,\cdots,m$。i 类家庭的数量是外生给定的,用一个正的常数 N_i 表示。所有 i 类家庭都有相同的竞价租金函数 Ψ_i 和相同的土地面积函数 S_i,并且有

$$\Psi_i:D\to[0,\infty),S_i:D\to(0,\infty] \qquad i=1,2,\cdots,m \qquad (4.7)$$

其中,$D=\{(r,u)|0\leq r<\infty,-\infty<u<\infty\}$。我们假设,所有函数 Ψ_i 和 $S_i(i=1,2,\cdots,m)$ 都是外生给定的。[⑧] 与前面的讨论类似,在每个距离 r 处,可获得的住宅用地数量都是给定的,用 $L(r)$ 表示。没有被家庭占用的土地将用于农业,产生一个固定的租金 $R_A\geq 0$。现在,为将均衡条件(3.13)—(3.17)推广到多类型家庭情形,我们给出如下均衡土地利用定义[⑨]:

定义 4.2 均衡土地利用由效用集 u_i^*、非负的家庭分布 $n_i(r)$($i=1,2,\cdots,m$,$0\leq r<\infty$)和土地租金曲线 $R(r)$ 组成,这样有

(a) 对于在任意的 $r\in[0,\infty)$ 处的土地市场,有

$$R(r)=\max\{\max_i \Psi_i(r,u_i^*),R_A\} \qquad (4.8)$$

$$R(r)=\Psi_i(r,u_i^*) \quad \text{如果 } n_i(r)>0 \qquad (4.9)$$

$$\sum_{i=1}^m S_i(r,u_i^*)n_i(r)\leq L(r) \qquad (4.10)$$

$$\sum_{i=1}^m S_i(r,u_i^*)n_i(r)=L(r) \quad \text{如果 } R(r)>R_A \qquad (4.11)$$

[⑧] 在实践中,这意味着城市中所有的土地都由在外土地所有者所有,故每个家庭的收入都不包括任何来自土地的收入。因此,在 3.3 节中,我们处理的是一个在外土地所有者封闭城市模型下的均衡土地利用问题。我们关注这种情形,是因为这是最基本的情形,其他情形也可以进行类似的研究。

[⑨] 在本书中,我们采用了以下涉及 ∞ 的算术法则:

$$0\cdot\infty=\infty\cdot 0=0 \qquad a/\infty=0 \qquad -\infty<a<\infty$$

例如,在公式(4.10)中,如果 $S_i(r,u_i^*)=\infty$ 并且 $n_i(r)=0$,那么 $S_i(r,u_i^*)n_i(r)=0$。需要注意,在定义 4.2 中,所有涉及密度的条件适用于几乎所有的 r(即除部分具有零勒贝格测度的点集外,所有 $r\geq 0$ 处)。然而,这种测度理论在目前的分析中并没有太大的作用。因此,为了简单起见,我们要求所有 $r\geq 0$ 都满足这些条件。

（b）对于人口约束,有

$$\int_0^\infty n_i(r)dr = N_i \qquad i = 1,2,\cdots,m \qquad (4.12)$$

条件(4.8)表明,市场租金曲线 $R(r)$ 是一条由所有类型家庭($i=1,2,\cdots,m$)的均衡竞价租金曲线 $\Psi_i(r,u_i^*)$ 和农地租金线 R_A 组成的上包络线。这将确保没有一个类型 i 的家庭能够获得大于 u_i^* ($i=1,2,\cdots,m$)的效用,没有农民可以获得正的利润。条件(4.9)确保如果某些 i 类家庭居住在距离 r 处,那么它们实际上将获得均衡效用 u_i^*。条件(4.10)表明,在每个 r 处,土地总需求不能超过土地总供给的规模。这是一个简单的自然约束。条件(4.11)表明,如果在 r 处的市场土地租金超过了农地租金,那么所有土地必将用于住宅建设。条件(4.8)、(4.9)和(4.11)共同暗示,无论均衡租金何时超过农地租金,土地都将被均衡竞价租金最高的家庭使用。换言之,它们确保了每个区位都被用于最高竞价活动。条件(4.12)确保了每个家庭都居住在城市内部。[⑩]

本节后面的分析是基于如下假设展开的[⑪]:

假设4.1 土地分布函数 $L(r)$ 在 $[0,\infty)$ 是连续的,且对于所有的 $r>0$,有 $L(r)>0$。

假设4.2 所有竞价租金函数 Ψ_i 和土地面积函数 S_i ($i=1,2,\cdots,m$)都是具有良好性状的。

假设4.3 竞价租金函数集 Ψ_i ($i=1,2,\cdots,m$)可以按照相对梯度来排序。为分析方便,我们用 i 代表下降序列的梯度。这样,Ψ_1 是最陡峭的函数,Ψ_2 次之,以此类推。

在假设4.2下,所有均衡竞价租金曲线 $\Psi_i(r,u_i^*)$ ($i=1,2,\cdots,m$)都是关于 r 连续递减的(直到它们到达 r 轴)。由于这些曲线的上包络线也是关于 r 连续递减的,所以从均衡条件(4.8)可以得到性质4.8。

性质4.8 在假设4.2下的均衡中,市场租金曲线 $R(r)$ 在城市边缘 r_f 以内的距离是连续递减的,城市边缘 r_f 被唯一定义为 $r_f = \min\{r \mid R(r) = R_A\}$。

另外,在假设4.2下,根据定义4.1(ii),每个 i 都对应 D 的一个非空子集 D_i^0,即

$$\begin{aligned} D_i^0 &= \{(r,u) \in D \mid \Psi_i(r,u) > 0\} \\ &= \{(r,u) \in D \mid S_i(r,u) < \infty\} \end{aligned} \qquad (4.13)$$

上式给出了函数 Ψ_i 和 S_i ($i=1,2,\cdots,m$)的有效值域。从均衡条件(4.10)可知,如果 $n_i(r)>0$,那么 $S_i(r,u_i^*)<\infty$;因此,从公式(4.13)可知,$(r,u_i^*) \in D_i^0$ 和 $\Psi_i(r,u_i^*)>0$。根

[⑩] Fujita 和 Smith(1987)指出,为了确保一般化问题的均衡土地利用的存在性,人口约束(4.12)中的积分必须是勒贝格积分。然而,在本书中,我们分析了那些只涉及黎曼可积函数的问题。因此,在本书中我们总是可以认为 $\int$ 表示黎曼积分的符号。

[⑪] 在4.3.3小节中,我们将讨论以下一组假设中的每一个条件如何对均衡土地利用的存在性或唯一性至关重要(或不重要)。

据定义,对于任意的 u,有 $\Psi_i(r,u)<\infty$ 和 $S_i(r,u)>0$。因此,我们可以得出如下结论:

性质 4.9 在假设 4.2 下的均衡中,如果 $n_i(r)>0$,那么 $(r,u_i^*) \in D_i^0$,因此有 $0<\Psi_i(r,u_i^*)<\infty$ 和 $0<S_i(r,u_i^*)<\infty$ ($i=1,2,\cdots,m$)。

从实际的角度来看,零土地面积或者无限大土地面积的均衡,对于某些家庭来说是不可接受的。在这个意义上,性质 4.9 确保了假设 4.2 下的均衡有实际意义。

接下来,让我们回顾一下由定义 2.2 所描述的竞价租金函数间的相对梯度。从法则 2.3 可知,如果竞价租金函数 Ψ_i 比 Ψ_j 陡峭,那么所有 i 类家庭将比 j 类家庭居住在更靠近城市中心的区位。因此,在假设 4.3 下可以得出,所有类型 1 的家庭将比其他所有类型家庭居住在更靠近城市中心的区位,以此类推。这样,每类家庭都形成了一个围绕着城市中心的同心环或者区域,并且所有家庭类型的区域都按照其到城市中心的距离排序,这种排序是由家庭的竞价租金函数的陡峭度决定的。从性质 4.8 和均衡条件(4.11)可知,在城市边缘区以内,将不会存在农业用地。因此,每个 i 类家庭的区域 J_i 可表示为

$$J_1 = [0, r_1^*) \qquad J_i = [r_{i-1}^*, r_i^*) \qquad i = 2, 3, \cdots, m$$

其中,$0 < r_1^* < r_2^* < \cdots < r_m^* = r_f$。

每类家庭分布 $n_i(r)$,$i=1,2,\cdots,m$,采取如下形式:

$$n_i(r) = \begin{cases} L(r)/S_i(r,u_i^*) & \text{对于 } r \in J_i \\ 0 & \text{对于 } r \notin J_i \end{cases}$$

因此,在假设 4.2 和 4.3 下,定义 4.2 可重新表述为

定义 4.2′ 假定假设 4.2 和 4.3 成立,那么一个均衡土地利用包含一个效用集 u_i^*,$i=1,2,\cdots,m$,以及距离集 r_i^*,$i=0,1,2,\cdots,m$,其中,$r_0^* \equiv 0 < r_1^* < r_2^* < \cdots < r_m^*$,土地租金曲线 $R(r)$ 可表述为

$$\Psi_i(r_i^*, u_i^*) = \Psi_{i+1}(r_i^*, u_{i+1}^*) \qquad i = 1, 2, \cdots, m-1 \tag{4.14}$$

$$\Psi_m(r_m^*, u_m^*) = R_A \tag{4.15}$$

$$R(r) = \begin{cases} \Psi_i(r, u_i^*) & \text{对于 } r_{i-1}^* \leq r \leq r_i^* \quad i=1,2,\cdots,m \\ R_A & \text{对于 } r \geq r_m^* \end{cases} \tag{4.16}$$

$$\int_{r_{i-1}^*}^{r_i^*} \frac{L(r)}{S_i(r,u_i^*)} dr = N_i \qquad i = 1, 2, \cdots, m \tag{4.17}$$

根据上面的定义,图 4.1 描述了三种家庭类型($m=3$)情形下的均衡土地利用结构。在图形的上半部分,市场租金曲线由一组弯折的粗线组成。在下半部分的二维图中,土地利用模式被表述为一组杜能环。

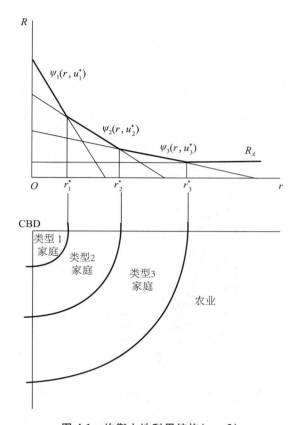

图 4.1　均衡土地利用结构（$m=3$）

4.3.2　均衡的存在性和唯一性

从前一章可以推断,对于多类型家庭情形,均衡土地利用的直接计算即使不是不可能的,也是非常困难的。同前面的讨论一样,我们不需要得到有关均衡的准确描述;更具一般特性的知识,如存在性、唯一性、效率性和比较静态分析,对于我们的研究目的就已经足够了。因此,为了达到这一目的,如第 3 章所述,我们仍然利用边界租金曲线的概念,为探讨更一般性的问题,我们将对其做更详尽的解释。这里的方法与第 3 章的方法之间的基本差异是,我们现在必须给出一组边界租金曲线,而不是一条。

在本节中,我们证明了在假设 4.1—4.3 下,均衡土地利用的唯一存在性。为此,只需证明一组 (r_i^*, u_i^*),$i=1,2,\cdots,m$ 的存在性和唯一性就足够了,(r_i^*, u_i^*) 满足均衡条件 (4.14)—(4.17)。这可以通过一个类似于 Bellman(1957) 的动态规划递归求解方法得出。这个过程的关键是获得一组边界租金曲线,用 $R_i(r)$,$i=1,2,\cdots,m$ 表示。这里,我们对如何递归地获得这些曲线给出了一个非正式的描述。正式的过程见附录 C.6 的解释。

第一条边界租金曲线 $R_1(r)$ 可用前面介绍的方法获得,也就是说,在每个 u 值下,我们可以求解如下关于 b 的方程：

$$\int_0^b \frac{L(r)}{S_1(r,u)} dr = N_1 \tag{4.18}$$

下面可确定区域 1 的外边界函数 $b_1(u)$。对于每一个给定的 u，$b_1(u)$ 标记了相应竞价租金曲线 $\Psi_1(r,u)$ 上的距离，如图 4.2 中的 A 点所示。通过改变 u，我们可以获得一条曲线 $R_1(r)$，可称其为区域 1 与区域 2 之间的边界租金曲线。如果 $r=b_1(u)$ 的反函数表示为 $U_1(r)$，那么该边界租金曲线可以定义为

$$R_1(r) = \Psi_1(r, U_1(r)) \tag{4.19}$$

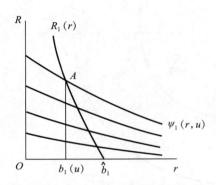

图 4.2　区域 1 与区域 2 之间的竞价租金曲线

根据定义，当区域 1 与区域 2 之间的边界在距离 r 时，$R_1(r)$ 代表 r 处的市场土地租金。从定义 4.1 的条件（ⅲ）不难发现，曲线 $R_1(r)$ 是关于 r 递减的。

接下来，我们可以在每个 u 值下，解下一个关于 a 的方程：

$$\Psi_2(a,u) = R_1(a)$$

可以获得区域 2 的内边界函数 $a_2(u)$。也就是说，$a_2(u)$ 代表了竞价租金曲线 $\Psi_2(r,u)$ 与边界租金曲线 $R_1(r)$ 交点的距离（见图 4.3，并令 $i=2$）。接下来，在每个 u 值下，利用函数 $a_2(u)$，我们可解如下关于 b 的方程：

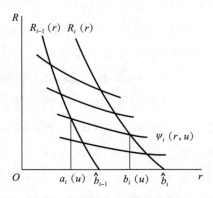

图 4.3　根据 $R_{i-1}(r)$ 确定 $R_i(r)$

$$\int_{a_2(u)}^{b} \frac{L(r)}{S_2(r,u)} dr = N_2$$

可以获得区域 2 的外边界函数 $b_2(u)$。令 $U_2(r)$ 为 $r=b_2(u)$ 的反函数。那么,区域 2 与区域 3 之间的边界租金曲线 $R_2(r)$ 可以定义为

$$R_2(r) = \Psi_2(r, U_2(r))$$

和之前一样,我们可以发现 $R_2(r)$ 是关于 r 递减的。

一般来说,通过前面的计算给定 $R_{i-1}(r)$ ($i=2,3,\cdots$,或 m),区域 i 的内边界函数 $a_i(u)$ 可以通过解如下方程中每个 u 值所对应的 a 获得:

$$\Psi_i(a,u) = R_{i-1}(a) \tag{4.20}$$

外边界函数 $b_i(u)$ 可以通过解如下方程得到:

$$\int_{a_i(u)}^{b} \frac{L(r)}{S_i(r,u)} dr = N_i \tag{4.21}$$

最后,如果用 $U_i(r)$ 代表 $r=b_i(u)$ 的反函数,那么区域 i 与区域 $i+1$ 之间的边界租金曲线 $R_i(r)$ 可以定义为

$$R_i(r) = \Psi_i(r, U_i(r)) \tag{4.22}$$

图 4.3 描述了根据 $R_{i-1}(r)$ 确定 $R_i(r)$ 的过程。

用这种方法,我们可以依次确定一组边界租金曲线 $R_i(r)$ ($i=1,2,\cdots,m$)。根据定义,当区域 i 与区域 $i+1$ 之间的边界出现在 r 位置时,$R_i(r)$ 代表了在 r 处的市场土地租金。关于这些曲线,我们可以给出如下性质:

性质 4.10 在假设 4.1—4.3 下,边界租金曲线 $R_i(r)$ ($i=1,2,\cdots,m$) 有如下特征:

(i) 存在一个距离 $\hat{b}_i > 0$,使得 $R_i(r)$ 在 $(0,\hat{b}_i)$ 区间内有定义,且 $\lim_{r\to 0} R_i(r) = \infty$,$\lim_{r\to \hat{b}_i} R_i(r) = 0$ ($i=1,2,\cdots,m$);

(ii) 在 $(0,\hat{b}_i)$ 区间内,$R_i(r)$ 是连续的,且关于 r ($i=1,2,\cdots,m$) 递减;

(iii) $0 < \hat{b}_1 \leq \hat{b}_2 \leq \cdots \leq \hat{b}_m$,任何一组边界租金曲线都不会相交;

(iv) $R_i(r)$ 比任何 Ψ_j 均陡峭,$j=i,i+1,\cdots,m$,也就是说,对于某些 r 和 u,当 $R_i(r) = \Psi_j(r,u)$ 时,对于所有的 $x<r$,有 $R_i(x) > \Psi_j(x,u)$,对于所有的 $r<x<\hat{b}_i$,有 $R_i(x) < \Psi_j(x,u)$。

该性质的证明详见附录 C.6。基于该性质,我们可以描述一组边界租金曲线 $R_i(r)$ ($i=1,2,\cdots,m$),具体如图 4.4 所示。

下面,利用这些边界租金曲线 $R_i(r)$ ($i=1,2,\cdots,m$),我们可以通过以下逆向过程来确定均衡土地利用(见图 4.4)。首先,通过如下关系式确定城市边界 r_m^* [①]:

$$R_m(r_m^*) = R_A \tag{4.23}$$

---

① 当 $R_A = 0$ 时,我们必须用 $r_m^* = \hat{b}_m$ 更换条件 (4.23),并且条件 (4.24) 应该改为 $u_m^* = \lim_{r\to \hat{b}_m} U_m(r)$。

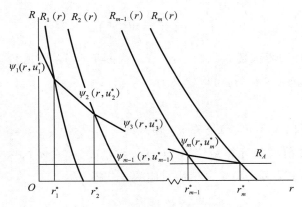

图 4.4 均衡土地利用的确定

这表明，r_m^* 代表了边界租金曲线 $R_m(r)$ 与农地租金曲线交点与纵轴之间的距离。那么，均衡效用水平 u_m^* 可根据下面的关系式确定：

$$\Psi_m(r_m^*, u_m^*) = R_A \tag{4.24}$$

接下来，通过如下关系式确定边界距离 r_{m-1}^*：

$$\Psi_m(r_{m-1}^*, u_m^*) = R_{m-1}(r_{m-1}^*) \tag{4.25}$$

这表明，r_{m-1}^* 代表了竞价租金曲线 $\Psi_m(r, u_m^*)$ 与边界租金曲线 $R_{m-1}(r)$ 交点与纵轴之间的距离。那么，均衡效用水平 u_{m-1}^* 可根据下面的关系式确定：

$$\Psi_{m-1}(r_{m-1}^*, u_{m-1}^*) = R_{m-1}(r_{m-1}^*) \tag{4.26}$$

依次地，在已知 $u_i^*(i=m, m-1, \cdots,$ 或 2) 时，边界距离 r_{i-1}^* 可以由如下关系式确定：

$$\Psi_i(r_{i-1}^*, u_i^*) = R_{i-1}(r_{i-1}^*) \tag{4.27}$$

均衡效用水平 $u_{i-1}^*(i=m, m-1, \cdots,$ 或 2) 可由如下关系式确定：

$$\Psi_{i-1}(r_{i-1}^*, u_{i-1}^*) = R_{i-1}(r_{i-1}^*) \tag{4.28}$$

在 (r_1^*, u_1^*) 被确定后，上述过程结束。

从性质 4.10，我们不难得出如下结论：

性质 4.11 在假设 4.1—4.3 下，

（ⅰ）上述过程唯一地确定一组 (r_i^*, u_i^*)，$i=1,2,\cdots,m$；

（ⅱ）该组 (r_i^*, u_i^*)，$i=1,2,\cdots,m$，以及由公式（4.16）决定的市场租金曲线 $R(r)$，共同构成了一个均衡土地利用；

（ⅲ）不存在其他均衡土地利用。

这个性质的证明见附录 C.6。根据性质 4.9 和 4.11，我们可得到如下命题：

命题 4.1 在假设 4.1—4.3 下，存在唯一的均衡土地利用。在均衡状态下，当 $n_i(r)>0$ 时，(r, u_i^*) 处于有效的值域 D_i^0 内，因此有 $0<\Psi_i(r, u_i^*)<\infty$ 和 $0<S_i(r, u_i^*)<\infty$（$i=1,2,\cdots,m$）。

需要注意的是,在单一类型家庭($m=1$)的情形下,假设 4.3 对于均衡的存在性和唯一性不是必要的。

最后,上述证明给出了计算均衡土地利用的如下算法,其中,该均衡土地利用如图 4.5 所示。在这个算法中,在已得到 $u_i(i=2,3,\cdots,$ 或 $m)$ 时,我们可以通过求解如下方程获得 r_i:

$$\int_{r_{i-1}}^{r_i} \frac{L(r)}{S_i(r,u_i)} dr = N_i$$

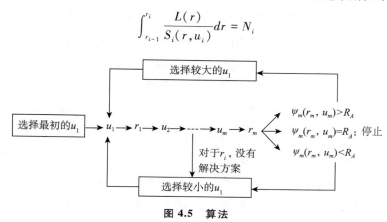

图 4.5 算法

其中,$r_0 \equiv 0$。那么,$u_{i+1}(i=2,3,\cdots,$ 或 $m)$ 可由关系式 $\Psi_i(r_i,u_i)=\Psi_{i+1}(r_i,u_{i+1})$ 确定。如果在每一轮计算中,通过设定适当的步长来选择新的 u_1 值,那么该算法总是收敛于均衡解。考虑一下 $m=3$ 的情形,图 4.6 描述了城市空间内的这种算法。

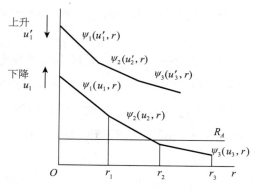

图 4.6 图 4.5 中算法的图示

4.3.3 例子和讨论

为应用命题 4.1,尚需要知道一组竞价租金函数是否可以按照相对梯度来排列。我们在第 2 章已经学习了法则 2.4,该法则有助于我们回答该问题。

例 4.2(多个收入组) 假设城市所有家庭除收入外都是同质的。它们可以分为 m 个收入组,如 $Y_1<Y_2<\cdots,Y_m$,其中,Y_i 代表 $i(i=1,2,\cdots,m)$ 组的收入。每个收入组 i 的居住选择行为可表示为

$$\max_{r,z,s} U(z,s) \quad \text{s.t.} \quad z+R(r)s=Y_i-T(r)$$

假定任意$(U(\cdot),T(\cdot),Y_i)$,$i=1,2,\cdots,m$,满足假设 2.1—2.3。如例 4.1,我们可以获得每一组 i 所对应的竞价租金函数和土地面积函数,这些函数可表示为 $\Psi_i(r,u)\equiv\psi(Y_i-T(r),u)$ 和 $S_i(r,u)\equiv s(Y_i-T(r),u)$。那么,如前所述,这些函数都是具有良好性状的。结合 2.4 节所讨论的内容,Ψ_1 是最陡峭的,Ψ_2 次之,Ψ_m 最平坦。

相似的例子还可以用第 2 章的时间扩展模型或家庭结构模型来解释。这些例子表明,虽然假设 4.3 看似是一个非常强的约束,但它却适用于许多土地利用问题。

下面,我们简要地讨论假设 4.1—4.3 对于均衡的存在性或唯一性的重要性。首先,假设 4.1 的目的主要是数学计算的方便。实际上,$L(r)$ 可以是区间 $[0,\infty)$ 内的任意分段连续函数,例如,在区间 $[0,\infty)$ 内,$L(r)\geq 0$,在区间 $(0,r')$ 内,$L(r)>0$,在区间 $[0,\infty)$ 内,$L(r)\leq\bar{L}(r)$,其中,r' 是任意正数,在区间 $[0,\infty)$ 内,$\bar{L}(r)$ 是任意连续函数。这样,命题 4.1 仍然成立。在满足具有良好性状的 Ψ 和 S 的条件中,定义 4.1 中的(i)和(ii)对于均衡存在性的重要性是显而易见的。在定义 4.1 的条件(iii)中,Ψ 和 S 关于 r 的单调性并不重要。在对其他条件进行适当调整后,我们可以得到在不假设 Ψ 和 S 关于 r 单调性条件下的命题 4.1。[13] 然而,需要注意的是,在该条件下,边界租金曲线可能不关于 r 单调递减。定义 4.1 的条件(iv)并不是非常重要。假设存在一个距离 $\bar{r}$,对于所有的 $r>\bar{r}$,有 $L(r)=0$,我们可以忽略该条件。为了确保边界租金曲线和农地租金曲线相交,条件(v)和(vi)是必要的。下面的例子描述了定义 4.1 中条件(v)的重要性。

例 4.3(均衡的非存在性) 假设一个城市有 N 个家庭,其住宅选择行为可以表示为

$$\max_{r,z,s} \alpha\log z+\beta\log(s-\bar{s}) \quad \text{s.t.} \quad z+R(r)s=Y-ar$$

其中,α、β、$\bar{s}$ 和 a 是正的常数。在这一背景下,我们可以按照例 4.1 的方法,定义竞价租金函数 $\Psi(r,u)$ 和土地面积函数 $S(r,u)$。不难看出,除了条件(v),函数 Ψ 和 S 满足定义 4.1 的其他所有条件。也就是说,

$$\lim_{u\to\infty}\Psi(r,u)\leq Y/\bar{s} \qquad \lim_{u\to-\infty}S(r,u)=\bar{s} \qquad \text{对于任意的 } r<Y/a$$

因此,如果 $R_A>Y/\bar{s}$,那么对于任意的 (r,u),有 $\Psi(r,u)<R_A$ 存在,所以不存在均衡土地利用。即使在 $R_A=0$ 的情况下,如果 $\int_0^{Y/a}L(r)dr<N\bar{s}$,仍然不存在均衡土地利用。

最后,为判断假设 4.3 对均衡唯一性的重要性,我们可以考虑两个家庭类型的情形($m=2$)。没有假设 4.3,多重均衡的可能性出于两个不同的原因。第一,如果两个竞价租金函数的相对陡峭度随着效用水平的变化而变化,则可能存在多重均衡。该可能性如图 4.7 所示,其中,竞价租金曲线 $\Psi_1(r,u_1)$ 要比 $\Psi_2(r,u_2)$ 更陡峭,但是竞价租金曲线

---

[13] 没有单调性假设的一般存在定理,见 Fujita 和 Smith(1987)。

$\Psi_1(r, u'_1)$ 则不比 $\Psi_2(r, u'_2)$ 更陡峭。只有假设 4.1 和 4.2,并不能排除 (u_1, u_2) 和 (u'_1, u'_2) 是均衡效用组合的情况。第二,如果两个竞价租金函数的相对陡峭度随着距离的变化而变化,则可能会出现多重均衡。这种可能性如图 4.8 所示。在图 4.8 中,两条竞价租金曲线 $\Psi_1(r, u_1)$ 和 $\Psi_2(r, u_2)$ [$\Psi_1(r, u'_1)$ 和 $\Psi_2(r, u'_2)$] 在距离 x_1 和 x_2 (y_1 和 y_2) 处相交,并且间隔 (y_1, y_2) 不是完全包含在间隔 (x_1, x_2) 内。同样,只有假设 4.1 和 4.2,并不能排除 (u_1, u_2) 和 (u'_1, u'_2) 是均衡效用组合的情况。这些例子表明,当相对陡峭度的必要条件(假设 4.3)不能满足时,确保均衡唯一性的条件将会是一个复杂的形式,该条件将包括所有的参数函数 Ψ_i、S_i 和 $L(\cdot)$ ($i=1, 2, \cdots, m$)。

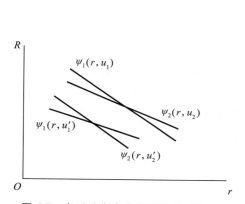

图 4.7　多重均衡存在的可能性:情形 1

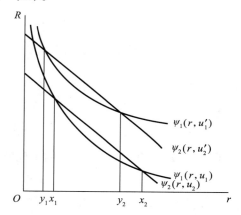

图 4.8　多重均衡存在的可能性:情形 2

4.4　最优土地利用

这里,我们将 HS 模型扩展到多家庭类型的情况,并且证明了前面章节提出的相同方法(即边界租金曲线方法),可以将其应用于 HS 模型解的存在性和唯一性的研究。

假设一个城市居民由 m 个不同类型的家庭组成。用 $U_i(z, s)$ 代表每个类型 i 家庭的效用函数,其中,与前面的定义相同,z 和 s 分别代表复合商品和土地面积 ($i=1, 2, \cdots, m$)。每个家庭的工作成员都需要到 CBD 工作,其通勤成本为 $T_i(r)$ (每个家庭),工资收入为 Y_i^0 (每个家庭)。类型 i 的家庭数量为 N_i。$T_i(r)$、Y_i^0 和 N_i 都是外生给定的。我们用 $n_i(r)$ 代表距离 r 处类型 i 家庭的数量,用 $(z_i(r), s_i(r))$ 代表在距离 r 处每个类型 i 家庭的消费束,用 r_f 代表城市边缘距离。

假定我们选择类型 i 家庭的目标效用水平 $\overline{u}_i$ ($i=1, 2, \cdots, m$),要求无论它们的区位在哪里,所有类型 i 家庭都要达到该效用水平。这表明,每个区位 $(n_i(r), z_i(r), s_i(r); i=1, 2, \cdots, m, 0 \leq r \leq r_f)$ 都必须满足下面的约束:

$$U_i(z_i(r), s_i(r)) = \overline{u}_i \qquad \text{如果 } n_i(r) > 0$$

或

$$z_i(r) = Z(s_i(r), \bar{u}_i) \quad \text{如果 } n_i(r) > 0$$

其中,$Z_i(s,u)$ 是 $u = U_i(z,s)$ 关于 z 的解。因此,每个区位下的总成本 C 都可用如下公式计算:

$$\begin{aligned} C &= \text{运输成本} + \text{复合商品成本} + \text{土地机会成本} \\ &= \int_0^{r_f} \sum_{i=1}^m \left[T_i(r) + Z_i(s_i(r), \bar{u}_i) + R_A s_i(r) \right] n_i(r) dr \end{aligned} \quad (4.29)$$

其中,R_A 是外生给定的农业土地租金。接下来,需要注意的是 $N_i = \int_0^{r_f} n_i(r) dr$,我们定义分配后的剩余如下:

$$\begin{aligned} \mathscr{S} &= \text{总收益} - \text{总成本} \\ &= \sum_{i=1}^m N_i Y_i^0 - \int_0^{r_f} \sum_{i=1}^m \left[T_i(r) + Z_i(s_i(r), \bar{u}_i) + R_A s_i(r) \right] n_i(r) dr \\ &= \int_0^{r_f} \sum_{i=1}^m \left[Y_i^0 - T_i(r) - Z_i(s_i(r), \bar{u}_i) - R_A s_i(r) \right] n_i(r) dr \end{aligned}$$

如前所述,用 $L(r)$ 代表 CBD 周边的土地配置。给定一个目标效用向量

$$\bar{\boldsymbol{u}} = (\bar{u}_1, \bar{u}_2, \cdots, \bar{u}_m)$$

最优土地利用的 HS 模型可表示为

HS$(\bar{\boldsymbol{u}})$ 选择城市边缘距离 r_f,家庭分布 $n_i(r)$,土地面积分布 $s_i(r)$ ($i = 1, 2, \cdots, m$, $0 \leq r \leq r_f$),以此来最大化剩余:

$$\mathscr{S} = \int_0^{r_f} \sum_{i=1}^m \left[Y_i^0 - T_i(r) - Z_i(s_i(r), \bar{u}_i) - R_A s_i(r) \right] n_i(r) dr \quad (4.30)$$

其约束条件为

(a) 土地约束:

$$\sum_{i=1}^n s_i(r) n_i(r) \leq L(r) \quad \text{对于每个 } r \leq r_f \quad (4.31)$$

(b) 人口约束:

$$\int_0^{r_f} n_i(r) dr = N_i \quad i = 1, 2, \cdots, m \quad (4.32)$$

其中,对于任意的 $r \in [0, r_f)$,有 $n_i(r) \geq 0$ 和 $s_i(r) > 0$。

问题是:在满足目标效用水平及在土地和人口约束条件下,通过确定家庭和土地配置来使剩余最大化。

每个 HS 模型都可以用目标效用向量 $\bar{\boldsymbol{u}}$ 表示。如前所述,为不失一般性,我们可以假设 $\inf\{U_i(z,s) \mid z>0, s>0\} = -\infty$ 和 $\sup\{U_i(z,s) \mid z>0, s>0\} = \infty$,$i = 1, 2, \cdots, m$。我们令:

$$\Lambda = \{(u_1, u_2, \cdots, u_m) \mid -\infty < u_i < \infty, i = 1, 2, \cdots, m\}$$

对于每个 $\bar{u} \in \Lambda$，我们用 HS($\bar{u}$) 代表相应的 HS 模型。[14] 鉴于 $\mathcal{S}$ 代表经济其他部分的收益（如果是负值，则为成本），很明显任意 HS 模型的解都是社会有效的，并且在等效用条件下，任何有效配置都是某一 HS 模型的解。

在后面的分析中，我们假定满足假设 4.1 及以下两个假设：

假设 4.4 $(U_i(\,\cdot\,), T_i(\,\cdot\,), Y_i^0)$ 满足假设 2.1—2.3 ($i=1,2,\cdots,m$)。

假设 4.5 在每条无差异曲线 $u = U_i(z,s)$ 上，当 $z \to \infty$ 时 ($i=1,2,\cdots,m$)，有 $s \to 0$。[15]

如前所述，HS($\bar{u}$) 模型的最优条件可以用竞价租金函数和最大面积函数表示。[16] 对于每个 $i=1,2,\cdots,m$，我们定义初始竞价租金函数为

$$\psi_i^0(I,u) = \max_{s>0} \frac{I - Z_i(s,u)}{s} \tag{4.33}$$

将使上述问题最大化的 s 表示为 $s_i^0(I,u)$。函数 ψ_i^0 和 s_i^0 的值域为

$$D_i^0 = \{(I,u) \mid I > \lim_{s \to \infty} Z_i(s,u), -\infty < u < \infty\} \tag{4.34}$$

我们可在如下值域上扩展这些函数：

$$D = \{(I,u) \mid -\infty < I < \infty, -\infty < u < \infty\} \tag{4.35}$$

这些函数的扩展表达式为

$$\psi_i(I,u) = \begin{cases} \psi_i^0(I,u) & \text{对于}(I,u) \in D_i^0 \\ 0 & \text{对于}(I,u) \in D - D_i^0 \end{cases} \tag{4.36}$$

$$s_i(I,u) = \begin{cases} s_i^0(I,u) & \text{对于}(I,u) \in D_i^0 \\ \infty & \text{对于}(I,u) \in D - D_i^0 \end{cases} \tag{4.37}$$

现在，利用这些函数，我们可以得出 HS($\bar{u}$) 模型的最优条件。[17] 首先，目标函数 (4.30) 可重写为

$$\mathcal{S} = \int_0^{r_f} \sum_{i=1}^m \left[Y_i^0 - T_i(r) - Z_i(s_i(r), \bar{u}_i) - R_A s_i(r) \right] n_i(r) dr$$

$$= \int_0^{r_f} \sum_{i=1}^m \left(\frac{Y_i^0 - T_i(r) - Z_i(s_i(r), \bar{u}_i)}{s_i(r)} - R_A \right) s_i(r) n_i(r) dr$$

如果没有约束条件，我们只需要选择每个 $n_i(r)$、$s_i(r)$ 和 r_f 来最大化目标函数。但事

---

[14] 在本节中，收入向量 $Y = (Y_1, Y_2, \cdots, Y_m)$ 和人口向量 $N = (N_1, N_2, \cdots, N_m)$ 是固定的。因此，为了简单起见，我们用 HS($\bar{u}$) 来表示每个 HS 模型。

[15] 这意味着 z 完全可以代替 s。如果我们假设土地数量 $\int_0^\infty L(r)$ 是无限的，那么这个假设对于最优解的存在性和唯一性就是不必要的。

[16] 为了便于比较最优模型和均衡模型，在本节和下一节中，我们使用索洛竞价租金和土地面积函数。

[17] 接下来，我们将以一种非正式的方式解释 HS($\bar{u}$) 模型最优条件的推导。有关这些条件的正式推导，请参见附录 C.7。

实上，我们必须满足约束条件(4.31)和(4.32)。拉格朗日乘数法要求在每个 r 上，引入违反土地约束的惩罚因子 $DR(r)$ 及违反约束条件(4.32)人口约束的惩罚因子 G_i^* ($i=1,2,\cdots,m$)，再将 $n_i(r)$、$s_i(r)$ 和 r_f ($i=1,2,\cdots,m$)代入原目标函数(4.30)，求解如下拉格朗日函数：

$$\mathscr{L} = \mathscr{G} - \int_0^{r_f} DR(r) \left[\sum_{i=1}^m s_i(r) n_i(r) - L(r) \right] dr - \sum_{i=1}^m G_i^* \left[\int_0^{r_f} n_i(r) dr - N_i \right]$$

$$= \int_0^{r_f} \sum_{i=1}^m \left[\frac{Y_i - G_i^* - T_i(r) - Z_i(s_i(r), \bar{u}_i)}{s_i(r)} - R(r) \right] n_i(r) s_i(r) dr +$$

$$\int_0^{r_f} DR(r) L(r) dr + \sum_{i=1}^m G_i^* N_i$$

其中，$R(r) \equiv DR(r) + R_A$，G_i^*、$DR(r)$、$R(r)$ 分别代表影子收入税、距离 r 处的影子级差地租、距离 r 处的影子地租。显然，为防止 $n_i(r)$ 变得无限大，对于每个 r 和 i，需要满足如下条件：

$$R(r) \geqslant \frac{Y_i^0 - G_i^* - T_i(r) - Z_i(s, \bar{u}_i)}{s} \quad \text{对于任何 } s > 0$$

那么，如果 $s_i(r)$ 和 $n_i(r)$ 是在距离 r 处的最优选择，则必须满足条件：

$$R(r) = \frac{Y_i^0 - G_i^* - T_i(r) - Z_i(s_i(r), \bar{u}_i)}{s_i(r)} \quad \text{如果 } n_i(r) > 0$$

否则，$n_i(r)$ 应该等于零。根据前面给出的竞价租金函数和土地面积函数的定义，这两个条件可以等价地用如下一组条件表示：

$$R(r) \geqslant \max_i \psi_i(Y_i^0 - G_i^* - T_i(r), \bar{u}_i) \quad \text{对于每个 } r$$

$$R(r) = \psi_i(Y_i^0 - G_i^* - T_i(r), \bar{u}_i) \quad \text{如果 } n_i(r) > 0$$

$$s_i(r) = s_i(Y_i^0 - G_i^* - T_i(r), \bar{u}_i) \quad \text{如果 } n_i(r) > 0$$

不等式约束(4.31)使得相关的惩罚因子 $DR(r)$ 总是非负的，因而对于所有的 r，都有 $R(r) \geqslant R_A$。此外，在距离 r 处，如果约束(4.31)为一个严格不等式 [即 $\sum_i s_i(r) n_i(r) < L(r)$]，那么 $DR(r)$ 必定等于零，因而 $R(r) = R_A$。这意味着，如果 $R(r) \geqslant R_A$ [即 $DR(r) > 0$]，那么有 $\sum_i s_i(r) n_i(r) = L_i(r)$，从而对于某些 i，有 $n_i(r) > 0$。最后，需要注意的是，$\psi_i(Y_i^0 - G_i^* - T_i(r), \bar{u}_i)$，$i = 1, 2, \cdots, m$ 是关于 r 递减的，$\max_i \psi_i(Y_i^0 - G_i^* - T_i(r), \bar{u}_i)$ 也是如此。因此，我们可以很容易看到，为了最大化 $\mathscr{L}$，最优城市边缘距离必定被选择在 r_f 处，其中

$$R_A = \max_i \psi_i(Y_i^0 - G_i^* - T_i(r_f), \bar{u}_i)$$

因而有

$$R(r) = \begin{cases} \max_i \psi_i(Y_i^0 - G_i^* - T_i(r), \bar{u}_i) & \text{对于 } r \leqslant r_f \\ R_A & \text{对于 } r \geqslant r_f \end{cases}$$

加入初始约束(4.31)和(4.32),我们可以总结这些条件如下:

最优条件,OC($\bar{u}$) 假定满足假设 4.1 和 4.4,那么,为了使 $(r_f, n_i(r), s_i(r); i = 1, 2, \cdots, m, 0 \leqslant r \leqslant r_f)$ 是模型 HS($\bar{u}$) 的一个解,其充分必要条件是存在一组乘数 $R(r)$ ($0 \leqslant r < \infty$) 和 G_i^* ($i = 1, 2, \cdots, m$) 满足:

(a) 对于土地市场,有

$$R(r) = \begin{cases} \max_i \psi_i(Y_i^0 - G_i^* - T_i(r), \bar{u}_i) & \text{对于 } r \leqslant r_f \\ R_A & \text{对于 } r \geqslant r_f \end{cases} \quad (4.38)$$

$$R(r) = \psi_i(Y_i^0 - G_i^* - T_i(r), \bar{u}_i) \qquad \text{如果 } n_i(r) > 0 \quad (4.39)$$

$$s_i(r) = s_i(Y_i^0 - G_i^* - T_i(r), \bar{u}_i) \qquad \text{如果 } n_i(r) > 0 \quad (4.40)$$

$$\sum_{i=1}^{m} s_i(r) n_i(r) = L(r) \qquad \text{对于 } r \leqslant r_f \quad (4.41)$$

(b) 对于人口约束,有

$$\int_0^{r_f} n_i(r) dr = N_i \qquad i = 1, 2, \cdots, m \quad (4.42)$$

其中,对于每个 r,都有 $n_i(r) \geqslant 0$ 和 $s_i(r) > 0$。[18]

如前所述,这些最优条件代表了目标效用向量 $\bar{u} = (\bar{u}_1, \bar{u}_2, \cdots, \bar{u}_m)$ 下的一个补偿均衡。也就是说,假定对于每类 i ($i = 1, 2, \cdots, m$) 家庭,政府希望通过竞争性土地市场实现目标效用 $\bar{u}_i$。给定类型 i 家庭的收入税 G_i,类型 i 家庭的住宅选择行为 ($i = 1, 2, \cdots, m$) 可以表示为

$$\max_{r, z, s} U_i(z, s) \qquad \text{s.t.} \qquad z + R(r) s = Y_i^0 - G_i - T_i(r) \quad (4.43)$$

那么,哪组收入税 $\mathbf{G} = (G_1, G_2, \cdots, G_m)$,将会使 m 个家庭类型的均衡效用水平等于目标效用 $\bar{u}_i$ ($i = 1, 2, \cdots, m$)? 在第 3 章单一类型家庭的情形下,不难看出,当且仅当满足条件 (4.38)—(4.42) 时,$(R(r), n_i(r), s_i(r), r_f, G_i^*; i = 1, 2, \cdots, m)$ 代表了目标效用向量 $\bar{u} = (\bar{u}_1, \bar{u}_2, \cdots, \bar{u}_m)$ 下的一个补偿均衡。条件 (4.38) 确保了在土地租金曲线 $R(r)$ 和收入税 G_i^* 下,没有任何区位可以使 i 类家庭达到比 $\bar{u}_i$ ($i = 1, 2, \cdots, m$) 更高的效用水平。条件 (4.39) 确保了如果某些 i 类家庭居住在 r 处,那么在收入税 G_i^* 下,其可获得的最大效用正好等于 $\bar{u}_i$。此外,条件 (4.39) 和 (4.40) 还表明,在给定居住地的土地租金下,每个家庭选择最优土地面积。条件 (4.38) 和 (4.41) 共同确保了在城市边缘内每个区位都被具有最高均衡竞价租金的家庭占用。最后,条件 (4.42) 确保了每个家庭都居住在城市内部。这个结果表明:

---

[18] 因为每个 $\psi_i(Y_i^0 - G_i^* - T_i(r), \bar{u}_i)$ 都随着 r 接近城市边缘呈递减趋势,由公式 (4.38) 得,对于所有的 $r < r_f$,有 $R(r) > R_A$,因此,在条件 (4.41) 中,有一个等号 (而不是不等号)。这些最优条件的充分性见附录 C.7。

命题 4.2 当且仅当 $(R(r),n_i(r),s_i(r),r_f,G_i^*;i=1,2,\cdots,m)$ 是目标效用向量 $\overline{u}$ 下的补偿均衡时,其将是 $HS(\overline{u})$ 模型的解。

接下来,我们任意给定一个效用向量 $\overline{u}=(\overline{u}_1,\overline{u}_2,\cdots,\overline{u}_m)\in\Lambda$,并验证 $HS(\overline{u})$ 模型解的存在性和唯一性。由于 Y_i、$T_i(\cdot)$ 和 $\overline{u}_i$ 都是固定的,因此使用下面的简写符号更方便:

$$\psi_i(Y_i-G-T_i(r),\overline{u}_i)\equiv\Psi_i(r,G),\ s_i(Y_i^0-G-T_i(r),\overline{u}_i)\equiv S_i(r,G)\quad i=1,2,\cdots,m \tag{4.44}$$

如果函数 $\Psi_i(r,G)$ 和 $S_i(r,G)$ 满足定义 4.1 的所有条件,那么其是具有良好性状的,其中,参数 u 可被 G 替换。由此可以得到以下内容:

性质 4.12 在假设 4.4 和 4.5 下,函数 $\Psi_i(r,G)$ 和 $S_i(r,G)$ 是具有良好性状的($i=1,2,\cdots,m$)。

需要注意的是,在假设 4.2 下,定义 4.2 中的竞价土地租金曲线 $R(r)$ 关于 r 是连续递减的(性质 4.8)。因此,如果我们定义 $r_f=\min\{r|R(r)=R_A\}$,我们可以看到,除 u_i^* 与 G_i^* 之间的符号差异外,定义 4.2 的条件集和 $OC(\overline{u})$ 的条件集都是相同的。[19] 因此,如果我们用 $G_i(i=1,2,\cdots,m)$ 替换参数 u_i,4.3 节所有的结果都能被应用于 $HS(\overline{u})$ 模型中。

更具体地说,让我们像定义 2.2 那样定义竞价租金函数 $\Psi_i(r,G)(i=1,2,\cdots,m)$ 之间的相对陡峭度,其中,参数 u_i 和 u_j 应该由 G_i 和 G_j 代替。假定假设 4.3 在当前情形下成立,那么,$HS(\overline{u})$ 模型的解可以被定义为定义 4.2′,其中,每个 u_i^* 都应由 $G_i^*(i=1,2,\cdots,m)$ 替换。因此,如果我们通过用 $G_i(i=1,2,\cdots,m)$ 替换 u_i^*,重复与 4.3.2 小节相同的分析,我们可以总结如下:

命题 4.3 假定假设 4.1 和 4.3—4.5 在 $HS(\overline{u})$ 模型中成立,那么 $HS(\overline{u})$ 模型存在唯一解。在这个解中,当 $n_i(r)>0$ 时,有 $0<\Psi_i(r,G_i^*)<\infty$ 以及 $0<S_i(r,G_i^*)<\infty$($i=1,2,\cdots,m$)。

$HS(\overline{u})$ 模型的解可以用如图 4.5 所示的相同算法计算,其中,每个 u_i 都应由 $G_i(i=1,2,\cdots,m)$ 替换。

在应用命题 4.3 时,如前所述,必须考虑一组竞价租金函数集是否可以通过相对陡峭度来排序。下一个例子描述了如何在最优土地利用的情形下,应用法则 2.4 来研究这一问题。

例 4.4(多个效用组) 假设城市中所有的家庭都是同质的。我们将这些分为 m 组,并对每组 $i(i=1,2,\cdots,m)$ 指定目标效用 $\overline{u}_i$。为不失一般性,我们可以假设

$$\overline{u}_1<\overline{u}_2<\cdots<\overline{u}_m$$

---

[19] 实际上,有一个微小的差别。也就是说,在 $OC(\overline{u})$ 中,当 $n_i(r)=0$ 时,$s_i(r)$ 可能不等于 $S_i(r,G_i^*)$。然而,当 $n_i(r)=0$ 时,$s_i(r)$ 的值在实际中并不重要;而且在定义 4.2′ 的水平上,即使这个微小的差别也消失了。

由于所有的家庭都是同质的，因此用 $\psi(I,u)$ 和 $s(I,u)$ 分别代表这些家庭共同的竞价租金函数和土地面积函数。根据定义，在有效值域 $D^0 = \{(I,u) \mid I > \lim_{s \to \infty} Z(s,u), -\infty < u < \infty\}$ 上，

$$\psi(I,u) = \max_{s>0} \frac{I - Z(s,u)}{s}$$

那么，在固定目标效用向量 $\overline{u} = (\overline{u}_1, \overline{u}_2, \cdots, \overline{u}_m)$ 下，我们有一组（u 为固定的）竞价租金函数 $\Psi(r,G;\overline{u}_i) \equiv \psi(Y^0 - G - T(r), \overline{u}_i)$ ($i = 1, 2, \cdots, m$) 和一组（u 为固定的）土地面积函数 $S(r,G;\overline{u}_i) \equiv s(Y^0 - G - T(r), \overline{u}_i)$ ($i = 1, 2, \cdots, m$)。为了利用相对陡峭度对这些竞价租金函数进行排序，我们需要检验原竞价租金函数 $\Psi(r,G;u) \equiv \psi(Y^0 - G - T(r), u)$ 的相对陡峭度如何随 u 的不同而发生变化。为此，首先根据包络定理，有

$$\Psi_r \equiv \partial \Psi(r,G;u)/\partial r = -T'(r)/s(Y^0 - G - T(r), u)$$

然后，由于恒等式(3.5)在有效域 D^0 上成立，则有

$$-\frac{\partial \Psi_r}{\partial u}\bigg|_{d\Psi=0} = \frac{\partial \left[T'(r)/\tilde{s}(\psi(Y_i^0 - G - T(r), u), u) \right]}{\partial u}\bigg|_{\psi(Y^0 - G - T(r), u) = 常数}$$

$$= -\frac{T'(r)}{\tilde{s}^2} \frac{\partial \tilde{s}}{\partial u} < 0 \qquad (4.45)$$

因为土地属于正常商品，则有 $\partial \tilde{s}/\partial u$ 为正，所以公式(4.45)为负。因此，从法则 2.4 我们可以得出结论：竞价租金函数 $\Psi(r,G;u)$ 随着 u 的增加而变得平缓。也就是说，函数 $\Psi(r,G;\overline{u}_1)$ 是最陡峭的，$\Psi(r,G;\overline{u}_2)$ 是次陡峭的，以此类推。[20]

4.5 均衡与最优

为了检验均衡土地利用与最优土地利用之间的关系，在 4.3 节的均衡土地利用模型中，我们确定每类家庭的住宅选择行为。为此，我们假设 i 类家庭的住宅选择行为可以表示为

$$\max_{r,z,s} U_i(z,s) \qquad \text{s.t.} \qquad z + R(r)s = Y_i^0 - \overline{G}_i - T_i(r) \qquad (4.46)$$

其中，$\overline{G}_i$ 代表 i 类家庭（$i = 1, 2, \cdots, m$）预先设定的收入税。在本节中，我们假定满足假设

---

[20] 在这个例子中，我们可能对相同的家庭被分配不同的效用水平的假设感到疑惑。因此，我们也可以假设所有的家庭都是相同的，除了它们的初始收入（反映了它们的生产力差异）；每一个 i 类家庭获得（初始）收入 Y_i 和被分配的目标效用 $\overline{u}_i$。但是，我们可以很容易地看到，上述变化根本不会改变这个示例的结论。由计算(4.45)可知，u 固定的竞价租金函数的相对陡峭度不受初始收入水平的影响。因此，无论其初始收入如何，分配到最低的目标效用的家庭组具有最陡峭的、u 固定的竞价租金函数，以此类推。

4.1、4.4 和 4.5，然后使用公式（4.33）—（4.37）中定义的竞价租金函数 $\psi_i(I,u)$ 和土地面积函数 $s_i(I,u)$（$i=1,2,\cdots,m$），那么可将定义 4.2 重新表述为[21]。

均衡条件，$\mathrm{EC}(\overline{G})$ 根据假设 4.1 和 4.4，当且仅当满足以下条件时，$(R(r),n_i(r),s_i(r),r_f,u_i^*;i=1,2,\cdots,m)$ 代表竞争均衡：

（a）对于土地市场，

$$R(r) = \begin{cases} \max_i \psi_i(Y_i^0 - \overline{G}_i - T_i(r), u_i^*) & \text{对于 } r \leqslant r_f \\ R_A & \text{对于 } r \geqslant r_f \end{cases} \quad (4.47)$$

$$R(r) = \psi_i(Y_i^0 - \overline{G}_i - T_i(r), u_i^*) \qquad \text{如果 } n_i(r) > 0 \quad (4.48)$$

$$s_i(r) = s_i(Y_i^0 - \overline{G}_i - T_i(r), u_i^*) \qquad \text{如果 } n_i(r) > 0 \quad (4.49)$$

$$\sum_{i=1}^m s_i(r) n_i(r) = L(r) \qquad \text{对于 } r \leqslant r_f \quad (4.50)$$

（b）对于人口约束，

$$\int_0^{r_f} n_i(r) dr = N_i \qquad i = 1,2,\cdots,m \quad (4.51)$$

其中，对于每个 r，都有 $n_i(r) \geqslant 0$ 以及 $s_i(r) > 0$。

我们称在收入税向量 $\overline{G} = (\overline{G}_1, \overline{G}_2, \cdots, \overline{G}_m)$ 下的市场模型为 CCA 模型（在外土地所有者封闭城市模型），用 $\mathrm{CCA}(\overline{G})$ 来表示。

比较最优条件 $\mathrm{OC}(\overline{u})$ 和均衡条件 $\mathrm{EC}(\overline{G})$，如前所述，我们可以得到如下内容[22]：

命题 4.4 当且仅当 $(R(r),n_i(r),s_i(r),r_f,\overline{u}_i;i=1,2,\cdots,m)$ 是 $\mathrm{CCA}(G^*)$ 的解时，$(R(r),n_i(r),s_i(r),r_f,G_i^*;i=1,2,\cdots,m)$ 是 $\mathrm{HS}(\overline{u})$ 模型的解，其中，$G^* = (G_1^*, G_2^*, \cdots, G_m^*)$。

由于这个命题适用于 $(G^*, \overline{u})$ 的任何组合，因此，如果用 $(\overline{G}, u^*)$ 替换 $(G^*, \overline{u})$，我们也可以得出以下结论：

推论 4.1 当且仅当 $(R(r),n_i(r),s_i(r),r_f,\overline{G}_i;i=1,2,\cdots,m)$ 是 $\mathrm{HS}(\overline{u})$ 模型的解时，$(R(r),n_i(r),s_i(r),r_f,u_i^*;i=1,2,\cdots,m)$ 是 $\mathrm{CCA}(\overline{G})$ 模型的解，其中，$u^* = (u_1^*, u_2^*, \cdots, u_m^*)$。

命题 4.4 表明，可以在竞争性市场中通过选择合适的收入税向量得到任何 HS 模型的解。而推论表明，可以通过求解具有适当目标效用向量的 HS 模型，得到任何 CCA 模

---

[21] 从例 4.1 我们可以看到，对于任意确定的 $\overline{G}_i$，函数 $\psi_i(r,u) \equiv \psi_i(Y_i^0 - \overline{G}_i - T_i(r), u)$ 和 $S_i(r,u) \equiv s_i(Y_i^0 - \overline{G}_i - T_i(r), u)$ 是具有良好性状的（$i=1,2,\cdots,m$）。因此，由性质 4.8 可知，城市边缘距离 r_f 可以由 $r_f = \min\{r \mid R(r) = R_A\}$ 唯一定义。利用这个结果，我们可以将定义 4.2 重新表述为 $\mathrm{EC}(\overline{G})$。

[22] 命题 4.4 只是命题 3.9 在多种家庭类型情形下的重新表述。关于命题 4.4 的推导，请参见命题 3.9 之后的解释。

型的竞争均衡。因为任何 HS 模型的解都是有效的,所以如前所述,我们可以得出以下结论:

命题 4.5 任何 CCA 模型的竞争均衡都是有效的(福利经济学第一定理)。在竞争市场中,当面临等效用约束时,通过选择一个合适的收入税或补贴,可实现有效配置(对于每类家庭)(福利经济学第二定理)。

4.6 比较静态

让我们回顾一下在 4.3.2 小节得出的结论:在假设 4.1—4.3 下,均衡土地利用存在唯一性(命题 4.1)。定义 4.2′中总结了均衡条件,图 4.4 描述了均衡土地利用模式。在本节中,我们将研究这一均衡土地利用如何随着参数的变化而改变。由于其他情况也可以进行类似的分析,因此,我们在这里只研究两个最有趣的情况:人口变化的影响和收入变化的影响。[23]

在这两种情况下,我们都采用以下约定:第一组参数用的是上标 a,第二组用的则是上标 b。在定义 4.2′中,第一组参数下的均衡土地利用由 $(R^a(r), u_i^a, r_i^a; i=1,2,\cdots,m)$ 表示,相应的边界租金曲线由 $R_i^a(r), i=1,2,\cdots,m$ 表示。同样,第二组参数下的均衡土地利用由 $(R^b(r), u_i^b, r_i^b; i=1,2,\cdots,m)$ 表示,相应的边界租金曲线由 $R_i^b(r), i=1,2,\cdots,m$ 表示。[24]

4.6.1 人口变化

假设人口结构由 $\boldsymbol{N}^a = (N_1, N_1, \cdots, N_{j-1}, N_j^a, N_{j+1}, \cdots, N_m)$ 变化到 $\boldsymbol{N}^b = (N_1, N_1, \cdots, N_{j-1}, N_j^b, N_{j+1}, \cdots, N_m)$,使得

$$N_j^a < N_j^b$$

也就是说,只有 j 类家庭的数量增加。令其他参数保持不变,那么由于人口结构的变化不影响竞价租金函数和土地面积函数,因此,对于每个 $i<j$,边界租金曲线都不会发生变化:

$$R_i^a(r) = R_i^b(r) \equiv R_i(r) \qquad i=1,2,\cdots,j-1$$

回顾 4.3.2 小节也很容易发现,对于每个 $i \geqslant j$,边界租金曲线 $R_i(r)$ 随着 N_j 的增加而向外移动。因此,假定有三种家庭类型,并考虑类型 2 家庭人口增长的情形(即 $m=3, j=2$),此时均衡土地利用模式的变化如图 4.9 所示。由于更高的竞价租金曲线意味着更低的效

---

[23] Hartwick、Schweizer 和 Varaiya(1976)也对这两个例子进行了研究。将他们的标准微分方法与我们直观的边界租金曲线方法进行对比是很有趣的。

[24] 显然,$u_i^a(u_i^b)$ 表示在第 1(2)组参数下 i 类家庭的均衡效用,$r_i^a(r_i^b)$ 表示区域 $i-1$ 与 i 的均衡边界距离。

用,因此从该图可以看出

$$r_m^a < r_m^b, \quad u_m^a > u_m^b \tag{4.52}$$

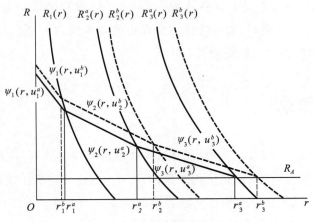

图 4.9 类型 2 的人口增长效应

由于 N_m 保持不变(假设 $m>j$),因此必须满足

$$\int_{r_{m-1}^a}^{r_m^a} \frac{L(r)}{S_m(r,u_m^a)} dr = N_m = \int_{r_{m-1}^b}^{r_m^b} \frac{L(r)}{S_m(r,u_m^b)} dr \tag{4.53}$$

这里,$u_m^a > u_m^b$ 表示对于所有的 r,都有 $S_m(r,u_m^a) > S_m(r,u_m^b)$。因此,我们从公式(4.52)和(4.53)可以得出 $r_{m-1}^a < r_{m-1}^b$。由于对于所有的 r,都有 $\Psi_m(r,u_m^a) < \Psi_m(r,u_m^b)$,这也表明 $\Psi_{m-1}(r,u_{m-1}^a) < \Psi_{m-1}(r,u_{m-1}^b)$,因此,$u_{m-1}^a > u_{m-1}^b$。递归地,我们可以得到

$$r_i^a < r_i^b, \quad u_i^a > u_i^b \quad \forall i \geq j$$

由于 $R_{j-1}(r)$ 保持不变,对于所有的 r,都有 $\Psi_j(r,u_j^a) < \Psi_j(r,u_j^b)$,因此,$r_{j-1}^a > r_{j-1}^b$ 和 $u_{j-1}^a > u_{j-1}^b$。递归地,我们可以得到

$$r_i^a > r_i^b, \quad u_i^a > u_i^b \quad \forall i < j$$

上述讨论可总结如下:

命题 4.6 当 j 类家庭数量增加,其他类型家庭的数量保持不变时,

（i）对于所有的 i,均衡效用 u_i^* 会降低;

（ii）对于每个 $i<j$,边界距离 r_i^* 将向内移动,而对于每个 $i \geq j$,边界距离 r_i^* 将向外移动;

（iii）在新的城市边缘内,土地租金曲线 $R(r)$ 在每一处都将变得更高。

换言之,如果 j 类人口增加,则 j 区域的土地需求也会增加。因此,所有外部区域($j, j+1, \cdots, m$)都被推离 CBD,而所有内部区域($1, 2, \cdots, j-1$)都挤向 CBD,并且每个家庭都降低了其效用水平。

这种人口增长的影响结果较符合人们的预期。然而,收入增长的影响更为复杂,如

下文所示。

4.6.2 收入变化

某一类型家庭收入水平的变化会改变其竞价租金函数和土地面积函数。因此,为了检验收入变化对均衡土地利用的影响,我们必须明确每类家庭的住宅选择行为。例如,我们考虑例 4.2 的多类型收入模型。为简化分析,我们只分析两种收入类型的情况。

假设每种收入类型家庭的住宅选择行为都可以表示为

$$\max_{r,z,s} U(z,s) \quad \text{s.t.} \quad z+R(r)s=Y_i-T(r) \quad i=1,2 \tag{4.54}$$

其中,

$$Y_1<Y_2 \tag{4.55}$$

每类家庭的竞价租金函数和土地面积函数可以表示为 $\Psi_i(r,u) \equiv \psi(Y_i-T(r),u)$ 和 $S_i(r,u) \equiv s(Y_i-T(r),u)$, $i=1,2$。我们假定每个 $(U(\cdot),T(\cdot),Y_i)$, $i=1,2$,都满足假设 2.1—2.3。然后,如前所述,对于每个 i,函数 Ψ_i 和 S_i 都是具有良好性状的,且 Ψ_1 比 Ψ_2 陡峭。

现有以下两种基本情形:

(A) 类型 1 家庭(贫困类型家庭)的收入保持不变,而类型 2 家庭(富裕类型家庭)的收入增长:

$$Y_1^a=Y_1^b, \qquad Y_2^a<Y_2^b \tag{4.56}$$

(B) 类型 2 家庭的收入保持不变,类型 1 家庭的收入增长,但不超过类型 2 家庭[25]:

$$Y_1^a<Y_1^b<Y_2^a=Y_2^b \tag{4.57}$$

我们首先考虑情形(A)。由于类型 1 家庭的收入保持不变,函数 Ψ_1 和 S_1 没有变化,因此第一个边界租金曲线保持不变:

$$R_1^a(r)=R_1^b(r) \equiv R_1(r)$$

利用此结果,如 3.6.2 小节所示,我们可以证明第二个新的边界租金曲线 $R_2^b(r)$ 位于初始曲线 $R_2^a(r)$ 的右侧。也就是说,由于类型 2 家庭收入的增长,类型 2 家庭对土地的需求在区域 2 内增加,第二个边界租金曲线向外移动。结果如图 4.10 所示。从图 4.10 可以看出,城市边缘向外移动:

$$r_2^a<r_2^b \tag{4.58}$$

接下来,由于 Y_2 的增长,显而易见,类型 2 家庭的均衡效用将提高[26]:

---

[25] 第三种情形,$Y_1^a<Y_2^a=Y_2^b<Y_1^b$,可以用与情形(A)相同的方法进行分析(通过改变收入后交换指标 1 和 2)。因此,我们省略对它的分析。

[26] 公式(4.59)的证明见附录 C.8。

$$u_2^a < u_2^b \tag{4.59}$$

在图 4.10 中，随着 Y_2 的增长，区域 1 和区域 2 之间的边界向外移动（$r_1^a < r_1^b$），边界处的土地租金变得更低（$R_1(r_1^a) > R_1(r_1^b)$）。实际上，如下一个性质所示，这个结果取决于运输成本函数和土地分布的性质。[27]

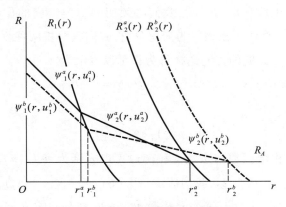

图 4.10 富裕类型家庭的收入增长效应

性质 4.13 随着类型 2 家庭收入的增长，我们有

（ⅰ）如果对于所有的 r，$L(r)/T'(r)$ 是递增的，则有 $r_1^a < r_1^b$ 和 $R_1(r_1^a) > R_1(r_1^b)$；

（ⅱ）如果对于所有的 r，$L(r)/T'(r)$ 保持不变，则有 $r_1^a = r_1^b$ 和 $R_1(r_1^a) = R_1(r_1^b)$；

（ⅲ）如果对于所有的 r，$L(r)/T'(r)$ 是递减的，则有 $r_1^a > r_1^b$ 和 $R_1(r_1^a) < R_1(r_1^b)$。

例如，假设运输成本函数是线性的[$T(r) = ar$]，则 $T'(r)$ 是常数。然后，根据 $L(r)$ 是递增、不变还是递减，我们分别得到性质（ⅰ）、（ⅱ）或（ⅲ）。如前所述，由于在大多数城市中，随着距城市中心距离的增加，土地数量增加，边际运输成本下降，因此我们最有可能得到性质（ⅰ）。既然类型 1 家庭的竞价租金函数没有改变，那么更高的竞价租金曲线意味着更低的效用。因此，由性质 4.13，我们可进一步得出如下结论：

性质 4.14 随着类型 2 家庭收入的增长，我们有

（ⅰ）如果对于所有的 r，$L(r)/T'(r)$ 是递增的，则有 $u_1^a < u_1^b$；

（ⅱ）如果对于所有的 r，$L(r)/T'(r)$ 保持不变，则有 $u_1^a = u_1^b$；

（ⅲ）如果对于所有的 r，$L(r)/T'(r)$ 是递减的，则有 $u_1^a > u_1^b$。

性质 4.13 和 4.14 的基本逻辑是：富裕类型家庭收入的增长进一步增加了其土地需求。一方面，如果在郊区有足够的农业用地[情形（ⅰ）]，土地需求的增加将被富裕类型家庭通过进一步的郊区化吸收，这反过来会减轻区域 1 土地市场的压力，因此，区域 1 扩大，土地租金降低，贫困类型家庭的均衡效用也变得更高。另一方面，如果在郊区没有足

---

[27] 性质 4.13 的证明见附录 C.9。

够的农业用地[情形(ⅲ)]，富裕类型家庭对土地需求的增加将会加大对区域 1 土地市场的压力，结果正好相反。

总之，我们可以得出如下结论：

命题 4.7 随着富裕类型家庭收入的进一步增长（而贫困类型家庭的收入保持不变），

（ⅰ）城市边缘将向外移动。

（ⅱ）富裕类型家庭的均衡效用将会更高。

（ⅲ）（a）如果对于所有的 $r,L(r)/T'(r)$ 是递增的，则贫困类型家庭（内部）的区域将向外扩展，土地租金将降低，而贫困类型家庭的均衡效用也将更高；（b）如果对于所有的 $r,L(r)/T'(r)$ 保持不变，则贫困类型家庭的区域不会有任何改变（即区域的大小、区域内的土地租金以及贫困类型家庭的均衡效用都将保持不变）；（c）如果对于所有的 $r,L(r)/T'(r)$ 是递减的，则贫困类型家庭的区域将向内移动，土地租金将上涨，贫困类型家庭的均衡效用将会降低。

接下来，在假设（4.57）下检验情形（B）。在图 4.11 中，初始收入组 (Y_1^a,Y_2^a) 下的均衡土地利用配置用实线表示，新的收入组 (Y_1^b,Y_2^b) 下的均衡土地利用配置则用虚线表示。类型 1 家庭的收入从 Y_1^a 增长到 Y_1^b，区域 1 的土地需求将会增加，因此，第一个租金边界曲线将从 $R_1^a(r)$ 向外移动到 $R_1^b(r)$。依次地，又将第二条边界租金曲线从 $R_2^a(r)$ 向外推到 $R_2^b(r)$。因此，城市边缘也向外扩展：

$$r_2^a < r_2^b \tag{4.60}$$

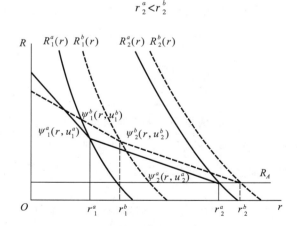

图 4.11 贫困类型家庭的收入增长效应

由于类型 2 家庭的竞价租金函数没有改变，所以较高的竞价租金曲线意味着较低的效用水平。因此，从图 4.11 可以看出：

$$u_2^a > u_2^b \tag{4.61}$$

此外，如果 $S_2(r,u_2^a) > S_2(r,u_2^b)$，则两个类型家庭之间的新边界将位于初始边界的右侧[28]：

$$r_1^a < r_1^b \qquad (4.62)$$

最后，由 Y_1 的增长可以直观地得出结论：类型1家庭的均衡效用将会提高。[29]

由此，我们可以得出如下结论：

命题 4.8 随着贫困类型家庭收入的增长（而富裕类型家庭的收入保持不变），

（ⅰ）贫困类型家庭的内部区域将向外扩展；

（ⅱ）富裕类型家庭的外部区域将进一步向外移动；

（ⅲ）贫困类型家庭的均衡效用将提高，而富裕类型家庭的均衡效用将降低。

简而言之，如果贫困类型家庭（位于内部）的收入增长，其区域将向外扩展，均衡效用也将变高。这反过来会推动富裕类型家庭（位于外部）的区域进一步向外移动，并降低其均衡效用。[30]

命题 4.7 和 4.8 表现出明显的不对称性。假设在郊区有足够的农业用地〔即如果对于所有的 r，$L(r)/T'(r)$ 是递增的〕，那么，富裕家庭收入的增长将使两类家庭都变得更好（命题 4.7），而贫困家庭收入的增长会使贫困家庭变得更好，但使富裕家庭变得更糟（命题 4.8）。这种不对称性完全取决于两类家庭之间的位置关系。此外，该结果也表明了这两类家庭之间的潜在冲突。也就是说，贫困家庭可能不会反对使富裕家庭变得更富有。但是，富裕家庭可能会通过保持贫困家庭的贫困（或者更残酷地说，使贫困家庭更贫困）来使自己变得更好。这可能会诱使富裕家庭实行歧视，即采取针对贫困家庭的限制性区域政策。也就是说，即使没有种族或民族冲突，收入差异本身也可能导致两个类型的家庭产生冲突。

4.7 总结

在本章中，我们在多类型家庭情形下，研究了均衡和最优土地利用的特征。在竞价租金函数可根据其陡峭度进行排序的假设下，我们得到了较为完备的结果：均衡土地利用和最优土地利用存在且唯一，并且它们可以用一组环绕CBD的杜能环来描述。在第7

---

[28] 为了得到这个结果，在公式(4.53)中设 m 等于2，并且利用公式(4.60)和(4.61)。

[29] 其证明与公式(4.59)十分相似。

[30] 图4.11描述了 $\Psi_1(0,u_1^a) > \Psi_1(0,u_1^b)$ 和 $\Psi_1(r_1^a,u_1^a) > \Psi_1(r_1^b,u_1^b)$。实际上，类似于性质3.4的处理，可以将其表述为

（ⅰ）如果 $L(r)/T'(r)$ 对于所有的 r 递减，那么 $\Psi_1(0,u_1^a) > \Psi_1(0,u_1^b)$ 并且 $\Psi_1(r_1^a,u_1^a) > \Psi_1(r_1^b,u_1^b)$。

（ⅱ）如果 $L(r)/T'(r)$ 对于所有的 r 是常数，那么 $\Psi_1(0,u_1^a) = \Psi_1(0,u_1^b)$ 并且 $\Psi_1(r_1^a,u_1^a) = \Psi_1(r_1^b,u_1^b)$。

（ⅲ）如果 $L(r)/T'(r)$ 对于所有的 r 递增，那么 $\Psi_1(0,u_1^a) > \Psi_1(0,u_1^b)$ 并且 $\Psi_1(r_1^a,u_1^a) < \Psi_1(r_1^b,u_1^b)$。

章中,我们将用本章的结果来研究种族外部性对城市土地市场的影响。

书目备注

MacKinnon(1974),Schweizer、Varaiya 和 Hartwick(1976),King(1980),Richter(1980),以及 Karmann(1982)采用不动点方法研究了均衡土地利用的存在性。然而,它们都与离散空间有关。我们的边界租金曲线方法的存在性和唯一性证明是基于 Fujita(1985)的研究。Fujita 和 Smith(1987)在没有有序竞价租金函数假设的情况下,确定了均衡土地利用的存在性,提供了一个在 n 维空间中一般的存在性证明。Ando(1981)用不同的方法研究了存在性和唯一性问题。他首先利用最优控制理论中的存在性定理,得到了最优土地利用的存在性。然后通过考察最优土地利用与均衡土地利用的关系,得到了均衡土地利用的存在性。Scotchmer(1982,1985)也采用了类似的方法。

如前所述,Wheaton(1976),Hartwick、Schweizer 和 Varaiya(1976),Arnott、MacKinnon 和 Wheaton(1978),以及 Miyao(1981,第 2 章)均研究了多种收入类型家庭的比较静态分析结果。特别是,Hartwick et al.(1976)借助一个有 m 种收入类型家庭的例子,在一般情况下完成了比较静态学的完整描述。他们引入了在 4.6.2 小节的分析中所使用的条件:对于所有的 r,$L(r)/T'(r)$ 是递增的。Miyao(1981,第 2 章)进行了多类型家庭均衡土地利用的稳定性分析。

最后,虽然本章只研究了连续空间的理论模型,但许多模仿模型(包括平衡模型和最优模型)都是用离散空间开发的。对于这种模仿模型,读者可以参考 Anas(1987)以及 Kain(1987)的综述文章。

第 5 章 城市总量与城市规模

5.1 引言

在之前的三章中，我们研究了城市空间结构。现在我们将注意力从空间结构转向城市总量。也就是说，在单中心城市背景下，我们剖析城市宏观变量之间的关系，如城市的人口、总收入、总土地租金和总运输成本，并在各种情况下剖析均衡城市规模和最优城市规模。因此，本章阐明了城市土地利用理论与城市体系理论之间的联系。它处理的是一个同质家庭假设下的简单情况。

在研究均衡和最优城市规模时，首先有必要了解一下城市为什么会存在。因此，在 5.2 节中，我们讨论了引发城市集聚的各种原因。一般而言，均衡城市规模是在人口供给曲线与城市人口需求曲线的交点处确定的。在确定最优城市规模时，必须使城市的剩余函数最大化。在确定这些曲线和推导这些函数时，我们需要知道城市中经济总量之间的关系。所以，在 5.3 节中，我们获得了城市总量之间的一些一般核算关系。在 5.4 节中，基于这些核算关系，我们获得了人口供给函数和人口成本函数。在这些初步分析之后，在 5.5 至 5.7 节中，我们研究了不同背景下的均衡和最优城市规模。

需要指出的是，基于对运输成本函数和土地分配的一系列合理假设，城市总运输成本与总地租之间存在一些简单的一般化关系。然而，由于接下来的分析中未使用这些关系，因此我们将在附录 B 中单独讨论。

5.2 城市集聚的成因

假设存在一个单中心城市。此时，随着通勤距离的增加，城市总运输成本提高的比例将超过其人口增加的比例。因此，为了使城市存在，我们必须在生产或消费方面具有

超过运输成本提高的技术优势。这种技术优势的来源主要包括:

(1) 资源和运输优势;

(2) 不可分割性和规模经济;

(3) 外部性和非价格互动;

(4) 对消费和生产多样性的偏好。

城市可由这些基本因素的适当组合而产生。①

资源禀赋的区域间差异为区域间贸易提供了基础。② 在这种背景下,例如,存在经济型煤层的地点将导致那里的采矿业有所发展,那么,大量使用煤炭的行业,如钢铁和化学品等行业,将坐落于该地附近,以节省运输成本,进而这些基础工业及其工人将吸引相关制造业和家庭消费服务的供应商。最终,一座城市将围绕着这些基础产业发展起来。另一个例子是,一个拥有适合小麦生产的肥沃土地的地区,可能开始将小麦出口到其他国家和地区。由于运输技术的规模经济效应,一个运输节点或运输港口必然会由此发展起来。接下来,该港口将吸引许多与出口相关的企业和制造商。同时,农业生产和农民消费的制成品的供应商往往倾向于落户在港口附近,部分原因在于生产和分配的规模经济,部分原因在于节省了通过港口进口的投入品的运输成本。最终,一个港口城市将在其腹地的围绕下发展起来。

也许城市存在的最根本原因在于生产和消费的规模经济,而这主要是由于某些商品(如人、住所、工厂、设备和公共设施)的不可分割性。③ 人的不可分割性导致劳动力的专业化,并且有些设备只能在较大规模下被有效地使用。此外,许多专业人员、设备和生产过程的有效协调需要它们处在相近的位置上——一部分原因与通信设施有关,其他可能的原因是为了节省不同生产过程中的交通成本。因此,在较大规模和相邻位置的情况下,进行一种商品的生产将产生(一定程度上)较低的平均总成本。另外,如果一家企业在生产时用到另一家企业的产品,则两家企业可能会发现坐落在彼此附近将是经济的。因此,通过投入产出联系,许多大企业可能会发现相互就近选址是经济的,而这些企业将

---

① 如上所述,前三个因素中的任何一个存在都可能形成一个城市。相比之下,仅第四个因素不能产生一个城市,它是一个与其他三个因素联合起来促进大城市形成的助推因素。

② 在国际贸易理论文献中,国家(生产不同商品)之间的比较优势(即相对优势)作为贸易的主要原因被强调[例如,Ricardo(1817);Takayama(1972)]。但需要注意的是,只有当一些生产要素(特别是劳动力)在贸易伙伴间无法流动时,比较优势的概念才是有意义的;否则,只有绝对优势才能提供交易的理由。在城市形成的静态理论的背景下,所有代理人(家庭和企业)在一国之内都被认为可以自由移动。因此,在目前的理论框架下,区域间贸易的产生更可能是由于土地的非移动性。冯·杜能的土地利用理论(及其所有扩展)都是基于土地的不动性而产生的比较优势,这是一个有趣的事实。

③ 不可分割性与经济规模的关系及其对城市区位问题的影响的讨论,见 Koopmans(1957,第 150—154 页)。Koopmans 坚持认为"如果认识不到在人、住所、工厂、设备和运输中存在不可分割性,我们就无法理解城市区位乃至最小的村庄问题"(第 154 页)。

导致一座大城市基本部门的产生。此外,许多公共服务和设施(如学校、医院、公用事业和高速公路)的供给通常展现出规模经济的特征。这是导致城市形成的另一个重要原因。最后,在许多社会中,工人主要是男性。然而,由于家庭和住所的不可分割性,城市中男性工人的集中也导致潜在的女性劳动力的集中。反过来,这又吸引了许多大量使用(非熟练)女性劳动力的行业,服装业就是一个例子。

(技术)外部性是在不通过市场机制的情况下,人类活动影响他人而产生的结果。[④]从城市形成的角度来看,最重要的外部性类别是由许多主体在一座城市内共同消费的(本地)公共品。当地的广播和电视节目提高了城市中所有人的效用,城市中的许多文化和社会活动也是如此。各种公共设施(学校、博物馆、警察服务、街道和污水处理设施)提供的服务具有公共品的性质。如果我们从广义上定义外部性以包括主体之间所有非价格互动的影响,那么外部性代表了城市的一个主要成因。商业企业位于大城市,主要是因为便于与其他企业和客户交流。许多人也由于社交互动的提升而被吸引到大城市中。

最后,对消费多样性的偏好也有助于大城市的形成。一个简单的例子将说明这一点。假设消费者在餐厅用餐时有固定的预算。同时,假设在城市 1 中只有一家(中)餐厅。在图 5.1 中,令 x_1 代表每年在中餐厅的用餐次数。设点 A 表示在城市 1 中消费者在预算约束下所能负担的用餐次数,则消费者将达到与无差异曲线 AB 对应的效用水平。现在,假设城市 2 中有两家餐厅:一家是中餐厅,一家是法餐厅。然后,如果线 CD 表示相同的预算,而 x_1、x_2 分别表示中餐和法餐的年度用餐次数,则同一个消费者将通过在两家餐厅吃饭而在城市 2 中达到更高的效用水平($A'B'$)。[⑤] 这个例子表明,在其他条件相同的情况下,一个城市的消费品种类越多,消费者的实际收入就越高。Stahl(1983)在解释经济活动的空间集聚时首先强调了这种效应。

同样,在图 5.1 中,如果我们认为 x_1 和 x_2 代表企业(或公共主体)生产商品时使用的中间投入品数量,则我们可以应用相同的论点并得出结论:其他条件相同时,一个城市可用的投入品种类越多,企业的生产力就越高。虽然这些互补效应(在消费品间和生产投入品间)无法单独用来解释城市的存在,但当这一因素与其他因素(特别是与不可分割性和规模经济)相结合时,就能解释大城市的形成。[⑥]

[④] 更确切地说,Baumol 和 Oates(1975)将外部性定义如下:"只要某个人(比如说 A)的效用或者生产关系包括实际(即非货币)变量,其价值由其他不关心 A 福利的主体(个人、企业、政府)选择,就会出现外部性。"

[⑤] 预算线 CD 与无差异曲线 AB 交叉,意味着城市 2 中 x_1 的价格并不比城市 1 中该商品的价格高出太多。当然,如果城市 2 中 x_1 的价格与城市 1 中该商品的价格相同(或更低),则消费者总能在城市 2 中获得更大的效用。

[⑥] 但是,需要注意的是,如果没有这些商品生产的规模经济(和城市间的运输费用),则每个城市(或每个地点)将生产相同数量的商品。只有存在生产的规模经济时,才能确定一个城市提供的商品的均衡(或最优)数量。有关此主题的详细说明,请参见第 8 章。

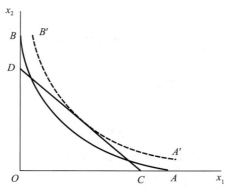

图 5.1 消费和生产中的互补效应

我们还可以考虑产出品之间的互补效应。例如,如果生产两种商品的生产效率比单独生产每种商品的效率高,那么我们可以说这两种商品的生产存在联合生产经济。联合生产经济与范围经济的概念密切相关,这一概念由 Goldstein 和 Gronberg(1984)引入城市经济学之中。例如,Goldstein 和 Gronberg 认为,如果在同一地点生产两种商品比在一个单独的地点生产每种商品更有效,那么两种商品的生产就存在范围经济。因而范围经济既包括联合生产经济,也包括中间投入品运输成本(包括通信成本)的节约。值得注意的是,这些互补效应强调凸性在生产和消费技术(活动的空间集聚)中的作用,而规模经济则强调非凸性在这些技术中的作用。因此,生产和消费技术中的凸性及非凸性在城市形成中都起着重要作用。

本章将在 5.3 和 5.4 节中考察每个特定背景下的均衡和最优城市规模;在 5.5 节中,讨论由资源和运输优势导致的城市形成;在 5.6 节中,考察固定成本在城市形成中扮演的角色;最后,在 5.7 节中,分析生产中的规模经济和城市规模。[⑦] 在各部分中,我们通过引入简单的例子,来说明在确定城市规模时技术优势和劣势之间的权衡。在所有这些例子中,为简单起见,我们假设企业不使用任何土地,企业唯一的可变投入是劳动力。同样,为简单起见,我们仅考虑单中心城市的情形,其中先验地假定所有生产活动都在 CBD 进行。

5.3 城市核算

本节的主要目的是,在均衡城市规模和最优城市规模中确定各总量之间的一般核算关系。在本章其余部分的讨论中,我们总是假定假设 2.1—2.3、3.1 和 3.2 成立,并且 $R_A >0$。首先,让我们回顾在 3.5 节介绍的包含收入税 $\overline{G}$ 的 CCA 模型。在均衡状态下,从条件

[⑦] 本书第 2 部分继续讨论更复杂背景下的城市规模,包括公共品、外部性和产品多样性。

(3.67)和(3.68)可得

$$R(r) = \frac{Y^0 - \overline{G} - T(r) - Z(s(r), u^*)}{s(r)} \quad 对于 r \leq r_f \quad (5.1)$$

其中,$s(r) = s(Y^0 - \overline{G} - T(r), u^*)$表示在均衡效用$u^*$和外生收入税$\overline{G}$下的最大竞价土地面积。重新整理等式(5.1),有

$$Y^0 = T(r) + Z(s(r), u^*) + R(r)s(r) + \overline{G} \quad 对于 r \leq r_f \quad (5.2)$$

该公式代表了均衡城市中每个家庭的预算等式。同样,通过条件(3.71)和(3.72)我们可以看到,以下预算等式在最优城市中成立:

$$Y^0 = T(r) + Z(s(r), \overline{u}) + R(r)s(r) + G^* \quad 对于 r \leq r_f \quad (5.3)$$

其中,$s(r) = s(Y^0 - G^* - T(r), \overline{u})$表示目标效用$\overline{u}$和影子收入税$G^*$下的最大竞价土地面积,$R(r)$是距离$r$处的影子土地租金。我们还可以从命题3.7中看出,关系式(5.3)在目标效用$\overline{u}$下的补偿均衡城市中成立。为简化分析,用u表示u^*和$\overline{u}$,用G表示G^*和$\overline{G}$,这样,关系式(5.2)和(5.3)可以一般性地表示为

$$Y^0 = T(r) + Z(S(r), u) + R(r)s(r) + G \quad 对于 r \leq r_f \quad (5.4)$$

将等式(5.4)的两边乘以每个$r(r<r_f)$下的均衡(或最优)人口$n(r)$,得到

$$Y^0 n(r) = [T(r) + Z(s(r), u) + R(r)s(r) + G]n(r)$$
$$= [T(r) + Z(s(r), u) + R_A s(r)]n(r) + (R(r) - R_A)s(r)n(r) + Gn(r)$$

其中,R_A代表农业土地租金。通过积分,可以得到

$$Y^0 \int_0^{r_f} n(r)dr = \int_0^{r_f} [T(r) + Z(s(r), u) + R_A s(r)]n(r)dr +$$
$$\int_0^{r_f} (R(r) - R_A)s(r)n(r)dr + G\int_0^{r_f} n(r)dr$$

因为

$$\int_0^{r_f} n(r)dr = N \quad s(r)n(r) = L(r) \quad 对于 r \leq r_f$$

最后我们有

$$NY^0 = C + TDR + NG \quad (5.5)$$

其中,

Y^0 = 每个家庭的(税前)收入;

N = 人口;

$$C = \int_0^{r_f} [T(r) + Z(s(r), u) + R_A s(r)]n(r)dr = 总居住成本(人口成本); \quad (5.6)$$

$$TDR = \int_0^{r_f} (R(r) - R_A)L(r)dr = 总级差地租;$$

$$G = 每个家庭的收入税。 \tag{5.7}$$

公式(5.5)给出了一个简单的核算关系,表明住宅部门的总收入 NY^0 分为三个支出项目,即总住宅成本 C、总级差地租 TDR 和总所得税 NG。

接下来,令 $C(u,N)$ 为所有居民 N 达到共同效用 u 时的最低居住成本。通过令 $\bar{u}=u$,可以从问题(3.48)的解得到成本 $C(u,N)$。那么在最优城市规模下,根据定义,等式(5.5)成立,则有

$$C = C(u,N) \tag{5.8}$$

由命题 3.11 可知,每个竞争均衡都是有效的。因此,我们可以看到关系式(5.8)在 CCA 模型的均衡中也成立。⑧ 于是,从关系式(5.5)和(5.8)可以得到⑨

$$NY^0 = C(u,N) + \text{TDR} + NG \tag{5.9}$$

下面,继续讨论 3.3 节 CCP 模型的情形,其中(每个家庭)从城市土地收入得到的份额 TDR/N 应被视为负的税收,并且必须包含在 G 中。由于 $NY^0 = C(u,N)$,关系式(5.9)也适用于 CCP 模型。最后,在 3.3 节 OCA 模型和 OCP 模型的情形下,我们假定 u 为给定的社会效用水平,而 N 则代表从等式(3.33)和(3.43)得到的均衡人口。那么我们可以很容易地看到,关系式(5.9)在这些开放城市模型下也成立。

由此不难发现,通过对 u、N 和 G 的适当解释,关系式(5.9)对于第 3 章中考察的任何城市模型都成立。那么,我们可以很容易总结出每个具体城市模型组所对应的关系式(5.9)的具体形式。

1. 在 HS(Y^0,u,N) 模型和 3.4 节的补偿均衡中,我们得到

$$NY^0 = C(u,N) + \text{TDR} + NG \tag{5.10}$$

其中,u 是目标效用,G 是影子收入税(对于最优配置)或均衡收入税(对于补偿均衡)。

2. 在 3.3 节的 CCA(Y,N) 模型和 OCA(K,u) 模型中,已假设

$$G = 0, Y = Y^0 \tag{5.11}$$

所以我们有

$$NY = C(u,N) + \text{TDR} \tag{5.12}$$

其中,G 是外生收入税,u 是均衡效用(对于 CCA 模型)或给定的社会效用(对于 OCA 模型),N 是给定人口(对于 CCA 模型)或均衡人口(对于 OCA 模型)。

3. 在 3.3 节的 CCP(Y^0,N) 模型和 OCP(Y^0,u) 模型中,根据定义,

---

⑧ 我们之后可以看到,公式(5.5)对所有城市模型都适用,包括本书第 2 部分中具有空间外部性的模型。但是,在市场模型中,公式(5.8)只有在市场均衡有效时才成立。

⑨ 需要注意的是,公式(5.9)是公式(3.75)的替代表达式。

$$G = -\text{TDR}/N \tag{5.13}$$

因此，我们有

$$NY^0 = C(u, N) \tag{5.14}$$

其中，G 是级差地租的人均份额，u 是均衡效用（CCP 模型）或社会效用（OCP 模型），N 是给定人口（CCP 模型）或均衡人口（OCP 模型）。表 5.1 总结了城市核算中的标记法。

表 5.1 城市核算中的标记法

符号	定义
W	每个家庭的工资
G	每个家庭的税负（如果为正）或补贴（如果为负）（上述问题中城市生产利润和 TDR 分给家庭的份额被视为补贴）
Y^0	税前/补贴前收入 ≡ 每个家庭的非土地收入 ≡ W+上述问题中从城市以外获得的其他收入（如果有的话）
Y	税后收入 ≡ $Y^0 - G$
$I(r)$	$Y - T(r) \equiv Y^0 - G - T(r) \equiv r$ 处的净收入
N	城市人口
$F(N)$	城市总生产函数
δ	劳动的边际产量和平均产量 [如果 $F(N) = \delta N$]
K	城市的固定成本或本地公共品成本
$C(u, N)$	人口成本函数 ≡ 最小住宅成本（不包括 K）
$\mathscr{S}$	城市的（总）剩余（或利润）≡ $F(N) - C(u, N)$
Π	城市的净剩余（或利润）≡ $\mathscr{S} - K$
TDR	城市的总级差地租
$N(Y, u)$	人口供给函数
$Y(u, N)$	人口的反供给函数 ≡（人口）供给-收入函数

5.4 人口供给函数与人口成本函数

在城市规模研究中，人口供给函数和人口成本函数扮演着核心角色。在本节中，我们将介绍这些函数并考察它们的性质。

回顾第 3 章介绍的 OCA(Y, u) 模型。当我们将均衡城市规模与最优城市规模进行比较时，该模型将发挥关键作用。因此，我们首先考察这个模型的均衡解是如何随着家庭收入 Y 和社会效用 u 这两个参数而变化的。回归前文，在给定 Y 时，最高效用水

平 $u(Y)$ 由关系式(3.27)定义。给定(Y,u),在 OCA(Y,u) 模型下,我们分别用 $r_f(Y,u)$ 表示均衡城市边缘距离,用 $N(Y,u)$ 表示均衡人口。假设 $u<\tilde{u}(Y)$,均衡地租曲线可以用公式(3.30)来描述,如图 5.2 所示,其中,$r_f(Y,u)$ 由公式(3.28)确定。如果 $u\geqslant\tilde{u}(Y)$,必然有 $r_f(Y,u)=0$ 且没有城市存在。均衡人口可以通过公式(3.33)推导为

$$N(Y,u)=\int_0^{r_f(Y,u)}\frac{L(r)}{s(Y-T(r),u)}dr \tag{5.15}$$

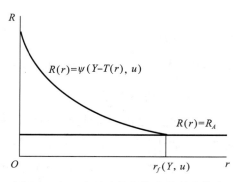

图 5.2　OCA(Y,u) 的均衡土地利用模式

当城市中的每个家庭都获得收入 Y,并且社会效用水平为 u 时,我们用 $N(Y,u)$ 来表示从该国其他地方迁移到该城市的家庭数量。因此,我们将 $N(Y,u)$ 称为从全国经济体到城市的人口供给函数。在图 5.2 中,当 $Y(u)$ 增长时,竞价租金曲线 $\psi(Y-T(r),u)$ 向上(向下)移动,城市边缘 $r_f(Y,u)$ 也会在 $Y(u)$ 增长时向外(向内)移动。此外,土地面积函数 $s(Y-T(r),u)$ 关于 Y 递减并且关于 u 递增。因此,从公式(5.15)我们可以很容易地得出如下结论:

性质 5.1　人口供给函数 $N(Y,u)$,其定义域为 $Y\in(0,\infty)$ 和 $u\in(-\infty,\infty)$,具有以下特征:

（ⅰ）当 $u<\tilde{u}(Y)$ 时,$N(Y,u)>0$;当 $u\geqslant\tilde{u}(Y)$ 时,$N(Y,u)=0$。其中,$\tilde{u}(Y)$ 是由公式(3.27)定义的最大效用函数。

（ⅱ）在每个 $u<\tilde{u}(Y)$ 的取值上,$N(Y,u)$ 关于 Y 递增并且关于 u 递减:$\partial N(Y,u)/\partial Y>0,\partial N(Y,u)/\partial u<0$。

（ⅲ）$\lim_{Y\to\infty}N(Y,u)=\infty$;对于每个 $Y>T(0)$,有 $\lim_{u\to-\infty}N(Y,u)=\infty$。[10]

在此性质的基础上,我们可以绘制一组人口供给曲线 $N(Y,u_i)$,$i=1,2,3$,如图 5.3 所示。例如,给定社会效用水平 u_1,当家庭收入为 Y 轴上的每个点时,曲线 $N(Y,u_1)$ 代表对应的人口供给(即城市的均衡人口)。

---

[10]　由假设 2.1 可知,对于每个 r,有 $\lim_{u\to\infty}s(Y-T(r),u)=0$,从而 $T(r)<Y$。同理,由假设 3.2 可知,有 $\lim_{Y\to\infty}s(Y-T(r),u)=0$。因此,我们可以由公式(5.15)得出与性质 5.1(ⅲ)相同的结论。

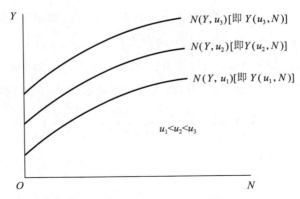

图 5.3 人口供给曲线 $N(Y,u_i)$ [即人口供给-收入曲线 $Y(u_i,N)$]

接下来,把 $Y(u,N)$ 看作每个 N 值下等式 $N(Y,u)=N$ 关于 Y 的解。给定 u,则 $Y(u,N)$ 表示(在城市中)使 N 个家庭从全国经济体进入该城市所需达到的家庭收入。我们将 $Y(u,N)$ 称为人口的反供给函数或(人口)供给-收入函数。在图 5.3 中,根据定义,该曲线也被看作供给-收入曲线。⑪ 从性质 5.1 和公式(5.15),我们可以很容易地得出如下结论:

性质 5.2 人口供给-收入函数 $Y(u,N)$,在 $N>0$ 和 $u\in(-\infty,\infty)$ 的情况下,具有以下特征:

(ⅰ) $Y(u,N)>0$,且 $\lim_{N\to 0}Y(u,N)>0$;

(ⅱ) $Y(u,N)$ 关于 u 和 N 均递增:$\partial Y(u,N)/\partial N>0,\partial Y(u,N)/\partial u>0$;

(ⅲ) $\lim_{N\to\infty}Y(u,N)=\infty,\lim_{u\to\infty}Y(u,N)=\infty,\lim_{u\to-\infty}Y(u,N)=T(0)$。

也就是说,为了吸引到任何正的人口 N,城市中的家庭收入 Y 必须是正数。因此,对于任何 $N>0$,有 $Y(u,N)>0$。此外,由于 $R_A>0$,因此家庭没有任何商品是免费的。所以即使在 N 无穷小时,也有 $Y(u,N)>0$[即 $\lim_{N\to 0}Y(u,N)>0$]。由于 $N(Y,u)$ 和 Y 在同一方向上移动,因此供给-收入函数 $Y(u,N)$ 是 N 的增函数,而从性质 5.1(ⅲ)可知,当 N 变得无穷大时,$Y(u,N)$ 接近于 ∞。最后,由于 $N(Y,u)$ 关于 u 递减,为了在 u 增加时保持相同的人口供给规模 $N(Y,u)$,必须增加家庭收入 Y,因此,$Y(u,N)$ 是 u 的增函数。

例 5.1 假设我们具有例 2.1 的对数线性效用函数和以下附加条件:

$$T(r)=ar \quad L(r)=\theta \quad \forall r\geq 0 \tag{5.16}$$

其中,a 和 θ 是正的常数。然后,使用公式(3.28)和竞价租金函数(2.13),我们有 $r_f(Y,u)=(Y-\alpha^{-\alpha}\beta^{-\beta}e^u R_A^{\beta})/a$。将这一城市边缘距离和最大竞价土地面积函数(2.14)代入公式(5.15),我们可以获得人口供给函数:

---

⑪ 也就是说,在图 5.3 中,如果我们认为 N 是自变量,则 $Y(u_i,N)$ 表示 u_i 下的供给-收入曲线。但是,如果我们把 Y 当作自变量,相同的曲线则代表人口供给曲线 $N(Y,u_i)$。

$$N(Y,u) = (\alpha^{\alpha/\beta}\beta e^{-u/\beta}Y^{1/\beta} - R_A)\theta a^{-1} \tag{5.17}$$

对于每个 $u<(Y) \equiv \log \alpha^{\alpha}\beta^{\beta}R_A^{-\beta}Y$，求解 Y 的方程 $N(Y,u)=N$，得到供给-收入函数：

$$Y(u,N) = D(N+E)^{\beta}e^{u} \tag{5.18}$$

其中，

$$D = \alpha^{-\alpha}\beta^{-\beta}\theta^{-\beta}a^{\beta}, E = \theta a^{-1}R_A \tag{5.19}$$

可以很容易地确认函数(5.17)和公式(5.18)满足性质 5.1 和 5.2 的所有条件。

事实证明，供给-收入函数 $Y(u,N)$ 与最小住宅成本函数 $C(u,N)$ 具有非常密切的关系。为了考察这种关系，回顾公式(3.48)，可以将城市中所有 N 个家庭获得效用 u 的最低住宅成本 $C(u,N)$ 定义为

$$C(u,N) \equiv \min_{r_f, n(r), s(r)} \int_0^{r_f}[T(r) + Z(s(r), u) + R_A s(r)]n(r)dr$$

s.t. $\quad s(r)n(r) \leq L(r) \quad$ 对于每个 $r \leq r_f$

$$\int_0^{r_f} n(r)dr = N \tag{5.20}$$

我们简单地称 $C(u,N)$ 为人口成本函数。现在，让 $N(Y,u)$ 和 $\text{TDR}(Y,u)$ 分别为 OCA (Y,u) 模型的均衡人口和总级差地租。那么，公式(5.12)可等价变换为

$$N(Y,u)Y = C(u, N(Y,u)) + \text{TDR}(Y,u) \tag{5.21}$$

同样，如果我们在公式(5.21)中令 Y 等于 $Y(u,N)$，那么，由于 $N(Y(u,N),u) \equiv N$，因此可得

$$NY(u,N) = C(u,N) + \text{TDR}(Y(u,N), u) \tag{5.22}$$

将等式(5.22)两侧关于 N 微分，则有

$$Y(u,N) + N\frac{\partial Y(u,N)}{\partial N} = \frac{\partial C(u,N)}{\partial N} + \frac{\partial \text{TDR}}{\partial N} \tag{5.23}$$

一个简单的计算表明[12]

$$N\frac{\partial Y(u,N)}{\partial N} = \frac{\partial \text{TDR}}{\partial N} \tag{5.24}$$

---

[12] $\text{TDR}(Y,u) = \int_0^{r_f(Y,u)}[\psi(Y-T(r), u) - R_A]L(r)dr$，当 $r = r_f(Y,u)$ 时，有 $\psi(Y-T(r), u) = R_A$。于是

$$\frac{\partial \text{TDR}(Y(u,N), u)}{\partial N} = 0 \cdot L(r_f)\frac{\partial r_f}{\partial N} + \int_0^{r_f}\frac{\partial \psi}{\partial I}\frac{\partial(Y(u,N) - T(r))}{\partial N}L(r)dr$$

$$= \frac{\partial Y(u,N)}{\partial N}\int_0^{r_f}\frac{1}{s[Y(u,N) - T(r), u]}L(r)dr$$

$$= \frac{\partial Y(u,N)}{\partial N}N$$

因此，我们可以得出结论：

$$Y(u,N) = \frac{\partial C(u,N)}{\partial N}$$

等价地，由于 $Y(u,N(Y,u)) \equiv Y$，因此可得

$$Y = \frac{\partial C(u,N)}{\partial N} \quad \text{当} \ N = N(Y,u) \text{时}$$

综上所述，我们可以得出以下结论：

性质 5.3 在每个 $N>0$ 和 $u \in (-\infty, \infty)$ 的情况下，供给-收入函数 $Y(u,N)$ 等于边际人口成本：

$$Y(u,N) = \frac{\partial C(u,N)}{\partial N} \tag{5.25}$$

同样，在每个均衡人口 $N(Y,u)>0$ 处，家庭收入 Y 等于边际人口成本：

$$Y = \frac{\partial C(u,N)}{\partial N} \quad \text{当} \ N = N(Y,u) \text{时} \tag{5.26}$$

相似地，从关系式(5.22)出发，我们可以很容易地得出以下结论：

性质 5.4 给定 $u < \bar{u}(Y)$，令 $(s(r), n(r), r_f)$ 为 $OCA(Y,u)$ 模型的均衡解，则有

$$\frac{\partial C(u,N)}{\partial u} = \int_0^{r_f} \frac{\partial Z(s(r),u)}{\partial u} n(r) dr > 0 \tag{5.27}$$

利用关系式(5.25)和(5.27)以及性质 5.2，我们可以推导出人口成本函数 $C(u,N)$ 的以下特征（证明见附录 C.10）：

性质 5.5 在每个 $u \in (-\infty, \infty)$ 和 $N>0$ 的情况下，

（i） $\partial C(u,N)/\partial u > 0, \lim_{u \to -\infty} C(u,N) = NT(0)$，而 $\lim_{u \to \infty} C(u,N) = \infty$，即人口成本关于 u 递增，当 u 接近于 $-\infty(\infty)$ 时，它将达到 $NT(0)$（无穷大）；

（ii） $\partial C(u,N)/\partial N > 0, C(u,0) \equiv \lim_{N \to 0} C(u,N) = 0$，而 $\lim_{N \to \infty} C(u,N) = \infty$，即人口成本关于 N 递增，当 N 接近于 $0(\infty)$ 时，它将达到 $0(\infty)$；

（iii） $\partial^2 C(u,N)/\partial N^2 > 0$ 且 $\lim_{N \to \infty} \partial C(u,N)/\partial N = \infty$，即每条人口成本曲线都关于 N 严格凸，并且当 N 接近于 ∞ 时，它的斜率将变得无穷大；

（iv） $\partial^2 C(u,N)/\partial N \partial u > 0$，即人口成本曲线在 u 上升时会变得更陡峭。

在性质 5.5 的基础上，人口成本函数的特征可以如图 5.4 所示。人口或效用水平的提高会导致更多的资源消耗。因此，人口成本函数通常关于 N 和 u 递增。这意味着每条人口成本曲线处处向上倾斜，而随着 u 的增加它将向上移动。此外，从性质 5.2 和公式(5.25)，可以得到以下关系：

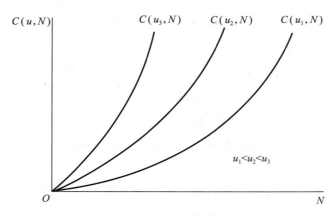

图 5.4　人口成本曲线

$$\frac{\partial^2 C(u,N)}{\partial N^2} = \frac{\partial Y(u,N)}{\partial N} > 0 \tag{5.28}$$

这意味着[如性质 5.5(ⅲ)所示]每条人口成本曲线都是严格凸的。这一结果的经济理论逻辑是：由于通勤距离的增加，城市总运输成本的提高超过人口规模扩大的比例。这使得人口 N 增加时，人口成本 $C(u,N)$ 将以更高的增长率增长，这在数学上意味着每条人口曲线都是严格凸的。类似地，利用关系式(5.25)，我们可以得出当 $N=0$ 时，人口成本函数具有以下附加特征（证明见附录 C10）：

性质 5.6　在每个 $u \in (-\infty, \infty)$ 上，

（ⅰ）$C_N(u,0) \equiv \lim_{N \to 0} \partial C(u,N)/\partial N > 0$，即每条人口成本曲线在原点处的斜率均为正；

（ⅱ）$\partial C_N(u,0)/\partial u > 0$，即在原点处，人口成本曲线随着 u 的上升而变得更陡峭；

（ⅲ）$\lim_{u \to -\infty} C_N(u,0) = T(0)$，即随着 u 的下降，在原点处的人口成本曲线的斜率最终将接近 $T(0)$；

（ⅳ）$\lim_{u \to -\infty} C_N(u,0) = \infty$，即随着 u 的上升，人口成本曲线在原点处最终将变得无限陡峭。

例 5.2　在例 5.1[公式(2.12)的对数线性效用函数和公式(5.16)的附加条件]的背景下，让我们推导人口成本函数 $C(u,N)$。回想一下，公式(5.20)的最小化问题等同于公式(3.50)的问题。将公式(2.13)和(2.14)代入公式(3.55)和(3.56)，有

$$N = \int_0^{r_f} \alpha^{\alpha/\beta} (Y^0 - G^* - ar)^{\alpha/\beta} e^{-u/\beta} \theta dr$$

$$\alpha^{\alpha/\beta} \beta (Y^0 - G^* - ar_f)^{1/\beta} e^{-u/\beta} = R_A$$

可以得到

$$G^* = Y^0 - De^u(N+E)^\beta, \quad r_f = a^{-1} De^u\{(N+E)^\beta - E^\beta\} \tag{5.29}$$

其中,D 和 E 是由公式(5.19)定义的参数,将 G^* 和 r_f 代入 3.4 节的拉格朗日函数 $\mathscr{L}$ 中,整理后可得

$$\mathscr{L} = NY^0 - (1+\beta)^{-1} D\{(N+E)^{1+\beta} - E^{1+\beta}\} e^u$$

在最优解下有 $\mathscr{L} = \mathscr{S} = NY^0 - C(u,N)$,由此可得

$$C(u,N) = (1+\beta)^{-1} D\{(N+E)^{1+\beta} - E^{1+\beta}\} e^u \tag{5.30}$$

这也表明,人口成本函数满足性质 5.5 和 5.6 的所有条件。回顾公式(5.18),我们可以进一步确定关系式(5.25)成立。

接下来,令 $F(N)$ 作为城市的总生产函数,它代表用总劳动力(即人口)N 生产的净产出(按固定的全国或国际价格计算的价值)。为简单起见,我们在此假设城市生产只需要劳动(其他所有成本都被视为固定成本)。然后,城市的(总)剩余由下式给出:

$$\mathscr{S} = F(N) - C(u,N) \tag{5.31}$$

而净剩余则为

$$\begin{aligned}\Pi &= \mathscr{S} - K \\ &= F(N) - C(u,N) - K\end{aligned} \tag{5.32}$$

其中,K 代表城市的固定成本(或本地公共品成本)。

作为一个特殊情况,假设 $F(N)$ 是线性的:

$$F(N) = \delta N \tag{5.33}$$

其中,正的常数 δ 代表所研究城市的劳动边际产品(价值)和平均产品(价值)。在这种情况下,城市的剩余函数表示如下:

$$\mathscr{S}(\delta, u, N) = \delta N - C(u,N) \tag{5.34}$$

根据定义,$\mathscr{S}(\delta, u, N)$ 等于从 HS(δ, u, N) 模型的解(即家庭收入 δ、目标效用 u 和城市人口 N 下的 HS 模型)获得的最大剩余。回顾公式(3.48)和(3.49),我们可以更详细地定义 $\mathscr{S}(\delta, u, N)$ 如下:

$$\mathscr{S}(\delta, u, N) = \max_{r_f, n(r), s(r)} \int_0^{r_f} [\delta - T(r) - Z(s(r), u) - R_A s(r)] n(r) dr$$

$$\text{s.t.} \quad s(r) n(r) \leq L(r) \quad 对于每个 r \leq r_f$$

$$\int_0^{r_f} n(r) dr = N \tag{5.35}$$

给定目标效用 u,人口成本曲线 $C(u,N)$ 如图 5.5 所示(δN 表示一条直线)。该图显示,在每个人口 N 处,剩余 $\mathscr{S}(\delta, u, N)$ 等于收入线 δN 和人口成本曲线 $C(u,N)$ 之间的垂直距离。此外,根据性质 5.5(ii),有 $C(u,0) = 0$。[13] 从性质 5.5(iii)可知,曲线 $C(u,N)$ 是

---

[13] 最初,当 $N=0$ 时,函数 $c(u,N)$ 的值没有定义。然而,由于 $\lim_{N \to 0} C(u,N) = 0$,因此可定义 $C(u,0) = 0$。

严格凸的,并且当 N 接近于 ∞ 时,其斜率变得无穷大。根据定义,$N(\delta,\bar{u}(\delta))=0$。因此,通过公式(5.26),有

$$\delta = \frac{\partial C(\tilde{u}(\delta),N)}{\partial N} \quad \text{当 } N=0 \text{ 时} \tag{5.36}$$

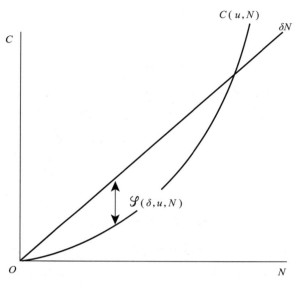

图 5.5 人口成本曲线 $C(u,N)$ 和收入线 δN

根据性质 5.6(ⅱ),在原点处,人口成本曲线在 u 上升时变得更陡峭。因此,通过公式(5.36)可得

$$\delta > \frac{\partial C(u,N)}{\delta N}, \text{当 } N=0 \text{ 时} \quad \text{当且仅当 } u<\tilde{u}(\delta) \tag{5.37}$$

也就是说,在原点处,当且仅当 $u<\tilde{u}(\delta)$ 时,人口成本曲线 $C(u,N)$ 比收入线 δN 更平缓。因此,当给定 (δ,u) 使得 $u<\tilde{u}(\delta)$ 时,剩余曲线 $\mathscr{S}(\delta,u,N)$ 将如图 5.6 所示。该图显示,剩余曲线 $\mathscr{S}(\delta,u,N)$ 严格凹;当 $0<N<b$ 时为正,当 $N>b$ 时为负。最大剩余点 a 可以确定如下:由定义(5.34)可知,在最大剩余点 a,有

$$0 = \frac{\partial \mathscr{S}(\delta,u,N)}{\partial N} = \delta - \frac{\partial C(u,N)}{\partial N}, \text{ 即 } \delta = \frac{\partial C(u,N)}{\partial N} \tag{5.38}$$

这意味着,一方面,当劳动边际产量等于城市边际人口成本时,可获得最大剩余。另一方面,在公式(5.26)中将 Y 设定为等于 δ,在 $N=N(\delta,u)$ 处,有 $\delta=\partial C(u,N)/\partial N$。所以我们可以从公式(5.38)得出

$$\frac{\partial \mathscr{S}(\delta,u,N)}{\delta N} = 0 \quad \text{当 } N=N(\delta,u) \text{ 时} \tag{5.39}$$

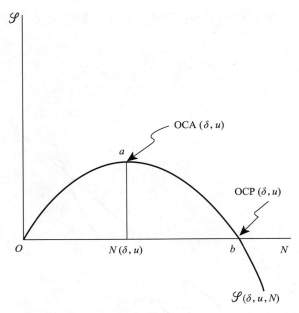

图 5.6 剩余曲线 $\varphi(\delta,u,N)$

这意味着,当 N 等于 OCA(δ,u) 模型的均衡人口 $N(\delta,u)$ 时,剩余曲线 $\varphi(\delta,u,N)$ 达到最大值。在图 5.6 中,这意味着点 a 对应着 OCA(δ,u) 模型的均衡解。我们也可以从公式(5.21)和公式(5.34)得到

$$\varphi(\delta,u,N(\delta,u))=\text{TDR}(\delta,u) \tag{5.40}$$

换言之,最大剩余 $\varphi(\delta,u,N(\delta,u))$ 等于 OCA(δ,u) 模型的总级差地租。还要注意,当 $u \geq \tilde{u}(\delta)$ 时,在 $N=0$ 处,$\delta \leq \partial C(u,N)/\partial N$,因此,$\varphi$ 在 $N=0$ 处最大。另一方面,当 $u \geq \tilde{u}(\delta)$ 时,从性质 5.1(ⅰ)我们可以得到 $N(\delta,u)=0$。因此,我们可以一般性地得出如下结论:

命题 5.1 给定任何使得 $\delta>0$ 的 (δ,u),

(ⅰ)当 N 等于 OCA(δ,u) 模型的均衡人口 $N(\delta,u)$ 时,剩余 $\varphi(\delta,u,N)$ 达到最大;

(ⅱ)在 $N=N(\delta,u)$ 处,HS(δ,u,N) 模型的解等于 OCA(δ,u) 模型的均衡解;

(ⅲ)最大剩余 $\varphi(\delta,u,N(\delta,u))$ 等于 OCA(δ,u) 模型的总级差地租 TDR(δ,u)。

特别地,命题 5.1 的(ⅰ)和(ⅱ)意味着,只需通过保持零迁移成本,并向每个家庭支付其边际产量 δ,同时让所有住宅配置都由竞争市场决定,就可以实现城市的最大剩余。

最后,令 $N_P(\delta,u)$ 为 OCP(δ,u) 模型的均衡人口。那么从公式(5.14)可得

$$N_P(\delta,u)\delta=C(u,N_P(\delta,u)) \tag{5.41}$$

因此,从公式(5.34)可得

$$\varphi(\delta,u,N_P(\delta,u))=0 \tag{5.42}$$

在图 5.6 中,这意味着点 b 对应着 OCP(δ,u) 模型的均衡解。如上所述,每当 $u<\tilde{u}(\delta)$

时,点 b 唯一存在。当 $u \geq \tilde{u}(\delta)$ 时,$OCP(\delta,u)$ 模型的均衡人口为零。因此,无论在何种情形下,对于任何 $OCP(\delta,u)$ 模型都存在唯一均衡。若用 Y 代替 δ,其可以被看作对命题 3.4 的证明。

5.5 资源与运输优势

假设一个城市坐落于一个经济型矿场(或一个有利的港口)。该市通过使用单一的投入——劳动——来生产单一的最终产品(或最终产品的复合品)。设 p 是经济体中代表性市场的产出品单位价格,而 t 是产出品由城市运输到市场的单位运输成本,其中,$t < p$。由于生产技术具有规模报酬不变特性,因此城市的总生产函数(以净值计)可以被描述为

$$F(N) = (p-t)aN \tag{5.43}$$

其中,a 代表劳动的边际产量,而 $(p-t)a \equiv \delta$ 代表劳动的边际产品价值。城市企业的总利润 π 等于

$$\pi = (p-t)aN - WN \tag{5.44}$$

其中,W 是城市的工资率。假设城市劳动力市场是完全竞争的,则工资率等于劳动边际产品价值:

$$W = (p-t)a \tag{5.45}$$

其中,每家企业的利润均为零。图 5.7 中的工资线 W 代表了城市劳动力的需求曲线。[14] 也就是说,每增加一单位劳动,企业愿意支付 $(p-t)a$。

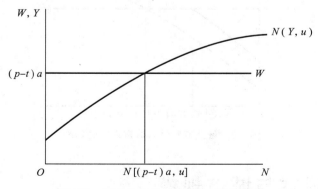

图 5.7 均衡人口 $N[(p-t)a, u]$ 的确定

假设社会效用水平给定为 u,而家庭可以从其他地方自由地流入该城市。进一步假设该城市土地属于在外土地所有者。所以每个城市家庭的收入等于其工资:$Y = W = (p-$

---

[14] 更确切地说,如果我们将 N 视为自变量,则图 5.7 中的工资线 W 代表劳动反需求曲线。

$t)a$。因此,将 $Y=(p-t)a$ 代入 5.4 节的人口供给函数 $N(Y,u)$,城市均衡人口为 $N[(p-t)a,u]$。也就是说,图 5.7 中城市均衡人口是由工资线 W 和人口供给曲线 $N(Y,u)$ 的交点确定的。当然,只有当社会效用水平 u 足够低时,或者等同地,只有当劳动边际产品价值 $(p-t)a$ 足够大时,城市均衡人口才是正数。更确切地说,由性质 5.1(ⅰ)可知,当且仅当 $u<\tilde{u}[(p-t)a]$ 时,有 $N[(p-t)a,u]>0$。

由命题 5.1(ⅰ)和(ⅱ)可知,城市剩余 $\mathscr{S}[(p-t)a,u,N]$ 在 N 等于 $N[(p-t)a,u]$ 时取得最大值,从这个意义上说,城市均衡人口 $N[(p-t)a,u]$ 也是最优的。而从命题 5.1(ⅲ)看,均衡状态下城市剩余等于总级差地租。也就是说,城市的全部剩余被级差地租吸收。从图 5.7 中也可以进一步得证,当满足下列条件时,城市均衡人口会变得更多:

1. 劳动边际产量 a 更大(例如,矿物可以被更经济地开采);
2. 到市场的运输成本 t 更低(例如,从港口城市更容易到达全国或世界主要市场);
3. 产出价格 p 更高;
4. 社会效用水平 u 更低。

最后,假设有两个处于不同位置的城市:$i=1,2$。这两个城市在生产和运输条件方面是相同的,因此,它们具有相同的劳动边际产品价值 $(p-t)a$。然而,就气候等自然便利性而言,城市 1 的位置比城市 2 更优越。这意味着,如图 5.8 所示,给定相同的社会效用水平 u,在家庭收入 Y 下,城市 1 的人口供给 $N_1(Y,u)$ 大于城市 2 的人口供给 $N_2(Y,u)$。[15] 因此,从图 5.8 可以得出如下结论:城市 1(具有更好的自然便利性)具有更多的均衡人口。

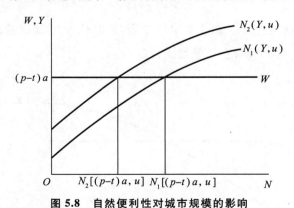

图 5.8 自然便利性对城市规模的影响

5.6 固定成本与城市规模

在本节中,假设城市的形成需要一定数量的固定成本 K。例如,K 可能包括基础公共

---

[15] 实际上,为了从含有舒适性水平参数的效用函数推导出该结果,我们必须假设舒适性 E 可以替代土地消费 s(对于这一点,见假设 6.4)。

设施(如运输和供水系统)的建设成本。随着人口的增加,人均固定成本变低,使城市的形成更具诱惑性。同以前一样,假设所有生产活动都发生在城市中心,城市总生产函数具有由公式(5.33)描述的不变规模报酬特性。[16] 如前所述,产出品的出口价格被假设为外生的,且标准化为1。我们还假设城市中的全部土地都由在外土地所有者拥有。

鉴于这些基本假设,我们可以设想出许多不同类型的城市组织。在5.6.1小节中,我们假设除提供基础公共设施之外,所有事务都由竞争市场决定。在5.6.2小节中,我们表明竞争市场决定的城市规模与利润最大化的开发者选择的城市规模相同。在5.6.3小节中,我们通过效用最大化的社区来考察城市的形成。最后,在5.6.4小节中,我们研究了国家的均衡城市体系,这种体系将通过利润最大化的开发者之间或者效用最大化的社区之间的竞争得到确定。通过上述方法,我们在这四个小节中阐释了一个关于城市体系的入门理论。

5.6.1　市场城市规模

假设市政府承担城市形成的基础固定成本 K,其他事务均由竞争市场自由决定。政府不对城市家庭或企业征税,固定成本 K 最终从在外土地所有者的级差地租中征收。这意味着竞争性劳动力市场将每单位劳动(即每单位家庭)的工资设定为等于劳动的边际产量 δ。由于没有对家庭征税,因此城市中每个家庭的收入 Y 等于其工资 δ:

$$Y = \delta \tag{5.46}$$

由前面的假定可知,家庭可以从全国其他地方自由迁移到城市中,每个家庭都达到(社会)效用水平 u。因此,一旦奠定了城市形成的基础,这里的市场城市模型与OCA(δ, u)模型(在外土地所有者,收入 δ,社会效用 u)下的开放城市模型相同。于是,将 $Y=\delta$ 代入5.4节的人口供给函数 $N(Y,u)$,得到城市的均衡人口为 $N(\delta,u)$。其中,在 $u < \bar{u}(\delta)$ 时,该表达式为正。

城市剩余(在扣除固定成本 K 之前)由公式(5.34)给出。如图5.6所示,我们可以绘制图5.9所示的剩余曲线 $\mathcal{S}(\delta,u,N)$。其中,均衡人口 $N(\delta,u)$ 对应于图中的最大剩余点 a。从公式(5.40)我们还可以看到,在均衡人口 $N(\delta,u)$ 处,剩余等于城市总级差地租。因此,如果总级差地租 TDR(δ,u) 超过固定成本 K,则城市可以通过对在外土地所有者征税的方式为固定成本 K 提供资金。否则,城市形成带来的净剩余(扣除固定成本 K 后)变

---

[16]　在不变规模报酬生产技术的假设下,为合理化生产活动中心集聚假设,我们假设 K 还包括用于生产活动的基础设施,该设施通常建于城市中心。或者,我们可以假设城市的生产活动实际上由许多不同的生产过程组成,它们在区位上相互接近,以节省中间投入品的运输成本;生产函数(5.33)将所有生产过程的净产出描述为总劳动力 N 的函数。

为负数,此时不应进行城市开发。[17]

5.6.2 追求利润最大的城市规模

接下来,假设城市由一个开发者进行开发,该开发者以获得最大利润为目标。开发者以农地租金 R_A 租赁土地用于城市开发,并规划城市的形成。[18] 开发者有两种方法将城市组织起来:一种方法是规划和管理城市形成的各个方面,包括生产活动和住宅配置;另一种对开发者来说更简单的方法是将竞争性市场引入城市。

对于前者,需要注意的是,如果开发者可以确保居住在城市中的工人(即家庭)能够获得社会效用 u,那么其就可以吸引尽可能多的工人(即家庭)。假设开发者选择人口规模为 N。那么,开发者的最优住宅配置问题可以用 $HS(\delta, u, N)$ 模型来表示,而城市开发的最大剩余可由公式(5.34)给出。因此,扣除固定成本 K,城市开发的净利润 Π 等于

$$\Pi = \mathscr{S}(\delta, u, N) - K \\ = \delta N - C(u, N) - K \tag{5.47}$$

最终,开发者将选择人口 N 以最大化净利润 Π。然而,由于 K 是常数,Π 的最大化等于剩余 $\varphi(\delta, u, N)$ 的最大化。因此,给定图 5.9 中的剩余曲线 $\mathscr{S}(\delta, u, N)$,开发者将选择对应于该曲线上最高点 a 的人口。这再次意味着,利润最大化开发者的最优人口等于 $OCA(\delta, u)$ 模型的均衡人口 $N(\delta, u)$。与前面的分析类似,只有当最大剩余 $\mathscr{S}(\delta, u, N(\delta, u))$ 超过固定成本 K 时,开发者才会对城市进行开发。

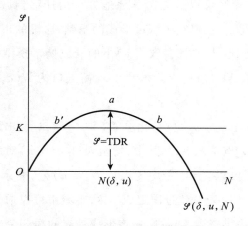

图 5.9 剩余曲线 $\mathscr{S}(\delta, u, N)$ 和固定成本 K

---

[17] 根据定义(5.35),$\mathscr{S}(\delta, u, N(\delta, u))$ 代表在城市最优组织下可以实现的最大剩余。因此,如果 $\mathscr{S}(\delta, u, N(\delta, u)) < K$,则没有其他税收制度(如所得税或利润税)可以为固定成本 K 融资。

[18] 这里隐含地假设:(a)生产函数(5.33)和固定成本 K 与区位无关;(b)我们研究的城市面积与全国农业用地总量相比,可以忽略不计。因此,城市可以在任何地方发展,并且开发者可以以农地租金 R_A 租赁城市土地。

然而,在实践中,如果开发者规划和管理城市形成的每个方面,那将涉及过多的行动。幸运的是,正如已经提出的那样,前文的结论表明,开发者可以用另一种更简单的方法来实现最优城市。也就是说,假设开发者以农业用地租金 R_A 为城市租用土地,并为城市形成奠定了基础(由固定成本 K 表示),然后,其他一切事务都可以由竞争市场自由决定。特别地,城市土地将以竞争性市场租金转租给城市居民。此时,该市场经济城市模型与 5.6.1 小节中的模型一致,最优城市(即利润最大化的城市)将在均衡中实现。从公式(5.40)还可以看出,城市发展的剩余体现在总级差地租 $TDR(\delta, u)$ 中,因此,由公式(5.47)可进一步得到城市发展的净利润为

$$\Pi = TDR(\delta, u) - K \tag{5.48}$$

我们可以将上述讨论总结如下:

命题 5.2 在具有固定成本 K 的城市模型背景下,当社会效用等于 u 时,

(ⅰ)利润最大化开发者的最优人口等于 $OCA(\delta, u)$ 模型的均衡人口 $N(\delta, u)$;

(ⅱ)城市发展的净利润为 $\Pi = TDR(\delta, u) - K$;

(ⅲ)只有当 $TDR(\delta, u) \geq K$ 时,城市才会被真正开发。

5.6.3 效用最大化城市规模

下面通过效用最大化社区来分析城市的发展。也就是说,假设一定数量的家庭组成社区(或俱乐部)并对城市进行开发。社区(即在城市中)中的所有家庭都享有相同的效用水平,在满足预算约束的情况下,社区的目标是最大化其效用水平。

同前文一样,仍然假设社区可以以农地租金 R_A 的价格从在外土地所有者那里租用城市土地;假设社区选择一定的人口规模 N。此时,如果社区希望获得效用 u,则其剩余(扣除固定成本 K 之前)与前面的讨论一样由公式(5.34)给出。因此,考虑到固定成本 K,社区的预算约束可以表示为

$$\mathscr{G}(\delta, u, N) \equiv \delta N - C(u, N) \geq K \tag{5.49}$$

现在,社区的问题是在满足上述约束的情形下,通过适当地选择人口 N 来实现最大的共同效用。我们可以用绘制图形的方式考察该社区问题,如图 5.10 所示。该图绘制了一组与水平的固定成本线 K 相交的剩余曲线。为了满足预算约束(5.49),剩余曲线必须通过固定成本线 K 上方的区域。由于剩余曲线在 u 上升时向下移动,故当相应的剩余曲线从下方与固定成本线 K 相切时,社区实现最大效用。因此,在图 5.10 中,$\hat{u}$ 代表了社区可获得的最大效用。社区的最优人口是对应于剩余曲线 $\mathscr{G}(\delta, \hat{u}, N)$ 最高点的人口。于是,设定 $Y = \delta$ 和 $u = \hat{u}$,则从命题 5.1(ⅰ)可得出,社区的最优人口等于 $N(\delta, \hat{u})$,这也是 $OCA(\delta, \hat{u})$ 模型的均衡人口。由于剩余曲线 $\mathscr{G}(\delta, \hat{u}, N)$ 与固定成本线 K 在最优人口 $N(\delta,$

$\hat{u}$)处相切,故最大剩余等于固定成本:

$$\mathscr{S}(\delta,\hat{u},N) = K \quad \text{当 } N = N(\delta,\hat{u}) \text{ 时} \tag{5.50}$$

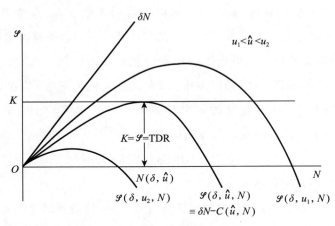

图 5.10 社区的问题

假设社会效用等于 u,那么,只有当 $\hat{u} \geq u$ 时,该社区才可能存在;否则,没有家庭会愿意进入社区。但是,当 $\hat{u} \geq u$(尤其是 $\hat{u} > u$)时,社区必须是"封闭"的,以便维持家庭的最优数量 $N(\delta,\hat{u})$。由此不难发现,在确定了最优人口 $N(\delta,\hat{u})$ 后,就可以通过以下竞争市场机制实现社区内的最优分配。

假设 $N(\delta,\hat{u})$ 个家庭同意组建社区并建立社区政府。(社区)政府以农地租金 R_A 的价格从在外土地所有者那里租赁城市土地,并为城市形成奠定了基础,用固定成本 K 表示。这里,政府的唯一作用是保持城市"封闭"并让其他一切由竞争性市场决定。其中,竞争性劳动力市场将调整每个家庭的工资以便其等于边际产量 δ。由于不对家庭征税,故每个家庭的收入等于 δ。需要注意,在给定家庭收入 δ 的情况下,正在研究的竞争性住宅市场与 CCA$(\delta,N(\delta,\hat{u}))$ 模型[即家庭收入为 δ 和人口为 $N(\delta,\hat{u})$ 的在外土地所有者封闭城市模型]一致。从命题 3.5(ⅰ)可知,CCA$(\delta,N(\delta,\hat{u}))$ 模型的解在数学上与 OCA$(\delta,\hat{u})$ 模型的解一致。[19] 而从命题 5.1(ⅱ)可知,OCA$(\delta,\hat{u})$ 模型的解与 HS$(\delta,\hat{u},N(\delta,\hat{u}))$ 模型的解一致。根据定义,该 HS 模型代表了社区的最优住宅配置。因此,我们可以得出结论,即社区内的最优配置将在上述竞争市场体系的均衡中实现。

令 TDR(δ,N) 为 CCA(δ,N) 模型均衡时的总级差地租,那么,由于 CCA$(\delta,N(\delta,\hat{u}))$ 模型的解与 OCA$(\delta,\hat{u})$ 模型的解一致,回顾命题 5.1(ⅲ),我们可以得出结论,即在最优人口 $N = N(\delta,\hat{u})$ 处,社区的剩余等于社区的总级差地租:

$$\mathscr{S}(\delta,\hat{u},N) = \text{TDR}(\delta,N) \quad \text{当 } N = N(\delta,\hat{u}) \text{ 时} \tag{5.51}$$

---

[19] 需要注意的是,这只是一个数学上的巧合。由于 $\hat{u} \geq u$,因此 OCA$(\delta,\hat{u})$ 模型无法在实践中实施。

因此，从公式（5.50）和公式（5.51）我们可以得出结论，即在最优人口 $N(\delta,\hat{u})$ 处，社区的总级差地租等于固定成本 K：

$$\text{TDR}(\delta, N) = K \quad \text{当 } N = N(\delta, \hat{u}) \text{ 时} \tag{5.52}$$

如果固定成本 K 被认为代表的是政府对公共品的支出，则关系式（5.52）代表了公共财政文献中人们熟悉的结论，其被称为亨利·乔治定理或地方公共财政的黄金律。也就是说，在一个规模最优的城市中，对级差地租征收的补偿性税收本身就足以为当地的公共品供给提供资金。[20]

最后，从图 5.10 还可以看出，在任何给定的固定成本 $K>0$ 下，最大效用 $\hat{u}$ 和最优人口 $N(\delta,\hat{u})$ 可以唯一地确定。[21] 设 $\hat{u}(K)$ 为社区中固定成本等于 K 时的最大效用，则在图 5.10 中，由于剩余曲线 $\mathscr{G}(\delta,u,N)$ 随着 u 的增加而向下移动，我们可以推断出 $\hat{u}(K)$ 是 K 的减函数：

$$\frac{d\hat{u}(K)}{dK} < 0 \tag{5.53}$$

当 u 超过最高效用水平 $\tilde{u}(\delta)$ 时，对于任何 N，有 $\mathscr{G}(\delta,u,N) \leq 0$。这意味着给定任何 $K>0$，$\hat{u}(K)$ 低于 $\tilde{u}(\delta)$：

$$-\infty < \hat{u}(K) < \tilde{u}(\delta) \tag{5.54}$$

从性质 5.1（ⅱ）可知，$N(\delta,\hat{u})$ 关于 u 递减。因此，最优人口 $N(\delta,\hat{u}(K))$ 关于 K 递增：

$$\frac{\partial N(\delta,\hat{u}(K))}{\partial K} = \left(\frac{\partial N(\delta,u)}{\partial u}\bigg|_{u=\hat{u}(K)}\right)\frac{d\hat{u}(K)}{dK} > 0 \tag{5.55}$$

从图 5.10 中还可以进一步得出

$$N(\delta,\hat{u}(K)) \to 0 \quad \text{当 } K \to 0 \text{ 时} \tag{5.56}$$

综上所述，本小节的内容可总结如下：

命题 5.3 在具有固定成本 K 的城市模型下，令效用最大化社区可以实现的最大效用为 $\hat{u}$，则

（ⅰ）在任何 $K>0$ 下，$\hat{u}$ 存在且唯一，并且 $-\infty < \hat{u} < \tilde{u}(\delta)$；

（ⅱ）当社区人口等于 $\text{OCA}(\delta,\hat{u})$ 模型的均衡人口 $N(\delta,\hat{u})$ 时，可以获得最大效用 $\hat{u}$；

（ⅲ）（最优）社区的最优住宅配置与 $\text{CCA}(\delta,N(\delta,\hat{u}))$ 模型的均衡解一致；

（ⅳ）在均衡状态下，$\text{CCA}(\delta,N(\delta,\hat{u}))$ 模型的 TDR 等于固定成本 K。

---

[20] 关于亨利·乔治定理，请参阅 Flatters、Henderson 和 Mieszkowski（1974）、Stiglitz（1977）、Arnott（1979），以及 Wildasin（1986b）。请注意，虽然这些文献只强调最优城市规模的情况，但我们可以从命题 5.2（ⅲ）看出，亨利·乔治定理适用于任何可行的城市。也就是说，只有在 $\text{TDR}(\delta,u) \geq K$ 时，城市才会被真正开发。

[21] 利用性质 5.5，以数学方式显示此结果并不困难。

5.6.4 城市体系

本小节将讨论城市体系,该体系将通过效用最大化的社区之间或利润最大化的开发者之间的竞争形成。假定国民经济由城市部门和农村部门组成,其中,城市部门的特点是城市数量众多,农村部门的特点是人口稀少。为简单起见,假设城市部门的总人口外生给定,用 M 表示。由于国民经济与世界经济密切相关,因此城市部门的产出价格和农村部门的产出价格都被认为是外生给定不变的。同前文一样,城市部门的产出价格标准化为1。

在任意区域,城市总生产函数都相同,用公式(5.33)表示。同前文一样,假设城市的形成需要一定数量的固定成本 K。由于国家拥有足够的土地,因此每个社区或开发者都可以农业土地租金 R_A 从土地所有者那里租用土地用于城市发展。

效用最大化的社区之间的竞争推动了城市体系的形成,具体过程如下:设 $\hat{u}$ 为社区可达到的最大共同效用,这已在5.6.3小节中确定。正如我们在该部分看到的,每个社区的最佳人口等于 $N(\delta,\hat{u})$。因此,全部城市的均衡数量由下式给出

$$M/N(\delta,\hat{u}) \tag{5.57}$$

在上面的讨论中,每个城市家庭都达到了效用水平 $\hat{u}$。同时,假设总人口 M 是如此之大,以至于公式(5.57)所确定的城市数量可以被看作是连续的。需要注意的是,无论通过组建哪种规模的社区,都没有一组家庭可以达到比 $\hat{u}$ 更高的共同效用水平。由于在上文的城市体系中,每个家庭都获得了最大效用 $\hat{u}$,因此我们称之为最优城市体系。[22]

现在让我们考虑一下由利润最大化的开发者之间的竞争产生的城市体系。假设没有开发者能够形成一个以上的城市。由于每个城市的规模与国民经济相比都很小,故而每个开发者都将社会效用水平看作给定的常数。正如我们在5.6.2小节中看到的那样,给定社会效用水平 $\hat{u}$,每个开发者的毛利润都等于公式(5.34)给出的剩余 $\mathscr{G}(\delta,u,N)$,如图5.9所示。[23] 如果该剩余曲线通过固定成本线 K 以上的区域,则开发者可以通过选择

---

[22] 在这个最优的城市体系中,在外土地所有者不会收取级差地租。我们也可以很容易地看到,因为在每个社区中预算是平衡的(即 TDR = K),所以没有一组土地所有者或家庭之间的联盟,可以在保持家庭最大共同效用的同时,得到正的级差地租。用博弈论的术语,这意味着最优的城市体系属于正在研究的城市的"核"。回想一下,当没有一个群体中的个人可以通过不同的联盟改善其状况时,则处于"核"配置中。因为在"核"配置中,没有个人的福利可以增加,所以"核"始终是帕累托最优的(即有效的)。

[23] 假设城市开发者的净利润不属于城市居民(例如,利润属于在外土地所有者),则除了开发者提供的收入,每个城市居民都没有其他收入。这意味着给定社会效用 u,所有人口成本 $C(u,N)$ 都必须由每个城市的开发者承担。因此,每个开发者的总利润等于公式(5.34)给出的剩余 $\mathscr{G}(\delta,u,N)$。或者,我们可以假设开发者的净利润在全国所有 M 个家庭中平均分配。在这种情况下,让我们进一步假设,每个城市与整个经济相比都是如此之小,以至于从某种意义上说,城市开发者的行为对居民获得的补贴的影响可以忽略不计。因此,每个开发者都会将其对居民的补贴水平(以及社会效用水平)视为给定的。那么,由于在均衡时每个开发者的净利润均为零(如下面所示),补贴在均衡时也为零,因此,在这两种情况下我们都获得了相同的均衡城市体系(下面将对此进行解释)。

最优人口规模 $N(\delta,u)$ 来获得正利润。这意味着会有无数的开发者希望形成（无限数量的）城市，而对人口的总需求超过全国人口 M。相反，如果剩余曲线 $\mathscr{S}(\delta,u,N)$ 位于图 5.9 中固定成本线 K 以下的区域，则开发者形成任何规模的城市时都会获得负利润。因此，没有城市将被开发，人口的总需求变为零。故我们可以推断出，如果 u^* 是与均衡城市体系相关的效用水平，则相应的剩余曲线 $\mathscr{S}(\delta,u^*,N)$ 必须从下方与固定成本线 K 相切。从图 5.10 可以看出，这意味着均衡效用水平 u^* 等于最高效用水平 $\hat{u}$。给定 $\hat{u}$ 作为社会效用水平，每个开发者通过选择最佳人口规模 $N(\delta,\hat{u})$ 获得的净利润为零。如前所述，均衡的城市数量也可由公式（5.57）给出。[24] 这意味着均衡城市体系与最优城市体系一致。

正如我们在 5.6.2 小节中看到的那样，给定社会效用 $\hat{u}$，每个开发者都可以通过以下开放城市模型，使城市获得最大化利润。也就是说，给定城市形成所需要的固定成本 K 后，开发者可以通过竞争市场决定其他资源配置。特别地，这意味着每个家庭获得的收入都等于其边际产量 δ，并且城市土地（最初以农地租金 R_A 租用）以竞争性市场租金转租给城市居民。令 $\text{TDR}(\delta,u)$ 为城市均衡时的总级差地租。由于均衡时净利润 Π 为零，因此由命题 5.2（ii）可以得出

$$\text{TDR}(\delta,\hat{u}) = K$$

上述公式表明，亨利·乔治定理在均衡城市体系中的每个城市都成立。

从公式（5.55）和公式（5.57）我们还可以推断出，均衡和最优城市体系中城市数量随着 K 的减少和 M 的增加而增加。本小节的内容总结如下：

命题 5.4 在具有固定成本 K 的城市模型下，可以得出如下结论：

（ⅰ）均衡城市体系（由利润最大化的开发者之间的竞争产生）与最优城市体系（由一系列效用最大化的社区组成）相同；

（ⅱ）在任何固定成本 $K>0$ 且全国人口 $M>0$ 的组合下，均衡/最优城市体系存在且唯一；

（ⅲ）在均衡/最优城市体系的每个城市中，总级差地租等于固定成本 K；

（ⅳ）均衡/最优城市体系中的城市数量随着固定成本 K 的减少和总人口 M 的增加而增加。

---

[24] 当城市数量由公式（5.57）确定时，它并不总为整数。考虑到这一点，更合适的说法是，u^* 和 n^*（一个整数）处于均衡，当且仅当存在 u' 时，

$$n^* N(\delta,u^*) = M, \mathscr{S}(\delta,u^*,N(\delta,u^*)) \geq K$$
$$(n^*+1)N(\delta,u') = M, \mathscr{S}(\delta,u',N(\delta,u')) < K$$

也就是说，n^* 是与非负利润相对应的最大城市数量。不难看出，给定任何 $M>0$，这样的 (u^*,n^*,u') 存在且唯一，我们用 $(u^*(M),n^*(M),u'(M))$ 来表示。我们还可以看到，$u^*(M) \leq \hat{u} < u'(M), 0 \leq (M/N(\delta,u')) - n^*(M) \leq 1$，$\lim_{M \to \infty} u^*(M) = \hat{u}, \lim_{M \to \infty}[(M/N(\delta,u')) - n^*(M)]/n^*(M) = 0$。因此，假设 M 足够大，我们可以安全地用公式（5.57）代表均衡城市数量，用 $\hat{u}$ 代表均衡效用水平。

5.7 规模经济与城市规模

在本节中,作为城市形成的一个替代原因,我们引入生产中的规模经济。[25] 假设城市总生产函数 $F(N)$ 具有以下特征:

$$F(0)=0 \tag{5.58}$$

$$F(N)>0 \quad \forall N>0 \tag{5.59}$$

$$F'(N) \gtreqqless F(N)/N \quad 当 N \gtreqqless N_a 时 \tag{5.60}$$

其中,$F'(N)=dF(N)/dN$ 代表劳动的边际产量,N_a 是一个正的常数。[26] 图 5.11(a) 给出了一个生产函数的例子,它满足公式(5.58)—(5.60)的所有条件。[27] 由于 N 小于(等于或大于)N_a,因此条件(5.60)意味着劳动的边际产量大于(等于或小于)劳动的平均产量,具体如图 5.11(b)所示。在 N_a 处,劳动的边际产量等于劳动的平均产量。在 0 到 N_a 之间,规模经济大于规模不经济,而一旦 N 超过 N_a,则规模不经济大于规模经济。我们将 0 到 N_a 之间的区间称为(规模报酬)递增阶段,将超过 N_a 的区间称为(规模报酬)递减阶段。为了将本节与上一节区分开来,我们在此假设城市的形成不涉及任何固定成本(即 $K=0$)。

继续通过效用最大化社区讨论一个城市的形成。除上述关于城市生产函数和固定成本的假设外,其他背景与 5.6.3 小节中的相同。特别是,假设城市产品的出口价格是外生给定的,并且标准化为 1,城市土地以农地租金 R_A 从在外土地所有者那里租得,则社区的预算约束可以表示为

$$F(N)-C(u,N) \geq 0 \tag{5.61}$$

其中,$C(u,N)$ 代表由公式(5.20)定义的人口成本函数。社区的问题是,在预算约束下,通过选择人口 N 来实现最大的共同效用:

$$\max_{N>0} u \quad \text{s.t.} \quad F(N)-C(u,N) \geq 0 \tag{5.62}$$

对于上述问题,必须限制 N 严格为正。否则,由于 $F(0)-C(u,0)=0$ 对于任何 u 都成立,因此社区可以通过选择零人口来实现无限大的效用,但是人口为零的社区实际上不再是一个社区。

---

[25] 在本节中,我们并不关注生产的规模经济形成的原因。如果规模经济形成于单个企业生产过程的规模报酬递增,则本节的模型代表所谓的工业小镇模型。如果规模经济形成于许多企业之间的外部性,则当前的模型对应一个(马歇尔)外部经济模型。由于本节仅涉及最优城市体系,因此我们不需要区分这两个模型。在第 8 章,我们将在外部经济模型下考察均衡城市体系。

[26] 我们可以允许 $N_a=\infty$ 的情形。在这种情形下,我们必须引入一个额外的约束使得 $\sup_N F(N)/N<\infty$。那就不难看出,即使在这种情形下,本节的所有结论仍然成立。

[27] 图 5.11 所示的 S 形生产函数确实满足公式(5.58)—(5.60)的所有条件。但请注意,公式(5.58)—(5.60)不要求生产函数总是为 S 形。

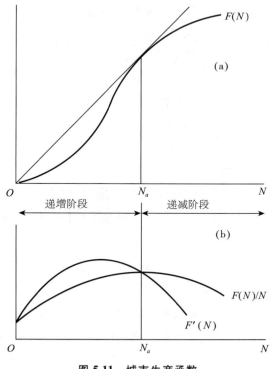

图 5.11 城市生产函数

下面我们可以再次以图形的方式考察社区的问题,具体如图 5.12 所示。在该图中,一组人口成本曲线叠加在城市生产曲线 $F(N)$ 上;最优社区规模为 $\hat{N}$,在此处人口成本曲线 $C(\hat{u}, N)$ 从上方与城市生产曲线 $F(N)$ 相切。为了满足预算约束,人口成本曲线必须在人口取正值时与城市生产曲线具有公共点。与此同时,社区将最大化其共同效用。需要注意的是,在图 5.12 中,效用会随着人口成本曲线的向左移动而增大。因此,在人口规模达到 $\hat{N}$ 时,人口成本曲线从上方与城市生产曲线相切,此时社区将获得最大效用 $\hat{u}$。

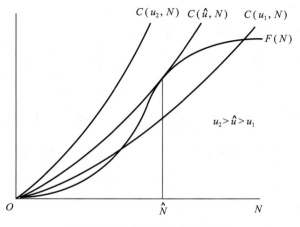

图 5.12 最优社区规模的确定

两条曲线 $F(N)$ 和 $C(\hat{u}, N)$ 在点 $\hat{N}$ 处相切意味着

$$F(N) = C(\hat{u}, N)$$
$$F'(N) = \frac{\partial C(\hat{u}, N)}{\partial N} \quad \text{当 } N = \hat{N} \text{ 时} \tag{5.63}$$

同时,曲线 $C(\hat{u}, N)$ 的严格凸性意味着在任何 $N>0$ 处,边际成本超过平均成本:

$$\frac{\partial C(\hat{u}, N)}{\partial N} > \frac{C(\hat{u}, N)}{N} \tag{5.64}$$

从以上两个条件可以得出

$$F'(N) > F(N)/N \quad \text{当 } N = \hat{N} \text{ 时} \tag{5.65}$$

也就是说,在最优城市(或社区)规模下,劳动的边际产量超过劳动的平均产量。由公式(5.60)可知,这意味着

$$\hat{N} < N_a \tag{5.66}$$

因此,我们可以得出以下结论:

性质 5.7 效用最大化社区的最优城市规模出现在规模收益递增的阶段。

需要注意的是,尽管最大效用 $\hat{u}$ 根据定义是唯一的,但可能存在多个最优城市规模。例如,在图 5.13 的情形下,两条曲线 $C(\hat{u}, N)$ 和 $F(N)$ 在一个区间上重叠,此时最优城市规模存在无限多的解。相反,在图 5.14 的情形下,曲线 $C(\hat{u}, N)$ 和 $F(N)$ 在原点处相切,此时不存在最优城市规模。在这种情形下,对于任何 $u<\hat{u}$,存在点 N' 满足曲线 $F(N)$ 在 $(0, N')$ 范围内占优于曲线 $C(u, N)$。因此,u 不是社区可获得的最大效用。同时,由于两条曲线 $F(N)$ 和 $C(\hat{u}, N)$ 只在原点上有一个公共点,所以在任何正的 N 上都无法获得 $\hat{u}$。因此,社区的问题(5.62)不存在有效解。下一个性质描述了最优城市规模存在的必要和充分条件。

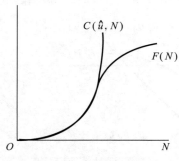

图 5.13 城市规模的无穷多解

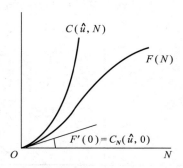

图 5.14 不存在最优城市规模

性质 5.8 当且仅当 u' 和 $N'>0$ 使下式成立时,社区的问题(5.62)存在有效解:

$$F(N') = C(u', N') \quad F(N) \leq C(u', N) \quad \forall N \in [0, N'] \tag{5.67}$$

由于问题(5.62)的任何解 $(\hat{u}, \hat{N})$ 都满足性质 5.8 给出的条件,因此很容易确定条件

(5.67)是上述问题的必要条件。对于充分性,请参见附录 C.11。条件(5.67)意味着城市生产函数是强 S 形的。也就是说,当城市规模较小时,劳动的边际产量非常小,但随着城市规模的扩大,劳动的边际产量急剧增加。[28]

令 M 为城市部门的总人口,$(\hat{u}, \hat{N})$ 为社区问题(5.62)的解。那么,对于人口为 $\hat{N}$ 的 $M/\hat{N}$ 个城市,城市部门的所有家庭都可以达到最大的共同效用 $\hat{u}$[29],同前文一样,我们称之为最优城市体系。当问题(5.62)的解不止一个时,我们可以设想出许多不同的最优城市体系,但是在任何这样的体系中,社区获得的最大共同效用都是相同的。

接下来,让我们考虑一个竞争方案,通过该方案能实现最优城市体系。回顾前一节,在生产规模报酬不变的情况下,如果每个开发者向家庭支付劳动的边际产量,则开发者之间的竞争将导致最优的城市体系。然而,在目前的情况下,劳动的边际产量并不是恒定的,所以开发者不知道预先支付多少给家庭。通过回顾性质 5.7,如果 $\hat{N}$ 是最优城市规模,则它将处于上升阶段。如果开发者向家庭支付劳动边际产量 $F'(N)$,则从生产活动得到的利润 $F(\hat{N}) - \hat{N} F'(\hat{N})$ 将变为负值。如果开发者试图从生产活动中获得最大利润,他们就无法以劳动的边际产量向家庭支付工资。然而,福利经济学告诉我们,工资等于劳动边际产量是实现任何社会最优的必要条件。也就是说,如果开发者通过选择工资,最大化生产活动利润与城市总级差地租之和,那么开发者之间的竞争将导致最优的城市体系。

下面将做进一步的说明。假设每个开发者能够以农地租金 R_A 租用城市土地。假设在租用城市土地后,开发者采用以下竞争方案来管理城市:

1. 每个城市家庭获得工资 W。
2. 土地以竞争性市场租金转租给居民。
3. 城市与其他地区之间的迁移是无成本的。

我们将该方案称为工资为 W 的开放城市方案。需要注意的是,如果其他地区的家庭效用水平等于 u,那么该方案的环境恰好与 OCA(W, u) 模型一致(家庭收入为 W 和社会效用为 u 的在外土地所有者的开放城市模型)。[30] 因此,城市均衡人口等于 $N(W, u)$,这是 OCA(W, u) 模型的均衡人口。于是,城市发展的剩余等于

$$\mathscr{S} \equiv F(N(W, u)) - N(W, u) W + \text{TDR}(W, u) \tag{5.68}$$

其中,TDR(W, u) 代表 OCA(W, u) 模型均衡时城市的总级差地租。如果我们进一步将生产利润定义为

---

[28] 由于在 u 为任何数的情形下[性质 5.6(i)]$C_N(u, 0)$ 均为正数,因此性质 5.8 表明,如果 $F'(0) = 0$,社区的问题(5.62)总有解。

[29] 同样,我们在这里假设 M 是如此之大,以至于城市数量可以被安全地视为连续的。

[30] 同样,我们在这里假设 M 是如此之大,以至于城市数量可以被安全地视为连续的。

$$\pi(N,W) = F(N) - NW \tag{5.69}$$

那么有

$$\mathscr{S} = \pi(N(W,u),W) + \text{TDR}(W,u) \tag{5.70}$$

也就是说,在开放城市方案下,城市发展的剩余等于城市生产利润和总级差地租的总和。因此,给定社会效用水平 u,开发者的问题(在开放城市方案下)是选择工资 W,以最大化生产利润和总级差地租的总和:

$$\max_W \pi(N(W,u),W) + \text{TDR}(W,u) \tag{5.71}$$

进一步假设每个开发者都采用上述的开放城市方案。同时,假设开发者能够自由进入和退出,则在均衡状态下每个开发者的剩余必定为零。因此,如果 u^* 是均衡的社会效用水平,那么下式必须在每个城市都成立:

$$\max_W \{\pi(N(W,u^*),W) + \text{TDR}(W,u^*)\} = 0 \tag{5.72}$$

另一个均衡条件,即城市部门的人口约束,可以一般性地表示为[31]

$$\text{来自所有城市的总人口} = M \tag{5.73}$$

当每个城市的零剩余条件(5.72)成立,并且人口约束(5.73)作为一个整体被满足时,我们就说这个城市体系处于均衡状态。

需要注意的是,由于条件(5.72)的最大化问题可能具有多个最优工资 W,所以在均衡城市体系中,不需要所有城市的规模都相同。这也表明可能存在一个以上的均衡城市体系。然而,我们可以证明,每个均衡的城市体系都是最优的城市体系。

要想看到这一点,请回顾一下,当社会效用等于 u 并且开发者采用工资为 W 的开放城市方案时,城市的均衡配置与 $\text{OCA}(W,u)$ 模型的解一致。因此,在条件(5.12)中,将 N 设定为等于 $N(W,u)$,并且 Y 等于 W,以下关系在城市中成立:

$$N(W,u)W = C(u,N(W,u)) + \text{TDR}(W,u)$$

因此,回顾公式(5.68)和(5.70),我们有

$$\mathscr{S} = \pi(N(W,u),W) + \text{TDR}(W,u) = F(N(W,u)) - C(u,N(W,u)) \tag{5.74}$$

于是,开发者的问题(5.71)在数学上与以下问题相同[32]:

$$\max_W F(N(W,u)) - C(u,N(W,u)) \tag{5.75}$$

接下来,回忆性质 5.1,在任何给定的社会效用 u 下,随着 W 从零增加到无穷大,人口

---

[31] 如果每个城市的最优工资相同,并用 W^* 表示,则人口约束(5.73)可简单表述为 $n^* N(W^*,u^*) = M$,其中,n^* 是均衡城市数量。但是,最大化问题(5.72)的解并不总是唯一的。因此,我们保持这一般的表达式。

[32] 请注意,表达式(5.71)和(5.75)具有非常不同的经济含义。在表达式(5.75)中,为了解人口成本函数 $C(u,N)$ 的形式,开发者除了了解其他信息,还必须知道家庭的效用函数,并对其最小化问题(5.20)进行较为复杂的计算。相对地,在表达式(5.71)中,利润函数 $\pi(N,W)$ 的计算较简单,仅通过(在将工资 W 设定为不同水平时)观察土地市场,开发者就可以知道总级差地租 $\text{TDR}(W,u)$ 的值。

供给函数 $N(W,u)$ 的值也从零连续增加到无穷大,故而问题(5.75)在数学上等同于以下问题③:

$$\max_N F(N) - C(u, N) \tag{5.76}$$

简而言之,我们可以得出

$$\begin{aligned}
\max_W &\pi(N(W,u), W) + \text{TDR}(W, u) \\
&= \max_W F(N(W,u)) - C(u, N(W,u)) \\
&= \max_N F(N) - C(u, N)
\end{aligned} \tag{5.77}$$

也就是说,对于每个开发者来说,采用开放城市方案并选择最优工资率 W 相当于直接选择最优人口 N,以便最大化其剩余。现在假设 u^* 是均衡城市体系下的社会效用水平,并假设 W^* 是社会效用 u^* 下的最优工资,$N(W^*, u^*)$ 是相应的最优城市规模,其中,$N(W^*, u^*)$ 被假定为正。那么,从条件(5.72)和公式(5.77)可知,必然有

$$\begin{aligned}
0 &= F(N(W^*, u^*)) - C(u^*, N(W^*, u^*)) \\
&= \max_N F(N) - C(u^*, N)
\end{aligned} \tag{5.78}$$

这意味着

$$\begin{aligned}
C(u^*, N) &\geq F(N) \quad \forall N \geq 0 \\
C(u^*, N) &= F(N) \quad \text{当 } N = N(W^*, u^*) > 0 \text{ 时}
\end{aligned} \tag{5.79}$$

就图 5.12 而言,这意味着在 $N = N(W^*, u^*)$ 时,人口成本曲线 $C(u^*, N)$ 从上方与生产曲线 $F(N)$ 相切。由此可知,u^* 必须等于最大效用 $\hat{u}$,并且 $N(W^*, u^*)$ 必须是效用最大化社区的最优城市规模。因此,我们可以推断出,每个均衡城市体系必然是一个最优城市体系。同理,不难看出,任何最优城市体系都与一个均衡的城市体系相吻合。然后,由于条件(5.67)确保了最优城市体系的存在,因此,均衡城市体系的存在也得到保证。

条件(5.72)意味着,如果 W^* 是一个均衡城市体系中的最优工资,那么

$$\text{TDR}(W^*, u^*) = -\pi(N(W^*, u^*), W^*) \tag{5.80}$$

也就是说,在均衡城市体系的每个城市中,生产运营的损失恰好足以由总级差地租抵补。接下来,根据 5.4 节中人口供给-收入函数 $Y(u, N)$ 的定义,$Y(u^*, N(W^*, u^*)) = W^*$ 同样成立。因此,从公式(5.25)可得

$$W^* = \frac{\partial C(u^*, N)}{\partial N} \quad \text{当 } N = N(W^*, u^*) \text{ 时} \tag{5.81}$$

然后,因为关系式(5.79)意味着两条曲线 $C(u^*, N)$ 和 $F(N)$ 在 $N = N(W^*, u^*)$ 处相

---

③ 见本章注释㉜。此外,在自由迁移条件下,开发者尚不清楚如何通过求解问题(5.76)确定最优人口。

切,所以也可得

$$W^* = \frac{dF(N)}{dN} \quad 当 N = N(W^*, u^*) 时 \qquad (5.82)$$

这进一步表明,在均衡城市体系的每个城市中,工资等于边际人口成本和劳动的边际产量是任何社会最优配置的先决条件。从图形上看,关系式(5.79)—(5.82)可以由图 5.15 表示。其中,$u^* = \hat{u}, N^* \equiv N(W^*, u^*), \pi^* \equiv \pi(N^*, W^*)$ 和 $\text{TDR}^* \equiv \text{TDR}(W^*, u^*)$。

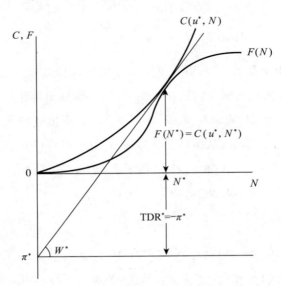

图 5.15 均衡城市体系中 N^* 和其他变量间的关系

本小节的内容总结如下:

命题 5.5 在生产具有规模经济的城市模型下,有

(ⅰ)每个均衡城市体系(由利润最大化的开发者之间的竞争产生)是一个最优城市体系(由一系列效用最大化的社区组成),反之亦然;

(ⅱ)在公式(5.67)的条件下,至少存在一个均衡/最优城市体系;

(ⅲ)在一个均衡/最优城市体系的每个城市中,总级差地租恰好足以抵补生产活动的损失,且工资等于边际人口成本和劳动的边际产量。

5.8 结论

在本章中,我们研究了城市总量之间的关系。由于没有涉及外部性,因此住宅用地市场的竞争性均衡是社会有效的。这导致在均衡城市和最优城市中,城市总量之间均保持着简单关系。我们还考察了不同背景下的均衡和最优城市规模,这是通过集聚的技术优势与通勤距离增加的劣势之间的权衡来确定的。

有两点需要注意：首先，我们还没有考虑城市总量之间和城市规模上的外部效应。这将在本书第 2 部分完成。其次，我们先验地假设城市总是采用单中心模式。然而，在实践中，情况并非总是如此。根据环境的不同，城市可能有多种不同的模式。但是，为了同时确定城市模式和城市规模，我们必须通过生产活动明确考虑土地利用。这一扩展将在我们计划的第二本书中实现。

书目备注

在本章写作的过程中，我们在很大程度上借鉴了 Arnott(1979)、Kanemoto(1980，第 2 章)、Schweizer(1983)、Koide(1985)等文献。在最优城市模型下，Arnott(1979)研究了多种情形，包括公共品和拥挤的情形下城市总量之间的关系。Mills(1972b，第 1 章)、Mills 和 Hamilton(1984)以及 Kanemoto(1980，第 2 章)讨论了城市形成的原因。Henderson(1977,1986,1987)、Arnott(1979)、Kanemoto(1980)、Schweizer(1983,1985,1986)、Koide(1985)以及 Abdel-Rahman(出版中)等研究了城市和城市体系。我们对有关固定成本城市的讨论(5.6 节)是 Schweizer(1983)的空间版本，明确考虑了家庭土地利用。在 5.7 节讨论具有生产的规模经济的城市时，实现城市最优体系的竞争过程是由 Kanemoto(1980，第 2 章)提出的。尽管 Kanemoto 的讨论基于均衡和最优的一阶条件，我们的分析却基于全局条件[见公式(5.71)、(5.75)和(5.76)]。这是因为，由于生产集的非凸性，一阶条件不足以确定最佳城市。关于城市数量的离散处理，请参见 Schweizer(1985,1986)。有关具有多种商品和多种城市类型的城市体系的研究，请参见 Henderson(1982,1986)以及 Abdel-Rahman(出版中)。

第 2 部分

存在外部性的扩展模型

第6章　地方公共品
第7章　邻里外部性与交通拥堵
第8章　外部经济、产品多样性与城市规模

第 6 章 地方公共品

6.1 引言

从本章开始,我们将介绍各种城市外部性,并扩展本书第 1 部分的基本理论。首先,我们将介绍公共品,并讨论如何在城市间或城市内实现公共品的有效供给。

简而言之,公共品是指主要以外部性形式实现收益的产品,因此它们被大量个体共同消费。在考虑有效提供这类产品的分散管理机制时,我们发现它们的空间特征是至关重要的。因此,如图 6.1 所示,在本章中我们将重点关注公共品的空间维度,并对其进行分类。[①] 如果公共品的服务水平在一个国家内几乎是不变的,那么我们称之为国家产品(national goods)(例如,国防)。相反,如果公共品的福利局限于一个城市(一个社区)内,并且它的服务水平在一个城市(一个社区)内是不变的,那么我们称之为城市产品(city goods,也即社区产品:neighborhood goods)。[1]② 如果公共品的福利局限于一个城市内,但在城市的各个社区之间有所不同,那么我们称之为超级社区产品(例如,一个大型的绿色公园或博物馆)。总体来说,城市、社区和超级社区产品都被称为地方公共品。③

---

① 为构建本章的理论,公共品就是这样分类的。当然,在实践中,有许多介于两者之间的公共品。例如,有一类超级城市产品(如州际公路)。然而,在理论上这些产品在国民经济中的作用与城市经济中的超级社区产品是相同的。

[1] 在本章中,neighborhood goods 被直译为邻里产品,而此处 neighborhood 所表达的意思为包含多个街区的一个区域。因此,此处我们将其引译为社区产品。——译者注

② 在本章中,街区被认为是有效住宅开发的最小空间单元。在实践中,我们可以考虑用一个社区来代表几个城市街区。

③ 在文献的标准术语中,这些地方公共品属于非纯公共品的范畴。回顾一下,纯公共品(或萨缪尔森的公共品)是指被社会的所有成员集体消费(社会被含蓄地假设为一个国家)的产品。它的消费是非竞争性的,即"每个人对这种产品的消费不会导致其他任何人对这种产品的消费减少"(Samuelson,1954)。它的特点是非排他性的,因为一旦产品被提供,则几乎不可能将任何个人排除在此类产品的消费之外。因此,当提供一种纯公共品时,每个人都会消费相同的数量,不存在拥挤问题。在本章中,我们同时关注了非拥挤性(纯)地方公共品和拥挤性地方公共品。

```
                        超级社区产品
                     ┌ ─ ─ ─ ─ ─┐
    国家产品 ──── 城市产品 ────  社区产品
```

图 6.1　公共品的分类

正如 Samuelson(1954) 所指出的,在分散管理的市场机制下极难实现国家产品的有效提供。这是因为一旦提供,(国内的)每个人都会消耗相同数量的国家产品。因此,一个"理性"的人会隐藏自己的偏好,以掩饰其在提供公共品成本中所需支付的份额。这种困境通常被称为搭便车问题。[④]

但是,在地方公共品方面,情况比较乐观。Tiebout(1956) 提出了一个巧妙的想法,即人们可以将社区之间的竞争,作为实现当地公共品有效供给的工具(就像企业之间为有效提供商品而进行的竞争)。也就是说,如果我们假设居民可以在社区之间无成本地流动,那么每个居民都会选择最符合自己偏好的社区。因此,如果每个社区都通过提供一揽子公共品来争夺居民,那么社区之间的这种竞争和个人的"用脚投票"可能会导致当地公共品的有效供给。这一思想引发了一个丰富的领域,即地方公共品经济学的发展。在本章,我们将通过简单的例子,来研究地方公共品有效供给的基本原则。由于我们重点关注这一问题的空间维度,因此本章的讨论仅限于同质家庭的情况。针对地方公共品的问题,我们还假设每个城市的总生产函数都具有规模收益不变特性。[⑤]

然而,在开始讨论地方公共品之前,在 6.2 节,我们通过引入一般形式的外部性来扩展住宅选择的基础模型(第 2 章),并发展了住宅选择的外部性模型。这种准备使我们能够以统一的方式进行本书第 2 部分的分析。

然后,在 6.3 节,我们从一个不包含拥挤性的简单的纯城市产品例子开始。每个家庭不仅可以自由选择城市,还可以自由选择城市内的区位(或社区)。因此,在均衡状态下,在任意城市区位上,每个家庭都应该获得相同的效用水平。城市家庭对区位的竞争,使其有意愿在土地市场上反馈其从城市产品中获得的收益。特别是,如果一个国家有大量的城市,那么家庭均衡效用水平将独立于城市产品供给的边际变化。因此,城市产品供给变化的边际收益完全反映在该城市的总地租变化上。所以,如果每个城市开发者(或市政府)都表现为效用接受者,并以最大化总级差地租与提供城市产品成本之差为目标,那么这些开发者之间的竞争将导致城市产品的有效供给。

在 6.4 节,我们介绍了城市产品供给的拥挤性。也就是说,每个家庭从城市产品供应中获得的收益取决于城市人口规模。此时,当家庭迁入一个城市时,所有现有的家庭都将受到城市产品拥挤程度提高带来的边际影响。因此,城市开发者需要对每个家庭征收

[④]　有关搭便车问题的讨论,可参见,例如,Cornes 和 Sandler(1986)。

[⑤]　在更一般化的情况下对该问题的讨论,请参见 6.7 节中的总结。

拥挤税。如果城市开发者的目标是将总级差地租和拥挤税的和减去城市产品成本后的差额最大化，那么这些开发者之间的竞争将促进城市产品的有效供给。

对于超级社区产品的供给，开发者将面临更复杂的情况。由于超级社区产品被多个社区的居民共同消费，所以我们不能将城市划分成许多区域——在这些区域中，超级社区产品的福利是自给自足的。换句话说，如果城市被划分成大量的区域，那么区域间的超级社区产品就会产生溢出效应。这导致难以设计一种分散管理机制来有效地提供超级社区产品。我们将在 6.6 节中研究这个问题。

最后，在 6.7 节中，我们在更一般的情况下讨论同一主题（即本地公共品的有效供给），包括不同类型的家庭和规模报酬递增的生产函数。

6.2 初步分析：住宅选择的外部性模型

在第 2 章的基础模型(2.1)中，假设家庭的效用函数与区位无关。这意味着城市内所有区位的居住环境都是同质的。在本部分中，我们引入环境设施的区位特征变量，并用 $U(z,s,E(x))$ 表示一个家庭的效用函数。与往常一样，z 表示复合商品的数量，s 表示房屋面积，$E(x)$ 表示在区位 x 处的环境质量水平。[⑥] 通常，$E(x)$ 可以是一个向量，每个分量表示一种特定的环境舒适特征。然而，在接下来的每一次讨论中，我们都只考虑一种环境舒适特征。因此，除非另有说明，否则，$E(x)$ 是单个数字。此外，本部分还把 $E(x)$ 看作自然环境和人造环境的空间变化。然而，为了讨论后者，在整个第 2 部分，我们假设城市各区位的自然环境是同质的，并认为 $E(x)$ 的空间变化是由经济主体或公共品所引起的外部性造成的。

基于这些考虑，基础模型(2.1)可表述为

$$\max_{x,z,s} U(z,s,E(x)) \quad \text{s.t.} \quad z+R(x)s = Y^0 - G(x) - T(x) \tag{6.1}$$

其中，Y^0 表示家庭的税前收入，$G(x)$ 表示在区位 x 处平均每个家庭的一次性征税总额，其他符号与公式(2.1)相同。我们引入 $G(x)$ 是因为，事实证明，在存在外部性的情况下实现有效配置，可能需要征收与区位相关的矫正税。我们称公式(6.1)为住宅选择的外部性模型。

为不失一般性，假设在区位 x 处，$E(x)$ 的值总是正的，而且是有限的。此外，假设效用随着 E 的增加而增大：

$$\partial U(z,s,E)/\partial E > 0 \tag{6.2}$$

[⑥] 在均衡或最优配置中，环境设施的分布可能与 CBD 不对称。因此，我们不用 r 标记距离（到 CBD 的距离），而是用一个通用的位置标记符号 x 来标记，其中，位置坐标的原点与 CBD 重合。

我们还假设所有的商品 z、s 和 E 均大于零[如果 z、s 或 E 中任意一个为 0,那么 $U(z, s, E) = -\infty$]。在假设 2.1—2.3 下,我们进一步引入以下假设。

假设 6.1(良好性状的效用函数)   效用函数在 $z>0$、$s>0$ 和 $E>0$ 处是连续且递增的,并满足以下条件:

(ⅰ)在每个固定值 $E>0$ 下,z-s 空间中的所有无差异曲线都是严格凸且平滑的,与坐标轴不相交。

(ⅱ)给定任意的 $z>0$ 和 $s>0$,有

$$\lim_{E \to 0} U(z, s, E) = -\infty \tag{6.3}$$

$$\lim_{E \to \infty} \partial Z(s, u, E)/\partial E = 0 \tag{6.4}$$

其中,$Z(s, u, E)$ 是 $U(z, s, E) = u$ 关于 z 的解。⑦

假设 6.2(递增的运输成本) $T(x) = T(|x|)$,且 $T(|x|)$ 是 $|x|$ 的增函数,其中,$|x|$ 表示每个区位 x 到 CBD 的距离⑧,且有 $0 < T(0) < Y^0$ 和 $T(\infty) = \infty$。

假设 6.3(土地的正常品属性)   在每个固定值 $E>0$ 下,马歇尔土地需求的收入效应为正。

需要注意的是,给定 u,函数 $Z(\cdot, u, \cdot)$ 表示在 z-s-E 空间中无差异曲面的方程。公式(6.4)意味着在 E 趋于无穷时 E 的边际贡献(用复合商品 z 来衡量)最终会接近于零。另外,假设 6.1 和 6.3 意味着 E 中每个值都满足假设 2.1 和 2.3。在第 2 部分的分析中,假设 6.1—6.3 始终成立。在接下来的讨论中,外部性模型(6.1)都将采用特定的形式。

接下来,基于模型(6.1),重新定义竞价租金和最大竞价土地面积函数。我们将开始采用索洛的形式,因为它在定义上是更加基本的。为此,效用最大化问题为,给定 E、R(土地租金)和 I(净收入)的组合,

$$\max_{z, s} U(z, s, E) \quad \text{s.t.} \quad z + Rs = I \tag{6.5}$$

(索洛的)竞价租金函数可以定义为

$$\psi(I, u, E) = \max_{s} \frac{I - Z(s, u, E)}{s} \tag{6.6}$$

其中,$Z(s, u, E)$ 是 $U(z, s, E) = u$ 关于 z 的解。根据定义,$\psi(I, u, E)$ 表示最高地租(单位土地),即在存在外部性 E 及家庭效用为 u 的情况下,净收入为 I 的家庭可以支付的价格。进一步定义最大化问题(6.6)的最优土地面积为 $s(I, u, E)$,其被称为(索洛的)最大

---

⑦ 通常,当涉及微分计算时,我们隐含地假设效用函数在每个组成部分中是连续可微的。

⑧ 这里的符号不是很精确:$T(x)$ 是位置 x 的函数,而 $T(|x|)$ 是距离 $|x|$ 的函数。因此,最好使用不同的函数表示法。然而,在实践中,这不会在下面的讨论中造成混淆。

竞价土地面积函数。⑨ 如图 6.2 所示，竞价租金 $\psi(I,u,E)$ 由预算线的斜率给出，预算线与无差异曲线 $u=U(z,s,E)$ 相切，切点决定了最大竞价土地面积 $s(I,u,E)$。

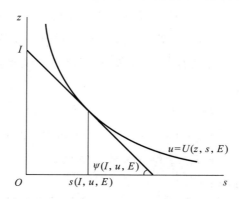

图 6.2　竞价租金 $\psi(I,u,E)$ 和最大竞价土地面积 $s(I,u,E)$

同样，在模型(6.1)中，阿隆索形式的竞价租金函数可以定义为

$$\Psi(x,u) = \max_s \frac{Y^0 - G(x) - T(x) - Z(s,u,E(x))}{s} \tag{6.7}$$

通过求解定义(6.7)的最大化问题，我们可以得到最优土地面积 $S(x,u)$，其被称为（阿隆索的）最大竞价土地面积。从定义(6.6)和(6.7)可以得到下列等式：

$$\Psi(x,u) \equiv \psi(Y^0 - G(x) - T(x), u, E(x)) \tag{6.8}$$

$$S(x,u) \equiv s(Y^0 - G(x) - T(x), u, E(x)) \tag{6.9}$$

例 6.1　考虑下面的对数线性效用函数：

$$U(z,s,E) = \alpha \log z + \beta \log s + \gamma \log E \tag{6.10}$$

其中，α、β 和 γ 是正的常数，且 $\alpha + \beta = 1$。我们可以很容易地证明，该效用函数满足假设 6.1 和 6.3 的所有条件。由于 $Z(s,u,E) = s^{-\beta/\alpha} E^{-\gamma/\alpha} e^{u/\alpha}$，从公式(6.6)我们可以得到

$$\psi(I,u,E) = \alpha^{\alpha/\beta} \beta I^{1/\beta} E^{\gamma/\beta} e^{-u/\beta} \tag{6.11}$$

$$s(I,u,E) = \beta I / \psi(I,u,E) = \alpha^{-\alpha/\beta} I^{-\alpha/\beta} E^{-\gamma/\beta} e^{u/\beta} \tag{6.12}$$

因此，从公式(6.8)和(6.9)我们可以得到

$$\Psi(x,u) = \alpha^{\alpha/\beta} \beta (Y^0 - G(x) - T(x))^{1/\beta} E(x)^{\gamma/\beta} e^{-u/\beta} \tag{6.13}$$

$$S(x,u) = \alpha^{-\alpha/\beta} (Y^0 - G(x) - T(x))^{-\alpha/\beta} E(x)^{-\gamma/\beta} e^{u/\beta} \tag{6.14}$$

接下来，为了便于描述竞价租金和最大竞价土地面积函数，我们推导了第 2 章和第 3 章中的几个恒等式。设 $\hat{s}(R,I,E)$ 为马歇尔土地需求，代表效用最大化问题(6.5)的最优土地面积。同理，与由图 2.2 推导出公式(3.5)的方法类似，可以从图 6.2 推导出如下

---

⑨　和前面一样，当公式(6.6)的最大化问题没有解时，我们定义 $\psi(I,u,E)=0$ 和 $s(I,u,E)=\infty$。这同样适用于公式(6.7)的最大化问题。

等式：

$$s(I,u,E) \equiv \hat{s}(\psi(I,u,E),I,E) \tag{6.15}$$

根据公式(6.9)和(6.15)，我们也可以得到如下等式：

$$S(x,u) \equiv \hat{s}(\psi(Y^0-G(x)-T(x),u,E(x)),Y^0-G(x)-T(x),E(x)) \tag{6.16}$$

接下来，设 $\tilde{s}(R,I,E)$ 为希克斯土地需求，将其定义为最小化支出问题的最优土地面积：

$$\min_{z,s} z+Rs=I \quad \text{s.t.} \quad U(z,s,E)=u \tag{6.17}$$

再次采用由图2.2推导出公式(3.5)的方法，我们可以从图6.2得到如下等式：

$$s(I,u,E) \equiv \tilde{s}(\psi(I,u,E),u,E) \tag{6.18}$$

从公式(6.9)和(6.18)可知

$$S(x,u) \equiv \tilde{s}(\psi(Y^0-G(x)-T(x),u,E(x)),u,E(x)) \tag{6.19}$$

关于参数 I 和 u，索洛函数 ψ 和 s 的性质与性质3.1相同。也就是说，$\partial U/\partial z>0$ 意味着 $\partial Z/\partial u>0$，利用包络定理求解公式(6.6)，我们可以得到

$$\frac{\partial \psi}{\partial I}=\frac{1}{s}>0, \quad \frac{\partial \psi}{\partial u}=-\frac{1}{s}\frac{\partial Z}{\partial u}<0 \tag{6.20}$$

因此，使用等式(6.15)和(6.18)，我们可以得到⑩

$$\frac{\partial s}{\partial I}=\frac{\partial \tilde{s}}{\partial R}\frac{\partial \psi}{\partial I}<0, \quad \frac{\partial s}{\partial u}=\frac{\partial \hat{s}}{\partial R}\frac{\partial \psi}{\partial u}>0 \tag{6.21}$$

至于阿隆索函数 Ψ 和 S，从公式(6.8)和(6.9)可以得出⑪

$$\frac{\partial \Psi}{\partial u}=\frac{\partial \psi}{\partial u}<0, \quad \frac{\partial S}{\partial u}=\frac{\partial s}{\partial u}>0 \tag{6.22}$$

需要注意的是，由于 z 和 E 的边际效用分别为正，则有

$$\partial Z(s,u,E)/\partial E<0 \tag{6.23}$$

这意味着在更优的环境中，可以通过消费更少的复合商品获得相同的效用。根据公式(6.6)和(6.23)，我们可以得到

$$\frac{\partial \psi}{\partial E}=-\frac{1}{s}\frac{\partial Z}{\partial E}>0 \tag{6.24}$$

也就是说，竞价租金随着环境质量水平的提高而提高，具体如图6.3所示。公式(6.23)表明无差异曲线随着 E 的增加而向下移动。因此，在图6.3中，较低的无差异曲线对应着较好的环境。因此，如图6.3所示，在更好的环境下，家庭可以竞价更高的地租。然而，E 对

---

⑩ 回想一下，$\partial \tilde{s}/\partial R$ 总是负的，由假设6.3可知，$\partial \hat{s}/\partial R$ 是负的。

⑪ 为了检查阿隆索函数 Ψ 和 S 与参数 x 有关的属性，我们需要给定函数 $E(x)$、$G(x)$ 和 $T(x)$ 的特征，在后文的讨论中都会这样做。

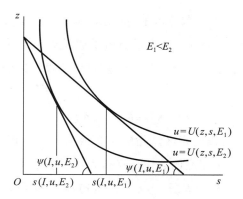

图 6.3 E 对 ψ 和 s 的影响

最大竞价土地面积的影响方向不能仅凭先验考虑来确定。[12] 根据经验,可给出如下假设:

假设 6.4(土地与环境的可替代性) 最大竞价土地面积 $s(I,u,E)$ 是 E 的减函数:$\partial s(I,u,E)/\partial E<0$。

该假设意味着,为了维持一个固定的效用水平,在环境更优越的区位上,居民消费的土地面积也更小。该假设对于下面的分析至关重要。不难看出,大多数常见的效用函数(包括例 6.1 中的对数线性效用函数)都满足这个假设。

6.3 纯城市产品

在本节中,我们考虑一个纯城市产品的有效供给问题,该产品由城市所有居民共同消费,不考虑拥挤效应。下面将通过扩展 5.6 节的固定成本模型来展开分析。除了假设 K 是固定常数,我们保留了固定成本模型的所有基本假设。这里,我们用 K 表示提供纯城市产品的成本,其是由市政府或城市开发者选择的政策变量。[13]

假设每个城市都是单中心的,其总生产函数由公式(5.33)给出。[14] 为不失一般性,用

---

[12] 根据图 6.3,我们有 $s(I,u,E_1)>s(I,u,E_2)$。然而,如果没有一些额外的假设,这个结果并不总是正确的。由恒等式(6.15)和(6.18)可知

$$\frac{\partial s}{\partial E}=\frac{\partial \hat{s}}{\partial R}\frac{\partial \psi}{\partial E}+\frac{\partial \hat{s}}{\partial E}=\frac{\partial \tilde{s}}{\partial R}\frac{\partial \psi}{\partial E}+\frac{\partial \tilde{s}}{\partial E}$$

因为由公式(6.24)可知 $\partial \psi/\partial E$ 为正,所以负的 $\partial s/\partial E$ 的一个充分条件是假设 $\partial \hat{s}/\partial R<0$(即土地是非吉芬商品)以及 $\partial \hat{s}/\partial E \leqslant 0$。或者,因为 $\partial \tilde{s}/\partial R$ 总是负的,所以如果我们假设 $\partial \tilde{s}/\partial E \leqslant 0$,那么 $\partial s/\partial E$ 就是负的。然而,这两者都不是必要条件。因此,我们直接引入假设 6.4。

[13] 我们可以用 K 来表示各种城市产品的成本向量。在当前的单一类型家庭环境中,其结果不会有本质上的差异,因此我们保持模型的简单性。

[14] 对于更一般的生产函数,请参见 6.7 节。

K 表示纯城市产品的供给成本和服务水平,即用成本来衡量城市产品的服务水平。假设城市的环境质量是 K 的函数,用 $E(K)$ 表示。由于假设城市产品由所有城市居民共同消费,因此 $E(K)$ 与城市中的区位无关。进一步地,可以假设城市的环境质量水平是 K 的增函数:

$$dE(K)/dK \equiv E'(K) > 0 \tag{6.25}$$

在外部性模型(6.1)中,我们将区位指标 x 替换为 r(到 CBD 的距离),将 $E(x)$ 替换为 $E(K)$。那么,给定 K,每个家庭的居住选择行为可以表示为

$$\max_{r,z,s} U(z,s,E(K)) \quad \text{s.t.} \quad z + R(r)s = Y^0 - G(r) - T(r) \tag{6.26}$$

为了强调公共品的重要性,假设 K 是不可或缺的:

$$U(z,s,E(K=0)) = -\infty \tag{6.27}$$

接下来,如公式(5.20)所示,在给定 K 的情形下人口成本函数 $C(u,N,K)$ 可以被定义为

$$C(u,N,K) \equiv \min_{r_f,n(r),s(r)} \int_0^{r_f} [T(r) + Z(s(r),u,E(K)) + R_A s(r)] n(r) dr$$

$$\text{s.t.} \quad s(r)n(r) \leq L(r) \quad \text{对于每个 } r \leq r_f$$

$$\int_0^{r_f} n(r) dr = N \tag{6.28}$$

上式代表在给定 K 时,所有家庭 N 实现共同效用 u 需要支付的最低居住成本。其中,$C(u,N,K)$ 不包括城市产品 K 的成本。此外,从公式(5.34)可以看出,给定 u、N、K 和 δ(劳动的边际和平均产出),城市发展的最大(总)剩余可以表示为

$$\mathscr{S}(\delta,u,N,K) \equiv \delta N - C(u,N,K) \tag{6.29}$$

基于上述基本框架,我们首先探讨利润最大化的开发者(或剩余最大化的地方政府)之间的竞争如何影响城市体系的形成,随后将研究效用最大化的社区之间的竞争如何影响城市体系的形成。上述两类分析结果相同,且都是有效的。

6.3.1 利润最大化的开发者与城市体系

首先利用以获取最大化利润为目标的开发者(也就是剩余最大化的市政府)来检验城市最优模式。开发者把社会效用水平 u 作为给定参数,最优地选择城市人口 N 和城市产品的服务水平 K,以最大化城市发展的净利润(即净剩余):

$$\max_{N \geq 0, K \geq 0} \Pi \equiv \mathscr{S}(\delta,u,N,K) - K \tag{6.30}$$

我们可以分两步来解决这个开发者的问题。第一步,开发者可以在每个固定的 K 下选择最优人口 N。第二步,开发者可以选择城市产品的最优服务水平 K。

第一步中开发者的问题可以表述如下：

在 $K \geq 0$ 时，

$$\max_{N \geq 0} \mathcal{S}(\delta, u, N, K) \equiv \delta N - C(u, N, K) \tag{6.31}$$

由于 K 是固定的，所以这个问题与 5.6.2 小节中的问题类似。因此，我们可以发现开发者的问题能够通过一个简单的分散管理机制来解决。也就是说，假设开发者以农地租金 R_A 向在外土地所有者租用土地，其他决策由竞争市场自由决定。特别地，城市家庭将获得工资 δ（劳动边际产出），不缴纳税收 $[G(r) = 0]$，城市土地将以竞争性市场租金转租给居民，城市间可以自由迁移。那么，我们可以得出结论：城市利润最大化（给定 K 下）将在均衡状态下实现。更准确地说，给定 K，上述开放城市模式与 OCA(δ, u) 模型（在外土地所有者开放城市模型，其中，收入为 δ，国家效用为 u，城市产品供给规模为 K）相同，我们用 OCA(δ, u, K) 来表示。因此，从命题 5.1（ⅰ）可以得出结论，即给定任意 K，当 N 等于 OCA(δ, u, K) 模型的均衡人口 $N(\delta, u, K)$ 时，剩余 $\mathcal{S}(\delta, u, N, K)$ 达到最大化；从命题 5.1（ⅲ）可以得出结论，即当土地市场处于均衡状态时，（总）剩余等于总级差地租：

$$\mathcal{S}(\delta, u, N(\delta, u, K), K) = \text{TDR}(\delta, u, K) \tag{6.32}$$

其中，TDR(δ, u, K) 代表均衡状态下 OCA(δ, u, K) 模型的总级差地租。由于关系式（6.32）在 K 的任何水平下都成立，因此，这意味着城市产品的收益完全体现在级差地租上。这是因为城市是开放的，居民效用在社会水平上保持不变。城市发展的净利润可表示为

$$\begin{aligned} \Pi &= \mathcal{S}(\delta, u, N(\delta, u, K), K) - K \\ &= \text{TDR}(\delta, u, K) - K \end{aligned} \tag{6.33}$$

OCA(δ, u, K) 模型的均衡人口 $N(\delta, u, K)$ 可计算如下：令 ψ 为竞价租金函数，s 为 6.2 节中的最大竞价土地面积函数。如关系式（3.27）所示，我们能由以下关系式定义最高效用水平 $\tilde{u}(\delta, K)$：

$$\psi(\delta - T(0), \tilde{u}(\delta, K), E(K)) = R_A \tag{6.34}$$

如果 $u \geq \tilde{u}(\delta, K)$，则没有家庭会迁入城市，$N(\delta, u, K) = 0$。如果 $u < \tilde{u}(\delta, K)$，则均衡人口可以表示为

$$N(\delta, u, K) = \int_0^{r_f(\delta, u, K)} \frac{L(r)}{s(\delta - T(r), u, E(K))} dr \tag{6.35}$$

其中，城市边缘距离 $r_f \equiv r_f(\delta, u, K)$ 由边界条件确定：

$$\psi(\delta - T(r_f), u, E(K)) = R_A \tag{6.36}$$

给定 δ、u 和 K，使得 $u < \tilde{u}(\delta, K)$，剩余曲线 $\mathcal{S}(\delta, u, N, K)$ 可以参照图 5.9 进行类似的描述。由命题 5.1（ⅰ）可知，剩余曲线 $\mathcal{S}(\delta, u, N, K)$ 在均衡人口 $N(\delta, u, K)$ 处达到最大值。

城市产品的供给水平 K 的变动将导致城市人口 $N(\delta,u,K)$ 和净收益 Π 变化。因此，在第二步中，开发者可以选择 K，以使净收益达到最大化[15]：

$$\max_{K \geq 0} \Pi \equiv \mathcal{S}(\delta,u,N(\delta,u,K),K) - K \tag{6.37}$$

我们可以用图形的方式解决这个问题。在图 6.4 中，45 度线 K 表示城市产品的供给成本线。给定社会效用水平 u，剩余曲线 $\mathcal{S}(\delta,u,N(\delta,u,K),K)$ 可以如图 6.4 所示[16]。净剩余 $\Pi = \mathcal{S} - K$ 在 $K(u)$ 处达到最大，此时 $\mathcal{S}$ 与 K 的垂直差最大[17]。这就意味着，在最优的 $K(u)$ 处，$\mathcal{S}$ 曲线和 K 直线有相同的斜率：

$$d\mathcal{S}(\delta,u,N(\delta,u,K),K)/dK = 1 \quad 对于 K = K(u) \tag{6.38}$$

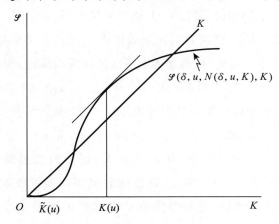

图 6.4　给定 u 时最优 K 的界定

换句话说，城市产品的边际收益等于其边际成本 $(\equiv 1)$。利用关系式 (6.32)，我们可以将公式 (6.38) 重写为[18]

---

[15] 对于开发者来说，这种净利润最大化的行为是被普遍接受的。当城市由市政府管理时，假设城市产品成本 K 通过没收一部分 TDR 来支付，在外土地所有者之间分配的净级差地租等于 $TDR - K = \mathcal{S}(\delta,u,N(\delta,u,K),K) - K$ [由公式 (6.33) 可知]，则我们可以认为，城市政府的净剩余最大化行为是在外土地所有者政治压力的结果。或者，我们可以简单地假设，净剩余的最大化是宪法赋予每个城市政府的职责。

[16] 令 $\tilde{K}(u)$ $(\equiv \bar{K}(\delta,u))$ 是 $\tilde{u}(\delta,K) = u$ 对于 K 的解，那么由假设 6.1 可知，对于所有的 $u > -\infty$，有 $\tilde{K}(u) > 0$。因为 $\tilde{u}(\delta,K)$ 是 K 的增函数，$\tilde{K}(u)$ 是 u 的增函数，并且对于所有的 $K \leq \tilde{K}(u)$，有 $N(\delta,u,K) = 0$，因此，当所有的 $K \leq \tilde{K}(u)$ 时，有 $\mathcal{S}(\delta,u,N(\delta,u,K),K) = 0$，如图 6.4 所示。当 $N = N(\delta,u,K)$ 时，有 $d\mathcal{S}/dK = (\partial\mathcal{S}/\partial N)(\partial N/\partial K) + \partial\varphi/\partial K = 0 + \partial\mathcal{S}/\partial K$。当 $N = N(\delta,u,K)$ 时，有 $d\mathcal{S}(\delta,u,N(\delta,u,K),K)/dK = -\partial C(u,N,K)/\partial K$。从公式 (6.2) 和 (6.25) 可知 $\partial C/\partial K < 0$，因而有 $d\mathcal{S}/dK > 0$。因此，$\mathcal{S}$ $(\equiv TDR)$ 曲线随着 K 的增加而增加。

[17] 如图 6.4 所示，对于 S 形的 $\mathcal{S}$ 曲线，存在唯一的最优 $K(u)$ [注意，当 $K = \tilde{K}(u)$ 时，有 $d\mathcal{S}/dK = 0$，因而 $\mathcal{S}$ 曲线不能全部凹]。然而，情形并非总是如此。如果我们假设当 $K > \tilde{K}(u)$ 时，有 $\partial Z(s,u,E(K))/\partial K = 0$，其中，$\tilde{K}(u)$ 是 u 的某个正函数，那么最优 K 的存在就是确定的。在下面的讨论中，我们简单地假设最优 $K(u)$ 存在且唯一。

[18] 根据定义，$TDR = \int_0^{r_f} \{\max_s [(\delta - T(r) - Z(s,u,E(K)))/s] - R_A \} L(r) dr$，其中，$r_f \equiv r_f(\delta,u,K)$，利用包络定理，用 TDR 对 K 求导，根据定义 (6.6) 和 (6.36)，我们可得到公式 (6.39) 的左边。

$$\int_0^{r_f(\delta,u,K)} -\frac{\partial Z(s(r),u,E(K))}{\partial K} n(r) dr = 1 \tag{6.39}$$

这是最优公共品供给的萨缪尔森条件的空间版本：所有城市家庭的边际收益之和（用替代率 $-\partial Z/\partial K$ 来衡量）必须等于公共品的边际成本。

尽管直接实现萨缪尔森条件(6.39)需要大量的信息，但是在开放城市模型的当前环境中，开发者（或市政府）的工作变得更简单。根据公式(6.32)，第二步中开发者的问题(6.37)可以重述如下：

$$\max_{K \geq 0} \Pi = \mathrm{TDR}(\delta,u,K) - K \tag{6.40}$$

也就是说，由于城市产品的全部效益都体现在级差地租上，因此所有开发者需要做的就是选择 K 以最大化土地净收益 $\mathrm{TDR}-K$。为此，开发者要遵循下面的决策规则[19]：

$$\begin{Bmatrix} 提高 \\ 降低 \end{Bmatrix} K \quad 当 \frac{\partial \mathrm{TDR}}{\partial K} \begin{Bmatrix} >1 \\ <1 \end{Bmatrix} 时 \tag{6.41}$$

需要注意的是，如果 TDR 在最优 $K(u)$ 处小于 K，则城市构建的净收益为负，因此不应该进行城市开发。

接下来，我们分析由利润最大化的开发者（或剩余最大化的地方政府）之间的竞争所形成的城市体系。我们保留5.6.4小节的基本假设。特别是，国家由 M 个相同的（城市）家庭组成。无论城市在国家中的哪个地方被开发，城市总生产函数都是相同的，与公式(5.33)类似。

我们可以用图解的方式描述均衡城市体系。首先，给定一个适当的 u，相应的剩余曲线 $\mathscr{S}(\delta,u,N(\delta,u,K),K)$ 如图6.4所示。[20] 剩余曲线将随着 u 的增加（减少）而下降（上升）。[21] 因此，通过适当改变 u，我们可以得到一组剩余曲线，如图6.5所示。如果剩余曲线通过城市产品成本线 K 的上方区域，那么，开发者可以通过选择 K 获得正的净收益 $\Pi(=\mathscr{S}-K)$。这将激励新的开发者进入，因此，现有的城市体系无法达到均衡。[22] 如果剩余曲线完全位于 K 线的下方，则开发者的净收益为负。因此，没有一个城市将会被开发，对人口的总需求为零。由此，我们可以得出结论：与均衡城市体系相对应的剩余曲线必须从下方与 K 线相切。在图6.5中，u^* 为均衡效用水平，$K(u^*)$ 为城市产品的最优供

---

[19] 这给出了一个仅适用于最优点附近的局部决策规则。

[20] 第5章注释㉓也适用于此。

[21] 因为 $\mathscr{S}$ 在 $N(\delta,u,K)$ 处达到最大，因此有 $d\mathscr{S}(\delta,u,N(\delta,u,K),K)/du = \partial\mathscr{S}/\partial u + (\partial\mathscr{S}/\partial N)(\partial N/\partial u) = \partial\mathscr{S}/\partial u = -\partial C/\partial u < 0$。

[22] 在开发者为利润最大化而展开竞争的背景下，将正利润环境看作形成新城市的假设是很容易被接受的。在剩余最大化的城市政府中，这种假设可能不那么令人信服。然而，如果没有这一假设，均衡的城市体系就无法唯一确定。

给水平。[23] 因此,在均衡城市体系中,每个城市的人口等于 $N=(\delta,u^*,K(u^*))$,国家的城市总数由下式给出[24]:

$$M/N(\delta,u^*,K(u^*)) \tag{6.42}$$

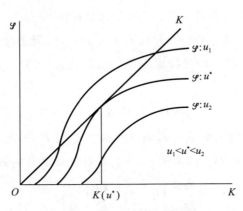

图 6.5 城市均衡系统中最优的 K

最后,从图 6.5 可以看出,在均衡城市体系中,每个城市的剩余都等于城市产品成本:

$$\mathscr{S}(\delta,u^*,N(\delta,u^*,K(u^*)),K(u^*))=K(u^*) \tag{6.43}$$

由于关系式(6.32)在任意(u,K)下均成立,因此,对于均衡城市体系的每个城市,都有

$$\mathscr{S}=\text{TDR}=K \tag{6.44}$$

这意味着亨利·乔治定理适用于每个城市。

6.3.2 效用最大化的社区和城市体系

接下来,假设一定数量的家庭组成一个社区(或俱乐部),并发展成一个城市。社区以农业地租 R_A 向在外土地所有者租用土地。社区(即城市)内的所有家庭都获得相同的效用水平。那么,如公式(5.49)所示,社区的预算约束可以表示为

$$\mathscr{S}(\delta,u,N,K) \equiv \delta N - C(u,N,K) \geqslant K \tag{6.45}$$

社区的问题是,在满足预算约束的情况下,选择其人口 N 和公共服务供给规模 K,使

---

[23] 为了便于讨论,我们假设最优 $K(u^*)$ 是唯一的。如果我们引入一个合理的条件[除了假设 6.1—6.4 和条件 (6.25)],则可以确保存在均衡效用水平 u^*(存在时是唯一的)。需要注意的是,鉴于任何 $K>0$,随着 u 从 $\bar{u}(\delta,K)$ 减少到 $-\infty$,$\mathscr{S}(\delta,u,N(\delta,u,K),K)$ 的值从 0 不断增加到 ∞。因此,如本章注释[17],假设对于所有的 $K \geqslant \bar{K}(u)$,$\partial Z(s,u,E(K))/\partial K=0[\bar{K}(u)$ 是关于 u 的某一正的函数],存在均衡效用水平 u^*,此时,剩余曲线 $\mathscr{S}(\delta,u^*,N(\delta,u^*,K),K)$ 从下方与 K 线相切。

[24] 我们通常假设总人口数 M 非常大,其由公式(6.42)确定,且是一个连续的数。

共同效用水平最大化[25]：

$$\max_{N>0, K\geq 0} u \quad \text{s.t.} \quad \mathscr{G}(\delta, u, N, K) \geq K \tag{6.46}$$

假设 $(\hat{u}, \hat{N}, \hat{K})$ 是社区问题的一个解，其中，根据定义，$\hat{N}>0$，根据假设(6.27)，$\hat{K}>0$。那么，由于命题5.3在任意的 $K>0$ 下成立，因此我们可以得出结论，即根据命题5.3（ii），社区的最优人口数量 $\hat{N}$ 等于 $\text{OCA}(\delta, \hat{u}, \hat{K})$ 模型的均衡人口数量 $N(\delta, \hat{u}, \hat{K})$：

$$\hat{N} = N(\delta, \hat{u}, \hat{K}) \tag{6.47}$$

此外，从命题5.1（i）（在任意 $K>0$ 下也成立）我们可以看出，对于任意的 $(\hat{u}, \hat{K})$，剩余函数 $\mathscr{G}(\delta, \hat{u}, N, \hat{K})$ 在 N 等于 $N(\delta, \hat{u}, \hat{K})$ 时达到最大值。

这样，我们可以通过两个步骤来分析社区问题(6.46)。尽管我们还不知道 $\hat{u}$ 和 $\hat{K}$ 的最优值，但最优人口数量 $\hat{N}$ 应该最大化关于 N 的剩余函数 $\mathscr{G}(\delta, \hat{u}, N, \hat{K})$。在第一步中，我们可以在 u 和 K 的每个组合下求解下面的剩余最大化问题：

$$\max_{N\geq 0} \mathscr{G}(\delta, u, N, K) \tag{6.48}$$

再次应用命题5.1（i），问题(6.48)的最优人口等于 $N(\delta, u, K)$，这是 $\text{OCA}(\delta, u, K)$ 模型的均衡人口数量。

在获得剩余最大化人口函数 $N(\delta, u, K)$ 后，进行第二步[26]：

$$\max_{K\geq 0} u \quad \text{s.t.} \quad \mathscr{G}(\delta, u, N(\delta, u, K), K) \geq K \tag{6.49}$$

选择城市产品的供给规模 K 以获得最大的共同效用。我们可以用图解的方法解决第二步的问题。回想一下，给定一个合适的 u，可以通过图6.4描述剩余曲线 $\mathscr{G}(\delta, u, N(\delta, u, K), K)$。这意味着改变 u，我们可以得到一组剩余曲线，如图6.5所示。为了满足预算约束，剩余曲线必须通过公共品成本线 K 的上方区域。由于剩余曲线随着 u 的增加而向下移动，所以当对应的剩余曲线与 K 线从下方相切时，社区效用达到最大值 $\hat{u}$。这意味着

$$\hat{u} = u^*, \hat{K} = K(u^*), \hat{N} = N(\delta, u^*, K(u^*)) \tag{6.50}$$

社区（即城市）总数可由公式(6.42)确定。由此可以得出如下结论：由效用最大化的社区之间的竞争而产生的城市体系，与由利润最大化的开发者之间的竞争而产生的城市体系是相同的。在该城市体系中，每个城市家庭都获得最大的效用 $\hat{u}$，并且没有一组家庭可以通过组建任何规模的城市（或社区），获得高于 $\hat{u}$ 的共同效用水平（回忆第5章的注释[22]）。因此，它代表了一个有效（即帕累托最优）的城市体系。

---

[25] 同样，在问题(6.46)中，有必要将 N 严格限定为正数。否则，如果我们选择 $N=0$，则问题(6.46)可给出解 $u=\infty$；但如果 $N=0$，则它就不再是一个社区了。

[26] 确切地说，在问题(6.49)中，我们必须对 K 添加一个限制，使得 $K \geq \tilde{K}(u)$，函数 $\tilde{K}(u)$ 的定义见本章注释[16]。否则，如果我们令 $K=0$，那么 $N(\delta, u, K) = 0$，u 可以变得无限大。

正如我们在 5.6.3 小节所看到的那样，每个最优社区的内部分配问题都可以通过竞争性市场来解决。也就是说，一旦 $N(\delta,\hat{u},\hat{K})$ 个家庭同意组成一个社区，并设置城市产品的服务水平为 $\hat{K}$，那么其他决策都可以通过竞争性市场最优化地实现。特别地，每个家庭都获得工资 δ（劳动的边际产出），社区的最优居住配置与 $CCA(\delta,N(\delta,\hat{u},\hat{K}),\hat{K})$ 模型的均衡解一致。根据命题 5.3(iv)，总级差地租等于城市产品的供给成本 $\hat{K}$。此外，从图 6.5 可知，$\mathscr{G}$ 等于 $K(u^*)\equiv\hat{K}$。因此，在每个最优社区中关系式(6.44)仍然成立。

6.4 拥挤性城市产品

在本节，我们将拥挤效应引入前一节的纯城市产品模型中，并探讨拥挤性城市产品的有效供给问题。虽然在前一节中我们忽略了拥挤效应，但在实践中，城市产品的供给往往伴随着显著的拥挤效应。例如，给定一个具有相当规模的公共图书馆，一个人可以从中获得的收益通常会随着用户数量的增加而减少。

如前所述，我们用城市产品的成本 K 来测量其供给水平或能力。进一步假定，每个城市家庭实际享受的城市产品的服务水平取决于规模 K 和家庭数量 N，用 $E(K,N)$ 表示。前文已经假定 $E(K,N)$ 的值与城市区位无关，因此可以进一步假定服务水平 $E(K,N)$ 是 K 的增函数和 N 的减函数。

$$\partial E(K,N)/\partial K>0,\quad \partial E(K,N)/\partial N<0 \tag{6.51}$$

用 $E(K,N)$ 替换纯城市产品模型(6.26)中的 $E(K)$，家庭住宅选择行为可以表示为

$$\max_{r,z,s} U(z,s,E(K,N)) \quad \text{s.t.} \quad z+R(r)s=Y^0-G(r)-T(r) \tag{6.52}$$

如前所述，假定公共品是不可或缺的，即

$$U(z,s,E(K=0,N))=-\infty \tag{6.53}$$

如关系式(6.28)所示，人口成本函数现在可以定义为

$$C(u,N,E(K,N))\equiv\min_{r_f,n(r),s(r)}\int_0^{r_f}\bigl[T(r)+Z(s,u,E(K,N))+$$

$$R_A s(r)\bigr]n(r)dr$$

s.t. $s(r)n(r)\leq L(r)$ 对于每个 $r\leq r_f$

$$\int_0^{r_f}n(r)dr=N \tag{6.54}$$

给定 u、N、δ 和 K，城市发展的最大（总）剩余为

$$\mathscr{G}(\delta,u,N,E(K,N))\equiv\delta N-C(u,N,E(K,N)) \tag{6.55}$$

在新的环境下，我们重新审视了最优城市规模和城市产品有效供给问题。结果表

明,随着拥挤效应的引入,上一节的结果发生了显著变化。首先,当一个家庭计划迁移到一个城市时,其只需要考虑可以从城市获得的收益。然而,增加这一额外的家庭将提高该城市中城市产品消费的拥挤程度,其结果是城市中的所有家庭都将受到不利影响。这意味着,为了达到最优城市规模,开发者(或市政府)必须对家庭征收拥挤税。其次,城市发展的剩余是当前总级差地租与拥挤税的和。因此,为了实现城市利润最大化,开发者应最大化总级差地租和拥挤税。

6.4.1 开发者的问题

给定社会效用水平 u,开发者(或市政府)将选择人口数量 N 和城市产品供给规模 K,以最大化城市发展的净收益:

$$\max_{N \geq 0, K \geq 0} \Pi \equiv \mathscr{S}(\delta, u, N, E(K, N)) - K \tag{6.56}$$

同前文一样,可以分两步来分析该开发者的问题。第一步,给定 K 值,开发者可以通过选择人口数量 N 来最大化剩余($\equiv$ 总收益):

$$\max_{N \geq 0} \mathscr{S}(\delta, u, N, E(K, N)) \equiv \delta N - C(u, N, E(K, N)) \tag{6.57}$$

最优人口(假设为正)的一阶条件由下式给出:

$$\frac{\partial \mathscr{S}}{\partial N} = 0 \quad \delta = \frac{\partial C}{\partial N} + \frac{\partial C}{\partial E} \frac{\partial E}{\partial N} \tag{6.58}$$

这意味着劳动力的边际产出 δ 等于人口的边际成本 $\partial C/\partial N$ 与人口的边际拥挤成本 $\partial C/\partial E \cdot \partial E/\partial N$ 之和。对公式(6.58)求解 N,可得在每个 K(和 u)值下剩余最大化的人口数量 $\hat{N}(u,K)$。[27] K 的变化会导致 $\hat{N}(u,K)$ 的变化。因此,在第二步中,开发者可以选择 K 来最大化净收益:

$$\max_{K \geq 0} \Pi \equiv \mathscr{S}(\delta, u, \hat{N}(u,K), E[K, \hat{N}(u,K)]) - K \tag{6.59}$$

最优 K(假设为正)的一阶条件为

$$d\mathscr{S}(\delta, u, \hat{N}(u,K), E[K, \hat{N}(u,K)])/dK = 1 \tag{6.60}$$

求解条件(6.60)中的 K,我们可以得到在每个 u 值下,使城市产品利润最大化的供给规模 $K(u)$。[28] 剩余曲线 $\mathscr{S}(\delta, u, \hat{N}(u,K), E[K, \hat{N}(u,K)])$ 和最优 $K(u)$ 之间的关系可以如图 6.4 所示进行描述,其中,$\mathscr{S}(\delta, u, N(\delta, u, K), K)$ 必须用 $\mathscr{S}(\delta, u, \hat{N}(u,K), E[K, \hat{N}(u,K)])$ 来替代。将包络定理应用于关系式(6.57)和(6.54),条件(6.60)可重新表述为

---

[27] 在开发者之间的竞争均衡中(稍后将讨论),每个城市的剩余最大化人口为正数。因此,下面我们只考虑 $\hat{N}(u,K)$ 为正的情况。此外,为了便于讨论,我们假设剩余最大化人口 $\hat{N}(u,K)$ 总是唯一的。

[28] 再一次,在开发者之间的竞争均衡中,由于给定假设(6.53),故利润最大化 K 为正。因此,下面我们只考虑 $K(u)$ 为正的情形。此外,为了便于讨论,我们假设最优 $K(u)$ 在每个 u 下唯一存在。

$$\int_0^{r_f} -\left(\frac{\partial Z(s(r),u,E(K,N))}{\partial K}\right)\bigg|_{N=\hat{N}(u,K)} n(r)dr = 1 \tag{6.61}$$

这也是萨缪尔森条件的空间版本：家庭（城市产品的）边际收益总和等于城市产品的边际成本。

类似地，实现上述最优条件需要拥有开发者的相关信息。接下来，我们将分析开发者如何通过分散管理机制实现城市利润最大化。为此，首先需要确定有关当前问题的人口供给函数。由于公共品消费存在拥挤效应，因此，前文中的关系式（6.35）所提供的人口供给函数将不适用于此处的分析。由于家庭效用水平取决于城市人口规模，因此，为了得到均衡城市人口，需要解决如下不动点问题。

用 N^e 来表示城市预期人口数量。给定 (Y,u,K,N^e) 的任意组合，我们考虑 OCA$(Y,u,E(K,N^e))$ 模型[具有税后收入 Y、社会效用 u 和公共品服务水平 $E(K,N^e)$ 的在外土地所有者开放城市模型]。回顾公式（6.6）定义的竞价租金函数 ψ 和最大竞价土地面积函数 s，我们得到 OCA$(Y,u,E(K,N^e))$ 模型的实际人口规模为

$$N(Y,u,E(K,N^e)) \equiv \int_0^{r_f} \frac{L(r)}{s(Y-T(r),u,E(K,N^e))}dr \tag{6.62}$$

其中，边缘距离 $r_f \equiv r_f(Y,u,E(K,N^e))$ 由边界条件确定：

$$\psi(Y-T(r_f),u,E(K,N^e)) = R_A \tag{6.63}$$

在均衡中，实际人口数必须等于期望人口数：

$$N(Y,u,E(K,N^e)) = N^e \tag{6.64}$$

求解该方程中的 N^e，我们可以得到均衡人口规模，用 $N(Y,u,K)$ 来表示。

设 $\tilde{u}(Y,K)$ 为最高效用水平，可用如下关系式表示：

$$\psi(Y-T(0),\tilde{u}(Y,K),E(K,0)) = R_A \tag{6.65}$$

从中可以看出，在 $N^e = 0$ 时，当且仅当 $u < \tilde{u}(Y,K)$，实际人口数量 $N(Y,u,E(K,0))$ 为正值。由于 $\partial N(Y,u,E)/\partial E > 0$[满足公式（6.62）和（6.63）]和 $\partial E(K,N)/\partial N < 0$，因此函数 $N(Y,u,E(K,N^e))$ 是 N^e（到达零之前）的连续减函数。从图 6.6 中可以发现，均衡人口数量 $N(Y,u,K)$ 在 (Y,u,K) 的每个组合下都唯一存在，因而有

$$N(Y,u,K) > 0 \quad \text{当且仅当} \quad u < \tilde{u}(Y,K) \tag{6.66}$$

在图 6.6 中，曲线 $N(Y,u,E(K,N^e))$ 随着 Y 的增加（随着 u 的减小或 K 的增加）而向上移动。因此，给定 (Y,u,K) 使得 $u < \tilde{u}(Y,K)$，从图 6.6 中不难发现，（均衡）人口供给函数 $N(Y,u,K)$ 是 Y 和 K 的增函数，同时也是 u 的减函数：

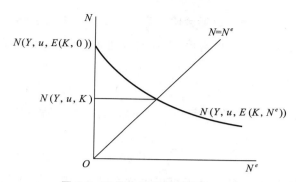

图 6.6　均衡人口供给 $N(Y,u,K)$

$$\partial N(Y,u,K)/\partial Y>0, \partial N(Y,u,K)/\partial u<0, \partial N(Y,u,K)/\partial K>0 \quad (6.67)$$

接下来,在 (u,K) 的每个组合下对等式 $N(Y,u,K)=N$ 求解 Y,我们可以得到(人口)供给-收入函数 $Y(u,N,K)$。公式(6.67)还显示,$Y(u,N,K)$ 是 u 和 N 的增函数、K 的减函数:

$$\partial Y(u,N,K)/\partial u>0, \partial Y(u,N,K)/\partial N>0, \partial Y(u,N,K)/\partial K<0 \quad (6.68)$$

最后,利用上面的人口供给函数,我们可以得到一个有用的核算关系式。下面将 $OCA(Y,u,E[K,N(Y,u,K)])$ 模型简单地表示为 $OCA(Y,u,K)$。需要注意的是,给定均衡人口数量 $N(Y,u,K)$,$OCA(Y,u,K)$ 模型的住宅土地市场自身不包含任何市场失灵的情形,均衡是有效的。因此,与公式(5.21)类似,我们可以推出如下等式:

$$N(Y,u,K)Y=C(u,N(Y,u,K),E[K,N(Y,u,K)])+TDR(Y,u,K) \quad (6.69)$$

其中,C 是来自关系式(6.54)的人口成本函数,$TDR(Y,u,K)$ 是 $OCA(Y,u,K)$ 模型在均衡条件下的总级差地租。等价地,因为 $N(Y(u,N,K),u,K)\equiv N$,令 Y 等于等式(6.69)中的 $Y(u,N,K)$,我们有

$$NY(u,N,K)=C(u,N,E(K,N))+TDR(Y(u,N,K),u,K) \quad (6.70)$$

同等式(5.25)类似,根据该恒等式,我们可以得到如下关系[29]:

在每个给定的 $N>0$ 处,有

$$Y(u,N,K)=\frac{\partial C(u,N,E)}{\partial N} \quad \text{当 } E=E(K,N) \text{ 时} \quad (6.71)$$

上式说明供给-收入函数 $Y(u,N,K)$ 等于人口的直接边际成本。等价地,由于 $Y(u,N(Y,u,K),K)\equiv Y$,在每个均衡人口 $N(Y,u,K)>0$ 处,由公式(6.71)可以推出:

$$Y=\frac{\partial C(u,N,E)}{\partial N} \quad \text{当 } N=N(Y,u,K), E=E(K,N(Y,u,K)) \text{ 时} \quad (6.72)$$

现在,为了使开发者实现城市利润最大化目标,我们再次回到分散管理机制的讨论。

---

[29]　首先,公式(6.70)的两边都对 N 微分,然后,利用包络定理和边界租金条件,我们可以证明 $\partial TDR/\partial N = (\partial Y(u,N,K)/\partial N)N - \int_0^{r_f} \frac{\partial Z}{\partial E}\frac{\partial E}{\partial N}n(r)dr$,以及 $\frac{\partial C}{\partial E}\frac{\partial E}{\partial N} = \int_0^{r_f} \frac{\partial Z}{\partial E}\frac{\partial E}{\partial N}n(r)dr$,进而,公式(6.71)可以得到证明。

一方面，城市中竞争性的劳动力市场会使工资率等于劳动力的边际产出 δ。另一方面，将公式(6.72)代入公式(6.58)，可以看出，实现城市利润最大化必须满足以下条件：

$$Y = \delta - \frac{\partial C}{\partial E} \frac{\partial E}{\partial N} \tag{6.73}$$

这意味着开发者（或市政府）必须对每一个城市家庭征收拥挤税：

$$G \equiv \frac{\partial C}{\partial E} \frac{\partial E}{\partial N} \tag{6.74}$$

利用另一个最优条件(6.60)，我们可以将公式(6.74)重新表述为[30]

$$G = -\left(\frac{\partial E}{\partial K}\right)^{-1} \frac{\partial E}{\partial N} \equiv \frac{dK}{dN}\bigg|_{E(K,N)=常数} \tag{6.75}$$

也就是说，拥挤税 G 等于城市新增一个家庭所增加的城市产品成本 K，同时城市公共品的服务水平保持在最优水平 $E(K,N)$。

例 6.2 假设城市产品的服务水平函数 $E(K,N)$ 的形式为

$$E(K,N) = f(K/N^\lambda) \tag{6.76}$$

其中，f 是 K/N^λ 的增函数[31]，参数 λ 表示城市产品的拥挤程度。当 $\lambda = 0$，$E(K,N) = f(K)$ 时，公式(6.76)表示上一节中纯城市产品的情形。当 $\lambda = 1$，$E(K,N) = f(K/N)$ 时，公共品类似于纯私人产品，因为人口数量 N 增加一倍会导致每个家庭获得的潜在收益减半。由等式(6.75)可知，最优拥挤税为

$$G = \lambda K/N \tag{6.77}$$

与预期类似，当 $\lambda = 0$ 时，$G = 0$；当 $\lambda = 1$ 时，$G = K/N$。

虽然等式(6.75)提供了一个最优拥挤税的决定机制，但在没有确定最优人口数量 N 和最优城市产品规模 K 的情况下，其值尚无法被确定。为了解决该问题，接下来将探讨，在无须掌握更多开发者信息的情况下，如何确定最优拥挤税 G。假设开发者选择了某一拥挤税 G 和城市产品规模 K，其他决策则由竞争性市场决定；城市家庭的（税后）收入 Y 等于工资 δ 减去 G。如果我们在 OCA(Y,u,K) 模型中设定 Y 等于 $\delta-G$，城市均衡人口数量等于 $N(\delta-G,u,K)$，那么从公式(6.55)可得，城市剩余为

$$\mathscr{S} \equiv \delta N(\delta-G,u,K) - C(u,N(\delta-G,u,K),E[K,N(\delta-G,u,K)]) \tag{6.78}$$

如果我们设等式(6.69)中 Y 等于 $\delta-G$，那么在住宅土地市场均衡时，也存在如下关系：

---

[30] 将包络定理应用于公式(6.57)，可以得到条件(6.60)，这意味着 $-\partial C/\partial E \cdot \partial E/\partial K = 1$。从该关系和公式(6.74)，我们得到公式(6.75)的一阶条件。因为 $dE = \partial E/\partial K \cdot dK + \partial E/\partial N \cdot dN$，令 $dE = 0$[即 $E(K,N) = 常数$]，则可得公式(6.75)的二阶条件。

[31] Arnott(1979)以及 Hochman(1982a)提出了类似的理论。

$$N(\delta-G,u,K)(\delta-G) = C(u,N(\delta-G,u,K),E[K,N(\delta-G,u,K)]) + \text{TDR}(\delta-G,u,K) \tag{6.79}$$

由等式(6.78)和(6.79)可知

$$\mathscr{S} = \text{TDR}(\delta-G,u,K) + N(\delta-G,u,K)G \tag{6.80}$$

因此,开发者的问题(6.56)现在可以重新表述为

$$\max_{G,K \geq 0} \Pi = \text{TDR}(\delta-G,u,K) + N(\delta-G,u,K)G - K \tag{6.81}$$

也就是说,为了实现城市利润最大化,开发者可以选择拥挤税 G 和城市产品供给规模 K,以使总级差地租与拥挤税减去公共品成本的总和达到最大化。这种分散管理机制只需要关于 TDR、N、G 和 K 的可观察信息,因此它是可操作的。

6.4.2 城市体系

让我们继续分析由利润最大化的开发者(或剩余最大化的市政府)之间的竞争形成的城市体系。与前文类似,假设国家由 M 个相同的(城市)家庭组成。无论城市在国家的哪个地方被开发,城市总生产函数都是相同的,具体可参见等式(5.33)的设定。均衡城市体系的形成过程可参照 6.3.1 小节的分析。回顾前一小节中有关开发者问题的第二步讨论,剩余曲线 $\mathscr{S}(\delta,u,\hat{N}(u,K),E[K,\hat{N}(u,K)])$ 如图 6.4 所示。随着 u 的增加,剩余曲线将会向下移动。[32] 因此,通过适当改变 u,我们可以得到一组剩余曲线,如图 6.5 所示。该图显示,在均衡时净收益 $\mathscr{S}-K$ 必须等于零。其中,u^* 代表均衡效用水平,$K(u^*)$ 代表每个城市最优的公共品规模。[33] 因此,在均衡城市体系中,每个城市的人口数量均等于 $\hat{N}(u^*,K(u^*))$,国家城市总数为

$$M/\hat{N}(u^*,K(u^*)) \tag{6.82}$$

当开发者通过前一节的分散管理机制实现城市利润最大化目标时,每个城市的剩余可由等式(6.80)给出。此时,每个城市的净收益 $\Pi \equiv \mathscr{S}-K$ 都等于零。因此,在均衡城市体系的每个城市中,都有

$$\text{TDR} + NG = K \tag{6.83}$$

也就是说,城市产品的成本可以通过总级差地租和拥挤税获得融资。

例 6.3 回顾关系式(6.76),有 $G = \lambda K/N$。将其代入关系式(6.83),则有

$$\text{TDR} + \lambda K = K \quad \text{或} \quad \text{TDR} = (1-\lambda)K \tag{6.84}$$

也就是说,在均衡城市体系的每个城市中,$(1-\lambda) \times 100\%$ 的城市产品成本由总级差地租

---

[32] 这可以在本章注释㉑中得到确认。

[33] 在数学上,通过解如下关于 u 的方程,我们可以唯一地确定 u^*:$\mathscr{S}(\delta,u,\hat{N}(u,K(u)),E[K(u),\hat{N}(u,K(u))]) = K(u)$,$K(u)$ 是公式(6.59)在每个 u 下的最优值。

提供,而 $\lambda \times 100\%$ 的城市产品成本由拥挤税提供。㉞ 随着城市产品拥挤程度的提高(即产品的私有性程度提高),其成本中越来越多的部分来自拥挤税融资。

现在我们转向由效用最大化的社区间的竞争所形成的城市体系。首先,在该情形下,社区问题可表述为

$$\max_{N>0, K\geqslant 0} u \quad \text{s.t.} \quad \mathscr{S}(\delta, u, N, E(K, N)) \geqslant K \tag{6.85}$$

假设 $(\hat{u}, \hat{N}, \hat{K})$ 是该问题的解。$\hat{u}$、$\hat{N}$ 和 $\hat{K}$ 之间的关系可如图 6.7 所示。剩余曲线 $\mathscr{S}(\delta, \hat{u}, N, E(\hat{K}, N))$ 与水平的 $\hat{K}$ 线必须从下方相切。㉟ 这意味着 $\hat{N}$ 必定是下面问题的解:

$$\max_{N \geqslant 0} \mathscr{S}(\delta, \hat{u}, N, E(\hat{K}, N))$$

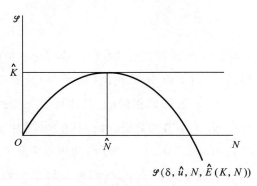

图 6.7 $\hat{u}$、$\hat{N}$ 和 $\hat{K}$ 之间的关系

该结果表明,我们可以分两步来解决社区问题,具体过程与 6.3.2 小节的内容类似。由于尚不知道 $\hat{u}$ 和 $\hat{K}$ 的最优值,因此,在第一步中,我们可以在 u 和 K 的每个组合下解决下面这一剩余最大化问题:

$$\max_{N \geqslant 0} \mathscr{S}(\delta, u, N, E(K, N)) \tag{6.86}$$

这与处理问题(6.57)的方法相同。因此,同前文类似,该问题的解可由 $\hat{N}(u, K)$ 给出。在第二步中,我们要解决的问题如下:

$$\max_{K \geqslant 0} u \quad \text{s.t.} \quad \mathscr{S}(\delta, u, \hat{N}(u, K), E[K, \hat{N}(u, K)]) \geqslant K \tag{6.87}$$

如前所述,通过适当改变 u,我们可以得到一组剩余曲线,如图 6.5 所示。那么,由于剩余曲线随着 u 的增加而向下移动,从图 6.5 中可以再次看出,社区所能达到的最大效用等于 u^*,即之前得到的均衡效用水平,因此,我们可以得到

$$\hat{u} = u^*, \hat{K} = K(u^*), \hat{N} = \hat{N}(u^*, K(u^*)) \tag{6.88}$$

㉞ Arnott(1979)得到了与公式(6.84)相同的关系。

㉟ 剩余曲线随着 u 的增加而向下移动,如果曲线 $\mathscr{S}(\delta, \hat{u}, N, E(\hat{K}, N))$ 通过 $\hat{K}$ 线以上的区域,那么它不是社区可以达到的最大效用。如果曲线完全低于 $\hat{K}$ 线,那么 $\hat{u}$ 在预算约束下是不可行的。

那么,全国的社区总数可由关系式(6.82)给出。因此,我们可以很容易发现,这两个城市体系是相同的,且都是有效的。

6.5 社区产品

在前两节中,假设地方公共品的福利水平在城市空间内保持不变。然而,实际上,大多数地方公共品的福利存在空间差异。这是因为大多数当地的公共品都是由固定区位的公共设施提供的,而当居民居住在离公共设施较近的区位时,可以从公共设施中获得更多的收益。

在本节中,我们考虑的是城市中一个小社区的地方公共品,例如路灯、美化的街区和公共停车场。也就是说,假设公共品是由城市公共设施提供的,而且只有临近这些设施的家庭可以从中受益。我们称这种地方公共品为社区产品。[36] 在 6.5.1 小节中,我们在 HS 模型的框架下研究社区产品的最优配置。在 6.5.2 小节中,我们将分析实现这种最优配置的分散管理机制。

在城市中实现社区产品有效供给的分散管理机制,与在国家中对城市产品的供给采取分散管理机制在本质上是相同的。也就是说,在之前的城市产品案例中,开发者在开放城市方案下,通过最大化总级差地租与拥挤税减去城市产品成本的总和,来实现城市利润最大化,而且这些开发者之间的竞争导致了有效城市体系的形成。在社区产品的情形下,假设城市的每个(小)社区都是由利润最大化的开发者开发的。研究结果表明,通过选择拥挤税税率和(社区内)公共品的供给水平,使总级差地租与拥挤税减去城市产品成本的总和达到最大,社区开发者也因此能获得最大化的利润,而这些开发者之间的竞争将促进有效城市的形成。然而,这两种情况之间有一个显著的区别。在城市产品的情形下,我们假设城市是在一个统一的平面上发展的,没有边界的重叠,每个区位上的级差地租都等于住宅地租减去农业地租。但在该情形下,每个社区与 CBD 的距离都不一样,距离 CBD 越近,在经济上就越有优势。因此,社区开发者之间对优越区位的竞争将导致原来的农业用地或未开垦土地的租金分配不均。所以在计算每个开发者的收益时,我们必须把各区位的级差地租定义为住宅地租(即已改良过的土地的租金,由住户向开发者支付)和未开垦土地地租(即未开垦土地的租金,由开发者向土地所有者支付)之差。这样,在均衡状态下,城市中的所有开发者都将获得零利润。

---

[36] Hochman(1982a)将社区产品称为分散的地方公共品,Kanemoto(1980)将其称为极具地方特色的公共品,Yang(1980)将其称为空间连续的地方公共品。

6.5.1 最优配置

让我们考虑在一个单中心城市中，社区产品能够在城市空间内进行有效的供给。[37] 为了简单起见，我们只考虑社区产品的空间分布相对于 CBD 对称的情况。设 r 为到 CBD 的距离，$k(r)$ 为 r 处的社区产品密度，它表示在 r 处单位面积社区产品的供给水平或规模。同前文类似，$k(r)$ 用其成本来衡量。进一步地，如果我们让 $n(r)$ 和 $L(r)$ 分别代表在 r 处每单位距离的家庭数量和土地面积，则 $\rho(r) \equiv n(r)/L(r)$ 代表在 r 处的人口密度。此外，假设在 r 处社区产品服务水平 $E(r)$ 是 $k(r)$ 和 $\rho(r)$ 的函数：

$$E(r) = E(k(r), \rho(r)) \tag{6.89}$$

这意味着可以假设服务水平 $E(r)$ 是 $k(r)$ 的增函数，同时也是 $\rho(r)$ 的减函数或常数：

$$\partial E(k,\rho)/\partial k > 0, \partial E(k,\rho)/\partial \rho \leq 0 \tag{6.90}$$

当 $\partial E/\partial \rho < 0 (\partial E/\partial \rho = 0)$ 时，社区产品是拥挤的（不拥挤的）。假设城市家庭具有相同的效用函数 $U(z, s, E(k, \rho))$，满足假设 6.1、6.3 和 6.4。为了强调社区产品的重要性，我们通常假设 k 满足如下条件：

$$U(z, s, E(0, \rho)) = -\infty \tag{6.91}$$

在这种情形下，N 个家庭获得相同的效用水平 u 所需的最低居住成本 $C(u, N)$ 可以定义为

$$C(u, N) \equiv \min_{\substack{r_f, s(r), n(r), \\ k(r), \rho(r)}} \int_0^{r_f} \{T(r) + Z(s(r), u, E[k(r), \rho(r)]) + R_A s(r)\} n(r) dr +$$

$$\int_0^{r_f} k(r) L(r) dr \tag{6.92}$$

$$\text{s.t.} \quad \rho(r) = n(r)/L(r), r \leq r_f \tag{6.93}$$

$$s(r) n(r) = L(r), r \leq r_f \tag{6.94}$$

$$\int_0^{r_f} n(r) dr = N \tag{6.95}$$

其中，$T(r)$、$Z(s, u, E)$、R_A 和 r_f 的定义如前所述。通过求解上述问题可得到最优（即有效率）的城市住宅用地规模。通常，我们称 $C(u, N)$ 为人口成本函数。但与前文不同的是，$C(u, N)$ 包含了公共品的成本 $\int_0^{r_f} k(r) L(r) dr$。

与第 5 章一样，为了方便起见，我们将上面的成本最小化问题重新表述为剩余最大化问题。设 Y^0 为城市的人均收入——一个给定的常数（或参数）。那么，住宅开发的最大剩余 $\mathscr{G}(Y^0, u, N)$ 可以通过求解以下 HS 问题得到：

$$\mathscr{G}(Y^0, u, N) \equiv \max_{\substack{r_f, s(r), n(r), \\ k(r), \rho(r)}} \int_0^{r_f} \{Y^0 - T(r) - Z(s(r), u, E[k(r), \rho(r)]) - R_A s(r)\} n(r) dr -$$

---

[37] 虽然为了简化仅设定一种社区产品，但本节的主要结果适用于任何数量的产品。

$$\int_0^{r_f} k(r) L(r) \, dr \tag{6.96}$$

由于 $\int_0^{r_f} n(r) \, dr = N$,故下式恒成立:

$$\mathscr{S}(Y^0, u, N) = NY^0 - C(u, N) \tag{6.97}$$

由此可见,$\mathscr{S}$ 的最大值等于 C 的最小值。在对变量进行替换后,可以将 HS 问题重新表述为

$$\max_{\substack{r_f, s(r), \\ k(r), \rho(r)}} \int_0^{r_f} \left\{ \frac{Y^0 - T(r) - Z(s(r), u, E[k(r), \rho(r)])}{s(r)} - k(r) - R_A \right\} L(r) \, dr \tag{6.98}$$

$$\text{s.t.} \quad \rho(r) = 1/s(r), r \leq r_f \tag{6.99}$$

$$\int_0^{r_f} L(r)/s(r) \, dr = N \tag{6.100}$$

其中,第一个约束是密度约束,第二个约束是人口约束。与这个最大化问题相关的拉格朗日函数为㊳

$$\begin{aligned}
\mathscr{L} &\equiv \int_0^{r_f} \left\{ \frac{Y^0 - T(r) - Z(s(r), u, E[k(r), \rho(r)])}{s(r)} - k(r) - R_A \right\} L(r) \, dr - \\
&\quad \int_0^{r_f} \tau(r) \left(\frac{1}{s(r)} - \rho(r) \right) L(r) \, dr - g \left(\int_0^{r_f} \frac{L(r)}{s(r)} \, dr - N \right) \\
&= \int_0^{r_f} \left\{ \frac{Y^0 - g - \tau(r) - T(r) - Z(s(r), u, E[k(r), \rho(r)])}{s(r)} + \right. \\
&\quad \left. \tau(r) \rho(r) - k(r) - R_A \right\} L(r) \, dr + gN
\end{aligned} \tag{6.101}$$

其中,拉格朗日乘子 $\tau(r)$ 的经济含义是,在 r 处每个家庭支付的(影子)拥挤税,代表在 r 处家庭的边际拥挤成本。同理,乘子 g 的含义是,城市中每个家庭支付的(影子)人口税,代表城市家庭的边际净成本。根据公式(6.6)定义的竞价租金函数 ψ 和最大竞价土地规模函数 s,HS 问题的最优条件可归纳为:若 $(s(r), n(r), k(r), \rho(r); r \leq r_f)$ 是 HS 问题的解,那么必然存在一组乘数 $(g, \tau(r), R(r); r \leq r_f)$,使得㊴

㊳ 由于在任意的 r 处有 $L(r) > 0$,密度约束(6.99)等于 $(1/s(r) - p(r))L(r) = 0$。在拉格朗日函数(6.101)的定义中,为了方便起见,我们采用了这种新的密度约束形式。

㊴ 我们定义 $\mathfrak{z}(s, k, \rho; r, g, \tau(r)) \equiv \{Y^0 - g - \tau(r) - T(r) - Z(s, u, E(k, \rho))\}/s + \tau(r)\rho - k - R_A$。最优配置 $(s(r), k(r), \rho(r); r \leq r_f)$ 必须使拉格朗日函数 $\mathscr{L}$ 最大化。这意味着在每个 $r \leq r_f$ 处,$(s(r), k(r), \rho(r))$ 必须使 $\mathfrak{z}$ 最大化。由于 $\mathfrak{z}$ 是关于 s 的最大值,因此我们有关系式(6.105)。此外,$(k(r), \rho(r))$ 必须是以下最大化问题的解:

$$\max_{k, \rho} \mathfrak{z}(s(r), k, \rho; r, g, \tau(r)) \tag{$*$}$$

条件(6.107)和(6.108)是这个问题的一阶条件。公式(6.102)和(6.104)给出了在任意的 r 处 $R(r)$ 的定义。等式(6.102)和(6.103)的成立是最大化 $\mathscr{L}$ 来最优选择 r_f 的结果。其余的条件代表了明显的经济关系。注意,如果我们将一阶条件(6.107)和(6.108)替换为上面原来的决策规则($*$),那么等式(6.102)—(6.110)表示 HS 问题的充分必要条件。我们可以证明,在假设 6.1—6.4 和条件(6.90)、(6.91)下,每个 HS 问题都有唯一的解。

$$R(r) = \begin{cases} \psi(Y^0-g-\tau(r)-T(r), u, E[k(r), \rho(r)]) & \text{对于 } r \leq r_f \quad (6.102) \\ R_A + k(r) - \tau(r)\rho(r) & \text{对于 } r = r_f : \text{边界条件} \quad (6.103) \\ R_A & \text{对于 } r > r_f \quad (6.104) \end{cases}$$

$$s(r) = s(Y^0-g-\tau(r)-T(r), u, E[k(r), \rho(r)]) \quad \text{对于 } r \leq r_f \quad (6.105)$$

$$\rho(r) = 1/s(r) \quad \text{对于 } r \leq r_f : \text{密度约束} \quad (6.106)$$

$$\rho(r)\left(-\frac{\partial Z}{\partial E}\frac{\partial E}{\partial k}\right) = 1 \quad \text{对于 } r \leq r_f : \text{萨缪尔森条件} \quad (6.107)$$

$$\tau(r) = \rho(r)\frac{\partial Z}{\partial E}\frac{\partial E}{\partial \rho} \quad \text{对于 } r \leq r_f : \text{拥挤税规则} \quad (6.108)$$

$$n(r) = \begin{cases} L(r)/s(Y^0-g-\tau(r)-T(r), u, E[k(r), \rho(r)]) & \text{对于 } r \leq r_f \\ 0 & \text{对于 } r > r_f \end{cases} \quad (6.109)$$

$$\int_0^{r_f} n(r)dr = N \quad (6.110)$$

通常,我们可以将这些最优条件看作在拥挤税和人口税政策推动下,实现目标效用 u 时的补偿均衡条件。为此,当任意的 $r \leq r_f$ 时,给定一组人口税 g、拥挤税 $\tau(r)$、公共品密度 $k(r)$ 和人口密度 $\rho(r)$,在竞争性土地市场中,每个家庭的居住选择行为可以表示为

$$\max_{r,z,s} U(z, s, E[k(r), \rho(r)]) \quad \text{s.t.} \quad z + R(r)s = Y^0 - g - \tau(r) - T(r) \quad (6.111)$$

其中,$R(r)$ 代表在 r 处的地租,$Y^0-g-\tau(r)-T(r)$ 代表在 r 处的家庭净收入。在这一背景下,条件(6.102)意味着,当距离 $r \leq r_f$ 时,均衡地租 $R(r)$ 等于目标效用 u 下的竞价租金。条件(6.103)给出了在城市边缘处的零利润条件:在 r_f 处,每单位土地的总收入[即住宅地租 $R(r_f)$ 加上拥挤税 $\tau(r_f)\rho(r_f)$]等于成本总和[即土地的机会成本 R_A 加上社区产品成本 $k(r_f)$]。条件(6.105)意味着,当 $r \leq r_f$ 时,均衡土地面积等于最大竞价土地面积。条件(6.102)和(6.105)共同表明,当 $r \leq r_f$ 时,每个家庭都在地租 $R(r)$ 下选择最优土地面积 $s(r)$。条件(6.106)代表了明显的自然关系。条件(6.107)意味着,在 $r \leq r_f$ 的单位土地上,社区产品的边际收益之和[$\rho(r)$ 个家庭的边际收益加总]等于社区产品的边际成本。条件(6.108)意味着,当 $r \leq r_f$ 时,最优的拥挤税 $\tau(r)$(r 处的每个家庭)等于 $\rho(r)$ 个家庭边际拥挤成本的总和。条件(6.109)也代表了明显的自然关系。最后,条件(6.110)代表了人口约束。

需要注意的是,为了实现固定的目标效用水平 u,家庭收入可通过一次性税收(或补贴)g 进行调整。此外,为了防止社区产品过度拥挤,需要根据 r 征收适当的拥挤税 $\tau(r)$。边界条件(6.103)意味着

$$R(r_f) - R_A = k(r_f) - \tau(r_f)\rho(r_f) \quad (6.112)$$

因此,与以往不同的是,城市边缘的地租可能不等于农业地租。这是因为将农业用

地转化为住宅用地需要社区产品,在 r 处的收益中有一部分是拥挤税。最后,我们可以通过条件(6.107)将拥挤税规则(6.108)重新表述如下:

$$\tau(r) = -\left(\frac{\partial E}{\partial k}\right)^{-1} \frac{\partial E}{\partial \rho} \equiv \frac{dk}{d\rho}\bigg|_{E(k,\rho)=\text{常数}} \quad (6.113)$$

例 6.4 如例 6.2 所示,假设

$$E(k, \rho) = f(k/\rho^\lambda) \quad (6.114)$$

其中,f 是 k/ρ^λ 的增函数。当 $\lambda = 0$ 时,$E(k,\rho) = f(k)$,因此社区产品是不拥挤的。当 $\lambda = 1$ 时,$E(k,\rho) = f(k/\rho)$,因此社区产品类似于纯私人产品。由公式(6.113)可得,单位距离下最优拥挤税为

$$\tau(r) = \lambda k(r)/\rho(r) \quad (6.115)$$

当 $\lambda = 0$ 时,$\tau(r) = 0$;当 $\lambda = 1$ 时,$\tau(r) = k(r)/\rho(r)$。上述关系同预期一致。

6.5.2 分散管理机制

正如前文提到的,在方程组(6.102)—(6.110)中,如果 u 是给定的、g 是可变的,那么在目标效用 u 下上述公式代表补偿均衡条件。或者在这些方程中,如果 g 是固定的、u 是可变的,那么它们代表在人口税 g 下的竞争均衡条件。在任意的 r 处,如果政府选择 $k(r)$ 和 $\tau(r)$ 以满足条件(6.107)和(6.108)⑩,则均衡配置是有效的。⑪

然而,无论是在补偿均衡还是在竞争均衡的情况下,实现最优条件(6.107)和(6.108)都需要掌握关于市政府方面的信息。因此,现在给出一种更具操作性的分散管理机制,以实现有效配置。

假设城市中的每一单位土地都由一个(小)开发者开发。⑫ 图 6.8 总结了城市土地所有者、开发者和家庭之间的关系。在 r 处,开发者以土地租金 $R_0(r)$ 从土地所有者那里租用一单位的未开垦土地,并在该土地上投入规模为 $k(r)$ 的社区产品。然后,开发者以市场化租金 $R(r)$ 将改良土地出租给城市家庭,并向家庭征收拥挤税 $\tau(r)$。因此,在 r 处开发者(单位土地)的利润为

$$\pi(r) = \text{级差地租} + \text{拥挤税} - \text{社区产品成本} \quad (6.116)$$
$$= (R(r) - R_0(r)) + \tau(r)\rho(r) - k(r)$$

其中,$\rho(r)$ 指在 r 处单位土地上的家庭数量。根据定义,$\rho(r) = 1/s(r)$,其中,$s(r)$ 是在 r

---

⑩ 当一阶条件(6.107)和(6.108)不充分时,须用本章注释㊴中原来的决策规则(∗)代替。

⑪ 这可以用与命题 3.9 相似的方式来表示,即假设 $u^*(g)$ 为在税收水平 g 下,通过竞争获得的均衡效用水平。那么,我们可以很容易看出,竞争均衡是目标效用 $u^*(g)$ 下的 HS 模型的解,因此是有效的。

⑫ 事实上,这意味着每个城市开发者会参与几个城市街道的建设,每一个开发者都应该足够小以至于其能够接受城市家庭获得的公共效用。也就是说,所有城市开发者都被认为是效用的接受者。

处家庭消费的土地面积。需要注意的是，在 r 处未开垦土地租金 $R_0(r)$ 是由所有开发者之间的竞争决定的，所以在等式（6.116）中，$R_0(r)$ 的值超出了所讨论的开发者的控制范围。然而，开发者可以通过选择 $\tau(r)$ 和 $k(r)$ 来影响等式（6.116）中 $R(r)$ 和 $\rho(r)$ 的值。为了更准确地了解这种关系，我们首先研究如何通过竞争性土地市场来决定均衡土地面积 $s(r)$。

```
    在 r 处的    未开垦土地    在 r 处的    改良土地    在 r 处的
    土地所有者  ←------→    开发者    ←------→    城市家庭
                  R_0(r)                R(r),τ(r)
```

图 6.8　在 r 处各经济主体之间的关系

给定 $\tau(r)$、$k(r)$（由开发者选择）和 g（由政府选择），如果 u 为均衡效用水平，$\rho(r)$ 为均衡的家庭密度，则均衡土地面积 $s(r)$ 将由关系式（6.105）给出。然而，根据定义，它还必须满足 $\rho(r)=1/s(r)$。因此，将这一关系代入关系式（6.105）中，我们将通过求解以下定点问题来确定均衡土地面积 $s(r)$：

$$s(r)=s(Y^0-g-\tau(r)-T(r),u,E[k(r),1/s(r)]),r\leqslant r_f \tag{6.117}$$

设 $s^*(Y^0-g-\tau(r)-T(r),u,k(r))$ 是该方程的解，并称其为均衡土地面积函数。若设 s^e 为期望土地面积，则如图 6.9 所示，$s^*(Y^0-g-\tau(r)-T(r),u,k(r))$ 在曲线 $s(Y^0-\tau(r)-T(r),u,E[k(r),1/s^e])$ 与 45 度线的交点处被唯一确定，即 $s=s^e$。为了简单起见，我们通常用 $s^*(r)$ 来表示 $s^*(Y^0-g-\tau(r)-T(r),u,k(r))$：

$$s^*(r)\equiv s^*(Y^0-g-\tau(r)-T(r),u,k(r)) \tag{6.118}$$

现在，将 $1/s^*(r)$ 代入公式（6.102）中的 $\rho(r)$，则均衡地租 $R(r)$ 可表示为

$$R(r)=\psi(Y^0-g-\tau(r)-T(r),u,E[k(r),1/s^*(r)]) \tag{6.119}$$

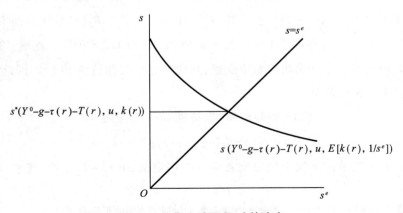

图 6.9　均衡土地面积 s^* 的确定

因此，根据条件（6.106）、（6.116）和（6.119），在 r 处开发者的问题是选择 k 和 τ，使利润 $\pi(r)$ 最大化：

$$\max_{k,\tau} \pi(r) = \psi(Y^0 - g - \tau - T(r), u, E[k, 1/s^*(r)]) - R_0(r) + \tau/s^*(r) - k \quad (6.120)$$

其中,$s^*(r)$由公式(6.118)给出[$\tau(r)$和$k(r)$分别由τ和k替代]。结果表明,该最大化问题的一阶条件与萨缪尔森条件(6.107)和拥挤税规则(6.108)相同。[43] 当然,在均衡状态下,每个开发者获得的利润均为零。特别地,由于在城市边缘r_f处$R_0(r_f) = R_A$,这意味着边界条件(6.103)在均衡时必须成立,因此,我们可以得出结论,即给定任意人口税税率g,如果开发者选择公共品供给规模$k(r)$(每单位土地)和拥挤税税率$\tau(r)$,以最大化级差地租与拥挤税收入减去公共品成本(每单位土地)的总和,那么土地的有效利用能够在均衡状态下实现。

需要注意的是,对于开发者来说,利润函数(6.120)中的所有变量都是可观测的。从这个意义上说,上面描述的分散管理机制是可行的。另外,由于在均衡状态下每个开发者获得的利润都为零,因此,根据公式(6.116)可得

$$(R(r) - R_0(r)) + \tau(r)\rho(r) = k(r), \quad r \leq r_f \quad (6.121)$$

也就是说,在距离r处,级差地租与拥挤税之和等于社区产品成本。因此,均衡(即有效)土地利用模式可如图6.10所示。尤其是,因为

$$dR_0(r)/dr = -T'(r)/s^*(r) \quad (6.122)$$

故未开垦土地租金曲线是距离r的减函数。[44]

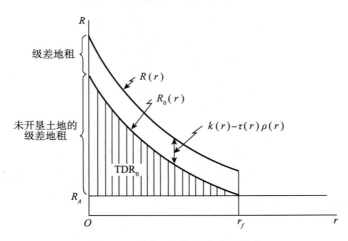

图6.10 均衡/有效土地利用模式

例6.5 回顾一下,在等式(6.114)下,有$\tau(r) = \lambda k(r)/\rho(r)$。把该关系式代入公式

---

[43] 由公式(6.6)可知,$\psi(Y^0 - g - \tau - T(r), u, E[k, \rho(r)]) = \max_s (Y^0 - g - \tau - T(r) - Z(s, u, E[k, \rho(r)]))/s$。将其代入公式(6.120),再应用包络定理,可得公式(6.107)和(6.108)。

[44] 将包络定理应用于公式(6.120)可得到关系式(6.122),利用均衡条件,对于所有的$r \leq r_f$,有$\pi(r) = 0$。住宅土地租金$R(r)$并不总是r的减函数。关于特定条件下更详细的土地利用特征,参见 Helpman、Pine 和 Borukhov(1976)。

(6.121),可得

$$(R(r)-R_0(r))+\lambda k(r)=k(r),\text{或者 } R(r)-R_0(r)=(1-\lambda)k(r) \quad (6.123)$$

因此,在一个有效率的城市中,在每个距离 r 处,$(1-\lambda)\times 100\%$ 的公共品成本由级差地租提供,$\lambda\times 100\%$ 的公共品成本由拥挤税提供。[45] 随着 λ 的不断增加(即社区产品越来越拥挤),其成本中来自拥挤税的比例也不断提高。

最后,在补偿均衡或竞争均衡中,如果适当改变 u 或 g,就可以得到所有有效的配置。下面我们将分析在这些有效配置中普遍存在的城市集聚间的关系。对于任意的 HS 问题,在最优解下,剩余 $\mathscr{S}$ [由公式(6.96)定义]的值等于拉格朗日函数 $\mathscr{L}$ [由公式(6.101)定义]的值。如前所述,该问题的解满足

$$(Y^0-g-\tau(r)-T(r)-Z(s(r),u,E[k(r),\rho(r)]))/s(r)$$
$$=\psi(Y^0-g-\tau(r)-T(r),u,E[k(r),\rho(r)])=R(r)$$

因此,利用公式(6.121),我们可以从公式(6.101)得

$$\mathscr{S}(Y^0,u,N)=\int_0^{r_f}(R(r)+\tau(r)\rho(r)-k(r)-R_A)L(r)dr+gN$$

$$\equiv \int_0^{r_f}[(R_0(r)-R_A)+(R(r)-R_0(r))+\tau(r)\rho(r)-k(r)]L(r)dr+gN$$

$$=\int_0^{r_f}(R_0(r)-R_A)L(r)dr+gN$$

进一步地,如果我们定义未开垦土地的总级差地租为

$$\text{TDR}_0=\int_0^{r_f}(R_0(r)-R_A)L(r)dr \quad (6.124)$$

那么有

$$\mathscr{S}(Y^0,u,N)=\text{TDR}_0+gN \quad (6.125)$$

在图 6.10 中,TDR_0 等于阴影区域。因为在每个距离 r 处,社区产品的净收益 $R(r)-R_0(r)$ 等于其净成本 $k(r)-\tau(r)\rho(r)$,因此住宅开发的剩余总和等于 TDR_0 加上人口税收益 gN。

6.6 超级社区产品

在城市产品(社区产品)的讨论中,假设在城市(社区)内开发者的收益是一致的,城市(社区)之间不存在溢出效应。在这种情况下,正如前几节所示,许多城市(社区)之间

---

[45] Hochman(1982a)得到了与公式(6.123)相同的关系式。

的竞争将导致这种产品的有效供给。然而,在超级社区产品的情况下,它的福利被许多社区的居民享受,因此我们不能把城市划分成许多区域——在这些区域中,该产品福利是自给自足的。实际上,超级社区产品(如博物馆和绿色公园)的服务被城市中的大多数居民享受,但每个居民获得的收益取决于他们在城市中的位置。因此,很难通过设计一种分散管理机制来有效地供给这类产品。

为了对该问题进行更细致的分析,下面给出一个关于线性城市的简单示例。假设一个城市要在一块单位宽度的狭长土地上开发。假设所有城市居民都在 CBD 工作,CBD 的位置是预先确定的。设坐标 x 表示城市中的任意区位,其原点 O 与 CBD 的位置重合(见图 6.11)。在该城市中,超级社区产品将由两个分别位于 y_1 和 y_2 的公共设施提供。为了简化分析,假设这两个设施都不拥挤,也不占用土地。每个设施 i 的规模由其成本 K_i ($i=1,2$) 来衡量。虽然两个设施相似,但可提供不同的服务。因此,每个城市家庭都可以从这两个设施中获益。假设在 x 处每个家庭从这两个设施中获得的总收益 $E(x)$ 为

$$E(x) = \Phi[f(K_1)g(|x-y_1|), f(K_2)g(|x-y_2|)] \tag{6.126}$$

这里,$f(K)$ 是设施规模 K 的增函数,代表了在设施所在地居住的家庭所享受的该设施提供的潜在收益。函数 $g(r)$ 是距离 r 的减函数,表示设施收益的空间递减性。Φ 是一个恰当的函数,下面两个特殊情形值得注意:

(a) $E(x) = \max\{f(K_1)g(|x-y_1|), f(K_2)g(|x-y_2|)\}$

(b) $E(x) = f(K_1)g(|x-y_1|) + f(K_2)g(|x-y_2|)$

在情形(a)下,每个家庭选择有更大收益的设施(如小学)。在情形(b)下,每个家庭的总收益为各个设施的收益总和。也就是说,每个家庭从设施(如绿色公园或博物馆)中获得溢出收益。事实证明,情形(a)在设计分散管理机制时会存在更多难题。因此,下面我们集中讨论情形(b)。[46] 下面假设

$$E(x) = f(K_1)e^{-\omega|x-y_1|} + f(k_2)e^{-\omega|x-y_2|} \tag{6.127}$$

其中,正的常数 ω 表示空间贴现率,反映超级社区产品的局部水平。需要注意的是,

$$\lim_{\omega \to 0} E(x) = f(K_1) + f(K_2) \quad \forall x$$

这与 6.3 节中的纯城市产品的情形相对应。

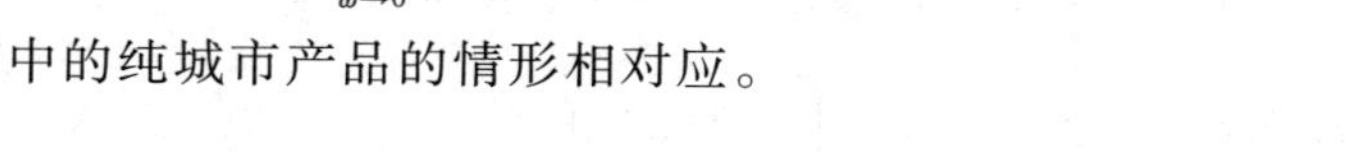

图 6.11 一个线性城市

假设家庭居住选择行为与公式(6.1)类似,家庭效用函数如例 6.1 给出的对数线性函

---

[46] 关于情形(a)的研究,参见 Hochman(1982a)、Sakashita(1987a,b)以及 Kuroda(1988)。有关情形(b)的讨论基于 Koide(1985,1988)。

数形式,即
$$U(z,s,E(x)) = \alpha \log z + \beta \log s + \gamma \log E(x) \tag{6.128}$$
其中,$\alpha,\beta,\gamma>1$,且 $\alpha+\beta=1$。

在分析这两个设施的最优区位时,我们只考虑对称情况,即[47]
$$K_1 = K_2 \equiv K/2 \tag{6.129}$$
$$y_1 = -y_2 \equiv y \geq 0 \tag{6.130}$$
此时,公式(6.127)可变为
$$E(x) \equiv E(x;y,K) = \begin{cases} f(\dfrac{K}{2})e^{-\omega x}\{e^{\omega y}+e^{-\omega y}\}, & \text{对于 } x \geq y \\ f(\dfrac{K}{2})e^{-\omega y}\{e^{\omega x}+e^{-\omega x}\}, & \text{对于 } -y<x<y \\ f(\dfrac{K}{2})e^{\omega x}\{e^{-\omega y}+e^{\omega y}\}, & \text{对于 } x \leq -y \end{cases} \tag{6.131}$$

图 6.12 描述了给定 K 下的 $E(x)$ 曲线。

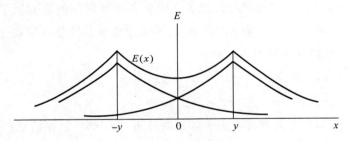

图 6.12　$K_1 = K_2$ 时的 $E(x)$ 曲线

上述分析表明,在效用函数(6.128)中的参数 β、γ 给定的条件下,可以直接确定两个设施的最优区位。也就是说,它们都位于城市中心。为了证明这一点,在第一阶段,我们给定 u(目标效用水平)、N(城市人口)、K 和 y,在 HS 模型中研究(城市的)最优土地/资源配置。然后,在第二阶段,确定最优区位 y[对于给定的组合(u,N,K)]。

在第一阶段,我们首先定义人口成本函数 $C(u,N,K;y)$ 为
$$C(u,N,K;y) \equiv \min_{r_f,n(x),s(x)} \int_{-r_f}^{r_f} \{T(x) + Z[s(x),u,E(x;y,K)] + R_A s(x)\} n(x) dx$$
$$\text{s.t.} \quad s(x)n(x) \leq 1, -r_f \leq x \leq r_f \tag{6.132}$$
$$\int_{-r_f}^{r_f} n(x) dx = N \tag{6.133}$$

---

[47] 假设当 $K_1=K_2$ 时,两个设施的最优区位始终是相对于 CBD 对称的。然而,这一推测尚未得到证实。

同理,给定城市的人均收入 Y^0,剩余函数 $\mathscr{S}(Y^0,u,N,K;y)$ 可以定义为

$$\mathscr{S}(Y^0,u,N,K;y) \equiv NY^0 - C(u,N,K;y)$$

$$= \max_{r_f,n(x),s(x)} \int_{-r_f}^{r_f} \{Y^0 - T(x) - Z[s(x),u,E(x;y,K)] - R_A s(x)\} n(x) dx$$

s.t. 公式(6.132)和(6.133)

上述最大化问题的解称为 $HS(Y^0,u,N,K;y)$ 问题,由此确定在给定组合 (u,N,K,y) 下的(城市)最优土地/资源配置。[48] 需要注意的是,在达到最优配置时,任意区位上的土地约束(6.132)都取等号。[49] 考虑到这一点,与上述 HS 问题相关的拉格朗日函数可以表示为

$$\mathscr{L} = \int_{-r_f}^{r_f} \{Y^0 - T(x) - Z[s(x),u,E(x;y,K)] - R_A s(x)\} \frac{1}{s(x)} dx -$$

$$G^* \left(\int_{-r_f}^{r_f} \frac{1}{s(x)} dx - N\right) \tag{6.134}$$

$$= \int_{-r_f}^{r_f} \left\{\frac{Y^0 - G^* - T(x) - Z[s(x),u,E(x;y,K)]}{s(x)} - R_A\right\} dx + G^* N$$

如前所述,乘子 G^* 代表影子收入税(或补贴)。通过选择最优的 r_f 和 $s(x)$,使 $\mathscr{L}$ 最大化。因此,回顾 6.2 节给出的竞价租金函数 $\psi(I,u,E)$ 和最大竞价土地面积函数 $s(I,u,E)$,如公式(3.59)—(3.63)[即公式(3.71)—(3.74)],我们可以得到如下最优条件[50]:

$$R(x) = \begin{cases} \psi(Y^0 - G^* - T(r),u,E(x)) & \text{对于} -r_f \leq x \leq r_f \\ R_A & \text{对于} x \leq -r_f, x \geq r_f \end{cases} \tag{6.135}$$

$$s(x) = s(Y^0 - G^* - T(x),u,E(x)) \quad \text{对于} -r_f \leq x \leq r_f \tag{6.136}$$

$$n(x) = \begin{cases} \dfrac{1}{s}(Y^0 - G^* - T(x),u,E(x)) & \text{对于} -r_f \leq x \leq r_f \\ 0 & \text{对于} x < -r_f, x > r_f \end{cases} \tag{6.137}$$

$$\int_{-r_f}^{r_f} \frac{1}{s}(Y^0 - G^* - T(x),u,E(x)) dx = N \tag{6.138}$$

如前所述,我们可以把上述最优条件看作借助人口税 G^* 实现目标效用 u 的补偿均衡条件(回顾 3.4 节的解释)。此时,$R(x)$ 表示在 x 处的地租。需要注意的是,除了 $E(x)$,这些最优条件与公式(3.71)—(3.74)相同。

---

[48] 需要注意,这个最大化问题的解是独立于 Y^0 的。

[49] 实际上,给定任意的 y,这可能并不总是对的。然而,很容易看出,如果在城市边缘留下一些农业用地(在最优配置下),那么 $(y,-y)$ 并不是两个设施的最优配置。因此,为了确定最优区位,我们可以放心地这样假设。

[50] 同样,我们可以证明以下条件对于最优解是充分必要的。

根据公式(6.11)和(6.12),我们有

$$\psi(Y^0-G^*-T(x),u,E(x))=\alpha^{\frac{\alpha}{\beta}}\beta\,(Y^0-G^*-T(x))^{\frac{1}{\beta}}E(x)^{\frac{\gamma}{\beta}}e^{\frac{-u}{\beta}} \qquad (6.139)$$

$$s(Y^0-G^*-T(x),u,E(x))=\alpha^{\frac{-\alpha}{\beta}}\beta\,(Y^0-G^*-T(x))^{\frac{-\alpha}{\beta}}E(x)^{\frac{-\gamma}{\beta}}e^{\frac{u}{\beta}} \qquad (6.140)$$

如假设 6.2 中所提到的,假定 $f(K/2)>0$, $R_A>0$ 以及 $T(x)=T(|x|)$。然后将公式(6.139)、(6.140)与(6.131)相结合,同时给定 y,我们可以得到最优空间配置(即补偿均衡),它是关于原点 O 对称的,具体如图 6.13 所示。㊾ 因为收益来自两个公共设施,所以条件(6.135)和(6.139)给出的地租曲线可能在 y 和 $-y$ 处达到局部最高点。

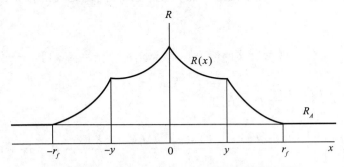

图 6.13 给定设施区位 $(y,-y)$ 下的最优空间配置

现在转到第二阶段,为了确定最优区位 y,我们检验 y 的变化对剩余 $\mathscr{S}$ 的影响。应用包络定理,我们有㊿

$$\frac{\partial \mathscr{S}}{\partial y}=\frac{\partial \mathscr{L}}{\partial y} \qquad (6.141)$$

$$=\int_{-r_f}^{r_f}\frac{\partial}{\partial y}\left(\frac{Y^0-G^*-T(x)-Z[s(x),u,E(x;y,K)]}{s(x)}\right)dx$$

由于在 $s(x)$ 的最优选择下,有

$$\frac{Y^0-G^*-T(x)-Z[s(x),u,E(x;y,K)]}{s(x)}$$

$$=\psi(Y^0-G^*-T(x),u,E(x;y,K))$$

根据公式(6.139)和(6.140)可得

$$\frac{\partial \mathscr{S}}{\partial y}=\int_{-r_f}^{r_f}\frac{\partial \psi(Y^0-G^*-T(x),u,E(x;y,K))}{\partial y}dx \qquad (6.142)$$

㊾ 注意,在公式(6.135)—(6.138)中,两个未知数是 G^* 和 r_f。给定假设 6.1—6.4,利用与 3.4 节相似的边界租金曲线方法,我们可以很容易地看出,对于每组 (u,y,K,N),G^* 和 r_f 的值是唯一确定的,因此问题 $HS(Y^0,u,N,K;y)$ 存在唯一解。

㊿ 运用与 Van Long 和 Vousden(1977)定理 1 的横截面条件(h)相同的方法,可以得到包络定理 $\partial \mathscr{S}/\partial y=\partial \mathscr{L}/\partial y$。

$$= 2\int_0^{r_f} \gamma \alpha^{\frac{\alpha}{\beta}} (Y^0 - G^* - T(x))^{\frac{1}{\beta}} E(x)^{\frac{(\gamma-\beta)}{\beta}} \frac{\partial E(x)}{\partial y} e^{\frac{-u}{\beta}} dx \qquad (6.143)$$

其中,$E(x) \equiv E(x;y,K)$,根据公式(6.131)可得

$$\frac{\partial E(x)}{\partial y} = \begin{cases} \omega f\left(\frac{K}{2}\right) e^{-\omega x} \{e^{\omega y} - e^{-\omega y}\} > 0 & \text{对于 } x > y \\ -\omega f\left(\frac{K}{2}\right) e^{-\omega y} \{e^{\omega x} + e^{-\omega x}\} < 0 & \text{对于 } -y < x < y \\ \omega f\left(\frac{K}{2}\right) e^{\omega x} \{e^{\omega y} - e^{-\omega y}\} > 0 & \text{对于 } x < -y \end{cases} \qquad (6.144)$$

关系式(6.142)表明,y 边际变化的收益(以 $\mathscr{S}$ 表示)完全体现在总(影子)地租的变化中。[53] 因此,给定 $y > 0$,如果 $\partial \mathscr{S}/\partial y$ 为正(负),则两个设施必须向外(向内)移动。下面,我们将检验三种不同情况(根据 β 和 γ 的相对大小)下 $\partial \mathscr{S}/\partial y$ 的变化,并确定最优区位 y。需要注意的是,在最优状态下不会出现 $y \geq r_f$ 的情形。

情形 1:$\beta = \gamma$。当 $\beta = \gamma$ 时,由关系式(6.143)可知,$\partial \mathscr{S}/\partial y$ 的符号仅依赖于

$$\int_0^{r_f} (Y^0 - G^* - T(x))^{\frac{1}{\beta}} \frac{\partial E(x)}{\partial y} dx \qquad (6.145)$$

回顾关系式(6.144),我们可以看到对于任意的 $y \in (0, r_f)$,有

$$\int_0^y (Y^0 - G^* - T(x))^{\frac{1}{\beta}} \frac{\partial E(x)}{\partial y} dx \leq (Y^0 - G^* - T(y))^{\frac{1}{\beta}} \int_0^y \frac{\partial E(x)}{\partial y} dx$$

$$\int_y^{r_f} (Y^0 - G^* - T(x))^{\frac{1}{\beta}} \frac{\partial E(x)}{\partial y} dx \leq (Y^0 - G^* - T(y))^{\frac{1}{\beta}} \int_y^{r_f} \frac{\partial E(x)}{\partial y} dx$$

所以有

$$\int_y^{r_f} (Y^0 - G^* - T(x))^{\frac{1}{\beta}} \frac{\partial E(x)}{\partial y} dx \leq (Y^0 - G^* - T(y))^{\frac{1}{\beta}} \int_0^{r_f} \frac{\partial E(x)}{\partial y} dx \qquad (6.146)$$

另外,由关系式(6.144)可知

$$\int_0^{r_f} \frac{\partial E(x)}{\partial y} dx = -f\left(\frac{K}{2}\right) \{e^{\omega y} - e^{-\omega y}\} e^{-\omega r_f} < 0 \qquad (6.147)$$

因此,我们可以由关系式(6.145)—(6.147)推断,$\partial \mathscr{S}/\partial y$ 对所有的 $y \in (0, r_f)$ 均为负,故当两个设施位于中心区位时,$\mathscr{S}$ 值最大。

---

[53] 由于存在

$$\int_{-r_f}^{r_f} \frac{\partial \psi}{\partial y} dx = \frac{\partial}{\partial y} \int_{-r_f}^{r_f} (\psi - R_A) dx = \frac{\partial \text{TDR}}{\partial y}$$

我们可以将上述结果重述如下:y 边际变化的收益完全体现在地租总差额的变化中。当然,这个结果只在 y 变化很小的时候成立。

情形 2：$\beta<\gamma$。通过与情形 1 相同的论证，可以看出下面的不等式对任意的 $y\in(0,r_f)$ 都成立。

$$\int_0^{r_f}(Y^0-G^*-T(x))^{\frac{1}{\beta}}E(x)^{(\gamma-\beta)/\beta}\frac{\partial E(x)}{\partial y}dx\leqslant$$

$$(Y^0-G^*-T(y))^{\frac{1}{\beta}}\int_0^{r_f}E(x)^{(\gamma-\beta)/\beta}\frac{\partial E(x)}{\partial y}dx$$

因此，通过下式

$$\int_0^{r_f}E(x)^{(\gamma-\beta)/\beta}\frac{\partial E(x)}{\partial y}dx<0 \tag{6.148}$$

我们可以得出相同的结论，即当两个设施位于中心区位时，$\mathscr{S}$ 值最大。[54]

情形 3：$\beta>\gamma$。在这种情况下，该问题更加复杂。此时，如果 γ 相对于 β 不是太小，那么当两个设施位于中心区位时，$\mathscr{S}$ 值仍然最大。因此，只有当 γ/β 与空间贴现率 ω 相比足够小（即 ω 与 γ/β 相比足够大）时，两个设施最优区位才不会在中心选址。[55]

总结上述三种情形，我们可以得出结论，即如果超级社区产品比土地更重要（即比值 γ/β 足够大），则两种设施选址于城市中心是最优的，这是因为牺牲家庭的土地消费和在城市中心提供超级社区产品更有效率，这样可以有更多的家庭享受到超级社区产品的服务。如果情形正好相反，超级社区产品选址于两个非中心的区位，家庭分布将更加分散以消费更多的土地。

上述结果表明，分散管理机制很难有效地提供超级社区产品。为了了解这一点，我们假设这两个设施的最优区位是在市中心。让我们进一步假设，城市被分为两个行政辖区：中心的右边和中心的左边。然后，如果每个地方政府在其管辖范围内独立选择一个设施（为提供超级社区产品）的最优区位，那么这两个设施将永远不会位于市中心。这是因为如果地方政府把其设在城市中心（即行政辖区的边缘），则该设施的潜在收益只有一半可由该行政辖区的居民获得。由此可见，如果不引入适当的协调方案，两个地方政府将永远无法在最优区位上提供这两个设施。此外，如果城市被分为三个行政辖区——中央、右边和左边——并且如果两个设施都由中央行政辖区的地方政府提供，那么这两个设施可被选址在最优区位（即中心区位）。然而，在这种情况下，中央行政辖区的居民可以从这两个设施中获得部分收益，而两个边缘行政辖区则可以从这两个设施中获得类似于溢出效应的收益。因此，即使这两个设施所在的区位是最优的，如果没有在三个行政

---

[54] 不等式(6.148)的证明，可参见 Koide(1988)。

[55] 这个结论可以利用类似于 Koide(1985 年，第 4 章)的方法得到。在一种特殊的情形下，假设：(a)对于所有的 $x,T(x)=0$；(b)$R_A=0$；(c)r_f 是外生给定的($r_f<\infty$)。然后我们可以证明，如果 $\gamma/\beta\geqslant(1-e^{-(\gamma/\beta)\omega r_f})$，那么 $\mathscr{S}$ 在 $y=0$ 处最大化；否则，$\mathscr{S}$ 在某些 $y>0$ 处最大化。

辖区之间采取适当的费用分摊机制,这两个设施的规模也会比(全市)最佳的规模小。[56] 这表明,超级社区产品(具有类似于溢出效应的收益)的有效供给需要市政府在全市范围内进行规划,或在地方行政辖区之间制定适当的协调机制。[57]

6.7 总结和扩展

在本章中,我们通过简单的例子考察了有效提供地方公共品的基本原则。特别是,在城市产品或社区产品的情况下,剩余最大化的开发者(或地方政府)之间的竞争将导致这些产品的有效供给。然而,这一令人鼓舞的结果是在一系列强有力的假设下得出的,因此,该结果也具有局限性。下面进一步研究放松假设后将如何影响上述结果(关于以下问题的深入讨论,请参阅下面的书目备注中提到的文章)。首先,可以放松每个城市的总生产函数具有不变的规模收益的假设,且其并不影响结果。例如,在 6.4 节(拥挤性城市产品)中,假设每个城市的总生产函数 $F(N)$ 具有递增的规模收益(至少对于较小的 N),则问题(6.81)中的剩余函数 Π 为

$$\Pi = \pi(W-G, u) + \text{TDR}(W-G, u, K) + N(W-G, u, K)G - K$$

其中,W 是工资率,π 是生产利润,并由下式给出:

$$\pi(W-G, u) \equiv F(N(W-G, u, K)) - N(W-G, u, K)W$$

回顾 5.7 节的分析不难看出,如果每个城市开发者选择工资率 W、人口税税率 G 和城市产品规模 K,以最大化净剩余 Π(生产利润、总级差地租与拥挤税收入减去城市产品成本的总和),那么,这些开发者之间的竞争(结合家庭的自由迁移)将导致最优的城市体系。在每个城市中,亨利·乔治定理的广义版本可表述为

$$\pi + \text{TDR} + NG = K$$

相比之下,同质家庭的假设更为基础。假设国民经济由多个类型的家庭组成。只要家庭类型的数量少于城市的数量(即各种类型的家庭分散在许多城市),那么,剩余最大化的开发者(或地方政府)之间的竞争仍然会导致一个有效的城市体系。但是,如果家庭类型太多,以至于每个类型的家庭只居住在少数几个城市,那么,通过分散管理机制很难

---

[56] 假设城市的总生产函数为公式(5.33)。然后考虑对称的情形下,即 $K_1 = K_2 = K/2$,最优规模 $\hat{K}$ 的值可以确定如下:设 $Y^0 = \delta$,我们定义

$$\mathcal{G}(\delta, u, N, K) \equiv \max_y \mathcal{G}(\delta, u, N, K, y)$$

则我们可以利用该剩余函数 $\mathcal{G}(\delta, u, N, K)$,通过解社区问题(6.46)确定最优的城市人口数量 $\hat{N}$ 和设施规模 $\hat{K}$。因此,如 6.3 节所述,在 $(\hat{N}, \hat{K})$ 的最优选择下,亨利·乔治定理(6.44)成立。

[57] 如何有效地提供具有溢出效应的地方公共品这一主题在很大程度上尚未探讨。我们希望在计划出版的第二本书中能报告在这一主题上取得的一些进展。

实现有效的城市体系。这是因为,如果同一类型的家庭只居住在少数城市,则这些城市的开发者将认识到,其政策将影响该类型家庭的共同效用水平。因此,城市开发者将不再作为效用接受者。同样,当(潜在的)城市数量与全国总人口相比相对较小时,城市开发者不会像效用接受者那样做。因此,城市开发者之间的竞争可能不会产生一个有效的城市体系。

此外,地方公共品的有效配置要求每个开发者或地方政府都以剩余最大化为目标。然而,当城市由市政府管理时,它们可能不会表现为以剩余最大化为目标。它们可能有不同的目标,比如最大化城市人口或者赢得下一届的市长选举。最后,在 6.6 节已经表明,不同区域之间地方公共品的溢出效应将给有效提供这些公共品带来困难。面对我们理论的这些局限性,在现实世界中,我们最多只能说开发者或地方政府之间的竞争可能会对地方公共品的有效供给做出重大贡献。然而,由于没有完美的替代机制,Tiebout 的巧妙构思仍值得认真考虑。

书目备注

在撰写本章时,我们参考了 Arnott(1979)、Kanemoto(1980,第 3 章)、Berglas 和 Pines(1981)、Hochman(1982a,b)以及 Koidde(1985,第四章)。本章的目的绝不是要提供一个关于地方公共品的综合理论[关于地方公共品的最新文献综述,参见 Zodrow(1983)、Cornes 和 Sandier(1986)以及 Wildasin(1986b)]。相反,本章的重点是探讨地方公共品有效供给问题的空间维度。关于这一观点的进一步研究,参见 Schuler(1974,1976),Helpman、Pines 和 Borukhov(1976),Fisch(1976),Helpman 和 Pines(1980),Brueckner(1979,1981),Yang 和 Fujita(1983),Fujita(1986b),以及 Sakashita(1987a,b)。最后,Scotchmer(1986)研究了有限数量行政辖区对地方公共品的均衡供给。

第 7 章 邻里外部性与交通拥堵

7.1 引言

城市是一个人口密集的区域,人口集中导致了各种技术外部性。[①] 外部性包括正外部性(有益的)和负外部性(有害的)。比如,之前章节讨论的公共品外部性包括正外部性最重要的几种类型。本章我们着重讨论由家庭之间的互动引起的负外部性。[②] 我们在这里特别指出三种外部性:拥挤外部性、种族(民族)外部性以及由通勤造成的交通拥堵。

随着街区内家庭密度的增加,环境质量会随之下降,一部分是由噪声、垃圾、犯罪等造成的,另一部分是由街区内开放空间和绿地面积的减少造成的。由家庭集聚造成的负面效应,我们称之为拥挤外部性,即使一个城市的居民是相对同质的,这种现象依然有可能出现。此外,一个城市并非只有一个种族或者民族,如果一些群体对另一些群体有偏见,那么他们将认为另一些群体在该街区的存在会给其带来负面影响。比如,一些白人会对在黑人社区附近居住有偏见。我们将这种由不同种族间的偏见造成的外部性称为种族外部性。拥挤外部性和种族外部性的产生都是由住所太靠近所导致的。因此,我们把它们合称为邻里外部性。与它们不同的是,交通拥堵代表了完全不同的外部性,高速路上的每一辆汽车都增加了拥堵,因而增加了其他所有人的交通时间。交通拥堵有可能代表了城市中最重要的一种负外部性。

这些外部性都有可能导致市场失灵。比如,当高速公路出现交通拥堵时,如果不要求司机对因他们造成的拥堵对其他人进行补偿,则每个家庭的通勤成本中都不包括交通拥堵造成的外部成本。在此情况下,由于家庭支付的地租反映了通勤成本的差异,因此,

---

[①] 外部性的定义见第 5 章注释[④]。
[②] 由企业产生、家庭承担的负外部性(如化工厂的空气污染和水污染),见本章末尾的书目备注。

地租处于被扭曲的状态。由此可见，住宅土地市场的竞争均衡并不是社会有效的。

上述分析表明，在存在负外部性的情况下，我们不仅要分析没有公共干预时的土地市场特征，还要分析提高土地市场效率的政策措施。在接下来的部分，我们分别讨论这三种外部性，并分析能够恢复土地市场效率的最优政策。然而，需要特别指出的是，最优政策可能出于高行政费用、信息约束、政治或道德约束等原因被证明是不可行的，因此，我们需要考虑多种次优政策，其在一系列实际约束下是最优的政策选择。在 7.2 节，我们将分析拥挤外部性。在 7.3 节，我们将分析种族外部性的影响。最后，在 7.4 节，我们将在存在交通拥堵的情况下，研究住房和交通之间的土地配置问题。

7.2 拥挤外部性与密度分区

在其他条件相同时，家庭一般更倾向于选择低密度居住区而非高密度居住区。产生上述偏好的部分原因在于家庭更喜欢"绿色"，不仅限于自己居住地上的"绿色"，还包括整个街区，而低密度的社区可以提供更多的"绿色"。另外，高密度街区相对低密度街区一般更喧闹、脏乱，并且没有那么安全。考虑到对低密度的偏好，我们假定在距离 r 处（以 CBD 为中心），环境质量水平 $E(r)$ 是家庭密度 $\rho(r)$ 的减函数。

$$E(r) \equiv E[\rho(r)] \tag{7.1}$$

其中，

$$dE(\rho)/d\rho < 0 \tag{7.2}$$

然后，在公式(6.1)中，用 r 代替 x，用 $E[\rho(r)]$ 代替 $E(x)$，我们可以得到家庭居住选择的拥挤模型：

$$\max_{r,z,s} U(z,s,E[\rho(r)]) \quad \text{s.t.} \quad z+R(r)s=Y^0-G(r)-T(r) \tag{7.3}$$

需要注意的是，在家庭选择居住区时，都假定家庭密度函数 $\rho(r)$ 在 r 处是一个给定的常数。然而，家庭实际上选择一个居住区或者社区时，会轻微地增加区域的密度，这使得该区域的其他家庭承受了该家庭的迁入导致的负外部性。由于家庭在选择区位时并没有考虑其给其他家庭带来的负外部性，因此，基于此产生的住宅土地市场竞争均衡并不是有效的。

7.2.1 最优配置

为了检验为恢复住宅土地市场的效率而提出的修正方法，同前文一样，我们首先考虑在 HS 模型框架下的最优住宅土地配置。但幸运的是，此处不需要新的分析就能完成该任务。这是因为本节的拥挤模型在数学上可以看作 6.5 节社区产品模型的一个特例，即如果删除掉问题(6.89)中的变量 $k(r)$，就可以得到公式(7.1)。③ 所以，如果我们删除6.5节的变量 $k(r)$，则该节的所有结论对本节所讨论的问题依然适用。

具体来看，假定城市中存在 N 个同质家庭，我们可以重写 HS 问题(6.98)—(6.100)，有

$$\max_{r_f, s(r), \rho(r)} \int_0^{r_f} \left(\frac{Y^0 - T(r) - Z(s(r), u, E[\rho(r)])}{s(r)} - R_A \right) L(r) dr \tag{7.4}$$

$$\text{s.t.} \quad \rho(r) = 1/s(r), r \leq r_f : \text{密度约束} \tag{7.5}$$

$$\int_0^{r_f} \frac{L(r)}{s(r)} dr = N : \text{人口约束} \tag{7.6}$$

上述公式表明，该问题是在 N 个家庭达到目标效用 u 的前提下，通过选择距离 r 处的土地面积 $s(r)$、家庭密度 $\rho(r)$、城市的边缘距离 r_f 来实现最大化剩余。从公式(6.102)—(6.110)可进一步[通过移除变量 $k(r)$]得到该问题的最优条件：

$$R(r) = \begin{cases} \psi(Y^0 - g - \tau(r) - T(r), u, E[\rho(r)]) & \text{对于 } r \leq r_f \tag{7.7} \\ R_A - \tau(r)\rho(r) & r = r_f : \text{边界条件} \tag{7.8} \\ R_A & \text{对于 } r > r_f \tag{7.9} \end{cases}$$

$$s(r) = s(Y^0 - g - \tau(r) - T(r), u, E[\rho(r)]) \quad \text{对于 } r \leq r_f \tag{7.10}$$

$$\rho(r) = 1/s(r) \quad \text{对于 } r \leq r_f \tag{7.11}$$

$$\tau(r) = \rho(r) \frac{\partial Z}{\partial E} \frac{\partial E}{\partial \rho} \quad \text{对于 } r \leq r_f : \text{拥挤税规则} \tag{7.12}$$

$$n(r) = \begin{cases} L(r)/s(Y^0 - g - \tau(r) - T(r), u, E[\rho(r)]) & \text{对于 } r \leq r_f \\ 0 & \text{对于 } r > r_f \end{cases} \tag{7.13}$$

$$\int_0^{r_f} n(r) dr = N \tag{7.14}$$

这里，g、$\tau(r)$、$R(r)$ 分别代表在距离 r 处的影子人口税、影子拥挤税和影子地租。同前文一样，我们可以将最优条件解释为补偿均衡条件；该补偿均衡的目标效用 u 是在人口税和拥挤税的推动下达到的[更多细节可回顾方程(6.110)后的讨论]。

在方程组(7.7)—(7.14)中，如果我们把 u 视为常数、g 视为变量，则该方程组代表目标效用 u 下的补偿均衡条件；反之，如果把 g 视为常数、u 视为变量，该方程组就代表人口税 g 下的补偿均衡条件。在任何一种情形下，如果城市政府在距离 r 处，根据拥挤税规则(7.12)选择拥挤税 $\tau(r)$，得到的均衡配置就是有效的。然而，我们注意到直接实施拥挤税

---

③ 换句话说，拥挤模型是邻里产品模型的一个特例，其中，邻里产品的规模 $k(r)$ 在各处都固定为相同的常数，并且忽略 $k(r)$ 的成本。

规则(7.12)要求城市政府利用不可观测信息 $\partial Z/\partial E$ 和 $\partial E/\partial \rho$。因此,运用6.5.2小节的结论,我们考虑以下分散化方案来达到这种有效配置。同前文一样,假设城市中每单位土地都由一个开发者进行开发。不同之处是,开发者的作用是向家庭征收拥挤税。在距离 r 处,开发者以未开发土地市场租金 $R_0(r)$ 向土地所有者租借一单位未开发土地(即农业用地)。之后,开发者将同一块土地以住宅土地市场租金 $R(r)$ 租给城市家庭,并且开发者被授权对每个家庭收取拥挤税 $\tau(r)$。在 r 处,开发者的利润(每单位土地)可以表示为

$$\pi(r) = 级差地租 + 拥挤税 \qquad (7.15)$$
$$= (R(r) - R_0(r)) + \tau(r)\rho(r)$$

由于在距离 r 处,未开发土地租金 $R_0(r)$ 由开发者竞争决定,因此,公式(7.15)中的 $R_0(r)$ 的值超出了开发者的控制。然而,开发者能够通过适当选取 $\tau(r)$ 影响公式(7.15)中 $R(r)$ 和 $\rho(r)$ 的值。因此,在距离 r 处,开发者的问题是选择 τ 以最大化自身的利润 $\pi(r)$[④]:

$$\max_{\tau} \pi(r) = R(r) - R_0(r) + \tau\rho(r) \qquad (7.16)$$

同前文一样,我们可以证明,该最大化问题的一阶条件和拥挤税规则(7.12)一致。因此可以得出,给定任意人口税税率 g,如果每个开发者选取拥挤税税率 $\tau(r)$ 以最大化级差地租与拥挤税之和,此时的均衡住宅土地配置就是有效的。而且,如果适当改变 g,该配置仍然是有效的。

此外,给定任意的 g,在均衡状态下,每个开发者获得的利润均为零。因此,由公式(7.15)可得

$$R(r) = R_0(r) - \tau(r)\rho(r), \quad r \leq r_f \qquad (7.17)$$

即在城市边界内的每个距离 r 处,住宅土地租金等于未开发土地租金减去拥挤税。这意味着,图6.10中的曲线 $R(r)$ 在曲线 $R_0(r)$ 的下方,其原因是开发者获得拥挤税不需要支付任何成本。此时,我们也可以证明在任何均衡中关系式(6.125)均成立。

7.2.2 作为次优政策的密度分区

在上文中我们已经看到,存在拥挤外部性的情况下,如果每一个街区的开发者都被授权向居民收取拥挤税,则将会在均衡中实现有效的住宅配置。然而,在现实中我们很难看到此类拥挤税政策。这可能是因为开发者作为一个纯收税人的角色并不那么受欢迎,或者开发者一旦被赋予这项权力,他们就会滥用职权。本节,我们将密度分区作为一个替代政策,来解决拥挤外部性问题,即引入一项分区规定,规定家庭占用的最小住宅用

[④] 由于 $R_0(r)$ 与 τ 无关,因此在 r 处开发者的问题可以重述为
$$\max_{\tau} R(r) + \tau\rho(r)$$

地面积,并检验这种规定的影响。

为了更具体地进行讨论,我们假设:

$$E[\rho(r)] = 1/\rho(r) \quad (7.18)$$
$$\equiv s(r)$$

上式意味着,社区内每个区位的环境质量由家庭密度的倒数或者平均土地面积衡量。⑤ 而且,我们假设每个家庭的效用函数为例 6.1 中给出的对数线性函数形式。那么,将公式 (7.18)代入公式(6.10),可以得到在距离 r 处每个家庭的效用函数:

$$U(z,s,s(r)) = \alpha \log z + \beta \log s + \gamma \log s(r) \quad (7.19)$$

其中,$\alpha+\beta=1$。为了简化,我们假设:

$$T(r) = ar \quad L(r) = \theta \quad \forall r \geq 0 \quad (7.20)$$
$$R_A = 0 \quad (7.21)$$

假设 $L(r) = \theta$(即线性城市)是有用的,因为它使得在随后的分析中更容易获得显式解。

需要注意的是,在效用函数(7.19)中,个人土地面积 s 和社区内平均土地面积 $s(r)$ 是可相互替代的。此外,由于 $s(r)$ 是一种免费商品,因此单个家庭倾向于用 $s(r)$ 代替 s。由于距离 r 处的所有家庭都这样做,因此均衡土地面积[等于 $s(r)$]将比社会最优时更小。事实证明,最小土地面积规则的影响主要取决于土地所有权的性质。为了系统地比较在外土地所有者模型和土地公共所有权模型的结果,我们首先将家庭收入 Y 作为参数,求得每个 Y 下的均衡土地利用。然后,对于在外土地所有者模型,我们令 Y 等于 Y_0,在土地公共所有权模型中,令 $Y = Y_0 + TDR/N$,其中,Y_0 代表家庭的非土地收入(它是一个给定的常数)。⑥ 然而,在研究该规则的影响之前,分析没有任何监管时的均衡土地利用模式是非常有帮助的。

没有监管。假设每个家庭都可以自由地选择土地面积 s。然后给定人均收入 Y,每个家庭的居住选择行为可以描述为

$$\max_{r,z,s} \alpha \log z + \beta \log s + \gamma \log s(r) \quad \text{s.t.} \quad z + R(r)s = Y - ar \quad (7.22)$$

在公式(6.11)和(6.12)中,令 I 等于 $Y-ar$、E 等于 $s(r)$,得到竞价租金函数和最大竞价土地面积函数:

$$\psi(Y-ar, u, s(r)) = \alpha^{\alpha/\beta} \beta (Y-ar)^{1/\beta} s(r)^{\gamma/\beta} e^{-u/\beta} \quad (7.23)$$

$$s(Y-ar, u, s(r)) = \alpha^{-\alpha/\beta} (Y-ar)^{-\alpha/\beta} s(r)^{-\gamma/\beta} e^{u/\beta} \quad (7.24)$$

---

⑤ 为了区别于个人土地面积,我们将 $s(r)$ 称为在 r 处的平均土地面积。当然,在目前同质家庭的背景下,均衡时在任意距离 r 处,$s(r)$ 都等于个人土地面积。

⑥ 我们先前用 Y^0 表示 Y_0。但是,由于后续分析经常涉及 Y^0 的幂函数,因此我们采用 Y_0 这种表示法。

在均衡状态下，每个家庭在相同距离 r 处会消费相同数量的土地，因此，$s(Y-ar,u,s(r))=s(r)$ 成立，或有

$$s(r)=\alpha^{-\alpha/\beta}(Y-ar)^{-\alpha/\beta}s(r)^{-\gamma/\beta}e^{u/\beta} \tag{7.25}$$

如果我们令 $s^*(Y-ar,u)$ 代表方程(7.25)对 $s(r)$ 的解，那么有

$$s^*(Y-ar,u)=\alpha^{-\alpha/(\beta+\gamma)}(Y-ar)^{-\alpha/(\beta+\gamma)}e^{u/(\beta+\gamma)} \tag{7.26}$$

上式称为均衡土地面积函数。公式(7.23)中令 $s(r)$ 等于 $s^*(Y-ar,u)$，得到对应的均衡竞价租金函数为

$$\psi^*(Y-ar,u)=\alpha^{\alpha/(\beta+\gamma)}\beta(Y-ar)^{(1+\gamma)/(\beta+\gamma)}e^{-u/(\beta+\gamma)} \tag{7.27}$$

此时，均衡条件(3.17)和(3.18)可变为

$$\int_0^{r_f}\frac{\theta}{s^*(Y-ar,u)}dr=N:\text{人口约束} \tag{7.28}$$

$$\psi^*(Y-ar_f,u)=0:\text{边界条件} \tag{7.29}$$

根据公式(7.27)和(7.29)，有 $r_f=Y/a$。利用该结果和公式(7.26)，我们通过公式(7.28)可得到均衡效用 u^*，其为收入 Y 的函数：

$$u^*(Y)=\alpha\log\alpha+(\beta+\gamma)\log\left(\frac{\beta+\gamma}{1+\gamma}\frac{\theta}{aN}\right)+(1+\gamma)\log Y \tag{7.30}$$

或

$$e^{u^*(Y)}=\alpha^\alpha\left(\frac{\beta+\gamma}{1+\gamma}\frac{\theta}{aN}\right)^{\beta+\gamma}Y^{1+\gamma} \tag{7.31}$$

现在，对于在外土地所有者模型，在公式(7.30)和(7.31)中，令 Y 等于 Y_0，可以得到均衡效用水平 $u_a^*\equiv u^*(Y_0)$，其表达式如下：

$$u_a^*=\alpha\log\alpha+(\beta+\gamma)\log\left(\frac{\beta+\gamma}{1+\gamma}\frac{\theta}{aN}\right)+(1+\gamma)\log Y_0 \tag{7.32}$$

或

$$e^{u_a^*}=\alpha^\alpha\left(\frac{\beta+\gamma}{1+\gamma}\frac{\theta}{aN}\right)^{\beta+\gamma}Y_0^{1+\gamma} \tag{7.33}$$

将公式(7.33)代入公式(7.26)和(7.27)后，如果定义 $s_a^*(r)\equiv s^*(Y_0-ar,u_a^*)$，并且 $R_a^*(r)\equiv\psi^*(Y_0-ar,u_a^*)$，我们能够获得在外土地所有者模型的均衡土地面积曲线 $s_a^*(r)$ 和均衡地租曲线 $R_a^*(r)$，分别表示如下：

在每个 $r\leqslant Y_0/a$ 处，

$$s_a^*(r)=\frac{\beta+\gamma}{1+\gamma}\frac{\theta}{aN}Y_0^{(1+\gamma)/(\beta+\gamma)}(Y_0-ar)^{-\alpha/(\beta+\gamma)} \tag{7.34}$$

$$R_a^*(r)=\beta\left(\frac{\beta+\gamma}{1+\gamma}\frac{\theta}{aN}\right)^{-1}Y_0^{-(1+\gamma)/(\beta+\gamma)}(Y_0-ar)^{(1+\gamma)/(\beta+\gamma)} \tag{7.35}$$

由公式(7.34)可得

$$s_a^*(0) = \frac{\beta+\gamma}{1+\gamma} \frac{\theta Y_0}{aN} \tag{7.36}$$

在上面的关系式中,曲线 $s_a^*(r)$ 和 $R_a^*(r)$ 均为常规的形状。也就是说,$s_a^*(r)$ 随着 r 而增加,$R_a^*(r)$ 随着 r 而减小。这些曲线确切的性质取决于 γ 的值。[7]

接下来,回顾土地公共所有权模型,其中,$Y = Y_0 + \text{TDR}/N$。然而,总级差地租 TDR 的值也取决于 Y 和 u。因此,我们必须同时决定 Y、TDR 和 u 的均衡值。为此,由公式(7.21)和(7.27)可得

$$\begin{aligned}\text{TDR} &= \int_0^{Y/a} \psi^*(Y-ar, u)\theta\, dr \\ &= \frac{\theta\beta(\beta+\gamma)}{a(1+\beta+2\gamma)} \alpha^{\alpha/(\beta+\gamma)} Y^{(1+\beta+2\gamma)/(\beta+\gamma)} e^{-u/(\beta+\gamma)}\end{aligned} \tag{7.37}$$

同理,由公式(7.26)和(7.28)可得

$$N = \frac{(\beta+\gamma)\theta}{(1+\gamma)a} \alpha^{\alpha/(\beta+\gamma)} Y^{(1+\gamma)/(\beta+\gamma)} e^{-u/(\beta+\gamma)} \tag{7.38}$$

根据定义,有

$$Y = Y_0 + \text{TDR}/N \tag{7.39}$$

从方程组(7.37)—(7.39)可以解出未知数 Y、TDR 和 u。令这三个未知数的解分别用 Y_p^*、TDR_p^*、u_p^* 代表,则有

$$Y_p^* = \frac{1+\beta+2\gamma}{1-\beta\gamma+2\gamma} Y_0 \tag{7.40}$$

$$\text{TDR}_p^* = \frac{\beta(1+\gamma)}{1-\beta\gamma+2\gamma} Y_0 N \tag{7.41}$$

$$u_p^* = \alpha\log\alpha + (\beta+\gamma)\log\left(\frac{\beta+\gamma}{1+\gamma} \frac{\theta}{aN}\right) + (1+\gamma)\log\left(\frac{1+\beta+2\gamma}{1-\beta\gamma+2\gamma} Y_0\right) \tag{7.42}$$

或

$$e^{u_p^*} = \alpha^\alpha \left(\frac{\beta+\gamma}{1+\gamma} \frac{\theta}{aN}\right)^{\beta+\gamma} \left(\frac{1+\beta+2\gamma}{1-\beta\gamma+2\gamma} Y_0\right)^{1+\gamma} \tag{7.43}$$

最后,将公式(7.40)和(7.43)代入公式(7.26)和(7.27)后,如果定义 $s_p^*(r) \equiv s^*(Y_p^* - ar, u_p^*)$ 和 $R_p^*(r) \equiv \psi^*(Y_p^* - ar, u_p^*)$,则可以得到土地公共所有权模型的均衡土地面积曲线 $s_p^*(r)$ 和均衡地租曲线 $R_p^*(r)$,分别为

$$s_p^*(r) = \frac{\beta+\gamma}{1+\gamma} \frac{\theta}{aN} \left(\frac{1+\beta+2\gamma}{1-\beta\gamma+2\gamma} Y_0\right)^{(1+\gamma)/(\beta+\gamma)} \cdot \left(\frac{1+\beta+2\gamma}{1-\beta\gamma+2\gamma} Y_0 - ar\right)^{-\alpha/(\beta+\gamma)} \tag{7.44}$$

---

[7] 不难看出,在靠近 CBD 的地区,随着 γ 的增加,$s_a^*(r)[R_a^*(r)]$ 也随之增加(减少);在郊区,结果则相反。

$$R_p^*(r) = \beta \left(\frac{\beta+\gamma}{1+\gamma} \frac{\theta}{aN}\right)^{-1} \left(\frac{1+\beta+2\gamma}{1-\beta\gamma+2\gamma}Y_0\right)^{-(1+\gamma)/(\beta+\gamma)} \cdot \left(\frac{1+\beta+2\gamma}{1-\beta\gamma+2\gamma}Y_0 - ar\right)^{(1+\gamma)/(\beta+\gamma)} \tag{7.45}$$

由公式(7.44)可得

$$s_p^*(0) = \frac{(\beta+\gamma)(1+\beta+2\gamma)}{(1+\gamma)(1-\beta\gamma+2\gamma)} \frac{\theta Y_0}{aN} \tag{7.46}$$

正如预期,我们可以得出 $Y_p^* > Y_0, u_p^* > u_a^*$ 和 $s_p^*(0) > s_a^*(0)$。

下面讨论存在最小土地面积规则的情形。假定我们引入一个规则,要求每个家庭的土地面积不小于一个给定的常数 s_m。我们把这个规则称为 s_m 条件下的最小土地面积规则,或简称为 s_m 规则。为了分析该规则的影响,我们引入一个对应于该规则的新竞价租金方程。不同于公式(6.5),我们现在考虑 s_m 规则下的效用最大化问题:

$$\max_{r,z,s} U(z,s,E) \quad \text{s.t.} \quad z+Rs=I \text{ 和 } s \geqslant s_m \tag{7.47}$$

然后,如同公式(6.6),相关的竞价租金函数可以定义为

$$\psi_M(I,u,E;s_m) = \max_{s \geqslant s_m} \frac{I-Z(s,u,E)}{s} \tag{7.48}$$

上式称为 s_m 规则下的竞价租金函数[同前文一样,$Z(s,u,E)$ 是函数 $U(z,s,E)=u$ 关于 z 的解]。我们用 $s_M(I,u,E;s_m)$ 代表求解公式(7.48)的最大化问题得到的最优土地面积,其被称为 s_m 规则下的最大竞价土地面积函数。

现在,在对数线性效用函数(7.19)下,s_m 规则下每个家庭的住宅土地选择行为可以描述为

$$\max_{r,z,s} \alpha \log z + \beta \log s + \gamma \log s(r)$$
$$\text{s.t.} \quad z+R(r)s = Y-ar \text{ 和 } s \geqslant s_m \tag{7.49}$$

其中,$s(r)$ 代表距离 r 处的平均土地面积。在这个背景下,令 $I=Y-ar, E=s(r), Z(s,u,E) = s^{-\beta/\alpha}s(r)^{-\gamma/\alpha}e^{u/\alpha}$,竞价租金函数(7.48)变为

$$\psi_M(Y-ar,u,s(r);s_m) = \max_{s \geqslant s_m} \frac{Y-ar-s^{-\beta/\alpha}s(r)^{-\gamma/\alpha}e^{u/\alpha}}{s} \tag{7.50}$$

同理,对应的最大竞价土地面积函数可以表示为 $s_M(Y-ar,u,s(r);s_m)$。

为了求解 s_m 规则下的均衡土地利用,首先观察到,在均衡状态下,城市边缘 r_f 内,距离 r 处的土地市场租金 $R(r)$ 应该等于竞价租金 $\psi_M(Y-ar,u,s(r);s_m)$:这里假定 Y、u 和 $s(r)$ 为均衡值。因此,距离 r 处每个家庭的最优土地面积应等于最大竞价土地面积 $s_M(Y-ar,u,s(r);s_m)$。同时,也可以得到均衡时在距离 r 处,每个家庭的土地面积等于平均土地面积。因此,在均衡时必然有以下关系:

$$s(r) = s_M(Y-ar,u,s(r);s_m) \quad \text{对于 } r \leqslant r_f \tag{7.51}$$

$$R(r) = \psi_M(Y-ar,u,s(r);s_m) \quad \text{对于 } r \leqslant r_f \tag{7.52}$$

而且,由公式(7.51)可知,如果 $s(r) > s_m$,那么 $s_M(Y-ar,u,s(r);s_m) > s_m$,这意味着在

公式(7.50)中的最大竞价土地面积不受 s_m 规则的限制。因此,$s_M(Y-ar,u,s(r);s_m)$ 必然等于 $s(Y-ar,u,s(r))$,后者是不存在 s_m 规则约束时距离 r 处的最大竞价土地面积[由公式(7.24)给出]。这也意味着,$\psi_M(Y-ar,u,s(r);s_m)$ 等于 $\psi(Y-ar,u,s(r))$[由公式(7.23)给出]。由此我们可以得出如下结论:

当 $r \leqslant r_f$ 时,

$$s(r)>s_m \Rightarrow s(r)=s(Y-ar,u,s(r)) \tag{7.53}$$
$$s(r)>s_m \Rightarrow R(r)=\psi(Y-ar,u,s(r)) \tag{7.54}$$

因为 $s(r)=s(Y-ar,u,s(r))$ 意味着 $s(r)=s^*(Y-ar,u)$,从而 $R(r)=\psi(Y-ar,u,s^*(Y-ar,u)) \equiv \psi^*(Y-ar,u)$,其中,$s^*$ 和 ψ^* 分别由公式(7.26)和(7.27)定义。因此,我们可以从公式(7.53)和(7.54)得出进一步的结论:

当 $r \leqslant r_f$ 时,

$$s(r)>s_m \Rightarrow s(r)=s^*(Y-ar,u) \tag{7.55}$$
$$s(r)>s_m \Rightarrow R(r)=\psi^*(Y-ar,u) \tag{7.56}$$

此时,公式(7.53)也意味着,如果 $s(r) \neq s(Y-ar,u,s(r))$,那么 $s(r) \leqslant s_m$。然而,由于均衡时必然有 $s(r) \geqslant s_m$,并且 $s(r) \neq s(Y-ar,u,s(r))$ 意味着 $s(r) \neq s^*(Y-ar,u)$,因此,我们可以得出如下结论:

$$s(r) \neq s^*(Y-ar,u) \Rightarrow s(r)=s_m \tag{7.57}$$

假定 $s^*(Y,u)<s_m$。在住宅土地市场均衡时,根据公式(7.51)—(7.57)可以分别画出平均土地面积曲线 $s(r)$ 和地租曲线 $R(r)$,如图 7.1 中的(a)和(b)。令 $r_m \equiv r_m(Y,u,s_m)$ 为有效距离,其由曲线 $s^*(Y-ar,u)$ 和水平线 s_m 的交点决定。因为曲线 $s^*(Y-ar,u)$ 随 r 递增,所以由公式(7.51)、(7.55)和(7.57)可得⑧

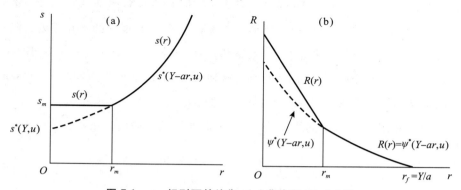

图 7.1 s_m 规则下的均衡 $s(r)$ 曲线和 $R(r)$ 曲线

---

⑧ 很容易证明,如果在某个 $r>r_m$ 处,$s(r)=s_m$,那么有 $s_M(Y-ar,u,s(r))>s(r)$,这违反条件(7.51)。因此,在每个 $r>r_m$ 处,$s(r)>s_m$ 必须成立。因此,由公式(7.55)可知,在每个 $r>r_m$ 处,$s(r)=s^*(Y-ar,u)$。此外,如果在某个 $r<r_m$ 处,$s(r)=s^*(Y-ar,u)$,那么 $s_m>s^*(Y-ar,u)=s(r)$,这违反了 MLS 规则,因此我们可以从关系式(7.57)得出结论:在每个 $r<r_m$ 处,有 $s(r)=s_m$。我们也可以很容易地确认在关系式(7.58)和(7.59)下,关系式(7.51)—(7.57)的所有条件都可得到满足。

$$s(r) = \begin{cases} s^*(Y-ar, u) > s_m & \text{对于 } r_m(Y, u, s_m) < r \leq r_f \\ s_m & \text{对于 } r \leq r_m(Y, u, s_m) \end{cases} \quad (7.58)$$

因此，由公式(7.50)、(7.56)和(7.57)进一步可得

$$R(r) = \begin{cases} \psi^*(Y-ar, u) & \text{对于 } r_m(Y, u, s_m) < r < r_f \\ \dfrac{Y - ar - s_m^{-(\beta+\gamma)/\alpha} e^{u/\alpha}}{s_m} & \text{对于 } r \leq r_m(Y, u, s_m) \end{cases} \quad (7.59)$$

利用公式(7.26)，有效距离可以通过对 r_m 求解以下方程得到

$$s_m = \alpha^{-\alpha/(\beta+\gamma)} (Y - ar_m)^{-\alpha/(\beta+\gamma)} e^{u/(\beta+\gamma)} \quad (7.60)$$

对上式求解后得到 $r_m \equiv r_m(Y, u, s_m) = (1/a)(Y - \alpha^{-1} s_m^{-(\beta+\gamma)/\alpha} e^{u/\alpha})$。我们可以从图 7.1(a) 中看出，在 $s_m > s^*(Y, u)$ 的情形下，在 r_m 距离内 s_m 规则是有效的。然而，如果 $s_m \leq s^*(Y, u)$，即如果 $Y - \alpha^{-1} s_m^{-(\beta+\gamma)/\alpha} e^{u/\alpha} \leq 0$，那么 s_m 规则在所有的区域均失效。这种情况下，我们定义 $r_m(Y, u, s_m) = 0$。因此，我们可以定义一般性的有效距离如下：

$$r_m(Y, u, s_m) = \begin{cases} \dfrac{1}{a}(Y - \alpha^{-1} s_m^{-(\beta+\gamma)/\alpha} e^{u/\alpha}) & \text{如果为正} \\ 0 & \text{（否则）} \end{cases} \quad (7.61)$$

需要注意的是，由公式(7.59)可知，当 $r \leq r_m$ 时，均衡地租 $R(r)$ 等于最小土地面积 s_m 下的竞价租金。因此，如图 7.1(b) 所示，当 $r \leq r_m$ 时，$R(r)$ 曲线是直的。不难发现，$R(r)$ 曲线中直的部分处于 $\psi^*(Y-ar, u)$ 曲线在 r_m 点切线的上方。因此，在有效距离 r_m 内，均衡地租曲线 $R(r)$ 至少在靠近 r_m 的区域内位于 $\psi^*(Y-ar, u)$ 曲线的上方，并且当最小土地面积 s_m 并没有比 $s^*(Y, u)$ 大很多的时候，对于所有的 $r \leq r_m$，$R(r)$ 曲线均在 $\psi^*(Y-ar, u)$ 曲线的上方[图 7.1(b) 描述了后一种情形]。[9] 这显示了 MLS 规则的潜在好处，即在 s_m 规则有效的区域，每个家庭被强制消费 s_m 数量的土地，该数量大于在没有该规则下的最大竞价土地面积。然而，至少在靠近 r_m 的有效区域，由更大的平均土地面积 s_m 带来的外部收益增加，大于由限制个人土地面积选择带来的损失。

下面，为了确定 u、r_f 和 Y 的均衡值，我们考虑如下额外的均衡条件：

$$\int_0^{r_f} \dfrac{\theta}{s(r)} dr = N : \text{人口约束} \quad (7.62)$$

$$R(r_f) = 0 : \text{边界条件} \quad (7.63)$$

---

[9] 设 $X(r) = (Y - ar - s_m^{-(\beta+\gamma)/\alpha} e^{u/\alpha}) s_m^{-1} - \alpha^{\alpha/(\beta+\gamma)} \beta (Y-ar)^{(1+\gamma)/(\beta+\gamma)} e^{-u/(\beta+\gamma)}$。利用方程(7.60)和条件 $X(r_m) = 0$，可得 $s_m X(r) = a(r_m - r) + \beta(Y - ar_m)[1 - ((Y-ar)/(Y-ar_m))^{(1+\gamma)/(\beta+\gamma)}]$。由此，我们可以很容易地看出 $X(r)$ 是严格凹的，并且 $X'(r_m) = -s_m^{-1} a \alpha \gamma (\beta+\gamma)^{-1} < 0$。然后，由于 $X(r_m) = 0$，并且当 s_m 接近于 $s^*(Y, u)$ 时，r_m 很小，因此，我们可以得出与正文中相同的结论。

由公式(7.27)、(7.59)和(7.63)可得 $r_f = Y/a$。该关系式结合了公式(7.26)、(7.58)和(7.61),可由公式(7.62)确定均衡效用 u,其为 Y 和 s_m 的函数：

$$u(Y,s_m) = \begin{cases} \alpha \log\left\{\left(\dfrac{\theta Y}{as_m} - N\right)\dfrac{a(1+\gamma)}{\theta}\right\} + (1+\gamma)\log s_m & \text{对于 } s_m \geq \tilde{s}_m \\ u^*(Y) & \text{对于 } s_m \leq \tilde{s}_m \end{cases} \quad (7.64)$$

其中,$u^*(Y)$ 由公式(7.30)给出,$\tilde{s}_m$ 被定义为

$$\tilde{s}_m = \frac{\beta+\gamma}{1+\gamma}\frac{\theta Y}{aN} \quad (7.65)$$

以上定义的临界土地面积 $\tilde{s}_m$ 是唯一满足下列条件的土地面积：

$$r_m(Y, u(Y, \tilde{s}_m), \tilde{s}_m) = 0 \qquad \tilde{s}_m = s^*(Y, u, (Y, \tilde{s}_m)) \quad (7.66)$$

此外,因 $R_A = 0$ 和 $r_f = Y/a$,总级差地租可定义为 $\text{TDR} = \int_0^{Y/a} \theta R(r)\,dr$。将公式(7.59)代入该方程,并且利用公式(7.27)、(7.37)、(7.61)和(7.64),我们可以将 TDR 表示为 Y 和 s_m 的函数,如下所示：

$$\text{TDR}(Y, s_m) = \frac{\theta}{2as_m}\left(Y - \frac{1+\gamma}{\alpha}\left[Y - \frac{as_m}{\theta}N\right]\right) \cdot \left(Y + \frac{(\beta-\alpha)(1+\gamma)}{\alpha}\left[Y - \frac{as_m}{\theta}N\right]\right) +$$

$$\frac{\theta\beta(\beta+\gamma)(1+\gamma)^2}{\alpha^2(1+\beta+2\gamma)as_m}\left(Y - \frac{as_m}{\theta}N\right)^2 \quad \text{对于 } s_m \geq \tilde{s}_m \quad (7.67)$$

$$\text{TDR}(Y, s_m) = \frac{\beta(1+\gamma)}{1+\beta+2\gamma}YN \quad \text{对于 } s_m \leq \tilde{s}_m \quad (7.68)$$

现在,对在外土地所有者模型,令公式(7.64)、(7.67)和(7.68)中的 Y 等于 Y_0,可以得到均衡效用水平 $u_a(s_m) \equiv u(Y_0, s_m)$ 和均衡总级差地租 $\text{TDR}_a(s_m) \equiv \text{TDR}(Y_0, s_m)$,其为 s_m 的函数,如下所示：

$$u_a(s_m) = \begin{cases} \alpha \log\left\{\left(\dfrac{\theta Y_0}{as_m} - N\right)\dfrac{a(1+\gamma)}{\theta}\right\} + (1+\gamma)\log s_m & \text{对于 } s_m \geq s_a^*(0) \\ u_a^* & \text{对于 } s_m \leq s_a^*(0) \end{cases} \quad (7.69)$$

$$\text{TDR}_a(s_m) = \frac{\theta}{2as_m}\left(Y_0 - \frac{1+\gamma}{\alpha}\left[Y_0 - \frac{as_m}{\theta}N\right]\right) \cdot \left(Y_0 + \frac{(\beta-\alpha)(1+\gamma)}{\alpha}\left[Y_0 - \frac{as_m}{\theta}N\right]\right) +$$

$$\frac{\theta\beta(\beta+\gamma)(1+\gamma)^2}{\alpha^2(1+\beta+2\gamma)as_m}\left(Y_0 - \frac{as_m}{\theta}N\right)^2 \quad \text{对于 } s_m \geq s_a^*(0) \quad (7.70)$$

$$\text{TDR}_a(s_m) = \frac{\beta(1+\gamma)}{1+\beta+2\gamma}Y_0 N \quad \text{对于 } s_m \leq s_a^*(0) \quad (7.71)$$

其中,u_a^* 和 $s_a^*(0)$ 分别由公式(7.32)和(7.36)给出。基于公式(7.69)—(7.71),我们可以得到

$$\frac{du_a(s_m)}{ds_m} \begin{cases} <0 & \text{对于 } s_m \geqslant s_a^*(0) \\ =0 & \text{对于 } s_m \leqslant s_a^*(0) \end{cases} \tag{7.72}$$

$$\frac{d\text{TDR}_a(s_m)}{ds_m} \begin{cases} >0 & \text{对于 } s_m \geqslant s_a^*(0) \\ =0 & \text{对于 } s_m \leqslant s_a^*(0) \end{cases} \tag{7.73}$$

上式表明,对于在外土地所有者模型,只要 s_m 规则有效,均衡效用水平就会随着 s_m 的增加而降低,总级差地租就会随着 s_m 的增加而增加。因此,有效 MLS 规则只对在外土地所有者有利,而没有这些规则的家庭情形会更好。

这些结果可以直观解释如下。假设在图 7.2 中,虚线 $s_a^*(r)$ 表示引入 MLS 规则前的均衡土地面积曲线。现在,假设我们引入了一个有效的 MLS 规则:s_m。如果均衡效用水平 u_a^* 没有变化,则该规则下的均衡土地曲线将由图 7.2 中的曲线 ABC 给出。然而,在这种情形下,当 $r<r_m(Y_0,u_a^*,s_m)$ 时,s_m 超过之前的均衡土地面积 $s^*(Y_0-ar,u_a^*)$。由于在最大土地面积曲线 $s(r)=s^*(Y_0-ar,u_a^*)$ 下,且满足人口约束公式(7.62),因此,这意味着公式(7.62)的左侧小于 N(注意,城市边界 $r_f=Y_0/a$ 保持不变)。由此不难得出,由于均衡土地面积函数 $s^*(Y_0-ar,u)$ 随着 u 而递增,为了满足人口约束(7.62),s_m 规则下的效用函数 $u_a(s_m)$ 一定要低于 u_a^*,因此,新的均衡土地面积曲线由图 7.2 中的曲线 ADE 给出。⑩ 下面继续分析 s_m 规则对 TDR 的影响。假定图 7.1(a)中 Y 等于 Y_0,并且 u 等于 u_a^*(引入 s_m 规则前的均衡效用水平)。如果均衡效用水平保持不变,则在该规则下对应的地租曲线将由图 7.1(b)中弯曲的曲线 $R(r)$ 给出,其在 $r \leqslant r_m$ 的区域(至少在 r_m 附近的区域)超过 $\psi^*(Y_0-ar,u_a^*)$。然而,由于 s_m 规则下均衡效用水平实际上低于 u_a^*,并且因为竞价租金函数 $\psi^*(Y_0-ar,u)$ 随着 u 的降低而增加,我们可以发现,s_m 规则下的竞价租金曲线在所有区域均会超过之前的租金曲线 $\psi^*(Y_0-ar,u_a^*)$。因此,s_m 规则下总级差地租也会增加,如公式(7.73)所示。

因此,对于在外土地所有者的情况,MLS 规则潜在的好处将会被总级差地租的增加完全抵消,家庭状况将变得更糟。然而,在土地公共所有权模型下,情形则完全不同。为了验证这一点,假定图 7.1(b)中 $Y=Y_p^*$,并且 $u=u_p^*$,因此曲线 $\psi^*(Y-ar,u) \equiv \psi^*(Y_p^*-ar, u_p^*)$ 代表引入 s_m 规则前的均衡地租曲线。正如我们已经解释过的,在一个有效的 MLS 规则 s_m 下,如果 u 和 Y 保持不变,则该规则下的均衡地租曲线将由弯曲的曲线 $R(r)$ 给出,

---

⑩ 注意,此逻辑可以在任何合理的效用函数、土地分布和交通成本函数下应用。因此,该结论(即在外土地所有者模型下,有效的 MLS 规则总是降低均衡效用水平)是一个非常一般化的命题。我们也可以很容易看到,即使 R_A 为正从而 r_f 随着 u 而降低,这个结论也成立。

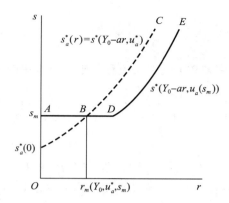

图 7.2 s_m 规则对均衡土地面积曲线的影响

只要 s_m 不比 $s^*(Y,u)$ 大太多，其在 $r<r_m$ 的任意区域都将超过 $\psi^*(Y-ar,u)$。然而，在土地公共所有权下，增加的总级差地租[等于 $r<r_m$ 范围内 $R(r)$ 曲线和 $\psi^*(Y-ar,u)$ 曲线之间面积的 θ 倍]将会在家庭之间重新分配，因此每个家庭的收入实际上将会提高。这将相应地扩大城市边界：$r_f=Y/a$，并且同时提高均衡效用水平 u。然而，如果 s_m 过大，图 7.1(b)会发生以下变动：在接近 $r=0$ 的区域内 $R(r)<\psi^*(Y-ar,u)$，因此也有可能出现 r_m 附近区域总级差地租的增加超过 $r=0$ 附近区域总级差地租的减少。这种情形下，引入 s_m 规则将会使均衡效用水平下降。这表明存在最优的 MLS 规则，其均衡效用最大化时的最小土地面积为 $\hat{s}_m$。

为了确定最优 MLS 规则，我们首先要得到土地公共所有权模型中每个 $\hat{s}_m$ 规则下的均衡效用水平 $u_p(s_m)$。为此，考虑一个最小土地面积为 $\hat{s}_m$ 的 MLS 规则。假定这个规则是有效的，由公式(7.64)可得

$$e^{u(Y,s_m)} = \left(\frac{\theta Y}{as_m}-N\right)^\alpha \left(\frac{a(1+\gamma)}{\theta}\right)^\alpha s_m^{1+\gamma} \quad \text{对于 } s_m \geq \tilde{s}_m$$

为了简单起见，将 $u(Y,s_m)$ 记为 u，则可从上面的方程解出 Y，如下所示：

$$Y=\frac{as_m}{\theta}N+\frac{1}{1+\gamma}s_m^{-(\beta+\gamma)/\alpha}e^{u/\alpha} \quad \text{对于 } s_m \geq \tilde{s}_m \tag{7.74}$$

回顾土地公共所有权模型，可知 $Y=Y_0+\text{TDR}/N$，或

$$\text{TDR}=(Y-Y_0)N \tag{7.75}$$

因此，公式(7.67)的左侧用公式(7.75)代替 $\text{TDR}(Y,s_m)$，然后将公式(7.74)代入同一个方程，得到如下关系：

$$\left(\frac{1}{1+\gamma}s_m^{-(\beta+\gamma)/\alpha}e^{u/\alpha}+\frac{as_m}{\theta}-Y^0\right)N=\frac{\theta}{2as_m}\left(\frac{as_m}{\theta}N-\frac{\beta+\gamma}{\alpha(1+\gamma)}s_m^{-(\beta+\gamma)/\alpha}e^{u/\alpha}\right) \cdot$$
$$\left(\frac{as_m}{\theta}N+\frac{\beta-\gamma+2\beta\gamma}{\alpha(1+\gamma)}s_m^{-(\beta+\gamma)/\alpha}e^{u/\alpha}\right)+\frac{\theta\beta(\beta+\gamma)}{\alpha^2(1+\beta+2\gamma)as_m}(s_m^{-(\beta+\gamma)/\alpha}e^{u/\alpha})^2 \quad \text{对于 } s_m \geq \tilde{s}_m \tag{7.76}$$

定义：

$$v \equiv e^{u/\alpha} \tag{7.77}$$

那么公式(7.76)变成单个未知数 v 的二次方程。求解方程中的 v，有[11]

$$v = \frac{1+\gamma}{A} s_m^{(\beta+\gamma)/\alpha} \cdot \left\{ (1+\gamma)\frac{as_m}{\theta}N - \left[((1+\gamma)^2 + A)\left(\frac{as_m}{\theta}N\right)^2 - 2AY_0\frac{as_m}{\theta}N \right]^{1/2} \right\} \tag{7.78}$$

其中，

$$A \equiv (1+2\gamma)(\beta+\gamma)^2 \alpha^{-1}(1+\beta+2\gamma)^{-1} \tag{7.79}$$

从公式(7.77)可知，$u = \alpha \log v$。因此，如果定义 $u_p(s_m) \equiv \alpha \log v$，可以得到每个 s_m 规则下的均衡效用水平 $u_p(s_m)$，如下所示：

$$u_p(s_m) = \alpha \log \frac{1+\gamma}{A} + (\beta+\gamma) \log s_m +$$

$$\alpha \log \left\{ (1+\gamma)\frac{as_m}{\theta}N - \left[((1+\gamma)^2+A)\left(\frac{as_m}{\theta}N\right)^2 - 2AY_0\frac{as_m}{\theta}N \right]^{1/2} \right\} \quad 对于 s_m \geq s_p^*(0)$$

$$\tag{7.80}$$

当然，只有在 s_m 规则有效的前提下，即 $s_m \geq s_p^*(0)$ 时，上述结果才有效。其中，$s_p^*(0)$ 是在无规则情况下 $r=0$ 处的均衡土地面积[由公式(7.46)给出]。当 s_m 规则无效时，我们定义

$$u_p(s_m) = u_p^* \quad 对于 s_m \leq s_p^*(0) \tag{7.81}$$

其中，u_p^* 由公式(7.42)给出。那么很容易证明 $s_m = s_p^*(0)$，公式(7.80)和(7.81)给出了同样的结果。此外，利用公式(7.80)和(7.81)，不难证明存在一个 $\hat{s}_m$ 规则，使得

$$du_p(s_m)/ds_m = 0 \quad 对于 s_m \leq s_p^*(0)，以及 s_m = \hat{s}_m \tag{7.82}$$

$$du_p(s_m)/ds_m > 0 \quad 对于 s_p^*(0) < s_m < \hat{s}_m \tag{7.83}$$

$$du_p(s_m)/ds_m < 0 \quad 对于 s_m \geq \hat{s}_m \tag{7.84}$$

其中，$\hat{s}_m$ 由下式给出：

$$\hat{s}_m = \left(1 + \frac{2\alpha\gamma(1+\gamma)(1-\beta\gamma+2\gamma)}{\alpha(1+\gamma)^2(1+\beta+2\gamma)+(1+2\gamma)(\beta+\gamma)^2} \right) s_p^*(0) \tag{7.85}$$

因为 $\beta<1$，$\hat{s}_m > s_p^*(0)$ 始终成立，所以均衡效用曲线 $u_p(s_m)$ 如图 7.3 所示。当然，当 $s_m < s_p^*(0)$ 时，MLS 规则是无效的，所以 $u_p(s_m)$ 等于无规则时的均衡效用水平 u_p^* [由公式(7.42)给出]。当 $s_m = s_p^*(0)$ 时，MLS 规则开始生效，均衡效用水平达到 MLS 规则 $\hat{s}_m$ 下的最大效用。因此，在最优状态下，土地公共所有权模型对应的最小土地面积为 $\hat{s}_m$。此外，不难从

---

[11] 我们可以看到二次方程的另一个解违反了 $r_m(Y, u, s_m) \geq 0$ 的条件，其中，函数 r_m 由关系式(7.61)给出。

公式(7.46)和(7.85)中发现，$\hat{s}_m$ 随着 β、γ、θ 和 Y_0 的增大而增加，或随着 α、N 和 a 的减小而增加。

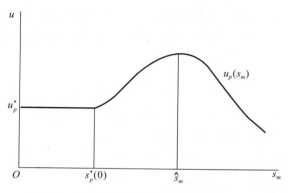

图 7.3　公共所有权模型中的均衡效用曲线

7.3　种族外部性

种族外部性对住宅土地市场(或住房市场)的影响在美国得到了最广泛的研究，那里的种族问题一直是人们最关心的问题。具体而言，已有三种类型的模型分析种族外部性的影响。在本节中，我们将对它们进行介绍和比较。

然而，在介绍这些之前，尚需给出一些必要的解释。第一，在研究种族外部性时，几个术语之间的区别很重要。借鉴 Yinger(1976，第 383 页)，我们将偏见定义为个体对特定人群的态度(或者偏好)。与此相反，歧视是一种行为，它否定给予他人的一组公民权利或机会。隔离是不同人群的实际物理区隔。尽管这三个概念密切相关，但是对它们做逻辑上的区分非常重要。第二，必须承认(本书所依据的)传统经济理论在种族外性部的规范性分析中作用有限。比如，虽然种族外部性研究的一个基本问题是，我们是否赞同具有种族偏见的个人的偏好，但传统的经济理论对回答该基本问题几乎没有帮助。因此，在接下来的讨论中，我们尽量避免分析这类道德或政治问题，而关注种族外部性的经济影响。具体而言，在本章的规范分析部分，我们会询问，如果我们接受所有人的偏好，那么可以采取哪些措施来改善城市的福利？第三，我们必须对这种纯经济分析的结果保持警惕。例如，即使完全隔离在经济上是有效的，但是从长远来看，这可能会加剧种族紧张。

根据文献，假定城市由两种类型的居民构成，称为黑人家庭(B 家庭)和白人家庭(W 家庭)，其中，所有的 B 家庭都是同质的，所有的 W 家庭也是同质的。虽然这两个群体的种族态度可以有多种不同的组合，但我们可以考虑一下文献中已有的标准假设：W 家庭

厌恶居住在 B 家庭附近，而 B 家庭不关心 W 家庭（或者其他 B 家庭）的位置。[12] 那么我们可以用 $U_B(z,s)$ 代表 B 家庭的效用函数，其中没有种族外部性，而 W 家庭的效用函数用 $U_W(z,s,E(x))$ 表示。这里，$E(x)$ 表示给定的城市中 B 家庭的空间分布下 W 家庭在位置 x 的环境质量水平。按照 6.2 节外部性模型的分析模式，假定 W 家庭的效用水平随着 $E(x)$ 的增加而提高：

$$\partial U_W(z,s,E(x))/E(x) > 0 \tag{7.86}$$

这意味着在 x 处 $E(x)$ 随着 W 家庭受到 B 家庭带来的外部性的增加而减小。

我们假定每个 B 家庭的住宅选择行为可以表示为

$$\max_{x,z,s} U_B(z,s) \quad \text{s.t.} \quad z + R(x)s = Y_B^0 - G_B(x) - T_B(x) \tag{7.87}$$

而 W 家庭的住宅选择行为可以表示为

$$\max_{x,z,s} U_W(z,s,E(x)) \quad \text{s.t.} \quad z + R(x)s = Y_W^0 - G_W(x) - T_W(x) \tag{7.88}$$

上式的符号都与公式(6.1)中的外部性模型相同[当然，除了下标 $B(W)$ 代表 B 家庭（W 家庭）]。假定效用函数 U_B 满足假设 2.1 和 2.3，U_W 满足假设 6.1、6.3 和 6.4。此外，假定二者的通勤成本函数 $T_B(x)$ 和 $T_W(x)$ 均满足假设 6.2。因此，B 家庭的竞价租金函数可以表示为

$$\psi_B(Y_B^0 - G_B(x) - T_B(x), u_B) = \max_s \frac{Y_B^0 - G_B(x) - T_B(x) - Z_B(s,u_B)}{s} \tag{7.89}$$

其中，$Z_B(s,u_B)$ 代表方程 $U_B(z,s) = u_B$ 关于 z 的解。我们将公式(7.89)右侧最大化问题的解定义为 B 家庭的最大竞价土地面积函数 $s_B(Y_B^0 - G_B(x) - T_B(x), u_B)$。类似地，定义 W 家庭的竞价租金函数为

$$\psi_W(Y_W^0 - G_W(x) - T_W(x), u_W, E(x))$$
$$= \max_s \frac{Y_W^0 - G_W(x) - T_W(x) - Z_W(s,u_W,E(x))}{s} \tag{7.90}$$

其中，$Z_W(s,u_W,E)$ 代表方程 $U_W(s,u_W,E) = u_W$ 关于 z 的解。同时，可将 W 家庭的最大竞价土地面积函数表示为 $s_W(Y_W^0 - G_W(x) - T_W(x), u_W, E(x))$。

下面介绍的三类模型的差异主要表现在环境质量函数 $E(x)$ 的设定上。由 Bailey(1959) 和 Rose-Ackerman(1975,1977) 提出的边界模型假定 B 家庭和 W 家庭是完全隔离的，其中，B 家庭（W 家庭）占据内环（外环），同时，$E(x)$ 随着与黑-白边界距离的增加而增加。第二类模型为本地外部性模型，由 Yinge(1976) 和 Schnare(1976) 提出，该模型假

---

[12] 有关模型的其他变体，请参阅本章末尾的书目备注。

定在位置 x，$E(x)$ 随着 B 家庭比重的提高而减小。[13] 这意味着 W 家庭关心当地的种族构成，而不关心其他地区的种族构成。最后，我们将第三类模型称为全局外部性模型，该模型假定在位置 x，$E(x)$ 随着 W 家庭受到的总外部性影响的增加而减小，后者为城市中所有黑人家庭造成的外部性的加权总和，如 Yellin（1974）、Papageorgiou（1978a，b）、Kanemoto（1980，第 6 章）和 Ando（1981，第 5 章）。在接下来的章节中，我们将比较这三类模型的经济含义。

7.3.1 边界模型

我们假定 B 家庭和 W 家庭的人口是外生给定的，分别为 N_B 和 N_W，城市中的所有土地都属于在外土地所有者。为了简化，把 CBD 当作一个点。我们不考虑与区位相关的税收，因此，对于所有的 x，令 $G_B(x) = 0 = G_W(x)$。在这种背景下，我们首先考察城市的均衡空间结构。

如前所述，我们先验地假设城市的均衡土地利用模式关于 CBD 对称，其中，B 家庭（W 家庭）居住在内环（外环）。因此，可以用与 CBD 的距离 r 代替区位指标 x，用 b 代表黑人和白人边界的距离，B 家庭居住在 0 到 b 的距离内，W 家庭居住在 b 到 r_f 的距离内。假设在每个（边界 b 外的）距离 r 处，W 家庭的环境质量函数 $E(r)$ 是其距边界距离 $r-b$ 的增函数，即

$$E(r) \equiv E(r-b) \quad \text{对于 } r \geq b \tag{7.91}$$

其中，

$$E'(r-b) \equiv dE(r-b)/d(r-b) > 0 \tag{7.92}$$

为不失一般性，我们也假设

$$0 < E_{\min} \equiv E(0) < \lim_{r \to \infty} E(r-b) \equiv E_{\max} = 1 \tag{7.93}$$

为了便于比较有偏见城市（即现在的城市）和无偏见城市（即 W 家庭也不存在偏见的城市）的均衡土地利用模式，我们假设 W 家庭关于环境质量的效用函数是可分的：

$$U_W(z, s, E(r-b)) = U(z, s) E(r-b) \tag{7.94}$$

其中，假设子效用函数 $U(z, s)$ 满足假设 2.1 和 2.3。[14] 在这种情况下，假设在无偏见城市，W 家庭的效用函数可给定为 $U(z, s) E_{\max} = U(z, s)$。

---

[13] 本地外部性模型和全局外部性模型这些术语与 Kanemoto（1987）一致。Yinger（1979）称本地外部性模型为舒适性模型。

[14] 或者，我们可以假设 $U_W(z, s, E(r-b)) = U(z, s) f(E(r-b))$ 或 $U_W(z, s, E(r-b)) = U(z, s) + g(E(r-b))$，其中，$f$ 和 g 为 E 的增函数。然而，通过选择函数 f 和 g，所有三个效用函数代表相同的偏好，因此它们是等同的。Miyao（1978a）假设的是乘法形式，而 Yinger（1976）用的是加法形式。

为了比较两个城市的均衡土地利用模式,我们引入另一个竞价租金函数 $\psi(I,v)$,定义为

$$\psi(I,v) = \max_s \frac{I-Z(s,v)}{s} \tag{7.95}$$

其中,$Z(s,v)$ 表示 $U(z,s)=v$ 中 z 的解;对应的最大竞价土地面积函数为 $s(I,v)$。回顾方程(7.90),并且令 $I=Y_W^0-T_W(r)$,我们可以看出 ψ_W 和 ψ、s_W 和 s 之间的关系同样成立:

$$\psi_W(Y_W^0-T_W(r),u_W,E(r-b)) = \psi(Y_W^0-T_W(r),u_W/E(r-b)) \tag{7.96}$$

$$s_W(Y_W^0-T_W(r),u_W,E(r-b)) = s(Y_W^0-T_W(R),u_W/E(r-b)) \tag{7.97}$$

为了简化符号,引入阿隆索函数 Ψ_W 和 S_W,定义如下:

$$\Psi_W(r,v_W) \equiv \psi(Y_W^0-T_W(r),v_W) \tag{7.98}$$

$$S_W(r,v_W) \equiv s(Y_W^0-T_W(r),v_W) \tag{7.99}$$

此时,如果令 $v_W=u_W$,那么 Ψ_W 和 S_W 分别代表 W 家庭在无偏见城市下的(阿隆索)竞价租金函数和最大竞价土地面积函数。类似地,我们定义 B 家庭的阿隆索函数 Ψ_B 和 S_B 分别为

$$\Psi_B(r,u_B) \equiv \psi_B(Y_B^0-T_B(r),u_B) \tag{7.100}$$

$$S_B(r,u_B) \equiv s_B(Y_B^0-T_B(r),u_B) \tag{7.101}$$

上述公式在两个城市都相同。

为了与 B 家庭(W 家庭)居住在内环(外环)的初步假设一致,我们假设 B 家庭的竞价租金函数 Ψ_B 比 W 家庭的竞价租金函数 Ψ_W 更陡峭(回顾定义2.2并参考图2.9,令 i 等于 B,j 等于 W)。[15]换言之,我们假定在无偏见城市,B 家庭的竞价租金曲线比 W 家庭的竞价租金曲线更陡峭。然后,应用4.3.2小节的边界租金曲线方法,无偏见城市的均衡空间结构如图7.4所示。

我们分别用 u_B^0 和 u_W^0 代表无偏见城市中的 B 家庭和 W 家庭的均衡效用水平。然后,如图7.4所示,B 家庭的均衡竞价租金曲线 $\Psi_B(r,u_B^0)$ 和 W 家庭的竞价租金曲线 $\Psi_W(r,u_W^0)$ 必须相交于边界租金曲线 $\hat{R}(r)$ 的某一点。这里,曲线 $\hat{R}(r)$ 由如下方法获得:给定效用水平 u_B,考虑以下人口约束,

$$\int_0^b L(r)/S_B(r,u_B)dr = N_B \tag{7.102}$$

---

[15] 为了使这个假设成立,以下假设是充分的:例如,假设对于所有的 z 和 s,有 $U_B(z,s) = U(z,s)$,对于所有的 r,有 $T_B(r) = T_W(r)$,并且 $Y_B < Y_W$,即在无偏见城市中,B 家庭和 W 家庭都有相同的效用函数和相同的交通成本函数,并且 W 家庭的收入高于 B 家庭的收入(回顾命题2.1)。

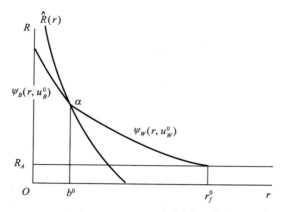

图 7.4　无偏见城市的均衡空间结构

解该方程在每一个效用水平 u_B 下的未知数 b，我们可以获得边界函数 $b(u_B)$。用 $u_B(r)$ 表示 $r=b(u_B)$ 的反函数，我们定义边界租金曲线 $\hat{R}(r)$ 如下：

$$\hat{R}(r) \equiv \Psi_B(r, u_B(r)) \quad \text{对于每个 } r>0 \tag{7.103}$$

根据定义，当 B 家庭和 W 家庭的边界在 r 处时，$\hat{R}(r)$ 代表 r 处的土地市场租金。图 7.4 边界租金曲线上的均衡点 α 可以通过选择 u_B^0 和 u_W^0 来决定，以满足下列的人口约束：

$$\int_0^{b^0} \frac{L(r)}{S_B(r, u_B^0)} dr = N_B \tag{7.104}$$

$$\int_{b^0}^{r_f^0} \frac{L(r)}{S_W(r, u_W^0)} dr = N_W \tag{7.105}$$

其中，$b^0 \equiv b(u_B^0)$ 代表均衡边界距离，而均衡城市边界距离 r_f^0 由竞价租金曲线 $\Psi_W(r, u_W^0)$ 和水平的农地租金曲线 R_A 的交点决定。⑯

接下来，假定 W 家庭对 B 家庭有厌恶倾向，分别用 u_B^* 和 u_W^* 代表 B 家庭和 W 家庭在有偏见城市中的均衡效用水平，并且分别用 b^* 和 r_f^* 代表对应的均衡边界距离和城市边界距离。然后，将 u_W^* 和 b^* 代入公式（7.96）和（7.97），W 家庭的竞价租金曲线为 $\psi(Y_W^* - T_W(r), u_W^*/E(r-b^*))$，对应的最大竞价土地面积为 $s(Y_W^* - T_W(r), u_W^*/E(r-b^*))$。类似地，将 u_B^* 代入公式（7.100）和（7.101），B 家庭的竞价租金曲线为 $\Psi_B(r, u_B^*)$，对应的最大竞价土地面积曲线为 $S_B(r, u_B^*)$。确定未知参数 u_W^*、u_B^*、b^* 和 r_f^* 时要满足下列的人

---

⑯ 有关此求解过程的详细信息，请参阅 4.3.2 小节。这里的 $\hat{R}(r)$ 曲线对应于那里的第一条边界租金曲线 $R_1(r)$。为了确定均衡的城市边缘距离 r_f^0，我们需要引入第二条边界租金曲线。但是，由于我们不在后面的分析中使用它，因此省略了对它的讨论。请注意，通过对当前问题应用命题 4.1，我们可以很容易地看出，对于无偏见城市，存在唯一的均衡土地利用。

口约束和边界租金条件⑰：

$$\int_0^{b^*} \frac{L(r)}{S_B(r, u_B^*)} dr = N_B \tag{7.106}$$

$$\int_{b^*}^{r_f^*} \frac{L(r)}{s(Y_W^0 - T_W(r), u_W^*/E(r-b^*))} dr = N_W \tag{7.107}$$

$$\Psi_B(b^*, u_B^*) = \psi(Y_W^0 - T_W(b^*), u_W^*/E_{\min}) \tag{7.108}$$

$$\psi(Y_W^0 - T_W(r_f^*), u_W^*/E(r_f^* - b^*)) = R_A \tag{7.109}$$

其中,条件(7.106)意味着图 7.4 中点 $(b^*, \Psi_B(b^*, u_B^*))$ 必须在边界租金曲线 $\hat{R}(r)$ 上。该结果再结合条件(7.108),意味着图 7.4 中两条均衡竞价租金曲线 $\Psi_B(r, u_B^*)$ 和 $\psi(Y_W^0 - T_W(r), u_W^*/E(r-b^*))$ 必须相交于曲线 $\hat{R}(r)$ 上的某一点,比如点 β。运用人口约束条件(7.105)和(7.107),我们可以很容易地证明在曲线 $\hat{R}(r)$ 上 β 一定位于 α 的下方(见附录 C1.2)。因此,这两类城市的均衡空间结构如图 7.5 所示。图中,$\hat{R}(r)$ 为与图 7.4 相同的边界租金曲线,并且曲线 $\Psi_B(r, u_B^0)$-$\Psi_W(r, u_W^0)$ 与图 7.4 中无偏见城市的均衡租金曲线相同,而有偏见城市的均衡租金曲线可由图 7.5 中的曲线 $\Psi_B(r, u_B^*)$-$\psi(Y_W^0-T_W(r), u_W^*/E(r-b^*))$ 给出。在给出 W 家庭对 B 家庭有厌恶倾向的假定后,边界距离从 b^0 移动到 b^*,靠近边界 b^* 区域的地租呈下降趋势。

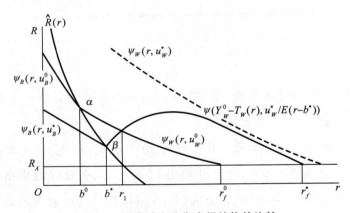

图 7.5 两类城市均衡空间结构的比较

产生上述结果的原因是,对于 W 家庭而言,郊区变得相对更有吸引力,因此,b^* 所在区位上的土地市场竞争程度降低。在有偏见城市,b^* 右侧的均衡租金曲线的斜率由下式给出：

---

⑰ 在这里,我们隐含地假设在有偏见城市处于均衡状态时,B 家庭和 W 家庭之间不会存在农业用地(即在图 7.5 中,点 β 位于农地租金曲线的上方)。虽然从理论角度来看,在均衡时可能有一定数量的农业用地留在 B 家庭和 W 家庭之间,但这只会在 W 家庭对 B 家庭极其厌恶时才会发生。因此,我们在以下讨论中省略了这种情况。如在命题 4.1 中,我们可以证明均衡土地利用(对于有偏见城市)存在且唯一。

$$\frac{\partial \psi(Y_W^0 - T_W(r), u_W^*/E(r-b^*))}{\partial r}$$

$$= \frac{\partial \psi}{\partial I}\frac{\partial(Y_W^0 - T_W(r))}{\partial r} + \frac{\partial \psi}{\partial v}\frac{\partial(u_W^*/E(r-b^*))}{\partial r} \qquad (7.110)$$

$$= -\frac{T'_W(r)}{s^*(r)} - \frac{\partial \psi}{\partial v}\frac{u_W^*}{E(r-b^*)^2}E'(r-b^*) \quad 对于 r > b^*$$

其中，$s^*(r) \equiv s(Y_W^0 - T_W(r), u_W^*/E(r-b^*))$。在上面的最后一个等式中，第一项是负的。然而，由于 $\partial \psi/\partial v$ 是负的[由性质 3.1(i)]，并且 $E'(r-b^*)$ 假定为正，故第二项是正的。因此，W 家庭的种族偏见倾向使均衡租金曲线更平坦。这是因为 W 家庭需要为自己的偏见付出额外的搬离黑-白边界的费用。如图 7.5 所示，在超过黑-白边界一定范围内，有偏见城市的均衡竞价租金曲线可能随着距离 r 的增加而上升。然而，因为随着距 b^* 距离的增加，$E(r-b^*)$ 趋近于 $1 (\equiv E_{\max})$，竞价租金曲线 $\psi(Y_W^0 - T_W(r), u_W^*/E(r-b^*))$ 最终趋近于另一条竞价租金曲线 $\psi(Y_W^0 - T_W(r), u_W^*) \equiv \Psi_W(r, u_W^*)$，后者总是随着距离 r 而递减，因此，在远郊地区有偏见城市的均衡竞价租金曲线也随着距离 r 而递减。可以证明，有偏见城市的均衡租金曲线在距离 r_1 一定穿过无偏见城市的均衡租金曲线，并且在远郊地区有偏见城市的 W 家庭要比无偏见城市的 W 家庭支付更高的租金。否则，在租金过低的情况下，土地总需求不能在城市边缘距离内得到满足（见附录 C.12）。这意味着 r_f^* 比 r_f^0 更大，因此，有偏见城市的面积比无偏见城市的面积更大。此外，因为竞价租金函数 Ψ_B 随着 u 而递减[由性质 2.1(i)]，我们可以从图 7.5 得到 $u_B^* > u_B^0$。如果 $u_W^* \geq u_W^0$，那么，对于所有的 r，都有 $\Psi_W(r, u_W^*) \leq \Psi_W(r, u_W^0)$[也由性质 2.1(i)]。这样，均衡竞价租金曲线 $\psi(Y_W^0 - T_W(r), u_W^*/E(r-b^*))$ 则不会经过 $\Psi_W(r, u_W^0)$，这与前文的结果矛盾。因此，必有 $u_W^* < u_W^0$，即引入 W 家庭对 B 家庭的厌恶偏好后，B 家庭的均衡效用水平提高，而 W 家庭的均衡效用水平降低。

在有偏见城市，W 家庭更倾向于搬离 B 家庭。因此，正如前面已经证明的，W 家庭和 B 家庭的住宅圈比无偏见城市更倾向于向外扩张。这表明有偏见城市的均衡土地利用模式不是社会有效的。接下来，我们将研究有偏见城市的最优土地利用模式，特别是最优的黑白边界距离。我们可以通过将 4.4 节中的 HS 模型调整为多类型家庭模型来完成这项工作，即给定 B 家庭和 W 家庭的目标效用水平分别为 u_B 和 u_W。同前文一样，我们先验地假设两类家庭完全隔离，即 B 家庭（W 家庭）占据内环（外环），b 是边界距离（仍然未知）。令 $n_B(r)$ 代表 $r(0 \leq r \leq b)$ 处每单位距离内 B 家庭的数量，$n_W(r)$ 代表 $r(b < r \leq r_f)$ 处每单位距离内 W 家庭的数量。然后，根据当前背景调整之前的 HS 模型(4.30)—(4.32)，我们的最优化问题可以表述如下：

$$\max_{\substack{b,r_f,n_B(r)\\ n_W(r),s_B(r),s_W(r)}} \mathscr{S} = \int_0^b \{Y_B^0 - T_B(r) - Z_B(s_B(r),u_B) - R_A s_B(r)\} n_B(r) dr +$$

$$\int_b^{r_f} \{Y_W^0 - T_W(r) - Z_W(s_W(r),u_W,E(r-b)) - R_A s_W(r)\} n_W(r) dr \tag{7.111}$$

满足条件(a)土地约束：

$$\begin{aligned} s_B(r) n_B(r) &\leqslant L(r) \quad \text{对于 } 0 \leqslant r \leqslant b \\ s_W(r) n_W(r) &\leqslant L(r) \quad \text{对于 } b \leqslant r \leqslant r_f \end{aligned} \tag{7.112}$$

(b)人口约束：

$$\int_0^b n_B(r) dr = N_B, \quad \int_b^{r_f} n_W(r) dr = N_W \tag{7.113}$$

其中，对于 $i=B,W$，并且 $0<b\leqslant r_f, n_i(r) \geqslant 0, s_i(r) > 0$。

这就是说，上述问题是确定城市的资源/土地配置，以便在满足目标效用的同时最大化城市剩余。我们称这个最大化问题为种族外部性的 HS 模型（HS_R 模型）。对应的拉格朗日函数为

$$\begin{aligned} \mathscr{L} = &\int_0^b \{Y_B^0 - T_B(r) - Z_B(s_B(r),u_B) - R_A s_B(r)\} n_B(r) dr + \\ &\int_b^{r_f} \{Y_W^0 - T_W(r) - Z_W(s_W(r),u_W,E(r-b)) - R_A s_W(r)\} n_W(r) dr - \\ &\int_0^b \mathrm{DR}(r)(s_B(r) n_B(r) - L(r)) dr - \int_b^{r_f} \mathrm{DR}(r)(s_W(r) n_W(r) - L(r)) dr - \\ &G_B \left\{ \int_0^b n_B(r) dr - N_B \right\} - G_W \left\{ \int_b^{r_f} n_W(r) dr - N_W \right\} \end{aligned}$$

其中，拉格朗日乘子 $\mathrm{DR}(r)$ 的经济学含义是每个距离 r 处的级差地租，乘子 $G_B(G_W)$ 代表每个 B 家庭（W 家庭）的影子收入税。由假设（7.94）可知，$Z_W(s_W(r),u_W,E(r-b)) = Z(s_W(r),u_W/E(r-b))$。因此，重新排列 $\mathscr{L}$ 中各项，如下所示：

$$\begin{aligned} \mathscr{L} = &\int_0^b \left\{ \frac{Y_B^0 - G_B - T_B(r) - Z_B(s_B(r),u_B)}{s_B(r)} - R(r) \right\} s_B(r) n_B(r) dr + \\ &\int_b^{r_f} \left\{ \frac{Y_W^0 - G_W - T_W(r) - Z(s_W(r),u_W/E(r-b))}{s_W(r)} - R(r) \right\} \cdot \\ &s_W(r) n_W(r) dr + \int_0^{r_f} \mathrm{DR}(r) L(r) dr + G_B N_B + G_W N_W \end{aligned} \tag{7.114}$$

其中，$R(r) \equiv \mathrm{DR}(r) + R_A$，代表每个距离 r 处的影子地租。我们需要求解所有未知数，以最大化上面的拉格朗日函数。利用竞价租金函数（7.89）和（7.96），以及对应的最大竞价

土地面积函数，HS_R 模型的最优条件由公式(7.112)和(7.113)以及下列条件给出[13]：

$$R(r) = \begin{cases} \psi_B(Y_B^0 - G_B - T_B(r), u_B) & \text{对于 } 0 \leq r \leq \hat{b} \\ \psi(Y_W^0 - G_W - T_W(r), u_W/E(r-\hat{b})) & \text{对于 } \hat{b} < r \leq r_f \\ R_A & \text{当 } r = r_f \text{ 时} \end{cases} \quad (7.115)$$

$$s_B(r) = s_B(Y_B^0 - G_B - T_B(r), u_B), \quad n_B(r) = L(r)/s_B(r), \quad 0 \leq r \leq \hat{b} \quad (7.116)$$

$$s_W(r) = s(Y_W^0 - G_W - T_W(r), u_W/E(r-\hat{b}))$$

$$n_W(r) = L(r)/s_W(r), \quad \hat{b} < r \leq r_f \quad (7.117)$$

$$\psi_B(Y_B^0 - G_B - T_B(\hat{b}), u_B) L(\hat{b}) = \psi(Y_W^0 - G_W - T_W(\hat{b}), u_W/E(0)) L(\hat{b}) - \int_{\hat{b}}^{r_f} \frac{\partial \psi}{\partial v} \frac{\partial(u_W/E(r-\hat{b}))}{\partial b} L(r) dr \quad (7.118)$$

其中，$\hat{b}$ 代表最优配置下的黑白边界距离，并且当 $v = u_W/E(r-\hat{b})$ 时，$\partial \psi/\partial v \equiv \partial \psi(Y_W^0 - G_W - T_W(r), v)/\partial v$。我们应该很熟悉除条件(7.118)以外的最优条件，即如果排除条件(7.118)，它们代表了给定边界距离 $\hat{b}$ 处的补偿均衡，其中的目标效用 u_B 和 u_W 是借助于（人均）收入税 G_B 和 G_W 通过土地市场竞争实现的。此外，确定最优边界 $\hat{b}$ 时，还必须满足条件(7.118)。此时，条件(7.118)的左边（右边）表示，黑-白边界距离扩展一单位造成 B 家庭住宅区的地租提高（W 家庭住宅区的地租下降）。因此，条件(7.118)意味着最优的边界距离 $\hat{b}$ 的确定要满足：随着边界距离的边际变化，城市总地租的净收益为零。这意味着 b 的边际变化带来的收益（就 $\mathscr{S}$ 而言）完全体现在总地租的变化中。同时，需要注意的是，$\partial \psi/\partial v < 0$，并且 $\partial(u_W/E(r-\hat{b}))/\partial b = u_W E'(r-\hat{b})/E(r-\hat{b})^2 > 0$，因此，条件(7.118)中右侧的第二项为正，所以有

$$\psi_B(Y_B^0 - G_B - T_B(\hat{b}), u_B) > \psi(Y_W^0 - G_W - T_W(\hat{b}), u_W/E(0)) \quad (7.119)$$

因此，回顾关系式(7.115)，我们可以得出结论，即在最优边界 $\hat{b}$，从 B 家庭一侧到 W 家庭一侧，地租呈非连续性下降。

作为一个例子，我们考虑下面这种情况：

$$u_B = u_B^*, \quad u_W = u_W^* \quad (7.120)$$

即假定两种类型家庭的目标效用均为其各自（在 W 家庭有偏见的情况下）的均衡效用水平。然后，我们在图 7.6 中分别画出最优空间配置和均衡空间配置。不难证明：

$$\hat{b} < b^*, \quad \hat{r}_f < r_f^*,$$
$$G_B < 0, \quad G_W > 0$$

即最优黑-白边界 $\hat{b}$ 比均衡边界 b^* 更靠近CBD，因此 B 家庭被限制在一个更小的区域。

---

[13] 在推导出这些最优条件时，同前文一样，我们隐含地假设，B 家庭和 W 家庭之间不存在农业用地，即在每个 $r \in [0, r_f]$，对 $i = B$ 或 $i = W$，有 $s_i(r) n_i(r) = L(r)$。使用这个隐含假设，同条件(4.38)—(4.40)一样，我们得到条件(7.115)—(7.117)，并且条件(7.118)可以从一阶条件 $\partial \mathscr{L}/\partial b$ 得到。

为了补偿土地消费的减少,每个 B 家庭将会得到一个收入补贴 $-G_B$,而每个 W 家庭需要支付收入税 G_W。因此,在 B 家庭居住的区域,租金会变得更高。但为了获得最优空间配置,只能借助于分区政策,将 B 家庭限制在最优边界距离 $\hat{b}$ 内来维持。这是因为在靠近边界的近郊,B 家庭愿意比 W 家庭支付更高的租金。[19] 这将会产生严重的道德困境,如果我们接受 W 家庭对 B 家庭的偏见,则城市经济效率只能通过限制 B 家庭在土地市场上的自由度来提高。

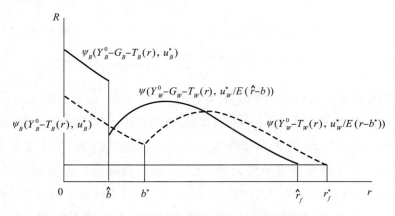

图 7.6 对比最优空间配置和均衡空间配置

7.3.2 本地外部性模型和全局外部性模型

正如我们已经看到的那样,边界模型在分析上很简单,可以产生含有种族外部性的城市空间配置。尽管如此,Courant 和 Yinger(1977)还是从以下两点对边界模型进行了批判。首先,该模型先验地假设了黑人在市中心的完全隔离模式。也就是说,隔离不是内生决定的,而是简单假设的。其次,如果一些 B 家庭的收入比一些穷的 W 家庭的收入高,则边界模型中的完全隔离模式是不可持续的。[20] 这是因为那些有钱的 B 家庭有动力"跃过"贫穷的 W 家庭。这个"跃过"导致土地均衡利用模式中 B 家庭的居住区不止一个,从而与边界模型的基本假设相矛盾。

Yinger(1976)和 Schnare(1976)提出的本地外部性模型解决了这些问题。模型假设在每一个位置 x,W 家庭的环境质量函数 $E(x)$ 是 B 家庭所占比例的减函数,即用 $B(x)$ 表示位置 x 处的 B 家庭比例。然后假设

$$E(x) \equiv E[B(x)] \tag{7.121}$$

---

[19] 请注意,由于在任何目标效用对应的最优城市中关系式(7.119)都成立,因此这个结论适用于任何最优(即有效)的城市,包括 $u_B > u_B^*$ 的最优城市。

[20] 例如,在图 7.5 中,如果 $Y_B^0 > Y_W^0$,则在边界 b^* 处,$\Psi_B(r, u_B^*)$ 曲线比 $\psi(Y_W^0 - T_W(r), u_W^* / E(r - b^*))$ 曲线平坦。

其中，

$$E'[B(x)] \equiv dE[B(x)]/dB(x) < 0$$

并且 $0 < E[1] < E[0]$。在外土地所有者单中心城市中，我们进一步假设不对家庭征收与区位相关的税，因此对于所有的 x，令 $G_B(x) = 0 = G_W(x)$。然后，B 家庭的竞价租金曲线和最大竞价土地面积分别为 $\psi_B(Y_B^0 - T_B(x), u_B)$ 以及 $s_B(Y_B^0 - T_B(x), u_B)$，而 W 家庭的竞价租金曲线和最大竞价土地面积分别为 $\psi_W(Y_W^0 - T_W(x), u_W, E[B(x)])$ 以及 $s_W(Y_W^0 - T_W(x), u_W, E[B(x)])$。为了简化符号，我们定义阿隆索函数 Ψ_B、S_B、Ψ_W 和 S_W 如下所示：

$$\Psi_B(x, u_B) \equiv \psi_B(Y_B^0 - T_B(x), u_B)$$
$$S_B(x, u_B) \equiv s_B(Y_B^0 - T_B(x), u_B)$$
$$\Psi_W(x, u_W) \equiv \psi_W(Y_W^0 - T_W(x), u_W, E[0])$$
$$S_W(x, u_W) \equiv s_W(Y_W^0 - T_W(x), u_W, E[0])$$

其中，$\Psi_W(x, u_W)$ 代表在每一个位置 x 处 W 家庭在最优环境，即 $B(x) = 0$ 时的竞价租金。假定竞价租金函数 Ψ_B 比 Ψ_W 更陡峭（再次回顾定义 2.2），即假定对于所有的 x，$B(x)$ 等于 0，则 B 家庭的竞价租金曲线比 W 家庭的竞价租金曲线更陡峭。[21] 然后我们可以证明，城市唯一稳定的均衡土地利用模式是完全隔离模式，其中，B 家庭占据边界半径为 b 的内环，而 W 家庭占据 b 和城市边缘半径 r_f 之间的外环。

首先，我们证明这种均衡确实存在。为此，在第一阶段，我们假定对于所有的 x，W 家庭的竞价租金函数和最大竞价土地面积分别由 $\Psi_W(x, u_W)$ 和 $S_W(x, u_W)$ 给出[B 家庭的竞价租金曲线和最大竞价土地面积分别为 $\Psi_B(x, u_B)$ 和 $S_B(x, u_B)$]，从而得到均衡的土地利用。请注意，这代表一个虚构的情况，因为在任何均衡的土地利用状况下，$B(x)$ 不能在所有的地方都为 0。因此，在第二阶段，我们证明在这些假设条件下的均衡土地利用的确代表了真实的均衡土地利用。现在，回到第一阶段，注意，在 $i = B$ 或 W 时的所有函数 $\Psi_i(x, u_i)$ 和 $S_i(x, u_i)$ 是关于 CBD 对称的。因此，用 r（与 CBD 的距离）替换 x，在 $i = B$ 或 W 时，我们分别用 $\Psi_i(r, u_i)$ 和 $S_i(r, u_i)$ 代表 $\Psi_i(x, u_i)$ 和 $S_i(x, u_i)$。那么，在 7.3 节开头给出的效用函数和交通运输成本函数假设下，我们可以很容易地发现，在 $i = B$ 或 W 时，函数对 (Ψ_i, S_i) 在定义 4.1 的意义上性状良好。此外，假定函数 Ψ_B 比 Ψ_W 更陡峭。因此，将命题 4.1 应用于此，我们可以立即得出结论，即均衡土地利用是唯一存在的，如图 7.4 所示。（这里，均衡解可以采用与之前章节中无偏见城市情况相同的方法获得。）在图中，u_i^0 代表 i 类型（$i = B, W$）家庭的均衡效用水平，并且 B 家庭（W 家庭）占据的区域在 $r = 0$ 和 b^0 之间（b^0 和 r_f 之间）。现在，转向第二阶段，注意到在图 7.4 中描述的土地利用模式，对于所

---

[21] 为了使该假设能够成立，以下假设是充分的：例如，假设对于所有的 z 和 s，有 $U_B(z, s) = U_W(z, s, E[0])$；对于所有的 x，有 $T_B(x) = T_W(x)$，并且 $Y_B < Y_W$。

有的 $0 \leq r < b^0$，都有 $E[0] > E[B(r)] = E[1]$，并且对于所有的 $b^0 < r \leq r_f^0$，都有 $E[B(r)] = E[0]$。因此，由于竞价租金函数 $\psi_W(Y_W^0 - T_W(r), u_W, E)$ 随着 E 而递增，并且由于曲线 $\Psi_B(r, u_B^0)$ 比曲线 $\Psi_W(r, u_W^0)$ 更陡峭，因而下式成立：

$$\Psi_B(r, u_B^0) > \Psi_W(r, u_W^0) \equiv \psi_W(Y_W^0 - T_W(r), u_W^0, E[0])$$
$$> \psi_W(Y_W^0 - T_W(r), u_W^0, E[1]) \quad 对于 r < b^0$$

$$\Psi_B(r, u_B^0) < \Psi_W(r, u_W^0) \equiv \psi_W(Y_W^0 - T_W(r), u_W^0, E[0]) \quad 对于 b^0 < r \leq r_f$$

由此可见，在图 7.4 给出的土地利用模式下，没有家庭有动机去改变其区位，因此它代表了一种均衡土地利用。

我们在上面已经看到，在本地外部性模型的情形下，无偏见城市的均衡土地利用也代表了有偏见城市的均衡土地利用（目前而言）。当然，这并不意味着它将是（有偏见城市中）唯一的均衡土地利用。然而，我们可以证明它是唯一的稳态均衡。为了证明这一点，我们考虑（任意）一个均衡土地利用，并且用 $u_B^*(u_W^*)$ 代表相应的 B 家庭（W 家庭）的均衡效用水平，用 $B^*(x)$ 代表位置 x 处 B 家庭的比例。假设在位置 x，有 $0 < B^*(x) < 1$。也就是说，如果两类家庭都居住在位置 x，那么它们在位置 x 需要支付同样的竞价租金，即 $\psi_B(Y_B^0 - T_B(x), u_B^*) = \psi_W(Y_W^0 - T_W(x), u_W^*, E[B^*(x)])$。故如图 7.7 所示，如果将 $B^*(x)$ 视为参数，向下倾斜的曲线 $\psi_W(Y_W^0 - T_W(x), u_W^*, E[B(x)])$ 一定和水平线 $\psi_B(Y_B^0 - T_B(x), u_B^*)$ 相交于点 $B^*(x)$。这意味着，在 x 处 B 家庭刚好比均衡值 $B^*(x)$ 略有增加（减少），那么在 x 处 B 家庭的竞价租金变得比 W 家庭更高（更低）；在 x 处 B 家庭也将进一步增加（减少）。所以我们可以得出结论，即只有在 $B^*(x) = 0$ 或者 $B^*(x) = 1$ 时，$B^*(x)$ 才是稳定的。因此，图 7.4 所示的均衡土地利用模式代表了唯一的稳态均衡模式。

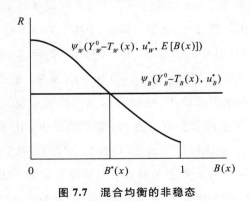

图 7.7　混合均衡的非稳态

回顾一下，无偏见城市的均衡土地利用总是有效的（命题 4.5）。反过来，这也意味着有偏见城市的稳态均衡土地利用也是有效的。[22] 由于非稳态均衡很难实现，因此我们可

---

[22]　请注意，有偏见城市的均衡效率不会高于那些无偏见城市的均衡效率。

以得出结论,即在本地外部性模型中,种族外部性不会产生任何问题。[23]

然而,这一令人惊讶的结果与美国许多城市的种族问题的严重程度相矛盾。这表明种族外部性模型和本地外部性模型所假设的局部性并不一样。所以我们转向一个更一般的模型,称之为全局外部性模型,即 W 家庭受到的总的种族外部性影响是该城市所有 B 家庭带来的外部性的加权总和,其中,权重由 W 家庭和 B 家庭之间距离的减函数给出,即

$$A(x) = \int_{R^2} a(|x-y|) n_B(y) dy$$

该式代表 W 家庭受到的来自所有 B 家庭的总外部性影响。这里,$a(|x-y|)$ 是距离 $|x-y|$ 的减函数。然后,全局外部性模型假设

$$E(x) \equiv E[A(x)] \tag{7.122}$$

其中,

$$E'[A(x)] \equiv dE[A(x)]/dA(x) < 0$$

全局外部性模型比之前的两种种族外部性模型都更一般化。然而,它的分析方法也更复杂。全局外部性模型均衡和最优解的特征,如存在性、唯一性、对称性和稳定性的系统性分析,很大程度上需要学者们未来的努力。特别是,没有先验的理由假设最优土地利用模式关于 CBD 对称。在参数值范围较大时,可能出现多重均衡,进而导致随着参数的变化,均衡土地利用模式出现不连续的变化。[24]

7.4 交通拥堵与交通土地利用

到目前为止,我们假设城市没有交通拥堵,因而每个家庭的交通成本 $T(r)$ 可以由通勤距离 r 的外生函数给出。然而,如前所述,交通拥堵可能是城市中最重要的负外部性。在本节中,我们将扩展本书第 1 部分的基本理论,将通勤中的交通拥堵包括在内。为简单起见,我们假定汽车是唯一的通勤方式,并且有足够多的辐射式道路,所以可以忽略环形行驶成本。[25] 由于存在交通拥堵,交通成本 $T(r)$ 取决于用于建造道路的土地数量,因此,本节的主要问题是确定如何在交通和住房之间配置土地。我们在扩展的 HS 模型的背景下研究了该问题,并证明通过竞争性土地市场有效分配土地需要征收区位税(或拥挤税)。

---

[23] 但必须指出,这一结论是在 B 家庭不关心 W 家庭的位置的假设下得出的。Kern(1981)表明,如果黑人对白人邻居的偏好比白人更强,则不可能存在隔离均衡,但有一个稳定的混合均衡(integrated equilibrium)。在这种情况下,稳态均衡可能并非有效,因此种族问题变得更为重要。

[24] 关于全局外部性模型的开创性工作,请参阅本章末尾的书目备注。

[25] 关于更现实的假设请参阅本章末尾的书目备注。

用 r 代表距 CBD 的距离,$N(r)$ 代表居住在距离 r 以外的家庭,$L_T(r)$ 代表在距离 r 处用于交通运输的土地数量。如果每个家庭有一个成员通勤到 CBD,则 $N(r)$ 等于经过半径 r 的通勤者的数量。假设半径为 r 的单位距离的通勤成本或 r 处的边际交通成本是交通-土地比例 $N(r)/L_T(r)$ 的函数,记为 $c(N(r)/L_T(r))$[26],那么,每个距离 r 处的交通成本 $T(r)$ 为

$$T(r) = \int_{r_c}^{r} c\left(\frac{N(x)}{L_T(x)}\right) dx \qquad (7.123)$$

其中,r_c 是 CBD 的半径。假定 r_c 是一个给定的正常数,但是忽略 CBD 内部的交通成本。对于所有的 $\omega \geq 0$,我们假定边际交通成本函数 $c(\omega)$ 是正的增函数,并且严格凸:

$$c(\omega) > 0, c'(\omega) > 0, c''(\omega) > 0 \quad \forall \omega \geq 0 \qquad (7.124)$$

因此

$$\lim_{\omega \to \infty} c(\omega) = \infty \qquad (7.125)$$

其中,$c'(\omega) \equiv dc(\omega)/d\omega, c''(\omega) \equiv dc'(\omega)/d\omega$。为简单起见,我们也假定修建道路的成本只有土地的机会成本,其为每单位土地 R_A。

除了那些关于交通成本的新假设,我们还遵循了 3.4 节最优土地利用问题的框架。除其他事项外,这意味着城市中的 N 个家庭拥有同样的效用函数 $U(z,s)$,满足假设 2.1 和 2.3。此外,对于所有的 $r>0$,土地分布 $L(r)$ 为正(假设 3.1)。给定任意目标效用水平 u,之前的 HS 模型(3.50)现在可以变换为

$$\max_{r_f, L_T(r), n(r), s(r)} \mathcal{G} = \int_{r_c}^{r_f} \{[Y^0 - T(r) - Z(s(r), u) - R_A s(r)]n(r) - R_A L_T(r)\} dr \qquad (7.126)$$

服从交通成本约束(7.123)和如下约束:

$$n(r)s(r) + L_T(r) \leq L(r) \quad 对于 r_c \leq r \leq r_f \qquad (7.127)$$

$$N(r) = \int_{r}^{r_f} n(x) dx \quad 对于 r_c \leq r \leq r_f \qquad (7.128)$$

$$N = N(r_c) \equiv \int_{r_c}^{r_f} n(r) dr \qquad (7.129)$$

其中,$L_T(r)$、$n(r)$、$s(r)$ 是非负的,$Z(s(r),u)$ 表示 $U(z,s(r)) = u$ 中 z 的解,即上述问题是在交通成本约束(7.123)、土地约束(7.127)、通勤者数量约束(7.128)和人口约束(7.129)下,选择城市边缘距离 r_f、交通运输-土地分布 $L_T(r)$、家庭分布 $n(r)$ 和土地分布 $s(r)$,以

---

[26] 虽然这种假设在直觉上似乎是合理的,但它代表了一种处理交通流量和成本问题的"黑箱"方法。也就是说,它没有设定交通流量随时间的推移而发生的变化。一个可能的设定如下:早上 t_W 分钟(例如,$t_W = 90$)的通勤时段,每分钟内,所有通勤者的 $1/t_M$(从每个住宅位置)到达 CBD。同样,晚上 t_E 分钟的通勤时段,每分钟内,所有通勤者的 $1/t_E$ 离开 CBD(到所有目的地)。

最大化剩余(7.126)。需要注意的是,剩余函数(7.126)的最后一项 $R_A L_T(r)$,代表在 r 处交通用地的机会成本。我们将上述最大化问题称为交通拥堵的 HS 模型（HS_T 模型）。㉗

为了用竞价租金函数表述 HS_T 模型的最优条件,我们引入每个家庭的住宅选择行为模型:

$$\max_{r,z,s} U(z,s) \quad \text{s.t.} \quad z+R(r)s = Y^0 - g - l(r) - T(r) \tag{7.130}$$

其中,Y^0 代表每个家庭的税前收入,g 代表每个家庭的人口税,$l(r)$ 代表每个家庭在 r 处的区位税。假定这里的 g 和 $l(r)$ 由市政府给定。㉘ 然后,令公式(3.2)中的 I 等于 $Y^0 - g - l(r) - T(r)$,在距离 r 处家庭的竞价租金为

$$\psi(Y^0 - g - l(r) - T(r), u) = \max_s \frac{Y^0 - g - l(r) - T(r) - Z(s,u)}{s} \tag{7.131}$$

相应地,最大竞价土地面积为 $s(Y^0 - g - l(r) - T(r), u)$。然后,我们定义距离 r 处交通部门的竞价租金 ψ_T 为在 r 处交通用地的边际收益。

$$\begin{aligned}\psi_T\left(\frac{N(r)}{L_T(r)}\right) &= -\frac{\partial c(N(r)/L_T(r))}{\partial L_T(r)} N(r) \\ &= c'\left(\frac{N(r)}{L_T(r)}\right)\left(\frac{N(r)}{L_T(r)}\right)^2\end{aligned} \tag{7.132}$$

即在距离 r 处,如果一单位土地被用作交通用地,那么 r 处的边际交通成本将会减少 $-\partial c(N(r)/L_T(r))/\partial L_T(r)$,这会被所有 $N(r)$ 个通勤者分享。因此,$\psi_T(N(r)/L_T(r))$ 代表 r 处所有 $N(r)$ 个通勤者的总收益。利用这些竞价租金函数和最大竞价土地面积函数,HS_T 模型最优解的一些充分必要条件为(7.123)、(7.127)—(7.129),以及以下条件㉙:

$$R(r) = \begin{cases}\max\{\psi(Y^0 - g - l(r) - T(r), u), \psi_T(N(r)/L_T(r))\}, & r_c \leq r \leq r_f \\ R_A, & r \geq r_f\end{cases} \tag{7.133}$$

$$R(r) = \psi(Y^0 - g - l(r) - T(r), u) \quad \text{如果 } n(r) > 0 \tag{7.134}$$

$$R(r) = \psi_T(N(r)/L_T(r)) \quad \text{如果 } L_T(r) > 0 \tag{7.135}$$

$$s(r) = s(Y^0 - g - l(r) - T(r), u), \quad r_c \leq r \leq r_f \tag{7.136}$$

$$n(r) = (L(r) - L_T(r))/s(Y^0 - g - l(r) - T(r), u), \quad r_c \leq r \leq r_f \tag{7.137}$$

$$l(r) = \int_{r_c}^r c'\left(\frac{N(x)}{L_T(x)}\right)\frac{N(x)}{L_T(x)} dx, \quad r_c \leq r \leq r_f \tag{7.138}$$

其中,$R(r)$ 代表每个 r 处的影子地租,g 代表影子人口税,$l(r)$ 代表 r 处每个家庭的影子区

㉗ 请注意,同之前所有的 HS 模型一样,HS_T 模型的解与 Y^0 的取值无关。

㉘ 我们可以通过在基础模型(2.1)中用 $Y^0 - g - l(x)$ 代替 Y 得到条件(7.130)。或者,如果我们在外部性模型(6.1)中令 $U(z, s, E(x))$ 等于 $U(z,s)$,$G(x)$ 等于 $g + l(x)$,则有条件(7.130)。

㉙ 这些最优条件的推导见附录 C.13。

位税。

同前文一样,我们可以将这些最优条件解释为补偿均衡的条件,其目标效用 u 是通过竞争性土地市场借助人口税和区位税来实现的。在这个市场中,除了家庭、土地所有者和市政府等常规参与者,我们还将交通部门(t 部门)作为新参与者纳入。t 部门的作用是双重的:一方面,t 部门有权对任意 r 处的家庭(即每个通勤者)征收区位税 $l(r)$。然而,在确定 $l(r)$ 时,t 部门必须遵循区位税公式(7.138),其含义将在后面解释。另一方面,t 部门必须确定在每个距离 r 处用于交通运输的土地量 $L_T(r)$,以满足条件(7.135),其含义也将在后面详细说明。

像往常一样,市政府的作用是选择适当的人口税 g 以在均衡时达到目标效用 u。给定人口税 g 和区位税 $l(r)$,每个家庭的居住选择行为可以表述为模型(7.130)。这种情况下,条件(7.133)意味着在居住区 r_c 到 r_f 内的每个 r 处,市场地租 $R(r)$ 等于家庭竞价租金和 t 部门竞价租金的最大值;条件(7.133)—(7.135)确保了每个距离的土地仅由出价最高者占用。此外,其他条件(7.123)、(7.127)—(7.129)、(7.136)和(7.137)的含义是非常明确的。需要注意的是,在我们考虑这些最优条件时,我们将 g 视为常数,而将 u 视为变量,它们现在代表了人口税税率为 g 的竞争均衡条件。而且,如果尝试 u 和 g 的所有可能取值,则我们可以获得所有的有效配置。

为了了解区位税公式(7.138)的含义,注意,当在 r 处额外增加一个通勤者时,其通勤距离为 $x(<r)$,该通勤者加入后,也将会增加当前通过距离 x 的 $N(x)$ 个通勤者的通勤成本,可用 $\partial c(N(x)/L_T(x))/\partial N(x) = c'(N(x)/L_T(x))/L_T(x)$ 表示,因此,$N(x)$ 个通勤者共同承担新增的拥挤成本

$$c'\left(\frac{N(x)}{L_T(x)}\right)\frac{N(x)}{L_T(x)} \tag{7.139}$$

此时,公式(7.138)的含义是,区位税 $l(r)$ 等于新增的一个通勤者从 r 到 CBD 造成的总的拥堵费用的增加值。我们还可以将关系式(7.139)解释为,在距离 r 处每个通勤者的单位距离拥堵费用。然后,关系式(7.138)意味着,$l(r)$ 等于一个人从距离 r 到 CBD 需要支付的拥堵费用的总和。㉚ 下一步,为了得到条件(7.135)更精准的含义,注意,如果在距离 $r_c \leq r < r_f$ 处,$L_T(r) = 0$,那么我们可以从条件(7.123)和(7.125)得到,对于所有的 $r' > r$,$T(r') = -\infty$ 并且 $\mathcal{G} = -\infty$。㉛ 这意味着土地配置不是最优的。因此,在最优配置中,必须保证

$$L_T(r) > 0 \quad \forall\, r_c \leq r < r_f \tag{7.140}$$

㉚ 虽然这种解释在数学上是有效的,但实际上不可能在每个距离处对每个通勤者收取通行费。因此,$l(r)$ 必须在每个通勤者的住所一次性征收。

㉛ 回顾一下,最优的 $L_T(r)$ 函数被假定为分段连续的。因此,$L_T(r) = 0$ 意味着对于所有的 $r' > r$,有 $T(r') = \infty$。

因此，利用方程(7.132)，我们可以将条件(7.135)重新表述为

$$R(r) = c'\left(\frac{N(r)}{L_T(r)}\right)\left(\frac{N(r)}{L_T(r)}\right)^2 \quad \forall\, r_c \leqslant r < r_f \tag{7.141}$$

这只是代表了在距离 r 处最优交通用地数量 $L_T(r)$ 的成本-收益规则，即当 t 部门在 r 处增加一单位交通用地时，必须支付土地成本 $R(r)$。此外，正如方程(7.132)解释的那样，在 r 处增加一单位交通用地带来的收益等于公式(7.141)的右侧。所以，公式(7.141)要求选择最优的 $L_T(r)$，以使在任意距离 r 处，交通用地的边际收益等于边际成本。

我们可以看出，如果 t 部门遵循区位税公式(7.138)和成本-收益规则(7.142)，则其预算会在竞争(或补偿)均衡时达到平衡。为了说明这一点，注意到在任意距离 $r \in (r_c, r_f)$，公式(7.138)意味着 $l'(r) \equiv dl(r)/dr = c'(N(r)/L_T(r))N(r)/L_T(r)$。因此，利用公式(7.141)，我们可以得到

$$R(r)L_T(r) = l'(r)N(r) \quad \text{对于 } r_c < r < r_f \tag{7.142}$$

分部积分可得

$$\int_{r_c}^{r_f} l'(r)N(r)\,dr = (l(r_f)N(r_f) - l(r_c)N(r_c)) - \int_{r_c}^{r_f} l(r)N'(r)\,dr$$

根据定义有 $N(r_f) = 0$，并且 $l(r_c) = 0$。由条件(7.128)可得，$N'(r) = -n(r)$。因此，对公式(7.142)两侧取积分，我们可以得出结论：

$$\int_{r_c}^{r_f} R(r)L_T(r)\,dr = \int_{r_c}^{r_f} l(r)n(r)\,dr \tag{7.143}$$

即交通用地的总成本等于总区位税。㉜

下一步，我们分析 HS_T 模型的解对应的竞争(或补偿)均衡的一些额外特征。首先，我们可以从公式(7.138)看出

$$l(r) > 0 \quad \text{对于 } r_c < r \leqslant r_f \tag{7.144}$$

以及

$$l'(r) = c'\left(\frac{N(r)}{L_T(r)}\right)\frac{N(r)}{L_T(r)} > 0 \quad \text{对于 } r_c < r < r_f \tag{7.145}$$

即区位税 $l(r)$ 是正的，并且在居住区内随着 r 而递增。在条件(7.123)中，交通运输费用 $T(r)$ 随着 r 而递增：

$$T'(r) = c(N(r)/L_T(r)) > 0 \quad \text{对于 } r_c < r < r_f \tag{7.146}$$

因此，对公式(7.131)应用包络定理，我们可以从条件(7.134)看出

$$R'(r) = -(l'(r) + T'(r))/s(r) < 0 \quad \text{如果 } n(r) > 0 \tag{7.147}$$

㉜ 正如关系式(7.139)所解释的那样，我们可以将 $l'(r) \equiv c'(N(r)/L_T(r))N(r)/L_T(r)$ 解释为在 r 处每个通勤者每单位距离的拥堵费。在这种情况下，成本-收益规则(7.142)表明在每个距离处，土地成本 $R(r)L_T(r)$ 和拥堵费收入 $l'(r)N(r)$ 是保持平衡的。

即在非饱和区域,所有可用的土地并没有完全用作交通运输,地租总是随着 r 而递减。然而,在饱和区域,所有土地都用作交通用地,地租随着 r 而递增。为了证明这一点,由条件(7.141)可得

$$R'(r) = \left[c''\left(\frac{N(r)}{L_T(r)}\right)\frac{N(r)}{L_T(r)} + 2c'\left(\frac{N(r)}{L_T(r)}\right) \right] \left[N'(r) - \frac{N(r)}{L_T(r)} L_T{'}(r) \right] \frac{N(r)}{L_T(r)^2} \quad (7.148)$$

因为在饱和区域,有 $L_T(r) = L(r)$ 和 $N'(r) = 0$,所以若 $L'(r) < 0$,则 $R'(r) > 0$。这可能发生在交通运输瓶颈区域的入口附近。图 7.8 描述了一个可能的最优土地利用配置。㉝ 本例中,所有可用于交通运输的土地都没有饱和。然而,当城市人口数 N 足够多时,CBD 边缘附近的土地可能都被用作交通用地。

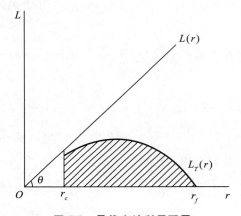

图 7.8 最优土地利用配置

如前所述,无论是竞争均衡还是补偿均衡,当 t 部门根据方程(7.138)收取区位税并且根据成本-收益规则(7.141)[即条件(7.135)]决定交通用地的土地数量时,该均衡都是有效的。然而,在实践中,交通运输部门无法控制区位税和/或交通运输用地。即使在这种情况下,我们也希望尽可能有效地分配资源,虽然分配结果不如 HS_T 模型给出的解决方案。在接下来的部分,我们简短地讨论这些次优选择问题。

第一种情形,假设城市已经建立了交通运输网络,并且很难对其进行修改。这种情况下,t 部门别无选择,只能把现存的交通运输用地 $L_T(r)$ 当作外生给定的。t 部门的目标是选择每个距离处的区位税 $l(r)$,以使得竞争性土地市场以最有效的方式实现家庭的空间配置。外生交通运输用地的次优问题得到了(与 HS_T 模型)相同的最优条件。因此,我们可以得出结论,即当且仅当 t 部门依照公式(7.138)确定每个距离处的区位税 $l(r)$ 时,住宅土地市场的竞争均衡是有效的(即次优的)。

第二种情形,我们考虑相反的情况。假定该城市没有征收区位税,并且也不可能引

㉝ 图 7.8 基于以下设定:$L(r) = \theta r$,$U(z,s) = \alpha \log z + \beta \log s$ 以及 $c(N/L_T) = a(N/L_T)^b$,其中,a 和 b 均为正的常数。

入该类立法(因为居民的强烈反对或因为征税的管理成本较高)。因此,t 部门必须在不征收区位税的前提下,确定每个距离处最优的交通运输用地 $L_T(r)$。事实证明,在实现次优分配时,t 部门不能再依赖之前的成本-收益规则(7.141)。原因如下:由于通勤者不以区位税的形式支付交通拥堵造成的成本,故市场土地租金现在仅反映区位之间的私人交通成本 $T(r)$ 的差异。因此,土地市场租金现在是扭曲的,不能代表在每个距离处新增一单位土地所带来的社会价值。因此,公式(7.141)的左侧,$R(r)$ 不能反映在 r 处增加一单位交通运输用地所带来的社会成本的变化。此外,公式(7.141)(相当于 r 处增加一单位交通运输用地带来的交通成本的边际节省)的右侧也不能代表在 r 处增加一单位交通运输用地所带来的社会收益。这是因为在任意距离处交通运输用地的增加都会导致土地租金的变化。在土地市场租金扭曲的情况下,在计算每个距离 r 处增加一单位交通运输用地所带来的社会收益时,也必须考虑其产生的间接影响。因此,为了达到次优的土地配置,t 部门必须使用基于社会土地租金(而不是市场土地租金)的修正的成本-收益规则。[34] 还必须指出,在次优城市,最优的城市边界距离必须由农地租金曲线和社会土地租金曲线(而不是市场土地租金曲线)的交点决定。Kanemoto(1980,第 5 章)证明了社会土地租金曲线比市场土地租金曲线更陡峭(即在 CBD 附近前者比后者高,在城市边缘前者比后者低)。[35]

7.5 结论

在本章,我们分析了负外部性对住宅土地市场的影响。具体而言,我们分别研究了在拥挤的外部性、种族的外部性和交通拥堵的情况下,城市的均衡和最优空间配置。由于篇幅所限,我们在本章并没有进行详细的讨论,特别是交通拥堵是城市经济学中研究最深入的问题之一,有关这些主题的进一步研究,请参见下面的书目备注中提到的文献。

书目备注

Richardson(1977b)、Grieson 和 Murray(1981)、Tauchen(1981)以及 Scotchmer(1982)都研究了拥挤的外部性。我们的模型(7.22)是 Richardson(1977b)原始模型的对数线性设定。Richardson(1977b)认为拥挤可能导致正的租金梯度。也就是说,如果家庭对低密度的偏好足够强,那么增加平均的土地面积可能会导致 CBD 附近的土地租金曲线上升。然而,Grieson 和 Murray(1981)以及 Tauchen(1981)证明了这个有趣的猜想是不成立的。

---

[34] 修改后的成本-收益规则非常复杂。对此,请参见 Kanemoto(1980,第 5 章)和本章末尾的书目备注中提到的其他文章。

[35] 对次优问题的进一步讨论请参见本章末尾的书目备注中所提到的文献。

Bailey(1959)以及 Rose-Ackerman(1975,1977)发展了种族外部性的边界模型。在 7.3.1 小节边界模型的讨论中,我们引入了可分离效用函数的假设(7.94)。这是因为缺少这个假设(或类似的假设),会导致有偏见城市和无偏见城市均衡空间配置的比较无法得出明确的结论。本地外部性模型由 Yinger(1976)以及 Schnare(1976)提出,并由 Kern(1981)进一步发展。必须指出的是,虽然我们在 7.3.2 小节中只考虑了 W 家庭厌恶生活在 B 家庭附近,而 W 家庭的位置对 B 家庭是无差异的,但原始文献考虑了这两个群体种族态度的不同组合。此外,King(1980)发展了本地外部性模型的计算算法(基于 Scarf 算法),并展示了许多有趣的例子。Yellin(1974)、Papageorgiou(1978a,b)、Kanemoto(1980,第 6 章)以及 Ando(1981,第 5 章)进一步发展了全局外部性模型。特别是,Kanemoto(1980,第 6 章)详细研究了全局外部性模型中的市场均衡特征,并证明了种族混合城市存在动态不稳定的可能性。例如,W 家庭附近 B 家庭数量的小幅增加可能导致所有 W 家庭搬离,引起种族构成的突然变化。Miyao(1978a,b)、Schnare 和 MacRae(1978)以及 Anas(1980)进一步研究了该现象,并称之为邻域倾斜或累积衰变过程。有关种族外部性模型的综述,可参见 Kanemoto(1987)。

Strotz(1965)在单中心离散环的背景下,首次研究了存在交通拥堵的最优城市土地利用。Solow 和 Vickrey(1971)研究了在狭长的城市中,商业活动和交通运输之间的最优土地分配。Mills 和 de Ferranti(1971)第一个研究了在标准的连续单中心城市中住房和交通运输之间的土地优化分配。Legey、Ripper 和 Varaiya(1973),Robson(1976),Kanemoto(1977,1980,第 4 章),以及 Ando(1981,第 3 章)进一步发展了这个主题。本章 7.4 节中的讨论正是基于他们的研究。Solow 和 Vickrey(1971)、Solow(1973)、Kanemoto(1980,第 5 章)、Arnott 和 MacKinnon(1978)、Arnott(1979)、Pines 和 Sadka(1981)、Ando(1981,第 4 章)、Wilson(1983)以及 Sullivan(1983a,b)研究了住房与交通运输之间土地分配的次优问题。Henderson(1981)对带有内生出发时间的交通错峰选择进行了分析。Miyao(1978c)研究了一个带有网格型交通运输网络的正方形城市的交通运输用地。Wheaton(1978)分析了在包含多种类型道路的非空间模型中次优的交通运输投资问题。有关城市交通和土地利用的综述,可参见 Kanemoto(1987)。

最后,对于企业和家庭之间的外部性研究(如空气污染等),可参见 Stull(1974),Henderson(1977),Hochman 和 Ofek(1979),Miyao、Shapiro 和 Knapp(1980),以及 Kanemoto(1987)的综述。

第8章 外部经济、产品多样性与城市规模

8.1 引言

在5.2节,我们讨论了城市形成的各种原因。在本章,我们更深入地研究外部经济与产品多样化在城市形成中的作用。

在区位理论和城市经济学文献中,生产的规模经济通常划分为两种类型:企业内部的规模经济和马歇尔外部经济。其中,马歇尔外部经济相对于单个企业是外生的,但相对于行业则是内生的。[①] 在我们先前的讨论(5.7节)中,这种生产的规模经济的区分是非必要的,这是由于假定开发者或城市政府控制整个生产活动,从而使得所有外部性内部化。确实,在企业内部规模经济的条件下,会自然地把每个企业都看作城市的开发者,其可以控制城市形成的所有方面。然而,这种工厂城镇或企业城镇模式却不能解释一个由多家大企业形成的城市,因此很少与现代城市的性质相吻合。

相比之下,由于企业和人口的空间集聚,外部经济的概念提供了一个解释规模经济的可行框架,因此在文献中得到了广泛应用。这是因为这些外部经济相对于单个企业是外生的,因此规模报酬递增与完全竞争均衡相适应(如8.2节所述)。尤其是,外部经济的概念经常被用来解释现代经济中许多专业化城市的性质,其中,每个城市都建立在一个基础产业之上,这些基础产业由众多生产相同贸易品(或相似贸易品)的相似企业构成。例如,加利福尼亚的硅谷城专门从事计算机工业生产。[②] 与此同时,出于各种原因,

---

[①] 在区位理论中,马歇尔外部经济又被称为本地化经济,它代表了由于同一区位同一行业内所有企业的总生产扩张而产生的经济性[参见 Isard(1956,第8章)]。关于马歇尔外部经济,参见 Chipman(1970)。

[②] 根据 Henderson(1986,1987),在美国的中小城市中,专业化经济似乎更为普遍;在1970年美国243个标准都市统计区中,大约一半的城市专业化于特定的产业。

生产相同贸易品的企业可能发现集聚是有利的。这些原因包括：对技术分包商和专门服务企业的共享，形成技能型劳动力池，能更好地获得技术和市场信息，以及对包括运输设施在内的公共基础设施的共享。这些集聚经济通常被称为（马歇尔）外部经济，因为它们是产业总活动水平在同一个城市扩大的结果，因此超出了单个企业的控制。在8.2节中，我们将介绍城市的外部经济模型，并在实证和规范的分析框架中讨论城市规模的确定问题。

虽然城市的外部经济模型是一个方便的分析框架，但它的缺点是基于模糊的外部经济概念。当面临规范或政策问题时，我们需要更准确地了解"外部"经济的性质。[③] 这表明，人们可能会建立一个替代框架，即内生化地对集聚经济进行建模，以清晰地显示集聚经济的起源。在文献中经常提及，产业集聚的主要原因之一是可以获得当地专业的生产者服务，例如修理和维修服务、工程和法律支持、运输和通信服务以及金融和广告服务。基于这些考虑，在8.3节中，我们建立了产业集聚的垄断竞争模型，该模型着重讨论作为集聚经济起源的各种生产者服务的可获得性。基于下面的考虑，一个城市同时具有一个实物可贸易品产业和一个服务品产业，后者为前者提供各种各样的专门服务。该模型的核心思想是，服务产业的规模报酬递增和实物贸易品产业使用各种中间服务的意愿，是引致城市产业集聚的基础力量。也就是说，一个城市可获得的中间服务的种类越多，其可贸易品产业的生产率就越高。关于中间服务市场的描述源自Dixit和Stiglitz（1977）的张伯伦垄断竞争模型。其中，服务业以垄断竞争为特征，这是由于现实中服务业通常面临相对较小的进入和退出壁垒，并具有很强的竞争力。同时，服务用户（在本例中，为可贸易商品的生产者）具有高度专业化的多样性需求，这使得每个专业供应商在服务方面的供给都与其他供应商不同。

上述研究结果表明，在行业均衡条件下，垄断竞争模型中的总生产函数和工资函数与8.2节中的外部经济模型相同。因此，从这两个模型也推导出相同的均衡城市规模和工资率。由此，基于对城市集聚描述性分析的角度，这两个模型是等价的。然而，8.4节表明，从规范性分析可以发现，这两个模型得出的结果大不相同，它们对"真实"的城市生产函数给出了不同的估计，并得出不同的最优城市规模和政策建议。因此，我们必须研究哪种模型能够更准确地描述所讨论的城市。最后，在8.5节中，我们简要讨论了本章内容可能扩展的地方。

[③] 如果我们从技术经济外部性（即经济个体对其他主体随机的知识外溢）的角度来解释外部经济，那么前面提到的大多数集聚经济来源，在本质上都不能称为"外部"经济。例如，在真实的城市里，没有一家服务业企业会"无意中"为他人提供服务。因此，我们必须把绝大多数集聚经济解释为外部经济收益，即代表通过市场交易获得的外部收益。然而，"外部经济收益"这一术语非常具有误导性，若忽略它，经济理论可能会更好地发挥作用。

8.2 马歇尔外部经济

以一个单中心城市为例,在这个城市,可贸易商品 X 被许多小企业生产,它们($j=1$, $2,\cdots,m$)位于 CBD。可贸易商品的价格假定由国际市场决定,因此被视为一个给定的常数。为方便起见,将其标准化为 1。假定每个企业只使用劳动力生产可贸易商品,企业的(共同)生产函数可以描述为

$$x(N_j, N) = g(N)N_j, j = 1, 2, \cdots, m \tag{8.1}$$

上式中,$x(N_j, N)$ 表示企业 j 雇用劳动力 N_j 时所生产的可贸易商品数量,城市的总劳动力(= 总人口)给定为 N。[④] 函数 $g(N)$ 表示城市中所有企业平等享有的(马歇尔)外部经济。假设每个企业视劳动力总量 N 为给定的,相应地,$g(N)$ 等于劳动力的私人边际产品(PMP),其随着城市人口 N 的变化而变化。我们称 $g(N)$ 为集聚函数,并给出如下假定:

$$g(N) > 0 \quad \forall N > 0 \tag{8.2}$$

这里还假定函数 $g(N)$ 起初随着 N 的增加而递增(反映集聚的正向效应),但最终可能随着 N 的增加而递减(反映集聚的负向效应):

$$g'(N) \equiv \frac{dg(N)}{dN} \begin{cases} >0 & \text{对于 } N < \tilde{N} \\ <0 & \text{对于 } N > \tilde{N} \end{cases} \tag{8.3}$$

其中,$\tilde{N}$ 是给定常数,因此 $0 < \tilde{N} \leq \infty$。注意,$\tilde{N} = \infty$ 表示对于所有的 N,$g(N)$ 都在递增。

给定一个城市的人口 N 和工资率 W,每个企业都会选择劳动力投入以实现利润最大化:

$$\max_{N_j} x(N_j, N) - WN_j, j = 1, 2, \cdots, m \tag{8.4}$$

假定每个企业的产出水平为正,则在均衡条件下,其一阶条件为

$$\frac{\partial x(N_j, N)}{\partial N_j} = W \tag{8.5}$$

或者由公式(8.1)得

$$g(N) = W$$

这意味着劳动的私人边际产出等于工资率。因此,如果令 $W(N)$ 代表城市人口为 N 时的均衡工资率,则有

[④] 更一般化地,我们可以假定 $x(N_j, N) = f(N_j, N)$,其中,给定每个 N,函数 $f(\cdot, N)$ 是 S 形的,即对于较小值 N_j,$\partial^2 f(N_j, N)/\partial N_j^2 > 0$;对于较大值 N_j,$\partial^2 f(N_j, N)/\partial N_j^2 < 0$。在这种情形下,假设城市中企业的均衡数量非常大,我们可以在本节中获得基本相同的结果。对于此方法,可参见 Kanemoto(1980,第 2 章)。

$$W(N) = g(N) \tag{8.6}$$

接下来,假定每个家庭提供 1 个单位的劳动,城市实现充分就业。把所有的企业产出加总,我们得到

$$\sum_{j=1}^{m} x(N_j, N) = g(N) \sum_{j=1}^{m} N_j = g(N)N \tag{8.7}$$

因此,假如我们定义

$$F(N) \equiv g(N)N \tag{8.8}$$

其中,$F(N)$ 代表城市人口为 N 时的可贸易商品总产出,则我们称 $F(N)$ 为城市总生产函数。

为了确定城市的产出均衡和最优规模,理清城市的土地所有制状况至关重要。下面,我们依次考虑两种均衡情形:在外土地所有者情形和土地公共所有者情形。在本章中,我们对家庭采用如下标准假设:经济中的所有家庭都是同质的,具有相同的效用函数 $U(z,s)$;给定(税后)收入 Y,城市中每个家庭的居住选择行为可以用基础模型(2.1)表示,并满足假设 2.1—2.3;在假设 2.2 中,我们也假设 $T(0)=0$;城市和其他经济体之间的迁移是无成本的;最后,假设农业地租为正,即 $R_A>0$。

8.2.1 在外土地所有者情形下的城市规模

假设城市土地由在外土地所有者拥有,相应的工资 W 是城市中每个家庭的唯一收入。⑤

从公式(8.6)可以看出,给定每个城市人口 N,企业愿意支付工资率 $g(N)$。回顾 5.4 节中的供给-收入函数(即反向人口供给函数),即 $Y(u,N)$,该家庭收入能够确保其他地区向城市提供足够多的人口,使其人口数量达到 N。因此,给定一个社会效用水平 U,城市中家庭的均衡数量或均衡城市规模可以通过求解以下关于 N 的方程得到:

$$g(N) = Y(u,N) \tag{8.9}$$

图 8.1 解释了不同社会水平下均衡城市规模的确定。图中,$g(N)$ 曲线用较粗的凹曲线表示,$Y(u,N)$ 曲线用向上倾斜的曲线表示。给定一个社会效用水平 u,均衡城市规模可由 $g(N)$ 曲线和 $Y(u,N)$ 曲线的交叉点确定。例如,当 $u=u_1$ 时,有两个均衡城市规模;当 $u=u_2$ 时,仅有一个均衡城市规模。当 $u=u_a^0$ 时,$Y(u_a^0,N)$ 曲线在人口为 N_a^0 处与 $g(N)$ 曲线相切。由于供给-收入曲线 $Y(u,N)$ 随着 u 的增加而向上移动(性质 5.2),因此,u_a^0

---

⑤ 请注意,在均衡状态下,由于生产函数(8.1)关于 N_j 具有规模报酬不变性质,故每个企业的利润为零。因此,我们无须考虑利润分配问题。

代表了城市在外土地所有者情形下可以达到的最高均衡效用水平。此外,图 8.1 中,u_a^1 代表在两个均衡城市规模下可达到的最低效用水平。

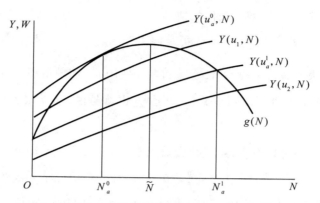

图 8.1 均衡城市规模的确定(在外土地所有者情形下)

其次,当均衡城市规模为 N 时,令 $u_a(N)$ 代表社会效用水平。从图 8.1 中可以得出图 8.2 中的 $u_a(N)$ 曲线。从求解方法来看,$u_a(N)$ 可以通过解方程(8.9)来确定每个 N 对应的 u 值。虽然情况并非总是如此,但为了简化讨论,我们在随后的分析中假设 $u_a(N)$ 曲线为单峰曲线,如图 8.2 所示。更准确地说,把最高效用 u_a^0 定义为

$$u_a^0 = \max\ \{u \,|\, g(N) = Y(u,N), 对于某些\ N>0\} \tag{8.10}$$

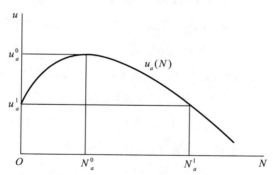

图 8.2 均衡效用曲线(在外土地所有者情形下)

此外,受限效用 u_a^1 可以由如下关系式定义:

$$g(0) = Y(u_a^1, 0) \tag{8.11}$$

假设满足以下四个条件:

1. 存在最大效用 $u_a^0 < \infty$,以及受限效用 $u_a^1 \geq -\infty$;

2. u_a^0 仅在唯一的城市规模 N_a^0 下实现,这里,N_a^0 又被称为临界城市规模,其范围是 $0 < N_a^0 < \infty$;

3. 存在唯一的城市规模 N_a^1,其被称为受限城市规模,满足如下形式:

$$g(N_a^1) = Y(u_a^1, N_a^1), 0 < N_a^1 \leq \infty \qquad (8.12)$$

4. 对于 $u_a^1 < u < u_a^0$ 中的每个 u,方程式(8.9)有两个关于 N 的解。

图 8.1 描述了满足上述四个条件的情形。注意,条件 4 意味着 $u_a(N)$ 曲线是单峰的,如图 8.2 所示。由于每个 $Y(u,N)$ 曲线都是向上倾斜的(性质 5.2),因此从图 8.1 很容易得到 $N_a^0 < \tilde{N}$,这意味着城市规模为 N_a^0 时达到最大效用 u_a^0,而城市规模 N_a^0 处于集聚函数的递增阶段。从图 8.1 中也可以明显看出 $N_a^0 < N_a^1$,也就是说,临界城市规模小于受限城市规模。⑥

此外,从图 8.2 还可以看出,给定社会效用水平 u(满足 $u_a^1 \leq u < u_a^0$),则存在两个均衡城市规模:一个小于 N_a^0,另一个大于 N_a^0。在这种情形下,研究结果表明,给定任何效用水平 u,小于 N_a^0 的均衡城市规模为(局部)不稳定,大于 N_a^0 的均衡城市规模为(局部)稳定。为了明确这一点,给定社会效用水平等于图 8.1 中的 u_1,N_1 和 N_1' 是在 u_1 下的均衡城市规模,具体形式如下:

$$g(N_1) = Y(u_1, N_1), g(N_1') = Y(u_1, N_1'), N_1 < N_a^0 < N_1'$$

那么,当 $N = N_1$ 时,需求-工资曲线 $g(N)$ 比供给-收入曲线 $Y(u_1, N_1)$ 更陡。因此,如果给定足够小的 ΔN,我们可以看出:

$$g(N_1 + \Delta N) \gtreqless Y(u_1, N_1 + \Delta N) \quad \text{当} \Delta N \gtreqless 0 \text{ 时} \qquad (8.13)$$

这意味着,如果有 ΔN 家庭迁入(或迁出)城市,则城市的工资率将提高(降低)到 $g(N_1 + \Delta N)$,而 $g(N_1 + \Delta N)$ 大于(小于)供给-收入曲线 $Y(u_1, N_1 + \Delta N)$。相应地,城市的均衡效用水平高于(低于)社会效用水平 u_1。这反过来又会促使更多的家庭迁入(迁出)城市,城市规模也会远离 N_1。从这个意义上说,初始的均衡城市规模 N_1 是(局部)不稳定的。⑦ 相反,当 $N = N_1'$ 时,$g(N)$ 曲线比 $Y(u_1, N)$ 曲线更平坦。在这种情形下,我们会得到相反的结果。也就是说,对于每个小的 ΔN,满足如下条件:

$$g(N_1' + \Delta N) \lesseqgtr Y(u_1, N_1' + \Delta N) \quad \text{当} \Delta N \gtreqless 0 \text{ 时} \qquad (8.14)$$

由此可见,即使城市规模刚好偏离了 N_1',它也会回到原来的 N_1'。从这个意义上说,均衡城市规模 N_1' 是(局部)稳定的。⑧

---

⑥ 尽管我们在图 8.1 中有 $\tilde{N} < N_a^1$,但这并非总是成立的(例如,如果 $\tilde{N} = \infty$,那么 $N_a^1 < \tilde{N} = \infty$)。

⑦ 对于非稳态均衡,城市规模的定义是基于一种隐含假设,即社会效用水平的变化(如果发生的话)要比单个城市的人口变化慢得多。当每个城市与国民经济相比都非常小,且只有少数城市的人口在任何时候都会迅速变化时,这一假设是有效的。否则,要考察均衡城市规模的稳态性,就必须清晰地考量整个城市体系的人口调整过程。上述假设同样适用于以下对稳态均衡城市规模的定义。

⑧ 这里我们隐含地假设,任何一个新城市都必须从接近于零的人口开始。如果企业与家庭之间可能建立起一个大联盟,那么即便是那些介于 N_a^0 和 N_a^1 之间的城市规模也可能是非稳态的。

下一步，观察到每一个低于 u_a^1 的社会效用水平都存在一个唯一的均衡城市规模，它大于受限城市规模 N_a^1。然而，事实证明，如果可贸易品的技术与区位无关，则任何大于 N_a^1 的城市规模都是不稳定的。换句话说，任何低于 u_a^1 的社会效用水平都是不可持续的。为了明确这一点，假设社会效用水平等于图 8.1 中的 u_2，并令 $N_2(>N_a^1)$ 为城市的均衡城市规模。在这种情形下，假设一家新企业在城市以外的一个新地点成立，并生产可贸易品，雇用少量工人 ΔN。然后，由于该企业可以以工资率 $Y(u_2, \Delta N)$ 雇用 ΔN 的工人，其利润由下式给出：

$$\pi = g(\Delta N)\Delta N - Y(u_2, \Delta N)\Delta N$$
$$\doteq g(0)\Delta N - Y(u_2, 0)\Delta N$$
$$= (g(0) - Y(u_2, 0))\Delta N$$

进而，由于供给-收入曲线 $Y(u, 0)$ 随着 u 而递增，并且假设 $u_2 < u_a^1$，因此，由公式 (8.11) 可得

$$\pi \doteq (g(0) - Y(u_2, 0))\Delta N$$
$$> (g(0) - Y(u_a^1, 0))\Delta N = 0$$

这意味着，该城市中的每一家企业都将停止经营，并选择在该城市以外的一个新地点，以获取正的利润为目的重新经营。因此，原来的城市是无法维持的。这也意味着，如果社会效用水平 u 低于 u_a^1，新企业将继续建立，劳动力需求最终将超过经济总量。因此，一个低于 u_a^1 的社会效用水平，在一个均衡经济中是不可持续的。

综上所述，我们可以得出结论：只有那些规模在 N_a^0 和 N_a^1 之间的城市才是稳定的。由于不稳定的城市规模很少被观察到，所以只关注这些稳定的城市规模就足够了。然而，应当注意的是，一个特定（稳定）城市规模的实现取决于社会效用水平。为了内生地确定这个社会效用水平，我们考虑一个简单的例子。假设全国所有的城市都和上面讨论的城市一样。假设全国城市部门总人口 M 是外生的，那么，如果 $N>0$，且城市的人口等于 N，则全国有 M/N 个城市，城市中每个家庭都将获得共同效用 $u_a(N)$。因此，该城市体系处于均衡状态。⑨ 特别地，给定任意介于 N_a^0 和 N_a^1 之间的城市规模 N，则该城市体系是（局部）稳定的。⑩ 因此，城市体系可能存在一个稳态均衡的连续体。

为了检验何种均衡城市体系更容易被观察到，我们考虑下面的动态过程：假设目前

---

⑨ 与通常一样，假设全国总人口 M 足够大，以保证城市个数 M/N 可以被视为连续的。

⑩ 它在以下情形下是稳态的：当每个城市都有相同的人口 N（满足 $N_a^0 < N < N_a^1$）时，任何一个城市的家庭都没有动机向另一个城市迁移，因为接收城市人口的增长会降低那里的效用水平。同样，任何一个城市的企业都没有动机迁移到另一个城市，或在农村地区形成一个新的（小）城市。

有大量的城市且拥有相同的人口 N(例如 $N_a^0 \leq N < N_a^1$)。随着这些城市人口的增长,所有城市的人口增长都趋向于 N_a^1。然而,当所有城市的人口达到 N_a^1 时,人口的进一步增长将导致一座新城市的形成。由于旧城市中所有超过 N_a^1 的人口都将迁入新城市,所以这座新城市将迅速增长,而旧城市的人口仍将接近于 N_a^1。当新城市的人口赶上旧城市时,另一个新城市将很快产生。这一过程将持续下去。这就意味着大多数城市的人口都很可能接近于 N_a^1。

在所有城市规模处于稳态均衡时,$N_a^0(N_a^1)$ 是最高(最低)的均衡效用水平。因此,从城市居民的角度来看,在单个城市规模 $N_a^0(N_a^1)$ 下的城市体系是最好(最差)的。然而,在目前的在外土地所有者背景下,我们还必须考虑在外土地所有者的福利,即所有城市的总级差地租 (M/N)TDR,其中,TDR 是每个城市的总级差地租。如果 (M/N)TDR 在 N_a^0 和 N_a^1 之间的所有 N 都在递减,那么对于家庭和土地所有者来说,单个城市规模为 N_a^0 的城市体系是最好的(在所有稳态城市体系中)。然而,如果 (M/N)TDR 对于 N_a^0 和 N_a^1 之间的所有 N 均递增,那么 $N_a^0(N_a^1)$ 的城市体系对家庭(土地所有者)来说是最好的。因此,城市体系对整体福利的影响并不明晰。这与下文的土地公有制度形成了鲜明的对比。在土地公有制度下,只有家庭福利才是重要的,因此,我们可以对城市规模的福利影响给出明确的结论。

8.2.2 土地公共所有者情形下的城市规模

假设城市居民组成一个政府,以农地租金 R_A 从农村地主那里为城市租赁土地。反过来,市政府以有竞争力的租金将土地转租给城市居民。总租金 TDR 在城市居民中平均分配。然后,城市中每个家庭的收入等于工资 W 加上级差地租 TDR/N。

从公式(8.6)开始,当城市人口为 N 时,城市的人均工资等于 $g(N)$。假设 TDR$(g(N), N)$ 为城市人口为 N 时的总级差地租,更为准确地说,TDR$(g(N), N)$ 是 3.3 节中 CCP$(g(N), N)$ 模型的解析结果,其中,非土地收入 Y^0 等于工资 $g(N)$。[11] 进而,当城市人口为 N 时,城市中每个家庭的总收入等于

$$g(N) + \text{TDR}(g(N), N)/N \tag{8.15}$$

它代表城市人口需求的反函数。因此,给定社会效用水平 u,可以通过求解如下方程的 N 来得到均衡城市规模:

$$g(N) + \text{TDR}(g(N), N)/N = Y(u, N) \tag{8.16}$$

上式中,$Y(u, N)$ 代表 5.4 节中的人口供给反函数。或者,求解方程(8.16)在每个 N 值下

---

[11] 根据命题 3.3,可以唯一地确定 TDR$(g(N), N)$ 的值。

对应的 u，我们得到土地公有制度下的均衡效用函数 $u_p(N)$。

图 8.3 解释了在不同效用水平下均衡城市规模的确定。在该图中，粗体的凹曲线代表公式(8.15)的函数，虚线表示与图 8.1 中相同的 $g(N)$ 曲线。在当前的土地公共所有者模式下，将最大效用 u_p^0 定义为

$$u_p^0 = \max\left\{u \mid g(N) + \frac{\text{TDR}(g(N), N)}{N} = Y(u, N), N > 0\right\} \quad (8.17)$$

并且受限效用 u_p^1 由下式定义[12]：

$$g(0) = Y(u_p^1, 0) \quad (8.18)$$

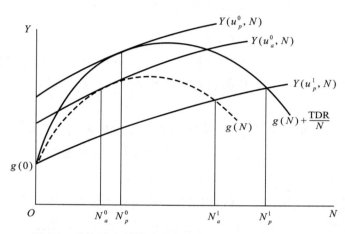

图 8.3　均衡城市规模的确定（土地公共所有者情形下）

假设 $u_p(N)$ 曲线是单峰的，如图 8.4 所示。这意味着，对于每个 u，满足 $u_p^1 < u < u_p^0$，在图 8.3 中供给曲线 $Y(u, N)$ 与需求曲线 $g(N) + \text{TDR}/N$ 均相交两次。设 N_p^0 为对应于 u_p^0 的城市规模，N_p^1 为对应于 u_p^1 的受限城市规模。在这里，假设 $0 < N_p^0 < \infty$ 和 $0 < N_p^1 \leq \infty$。假设每个新城市都必须从接近于零的人口开始。然后，我们可以看到，类似在外土地所有者情形下，只有城市规模在 N_p^0 和 N_p^1 之间的均衡才是稳态的。

对比图 8.1 和图 8.3，我们可以看到

$$u_p^0 > u_a^0, N_P^1 > N_a^1, u_p^1 = u_a^1 \quad (8.19)$$

这些结果是显而易见的，因为给定人口 $N > 0$，那么在土地公共所有者情形下，每个城市家庭都将有更高的收入。请注意，尽管图 8.3 显示 $N_p^0 > N_a^0$，但情形并非总是如此（参见例 8.1 和例 8.2，其中的关系 $N_p^0 > N_a^0$ 的确成立）。

---

[12] 起初，u_p^1 由下列关系式定义：$\lim_{N \to 0}\{g(N) + (\text{TDR}[g(N), N]/N)\} = Y(u_p^1, 0)$。然而，我们可以证明 $\lim_{N \to 0}((\text{TDR}[g(N), N]/N)) = 0$。因此，$u_p^1$ 可由公式(8.18)定义。这也意味着，在图 8.3 中，$g(N)$ 曲线和 $g(N) + (\text{TDR}/N)$ 曲线都从竖轴上的同一点开始。

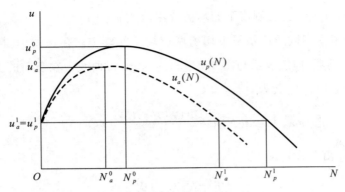

图 8.4 均衡效用曲线（公共土地制度情形下）

假设全国城市部门的总人口 M 是外生给定的。那么,在 $N>0$ 的情形下,如果每个城市的人口都等于 N,并且该国有 M/N 个城市,则每个城市的每个家庭都将实现共同效用 $u_p(N)$,这样的城市体系就处于均衡状态。特别地,当且仅当 $N_p^0 \leqslant N < N_p^1$ 时,它才是稳态的。

在所有均衡城市体系中,当单个城市规模等于 N_p^0 时,家庭的效用水平最高。在当前的土地公共所有者情形下,其他任何一方的福利都不受这些城市体系的影响。因此,在所有的均衡城市体系中,单个城市规模为 N_p^0 的系统是社会最优的。

事实上,我们可以证明,这个城市体系不仅在所有均衡城市体系中是社会最优的,而且在所有可行的城市体系中也是社会最优的(在同等效用约束情形下)。为了看到这一点,我们回顾一下 5.7 节中的社区问题,也即假设一定数量的家庭组成一个社区(即城市),其总生产函数由公式(8.8)给出。社区以农业用地租金 R_A 向在外土地所有者租赁城市土地。进而由公式(5.62)可以把社区的问题归纳如下:

$$\max_{N>0} u \quad \text{s.t.} \quad F(N) - C(u, N) \geqslant 0 \qquad (8.20)$$

即社区在满足预算约束的条件下,选择最优的人口以达到最高的公共效用水平。接下来,请注意,最大效用 u_p^0 [由公式(8.17)确定] 可以等价地定义为

$$u_p^0 = \max_{N>0} u_p(N) \qquad (8.21)$$

其中, $u_p(N)$ 是在每个 N 下通过求解方程(8.16)得到的 u。另外,更正式地说, $u_p(N)$ 等于 CCP$(g(N), N)$ 模型的均衡效用。[13] 因此,在方程(5.14)中,设 Y^0 等于 $g(N)$, u 等于 $u_p(N)$,我们得到

---

[13] 令 $u(N)$ 为公式(8.16)在每个 N 下关于 u 的解。然后从图 3.4(也即命题 3.5)中我们可以看出,CCP$(g(N), N)$ 模型与 CCA$[g(N)+\text{TDR}(g(N),N)/N, N]$ 模型具有相同的解,而 CCA$[g(N)+\text{TDR}(g(N),N)/N, N]$ 模型又与 OCA$[g(N)+\text{TDR}(g(N),N)/N, u_p(N)]$ 模型具有相同的解,同样,OCA$[g(N)+\text{TDR}(g(N),N)/N, u_p(N)]$ 又与 OCA$[Y(u_p(N), N), u_p(N)]$ 具有相同的解。特别地,对于每个 N,所有四个模型都具有相同的均衡效用水平 $u_p(N)$。

$$Ng(N) = C(u_p(N), N)$$

或者

$$F(N) = C(u_p(N), N) \tag{8.22}$$

也就是说，在公有土地所有制下的任意均衡城市中，城市的总产出 $F(N)$ 完全花费在人口成本 $C(u_p(N), N)$ 上。此外，可以很容易地看到，当且仅当 $u_p(N)$ 等于下式 u 的解时，$u_p(N)$ 是 CCP$(g(N), N)$ 模型的均衡效用。⑭

$$F(N) = C(u, N) \tag{8.23}$$

因此，回顾公式(8.21)，我们可知 u_p^0 可以通过解决下面的问题得到：

$$\max_{N>0} u \quad \text{s.t.} \quad F(N) - C(u, N) = 0 \tag{8.24}$$

由于人口成本函数 $C(u, N)$ 随着 u 而递增，这个问题等价于公式(8.20)，因此，我们可以得出结论：由公式(8.17)定义的最大效用 u_p^0 等于在最优社区中获得的效用水平。换言之，城市规模为 N_p^0 的均衡城市体系为城市部门内所有家庭提供了可能的最高共同效用水平，从这个意义上说，它代表了最优城市体系。

由于 (u_p^0, N_p^0) 与公式(8.20)中社区问题的求解相一致，因此，它对应于图 5.12 中的 $(\hat{u}, \hat{N})$。由于在图 5.12 中，两条曲线 $F(N)$ 和 $C(\hat{u}, N)$ 在 $\hat{N}$ 处相切[相当于问题(8.24)中的一阶条件]，因此，必须满足

$$F'(N) = \partial C(u, N)/\partial N \quad 当(u, N) = (u_p^0, N_p^0) 时 \tag{8.25}$$

也就是说，在最优城市体系中的每个城市，劳动力的社会边际产品(SMP)，即 $F'(N)$ 等于边际人口成本 $\partial C(u, N)/\partial N$。由于 $F'(N) = g(N) + g'(N)N$ 以及 $\partial C(u, N)/\partial N = Y(u, N)$ [来自公式(5.25)]，条件(8.25)可以重新表述为

$$g(N) + g'(N)N = Y(u_p^0, N) \quad 当 N = N_p^0 时 \tag{8.26}$$

这意味着，如图 8.5 所示，SMP 曲线 $F'(N)$ 与人口供给反函数曲线 $Y(u_p^0, N)$ 相交于 N_p^0。也可以回顾图 8.3，$Y(u_p^0, N)$ 曲线与人口需求反函数曲线 $g(N) + \text{TDR}/N$ 在 N_p^0 处相切。这意味着：

$$g(N) + \text{TDR}/N = Y(u_p^0, N) \quad 当 N = N_p^0 时 \tag{8.27}$$

从条件(8.26)和(8.27)可知，必须满足：

$$g'(N)N = \text{TDR}/N \quad 当 N = N_p^0 时 \tag{8.28}$$

---

⑭ 必要性：如果 $u_p(N)$ 是 CCP$(g(N), N)$ 模型的均衡效用，那么从公式(5.14)我们得到 $Ng(N) = C(u_p(N), N)$，也即 $F(N) = C(u_p(N), N)$。充分性：回顾命题 3.3，CCP$(g(N), N)$ 模型对于每个 N 都有唯一解[因为由假设可知，对于所有的 $N>0, g(N)>T(0) = 0$]，并且这个解满足关系式 $F(N) = C(u_p(N), N)$。因此，由于方程 $F(N) = C(u, N)$ 在每个 N 下都有对于 u 的唯一解，这一解应等于 $u_p(N)$，也即 CCP$(g(N), N)$ 模型的均衡效用。

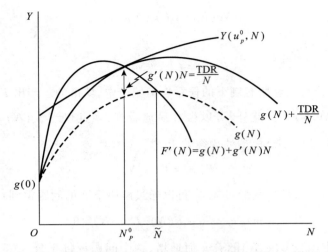

图 8.5 社会边际成本曲线 $F'(N)$ 与人口供给和需求反函数曲线

也即,在最优城市体系中,每个家庭都会获得总级差地租的一个份额,即 TDR/N,它等于人口的边际外部经济 $g'(N)N$,因此,我们可以将 TDR/N 解释为实现最优城市体系对家庭的庇古补贴。由于对每个 $N>0$,均有 TDR>0,因此,关系式(8.28)也意味着:

$$g'(N) > 0 \quad \text{当} \ N = N_p^0 \text{时} \tag{8.29}$$

其中,$N_p^0 < \tilde{N}$。也就是说,城市规模的最优值 N_p^0 是在集聚函数 $g(N)$ 的递增阶段达到的。

需要注意的是,虽然在单个城市规模为 N_p^0 的城市体系中可以达到最高的共同效用水平,但这仅代表着无数个稳态均衡城市体系中的一个。因此,在市场经济条件下,没有一个先验的理由预期这种最优的城市体系能够实现。相反,在城市人口增长的背景下,出于同样的原因,在外土地所有者情形下,大多数城市的人口都很可能保持在 N_p^1 附近。也就是说,最有可能出现最差的城市体系(在所有稳态的城市体系中)。换言之,市场经济会过度调整最优城市规模。⑮ 这表明,为实现最优城市体系而实施强有力的公共干预政策具有必要性。

例如,假设所有城市的人口都超过了最优规模 N_p^0。中央政府可以对这些城市的家庭征收人口税。与此同时,中央政府将对新城市的形成进行规划,并利用现有城市的税收

---

⑮ 这一结论首先由 Henderson(1974)得出[同样的结论也由 Fujita(1978,第 6 章)在动态情形下得出]。注意,之所以归纳出上述结论,是因为不同城市之间很难结成联盟形成一个大城市。我们从命题 5.5 可知,开发者为追求剩余最大化而形成竞争均衡,将使城市体系达到最优。然而,在目前的外部经济模型情形下,每个城市的经济都应该是复杂的(即许多小企业在外部经济环境中运营),任何经济性城市的规模(接近于 N_p^0)都可能相当大。因此,假设开发者(或企业和家庭联盟)可以创建一个具有经济规模的新城市(没有中央政府的帮助)并不具有现实意义。然而,还要注意,这一结论与许多经验观察结果[即大城市的生产力更高,人均(名义)收入更高]并不矛盾。为了明确这一点,假设对于所有的 $N>0$,有 $g'(N)>0$(因此,$\tilde{N}=\infty$)。进而,在任意均衡城市体系中,随着城市人口 N 的增加,劳动的私人边际产出 $g(N)$ 会变大,人均收入 $g(N)+(TDR/N)$ 也随着 N 的增加而递增。

收入补贴新城市中每个家庭的收入。中央政府必须继续提高人口税的税率(即补贴率),直到新城市开始快速增长(即直到新城市达到不稳定的均衡规模),然后随着新城市的规模接近现有(稳态)城市,税率将逐渐降低。这一过程(有关兴建新城市的税收和补贴)将重复进行,直至达到如下最优标准:新城市需要持续补贴,直至达到现有城市的规模。

8.3 产业多样性与垄断竞争

以单一中心城市为例,在该城市的 CBD 生产一种可贸易商品 X 和提供非贸易的差异化服务 $q_i(i=1,2,\cdots)$。同前文,我们假定这些生产活动不使用土地,因此,CBD 被视为一个点。可贸易商品通过使用劳动力和差异化服务 $\{q_i\}$ 进行生产。每一种差异化服务只由劳动力来提供。假定可贸易商品的价格由国际市场决定,它被视为一个给定的常数,并标准化为 1。经济中的所有家庭都被假定是同质的,每个家庭都拥有一个劳动单位。在 8.3.1 小节中,我们研究了城市人口固定情形下生产部门的均衡。在 8.3.2 小节中,我们分析了均衡城市规模。最后,在 8.3.3 小节中,我们研究了参数变化对均衡城市规模的影响。

8.3.1 产品部门与劳动需求

可贸易商品部门。为了以简单形式刻画企业在生产过程中使用多样性中间服务的期望,我们假定可贸易商品部门(t 部门)中每个企业所面临的生产函数为[16]

$$X = N_x^\eta \left\{ \left(\sum_{i=1}^n q_i^\rho \right)^{1/\rho} \right\}^v \tag{8.30}$$

其中,X 是单个企业生产的可贸易商品数量,N_x 是劳动力数量,q_i 是该企业使用每项服务 i 的数量。此外,η、v 和 ρ 是正常数,满足条件 $\eta+v=1$ 和 $0<\rho<1$。参数 ρ 可以解释为企业使用各种中间服务需求的大小。当 ρ 接近于 1 时,差异化服务 $\{q_i\}$ 接近于完全替代品;当 ρ 接近于期望 0 时,使用多样性服务的需求增加。请注意,该城市提供的服务总量 n 未知,稍后将确定。

由于公式(8.30)的生产函数为一阶齐次函数,故 t 部门中每个企业的均衡产出水平是不确定的。因此,在随后的分析中,我们把 t 部门的总产出 X 视为由一家具有竞争力的代表性企业生产。那么,如果我们把 p_i 作为 $q_i(i=1,2,\cdots)$ 的价格,W 作为城市的工资率,则企业的问题就是通过选择投入 N_x 和 $\{q_i\}$ 来实现利润最大化。

---

[16] 这个生产函数(一种柯布-道格拉斯函数和 CES 函数的组合)是由 Dixit 和 Stiglitz(1977)引入的一种效用函数形式。Ethier(1982)也引入了类似的生产函数。

$$X - WN_x - \sum_{i=1}^{n} p_i q_i \tag{8.31}$$

这里以生产函数(8.30)为基准。给定均衡产出 X 是正的,从最大化问题的一阶条件我们可以推导出 N_x 和 q_i 的需求分别为[17]

$$N_x = \eta X W^{-1} \tag{8.32}$$

$$q_i = (vXQ^{-\rho} p_i^{-1})^{1/(1-\rho)}, i=1,2,\cdots,n \tag{8.33}$$

这里,

$$Q \equiv \left(\sum_{i=1}^{n} q_i^{\rho}\right)^{1/\rho} \tag{8.34}$$

服务品部门。假定所有中间服务都由相同的生产流程提供,其中唯一的投入是劳动力。提供 q_i 所需的劳动力数量 N_i 被假定为如下形式:

$$N_i = f + cq_i \tag{8.35}$$

其中,f 为固定劳动需求量,c 为边际劳动需求量($f>0, c>0$)。因此,平均劳动力需求在产出量 q_i 上呈递减趋势。假定服务部门(s 部门)的每个企业都能无成本地差异化其产品,在均衡状态下,可以看出每种服务只能由一个企业提供。那么,企业提供 q_i 的利润等于 $p_i q_i - WN_i$。

根据张伯伦的垄断竞争方法[Chamberlin(1933);Dixit 和 Stiglitz(1977)],假定 s 部门中的每个企业都以古诺-纳什的方式行事,即把 s 部门中其他所有企业的产出水平视为给定,还假定每个企业也把 t 部门的总产出水平 X 视为给定。那么,每一个企业的利润最大化条件就是广为人知的边际收益和边际成本相等:

$$p_i \left(1 - \frac{1}{E_i}\right) = Wc \tag{8.36}$$

其中,E_i 是关于 q_i 的需求价格弹性。由公式(8.33)可知,等式 $E_i = (1-\rho)^{-1} + \rho(1-\rho)^{-1} (p_i/Q)(\partial Q/\partial p_i)$。同时,假定对于 $j \neq i, \partial q_j/\partial p_i = 0$,另外,从公式(8.34)得 $\partial Q/\partial p_i = -(Q/p_i)(q_i/Q)^{\rho} E_i$,因此,得 $E_i = (1-\rho)^{-1}(1+\rho(1-\rho)^{-1}(q_i/Q)^{\rho})^{-1}$。只要所提供的 n 种服务的价格不是不同数量级的,$(q_i/Q)^{\rho}$ 就是 $\dfrac{1}{n}$ 的倍数。因此,给定 n 足够大,就可以合理地假定企业忽略了 $(q_i/Q)^{\rho}$ 项,并使用以下(主观)需求价格弹性[18]:

$$E \equiv (1-\rho)^{-1} \tag{8.37}$$

然后,我们将公式(8.36)中的 E_i 替换为 E,将每项服务的共同均衡价格 p_q 写为

---

[17] 再者,由于生产函数(8.30)是一阶齐次函数,因此均衡产出 X 只有在与其他未知变量相结合的条件下才能被确定。

[18] 对于这一观点,参见 Dixit 和 Stiglitz(1977)。

$$p_q = Wc\rho^{-1} \tag{8.38}$$

这表明,每个企业都将按边际成本加价确定服务价格。注意,ρ 的值越小,加价比率 ρ^{-1} 越大,也即 t 部门在生产中使用多样性服务的需求更大。给定共同的产出价格 p_q,每个企业将生产相同数量的产品 q。设定 p_i 等于 p_q,并且 q_i 等于公式(8.33)和(8.34)中的 q,我们可以得到每个企业的均衡产出为

$$q = vX\rho(Wcn)^{-1} \tag{8.39}$$

把公式(8.39)代入公式(8.35),我们得到每个企业的劳动力需求量 N_q,如下所示:

$$N_q = f + vX\rho(Wn)^{-1} \tag{8.40}$$

生产部门的均衡。从长期来看,企业将继续进入市场,直到 s 部门的利润降至零,也即 $p_q q - WN_q = 0$。[19] 将公式(8.38)—(8.40)代入这个均衡条件,有

$$n = vX(1-\rho)(Wf)^{-1} \tag{8.41}$$

进一步,假设城市中存在普遍的充分就业,总人口 N 由下式给出:

$$N = N_x + nN_q \tag{8.42}$$

现在我们可以确定除此以外的所有未知变量。结果显示,先将所有其他未知变量表示为服务商品数量 n 的函数是方便的。根据公式(8.30)和(8.32),以及公式(8.38)—(8.42),我们可以很容易地得到以下结果:

$$N = f[v(1-\rho)]^{-1} n \tag{8.43}$$

$$X = \eta^\eta v^{-\eta} c^{-v} f \rho^v (1-\rho)^{-1} n^{(v+\rho\eta)/\rho} \tag{8.44}$$

$$W = \eta^\eta v^v c^{-v} \rho^v n^{(1-\rho)v/\rho} \tag{8.45}$$

$$N_x = f\eta[v(1-\rho)]^{-1} n \tag{8.46}$$

$$q = f\rho[c(1-p)]^{-1} \tag{8.47}$$

$$N_q = f(1-\rho)^{-1} \tag{8.48}$$

$$p_q = Wcp^{-1} = \eta^\eta v^v c^{1-v} \rho^{v-1} n^{(1-\rho)v/\rho} \tag{8.49}$$

请注意,所有的 N、X、W、N_x 和 p_q 都是 n 的增函数,这反映出由于中间服务的多样性增加,t 部门的生产率随之提高。根据公式(8.47)和(8.48),s 部门每个企业的产出 q 和劳动力投入 N_q 独立于产出价格 p_q 和工资率 W。这是由公式(8.35)中生产函数的特殊性所决定的。然而,s 部门的总劳动力需求 nN_q 是关于 n 成比例增加的。从公式(8.46)可以看出,t 部门也是如此。因此,如公式(8.43)所示,城市总劳动力需求 N 也是关于 n 成比例增加的。

接下来,利用公式(8.43),生产部门的其他所有变量都可以表示为 N 的函数,如下所示:

---

[19] 注意,在可贸易品部门中,利润最大化一阶条件的满足意味着零利润条件得到满足。

$$n(N) = f^{-1}v(1-\rho)N \tag{8.50}$$

$$X(N) = \eta^v v^{v/\rho} c^{-v} f^{-(1-\rho)v/\rho} \rho^v (1-\rho)^{(1-\rho)v/\rho} N^{(v+\rho\eta)/\rho} \tag{8.51}$$

$$W(N) = \eta^\eta v^{v/\rho} c^{-v} f^{-(1-\rho)v/\rho} \rho^v (1-\rho)^{(1-\rho)v/\rho} N^{(1-\rho)v/\rho} \tag{8.52}$$

$$N_x(N) = \eta N \tag{8.53}$$

$$q(N) = f\rho \left[c(1-\rho) \right]^{-1} \tag{8.54}$$

$$N_q(N) = f(1-\rho)^{-1} \tag{8.55}$$

$$p_q(N) = W(N)cp^{-1} \tag{8.56}$$

以及

$$n(N)N_q(N) = vN \tag{8.57}$$

或者设定为

$$A \equiv \eta^\eta v^{v/\rho} c^{-v} f^{-(1-\rho)v/\rho} \rho^v (1-\rho)^{(1-\rho)v/\rho} \tag{8.58}$$

$$b \equiv (1-\rho)v/\rho \tag{8.59}$$

我们可以把公式（8.51）和（8.52）分别重新表述为

$$X(N) = AN^{1+b} \tag{8.60}$$

$$W(N) = AN^b \tag{8.61}$$

根据定义，$X(N)$ 作为城市总劳动力的函数，代表城市的净产出（它等于 t 部门的产出）。这里，我们称 $X(N)$ 为城市的总生产函数。工资函数 $W(N)$ 表示劳动力需求的反函数，或城市人口需求的反函数。请注意，由于 $b > 0$，城市总生产函数相对于城市人口具有报酬递增性质。这是因为更多的人口与更多种类的中间服务品有关，相应地带来 t 部门更高的生产率。出于同样的原因，工资函数 $W(N)$ 也是关于城市总人口递增的。然而，根据公式（8.60）和（8.61）可得以下关系式：

$$W(N) = \frac{X(N)}{N} \tag{8.62}$$

工资函数 $W(N)$ 代表城市劳动力的平均产量，而不是劳动力的边际产量。最后，根据公式（8.53）和（8.57），t 部门和 s 部门分别使用了 η 和 v 比例的城市总劳动力份额。

8.3.2 均衡城市规模

在将生产部门的均衡描述为城市人口的函数之后，我们的下一个任务是确定均衡城市规模。值得庆幸的是，这一任务无须进行新的分析便可完成。这是因为上述垄断竞争模型得出的城市总产出模型与8.2节的外部经济模型具有相同的结构关系。为明确这一点，根据公式（8.58）和（8.59），给出如下定义：

$$g(N) \equiv AN^b \tag{8.63}$$

进而从公式（8.60）和（8.61）可以推得

$$X(N) = g(N)N \tag{8.64}$$

$$W(N) = g(N) \tag{8.65}$$

把公式(8.64)和(8.65)与公式(8.8)和(8.6)进行比较,可以发现:在集聚经济函数(8.63)下,8.2节的外部经济模型和该节的垄断竞争模型可推导出相同的总生产函数和工资函数。

因此,8.2节中得到的关于城市规模(和城市体系)的所有结果在当前情形下也是正确的。更具体地讲,考察在外土地所有者情形。对于每个社会效用水平 u,可以通过求解方程式(8.9)中的 N 来确定均衡城市规模(或数量)。图8.1解释了在不同社会效用水平下均衡城市规模的确定。[20] 如果8.2.1小节的条件1—4也适用于当前情形,我们可以从图8.1中推导出均衡效用曲线 $u_a(N)$,如图8.2所示。进而,我们可以像以往那样得出结论:当且仅当 $N_a^0 \leq N < N_a^1$ 时,均衡城市规模 N 是稳态的。

例8.1(在外土地所有者情形) 在案例5.1中(具有对数-线性效用函数、线性运输成本函数和线性城市的基本特征),把公式(5.18)和(8.63)代入(8.9),得到

$$AN^b = D(N+E)^\beta e^u \tag{8.66}$$

求解这个关于 u 的方程,我们得到均衡效用函数如下:

$$u_a(N) = \log \frac{A}{D} + \beta \log \frac{N^{b/\beta}}{N+E} \tag{8.67}$$

进一步得到

$$\frac{du_a(N)}{dN} = \frac{\beta}{N}\left(\frac{b}{\beta} - \frac{N}{N+E}\right) \tag{8.68}$$

因此,$u_a(N)$ 曲线是单峰的(如图8.2所示),当且仅当

$$b/\beta < 1 \text{ 或者 } b < \beta \tag{8.69}$$

也就是说,当且仅当条件(8.69)成立时,8.2.1小节的条件1—4才能得到满足。在这种情况下,设定公式(8.68)中的 $du_a(N)/dN$ 等于0,得到临界城市规模为

$$N_a^0 = \frac{bE}{\beta - b} \equiv \frac{\theta a^{-1} R_A}{(\rho\beta/(1-\rho)v)-1} > 0 \tag{8.70}$$

由公式(8.11)和(8.12)可知,受限效用 u_a^1 等于 $-\infty$,受限城市规模 N_a^1 等于 ∞。注意,从公式(8.70)可知,随着 θ、R_A 或 v 的增加,临界城市规模 N_a^0 变得更大;随着 a、ρ 或 β 的增加,临界城市规模 N_a^0 变得更小。这意味着,t 部门对各种中间服务的需求增加(例如 ρ 变小)时,N_a^0 将变大。

---

[20] 注意,根据公式(8.63)的规定,对于所有的 $N>0$,有 $g'(N)>0$[根据公式(8.3),这意味着 $\tilde{N}=\infty$]。因此,在图8.1中,对于所有的 $N>0$,$g(N)$ 应当是递增的。然而,这并不影响8.2节的结论。

接下来,以公有土地所有制为例,回顾均衡效用函数 $u_p(N)$,其可通过解方程(8.23)得到。在当前条件下,用方程(8.23)中的 $X(N)$ 代替 $F(N)$,我们通过解如下关于 u 的方程来确定函数 $u_p(N)$:

$$X(N) = C(u,N) \tag{8.71}$$

给定函数 $u_p(N)$ 为如图 8.4 所示的单峰函数,我们可以分别唯一地确定 u_p^0(最高效用)、u_p^1(限制效用)、N_p^0(临界城市规模)和 N_p^1(受限城市规模)。然后,同前文一样得出结论:当且仅当 $N_p^0 \leq N < N_p^1$ 时,均衡城市规模 N 是稳态的。

例 8.2(土地公共所有者情形) 在例 5.1 和 5.2 中,我们考虑土地公共所有者的情形。将公式(5.30)和(8.60)代入(8.71)得到

$$AN^{b+1} = (1+\beta)^{-1} D \{(N+E)^{1+\beta} - E^{1+\beta}\} e^u \tag{8.72}$$

求解这个关于 u 的方程,我们可以得到如下均衡效用函数:

$$u_p(N) = \log \frac{(1+\beta)A}{D} + \log \frac{N^{1+b}}{(N+E)^{1+\beta} - E^{1+\beta}} \tag{8.73}$$

进而得到

$$\frac{du_p(N)}{dN} = \frac{f(N)}{[(N+E)^{1+\beta} - E^{1+\beta}]N} \tag{8.74}$$

这里,

$$f(N) = [(1+b)E - (\beta-b)N](N+E)^{\beta} - (1+b)E^{1+\beta}$$

上式满足

$$f'(N) = (1+\beta)[bE - (\beta-b)N](N+E)^{\beta-1}$$

以及

$$f''(N) = -\beta(1+\beta)[(1-b)E + (\beta-b)N](N+E)^{\beta-2}$$

假设条件(8.69)成立。设 $b<\beta<1$,则有 $f''(N)<0$(对于所有的 $N \geq 0$),这意味着 $f(N)$ 是严格凹的。此外,$f(0) = 0$,而且 $f'(0) = (1+\beta)bE^{\beta}>0$。因此,如图 8.6 所示,$f(N)$ 在 $N = bE/(\beta-b)>0$ 时达到(正的)最大值,在 $N = (1+b)E/(\beta-b)$ 时为负。由于方程(8.74)右侧的分母始终为正,这意味着我们可以唯一地确定临界城市规模 N_p^0,满足

$$\frac{du_p(N)}{dN} \geq 0 \quad \text{当 } N \leq N_p^0 \text{ 时}$$

这意味着均衡效用函数 $u_p(N)$ 在 N_p^0 处达到了唯一的最大值(如图 8.4 所示)。从公式(8.70)和图 8.6 也可以清晰地看出

$$N_a^0 = \frac{bE}{\beta-b} < N_p^0 \tag{8.75}$$

即土地公共所有者情形下的临界城市规模大于在外土地所有者情形下的临界城市规模。

我们也可以像往常一样看到,受限城市规模 N_p^1 等于 ∞。

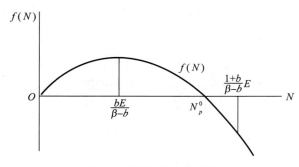

图 8.6　函数 $f(N)$ 的形状

8.3.3　比较静态分析

就城市总量(例如人口、净产出和工资率)而言,垄断竞争模型和外部经济模型可以得到相同的城市经济关系。然而,由于从垄断竞争模型内生性地推导出了集聚函数(8.63),因此它为城市经济提供了更多的信息。这些信息有助于解释国家(或国际)经济中城市规模的变化。为了阐释这些观点,我们集中讨论在外土地所有者的情形。为简单起见,假设均衡效用函数 $u_a(N)$ 是单峰的,如图 8.2 所示。然后,给定社会效用水平 u,满足 $u_a^1 < u < u_a^0$,则稳态均衡城市规模是唯一确定的,用 N^* 表示。此外,将 N^* 代入方程(8.50)—(8.56),我们可以唯一地确定其他变量的均衡值,这些变量分别表示为 n^*、X^*、W^*、N_x^*、q^*、N_q^* 和 p_q^*。因此,对于任意的 $u \in (u_a^1, u_a^0)$,我们可以唯一地确定稳态均衡结构 $(N^*, n^*, X^*, W^*, N_x^*, q^*, N_q^*, p_q^*)$。㉑ 这种均衡结构不仅受 u 的影响,还受模型其他所有参数的影响。表 8.1 总结了参数 u、p_x、ρ、f 和 c 的边际变化的影响,其中,p_x 代表可贸易品的单价(计算参见附录 C.14)。㉒

例如,我们考虑社会效用水平 u 提高的影响。在图 8.1 中,$Y(u,N)$ 曲线随着 u 的增加而向上移动,相应地,稳态均衡城市规模 N^* 将缩小。由公式(8.50)可知,这反过来导致 s 部门企业的均衡数量 n^* 减少。由于 n^* 的减少意味着 t 部门生产过程中使用的服务多样性减少,因此城市劳动力的平均生产率下降。根据公式(8.62),这又导致工资 W^*、产出 X^* 和服务价格 p_q^* 的下降。由方程(8.54)和(8.55)可知,虽然 s 部门每个企业的产出 q^* 和劳动力投入 N_q^* 不受影响,但它们的总价值 n^*q^* 和 $n^*N_q^*$ 会降低。

㉑ 如前所述,在实践中很少观察到非稳态的均衡城市规模。在本章余下的部分,我们只考虑与稳态均衡城市规模相关的均衡城市结构。

㉒ 其他两个参数 η 和 ν 的影响则大多是不确定的,因此我们省略对它们的任何讨论。请注意,当我们在一般情形下把可贸易品单价表示为 p_x 时,方程式(8.45)、(8.49)、(8.52)和(8.58)的右边必须乘以 p_x。

再如,我们考虑参数 ρ 对均衡结构的影响。在均衡状态下,s 部门所有企业的产出水平是相同的。因此,在方程(8.30)中对所有的 i 设定 $q_i = q$,我们得到 t 部门的生产函数如下:

$$X = n^{v/\rho} N_x^{\eta} q^{v} \tag{8.76}$$

因此,随着 ρ 的增加,也即随着使用多样性服务的期望下降,t 部门的生产效率降低。这相应导致均衡变量值如 N^*、n^*、X^*、W^*、N_x^* 和 p_q^* 的减小。然而,随着 ρ 的增加,对每种现有服务的需求都会增加。因此,从方程(8.54)和(8.55)可以看出,均衡值 q^* 和 N_q^* 将增大。

从表 8.1 可以得出如下结论:给定一个均衡城市结构是稳态的,当下面的条件成立时,所有的值 N^*、n^*、X^*、N_x^* 和 W^* 都将增大。

1. 社会效用水平 u 下降;
2. 可贸易品价格 p_x 上升;
3. 在可贸易品生产中,对多样性服务的需求度 ρ^{-1} 提高;
4. s 部门的固定劳动力投入 f 减少;
5. s 部门的边际劳动力投入 c 减少。

表 8.1 一个稳态均衡的静态比较分析

	N^*	n^*	X^*	W^*	N_x^*	q^*	N_q^*	P_q^*
u	-	-	-	-	-	0	0	-
P_x	+	+	+	+	+	0	0	+
p	-	-	-	-	-	+	+	-
f	-	-	-	-	-	+	+	-
c	-	-	-	-	-	-	0	?

条件 2—5 为国民经济中城市规模的变化(在劳动力自由流动的条件下)提供了可能的解释。也就是说,如果一个城市的产业结构呈现如下情形,即 p_x 和 ρ^{-1} 变大,而 f 和 c 变小,那么城市规模将会变大。条件 1 为城市规模的国际差异提供了可能的解释。也就是说,给定两个国家的两个城市(具有相同的产业结构),生活水平较低的国家的城市规模将更大。

8.4 最优生产过程与最优政策

如前一节所述,外部经济模型和垄断竞争模型在分析城市总产出时是等价的。然而，从规范分析的角度来看，这两个模型得出的结果却大相径庭。也就是说，它们对"真正的"城市生产函数给出了不同的估计，由此也导致不同的最优城市规模，以及不同的政策启示。为了阐释上述观点，我们在 8.4.1 小节研究了最优生产过程；然后，在 8.4.2 小节讨论了推动有效城市和城市体系形成的最优政策。

8.4.1 最优生产过程

回顾外部经济模型中单个企业的生产函数(8.1)。给定一个城市的人口为 N，这个生产函数代表每个企业在劳动力投入为 N_j 时的最大产出。因此，所有单个企业的产出之和，即总生产函数 $F(N)$ 代表真实的城市生产函数，它描述了每个总劳动力投入为 N 的城市技术上可能达到的最大净产出。也即，给定每个总人口 N，城市的生产过程是有效的。因此，在外部经济模型的情形下，唯一可能的规范性问题是城市人口本身是否社会最优。

然而，在 8.3 节垄断竞争模型的情形下，公式(8.60)中的总生产函数 $X(N)$ 并没有描述真正的城市生产函数，它在总劳动力投入为 N 时的净产出小于技术上可能的最大净产出，这反映出服务业垄断竞争导致的低效率。要理解这一点，请注意，真正的城市生产函数 $X(N)$（在垄断竞争模型情形下）可以通过求解下式关于 N 的最大化问题得到：

$$\hat{x}(N) \equiv \max_{n, X, N_x, \{q_i\}, \{N_i\}} X \tag{8.77}$$

$$\text{s.t.} \quad X = N_x^{\eta} \left\{ \left(\sum_{i=1}^{n} q_i^{\rho} \right)^{1/\rho} \right\}^{v} \tag{8.78}$$

$$N_i = f + c q_i, i = 1, 2, \cdots, n \tag{8.79}$$

$$N_x + \sum_{i=1}^{n} N_i = N \tag{8.80}$$

其中，公式(8.78)表示 t 部门的生产函数，公式(8.79)表示每项服务 i 提供中的劳动力约束，公式(8.80)表示城市的人口约束。为了解决上述最大化问题，我们引入以下拉格朗日函数：

$$\mathscr{L} = N_x^{\eta} \left\{ \left(\sum_{i=1}^{n} q_i^{\rho} \right)^{1/\rho} \right\}^{v} + \sum_{i=1}^{n} \hat{p}_i \left(\frac{N_i - f}{c} - q_i \right) + \hat{W} \left(N - N_x - \sum_{i=1}^{n} N_i \right) \tag{8.81}$$

其中，每个 $\hat{p}_i$ 代表服务品 i 的影子价格，$\hat{W}$ 代表城市劳动力的影子价格。为了简便起见，我们首先固定 n（在任意整数上），并得到其他变量（关于 n 和 N 的函数）的最优值。从相应的一阶条件，我们可以很容易地得出以下结果[23]：

$$\hat{X} = \eta^{\eta} v^{v} c^{-v} (N - nf) n^{(1-\rho)v/\rho} \tag{8.82}$$

---

[23] 这些一阶条件代表实现最优的必要和充分条件。

$$\hat{W} = \eta^\eta v^v c^{-v} n^{(1-\rho)v/\rho} \tag{8.83}$$

$$\hat{N}_x = \eta(N-nf) \tag{8.84}$$

$$\hat{q}_i = vc^{-1}(N-nf)n^{-1} \quad \forall\, i=1,\cdots,n \tag{8.85}$$

$$\hat{N}_i = f+v(N-nf)n^{-1} \quad \forall\, i=1,\cdots,n \tag{8.86}$$

$$\hat{p}_i = \hat{W}c = \eta^\eta v^v c^{1-v} n^{(1-\rho)v/\rho} \quad \forall\, i=1,\cdots,n \tag{8.87}$$

接下来,我们假设服务产品的最优数量 n 足够大,以至于可以稳妥地将其视为连续的数字。然后从公式(8.82)右侧关于 n 最大化的一阶条件,可以得到最优的 n 为[24]

$$\hat{n}(N) = f^{-1}v(1-\rho)N\{(v+\rho\eta)^{-1}\} \tag{8.88}$$

既然对于所有的 $i=1,\cdots,n$,$\hat{q}_i$、$\hat{N}_i$ 和 $\hat{p}_i$ 都是相同的,则可以将其简单地表示为 $\hat{q}$、$\hat{N}_q$ 和 $\hat{p}_q$。然后将公式(8.88)代入公式(8.82)—(8.87),将其他变量的最优值表示为 N 的函数,则有

$$\hat{X}(N) = \eta^\eta v^{v/\rho} c^{-v} f^{-(1-\rho)v/\rho} \rho^{(1-\rho)v/\rho} \times (v+\rho\eta)^{-(v+\rho\eta)/\rho} N^{(v+\rho\eta)/\rho} \tag{8.89}$$

$$\hat{W}(N) = \eta^\eta v^{v/\rho} c^{-v} f^{-(1-\rho)v/\rho} (1-\rho)^{(1-\rho)v/\rho} \times (v+\rho\eta)^{-(1-\rho)v/\rho} N^{(1-\rho)v/\rho} \tag{8.90}$$

$$\hat{N}_x(N) = \eta N\{\rho(v+\rho\eta)^{-1}\} \tag{8.91}$$

$$\hat{q}(N) = f\rho[c(1-\rho)]^{-1} \tag{8.92}$$

$$\hat{N}_q(N) = f(1-\rho)^{-1} \tag{8.93}$$

$$\hat{p}_q(N) = \hat{W}(N)c \tag{8.94}$$

以及

$$\hat{n}(N)\hat{N}_q(N) = vN\{(v+\rho\eta)^{-1}\} \tag{8.95}$$

或者使用公式(8.58)和(8.59)的符号,我们可以把公式(8.89)和(8.90)分别重新表述为

$$\hat{X}(N) = AN^{1+b}\{\rho^\eta(v+\rho\eta)^{-(1+b)}\} \tag{8.96}$$

$$\hat{W}(N) = AN^b\{\rho^{-v}(v+\rho\eta)^{-b}\} \tag{8.97}$$

比较公式(8.88)—(8.97)和公式(8.50)—(8.61),我们可以看出,最优生产过程与市场生产过程有很大的不同。根据定义,$\hat{X}(N)$ 代表城市使用总劳动力 N 可生产的可贸易品的最大数量;从这个意义上说,它代表(真实的)城市生产函数。由于 $b>0$,因此该生产函数随 N 呈现规模报酬递增的性质。从公式(8.59)、(8.96)和(8.97)可以得到

$$\hat{W}(N) = \frac{d\hat{X}(N)}{dN} \tag{8.98}$$

这意味着在最优状态下,劳动的影子价格等于劳动的(社会)边际产品。这一关系应当与公式(8.62)进行对比,后者认为在市场化生产过程中,工资率等于城市劳动力的平

---

[24] 这些一阶条件代表实现最优的必要和充分条件。

均产品。同理,公式(8.94)表示,在最优状态下,每项服务的影子价格等于其边际成本(就劳动力的影子价格而言),而在公式(8.56)的市场关系中,每项服务的价格等于其边际成本乘以加价率 ρ^{-1}。

取公式(8.89)—(8.95)中的每个最优变量与公式(8.50)—(8.57)中对应的市场变量之间的比率,我们得到

$$\hat{n}(N)/n(N) = (v+\rho\eta)^{-1} > 1 \qquad (8.99)$$

$$\hat{X}(N)/X(N) = \rho^{\eta}(v+\rho\eta)^{-(1+b)} > 1 \qquad (8.100)$$

$$\hat{W}(N)/W(N) = \rho^{-v}(v+\rho\eta)^{-b} > 1 \qquad (8.101)$$

$$\hat{N}_x(N)/N_x(N) = \rho(v+\rho\eta)^{-1} < 1 \qquad (8.102)$$

$$\hat{q}(N)/q(N) = 1 \qquad (8.103)$$

$$\hat{N}_q(N)/N_q(N) = 1 \qquad (8.104)$$

$$\hat{p}_q(N)/p_q(N) = \hat{W}(N)/(W(N)\rho^{-1}) = \rho^{\eta}(v+\rho\eta)^{-b} \qquad (8.105)$$

$$\hat{n}(N)\hat{N}_q(N)/n(N)N_q(N) = (v+\rho\eta)^{-1} > 1 \qquad (8.106)$$

从公式(8.99)可以看出,在总劳动量 N 相同的条件下,最优生产过程比市场化过程引入更多样化的服务产品。这使得前者比后者的生产率更高。因此,可知 $\hat{X}(N) > X(N)$,如方程(8.100)所示。实际上,如果在方程(8.100)中设定

$$h(\rho) \equiv \rho^{\eta}(v+\rho\eta)^{-(1+b)} \qquad (8.107)$$

接下来㉕,

$$\begin{aligned} h(\rho) > 1 & \quad \text{对于所有的 } \rho < 1 \text{ 和 } h(1) = 1 \\ h'(\rho) < 0 & \quad \text{对于所有的 } \rho < 1 \text{ 和} \lim_{\rho \to 0} h(\rho) = \infty \end{aligned} \qquad (8.108)$$

因此可以得出结论:对于所有的 $\rho<1$,有 $\hat{X}(N) > X(N)$;随着 ρ 变小,最优生产过程与市场化生产过程间的差异将变大。此外,在最优生产过程中,劳动力的影子价格 $\hat{W}(N)$ 等于其边际产品,而在市场化生产过程中,工资率 $W(N)$ 等于劳动平均产品。因此,我们很自然地得到 $\hat{W}(N) > W(N)$。或者在方程(8.101)中,如果我们设定

$$k(\rho) \equiv \rho^{-v}(v+\rho\eta)^{-b} \qquad (8.109)$$

进而

$$\begin{aligned} k(\rho) > 1 & \quad \text{对于所有的 } \rho < 1 \text{ 和 } k(1) = 1 \\ k'(\rho) < 0 & \quad \text{对于所有的 } p < 1 \text{ 和} \lim_{\rho \to 0} k(\rho) = \infty \end{aligned} \qquad (8.110)$$

因此,对于所有的 $\rho<1$,有 $\hat{W}(N) > W(N)$。其次,从方程(8.103)和(8.104)可以看出,

---

㉕ 对对数化的方程(8.107)求关于 ρ 的微分,可以得到 $(1/h)(dh/d\rho) = (1-\eta)\rho^{-2}\log[1-\eta(1-\rho)] < 0$。因此,对于所有的 $\rho<1$,有 $dh/d\rho<0$。此外,也可以看出 $h(1)=1$ 和 $\lim_{\rho \to 0} h(\rho) = \infty$。与之相似,我们可以在公式(8.110)中呈现这种关系。

对于最优生产和市场化生产来说,服务企业使用相同数量的劳动力可生产相同数量的产品。[26] 这表明,当多样化是可取的,即当中间服务不是完全替代品时,每一个服务企业在不利用规模经济的条件下(这种规模经济超出了市场均衡时的产出水平)都可以达到最优。此外,从方程(8.102)和(8.106)我们注意到,s 部门(t 部门)作为一个整体,在最优生产过程中消耗的总劳动力比例要比市场化生产过程中消耗的更高(更低)。其原因是,在最优生产过程中,t 部门用更多的服务产品代替劳动力。最后,在方程(8.105)中,我们得到 $\hat{W}(N) > W(N)$,但 $1 < \rho^{-1}$(=加价比率)。因此,在不对参数做进一步假设的情形下,我们无法确定 $\hat{p}_q(N)$ 和 $P_q(N)$ 之间的相对大小。

8.4.2 最优政策

给定城市人口 N,最优生产过程(如上一小节所述)可以通过如下简单的补贴方案来实现。在 8.3.1 小节中的垄断竞争模型下,假定政府按如下比例向 s 部门的企业提供从价销售补贴:

$$\hat{\sigma} \equiv (1-\rho)/\rho \tag{8.111}$$

然后,在这个补贴计划下,s 部门中每个企业的利润函数变为

$$(1+\hat{\sigma})p_i q_i - W N_i, i = 1, 2, \cdots, n$$

利用这个利润函数,并结合公式(8.38),我们现在可以得到每种服务产品的均衡价格为

$$p_q = W_c \tag{8.112}$$

这意味着边际成本定价在 s 部门也很盛行。可以看出,如果我们把公式(8.112)[而非公式(8.38)]与公式(8.30)、(8.32)和(8.39)—(8.42)合并在一起,将得到新的均衡条件[而非公式(8.50)—(8.57)],而新的均衡条件与公式(8.88)—(8.95)具有相同的均衡条件集。通过回顾可知,公式(8.88)—(8.95)代表人口为 N 时实现最优生产过程的必要和充分条件,因此,我们可以得出结论:在给出的公式(8.111)的补贴方案下,对于任何人口 N,生产均衡都是有效的。

对于每个人口 N,我们定义如下:

$$TS(N) = \hat{\sigma} \hat{p}_q(N) \hat{q}(N) \hat{n}(N) \tag{8.113}$$

$$FC(N) = \hat{n}(N) f \hat{W}(N) \tag{8.114}$$

$$\pi(N) = \hat{X}(N) - N \hat{W}(N) \tag{8.115}$$

其中,$TS(N)$、$FC(N)$ 和 $\pi(N)$ 分别代表 s 部门企业的补贴总额、固定劳动成本和总生产利润。将公式(8.88)—(8.94)代入公式(8.113)—(8.115),我们可以很容易得到

---

[26] Dixit 和 Stiglitz(1977)得出了类似的结果。

$$\text{TS}(N) = \text{FC}(N) = -\pi(N) \tag{8.116}$$

也就是说,在城市人口 N(在补贴方案下)的最优生产过程中,补贴总额和固定劳动力成本均等于生产损失。

下面,我们研究有效生产过程对应的均衡和最优城市规模。为了避免重复,我们仅考虑公有土地所有制的情形。假设城市居民均等地享有 TDR 和 TS,那么给定一个城市人口 N,城市中每个家庭的总收入表示为

$$\hat{W}(N) + \frac{\text{TDR} - \text{TS}(N)}{N} = \frac{\hat{X}(N)}{N} + \frac{\text{TDR}}{N} \quad [根据公式(8.115)和(8.116)] \tag{8.117}$$

由公式(8.63)、(8.96)、(8.107),我们有

$$\hat{X}(N)/N = g(N)h(p) \tag{8.118}$$

更准确地说,TDR 等于 $\text{TDR}[g(N)h(\rho), N]$,它表示从 $\text{CCP}(g(N)h(\rho), N)$ 模型求解得到的总级差地租。因此,每个城市家庭的总收入等于

$$g(N)h(p) + \text{TDR}[g(N)h(p), N]/N \tag{8.119}$$

上式代表城市人口需求的反函数。因此,在公式(8.111)的补贴计划之下,给定一个社会效用水平 u,我们可以通过求解以下关于 N 的方程来确定城市的均衡人口数:

$$g(N)h(p) + \text{TDR}[g(N)h(p), N]/N = Y(u, N) \tag{8.120}$$

或者求解关于 u 的方程(8.120),得到均衡效用函数,用 $\hat{u}_p(N)$ 表示。还要注意,用公式(8.23)中的 $\hat{X}(N)$ 代替 $F(N)$,我们可以通过解下面关于 u 的方程得到函数 $\hat{u}_p(N)$:

$$\hat{X}(N) = C(u, N) \tag{8.121}$$

假设函数 $\hat{u}_p(N)$ 是单峰的,也即存在一个临界城市规模 $\hat{N}_p^0$ 满足如下条件:

$$\frac{d\hat{u}_p(N)}{dN} \gtreqless 0 \quad 当 N \gtreqless \hat{N}_p^0 时 \tag{8.122}$$

最高效用水平 $\hat{u}_p(\hat{N}_p^0)$ 可简单地用 $\hat{u}_p^0$ 表示。然后,对于每个社会效用水平 $u < \hat{u}_p^0$,$\hat{X}(N)$ 曲线和 $C(u, N)$ 曲线之间的关系如图 8.7 所示。注意,关系式(8.122)与下式等价,即在每个效用 $u = \hat{u}_p(N)$ 处,有

$$\frac{d\hat{X}(N)}{dN} \gtreqless \frac{\partial C(u, N)}{\partial N} \quad 当 N \gtreqless \hat{N}_p^0 时 \tag{8.123}$$

由于 $d\hat{X}(N)/dN = \hat{W}(N)$ 和 $\partial C(u, N)/\partial N = Y(u, N)$,这意味着在每个 $u = \hat{u}_p(N)$ 处,有

$$\hat{W}(N) \gtreqless Y(u, N) \quad 当 N \gtreqless \hat{N}_p^0 时 \tag{8.124}$$

图 8.7 描述了 $N > \hat{N}_p^0$ 时的情形。根据公式(8.117)和(8.118),均衡条件(8.120)可以重新表述为

$$\hat{W}(N) + \frac{\text{TDR}(N) - \text{TS}(N)}{N} = Y(u, N) \tag{8.125}$$

公式(8.125)中满足 $\text{TDR}(N) \equiv \text{TDR}[g(N)h(\rho), N]$。因此,我们可以从公式(8.116)、(8.124)和(8.125)得出结论:

$$\text{TDR}(N) \gtreqless \text{TS}(N) = \text{FC}(N) = -\pi(N) \quad \text{当 } N \gtreqless \hat{N}_p^0 \text{ 时} \tag{8.126}$$

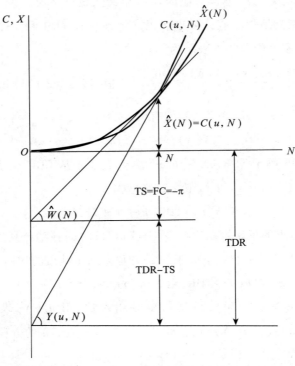

图 8.7 当 $N > \hat{N}_p^0$ 时,$\hat{W}(N)$ 与 $Y(u, N)$ 的关系

注意,当且仅当 $N \geq \hat{N}_p^0$ 时,均衡城市规模 N 是(局部)稳态的。[27] 因此,我们可以得出结论:当处于城市稳态均衡时,总补贴 $\text{TS}(N)$ 可以通过没收一部分 $\text{TDR}(N)$ 来抵补。特别地,根据公式(8.126)可得

$$\text{有 TDR}(N) = \text{TS}(N) = \text{FC}(N) = -\pi(N) \quad \text{当 } N = \hat{N}_p^0 \text{ 时} \tag{8.127}$$

上述内容代表公共财政领域广为人知的亨利·乔治定理。[28]

注意,当均衡城市规模等于 $\hat{N}_p^0$ 时,将获得最大效用 $\hat{u}_p^0$。这意味着,当全国城市部门的总人口外生给定为 M,并形成 $M/\hat{N}_p^0$ 个人口规模为 $\hat{N}_p^0$ 的城市时,所有城市的每户家庭都将实现最大效用 $\hat{u}_p^0$。由于 $\hat{u}_p^0$ 代表城市部门在技术可行下可达到的最高共同效用水平,因此 $\hat{N}_p^0$ 代表最优或首选的城市规模。

---

[27] 注意,在当前情形下,受限城市规模 $\hat{N}_p^1$ 等于 ∞。

[28] 注意,当 $N = \hat{N}_p^0$ 时,图 8.7 与图 5.15 本质上是相同的。

由于对于所有的 N,有 $\hat{X}(N)>X(N)$,比较公式(8.71)和(8.121),我们可以很容易地看到,

$$\hat{u}_p(N)>u_p(N) \quad 对于所有的 N>0 \tag{8.128}$$

因此,很自然地得到下式:

$$\hat{u}_p^0>u_p^0 \tag{8.129}$$

当最优(或其他任何)补贴计划在政治或技术上不可行时,u_p^0 代表技术上可行的最高效用水平。从这个意义上说,与家庭效用 u_p^0 相关联的临界城市规模 N_p^0 代表了次优城市规模。需要注意的是,如果不做进一步的假设,我们无法确定 $\hat{N}_p^0$ 和 N_p^0 之间的相对大小,但通常而言,它们是不同的。

例 8.3 在例 5.1 的情形下,人口成本函数由公式(5.30)给出。根据公式(8.121)和(8.123),当 $(u,N)=(\hat{u}_p^0,\hat{N}_p^0)$ 时,必须满足

$$\hat{X}(\hat{N}_p^0)=C(\hat{u}_p^0,\hat{N}_p^0),d\hat{X}(\hat{N}_p^0)/dN=\partial C(\hat{u}_p^0,\hat{N}_p^0)/\partial N \tag{8.130}$$

相似地,当 $(u,N)=(u_p^0,N_p^0)$ 时,必须满足

$$X(N_p^0)=C(u_p^0,N_p^0),dX(N_p^0)/dN=\partial C(u_p^0,N_p^0)/\partial N \tag{8.131}$$

根据公式(5.30)、(8.96)和(8.130),可以得到

$$(1+b)^{-1}\hat{N}_p^0=(1+\beta)^{-1}\{(\hat{N}_p^0+E)-E^{1+\beta}(\hat{N}_p^0+E)^{-\beta}\}$$

相似地,根据公式(5.30)、(8.60)和(8.131),可以得到

$$(1+b)^{-1}N_p^0=(1+\beta)^{-1}\{(N_p^0+E)-E^{1+\beta}(N_p^0+E)^{-\beta}\}$$

因此,可以得到

$$\hat{N}_p^0=N_p^0 \tag{8.132}$$

上式与公式(5.30)、(8.130)和(8.131)合在一起意味着:

$$e^{\hat{u}_p^0}/e^{u_p^0}=\rho^\eta\ (v+\rho\eta)^{-(1+b)}>1 \quad [根据公式(8.100)] \tag{8.133}$$

因此,在例 5.1 的情形下,最优城市规模与次优城市规模竟然是相同的。但是请注意,这种巧合的出现是因为人口成本函数(5.30)中的 u 和 N 是可分离的。否则,两种城市规模将是不同的。

最后,假设从一个城市(或多个城市)的实际观察数据中获得了公式(8.6)和(8.8)[公式(8.64)和(8.65)与之等价]的相互关系。进而,由于这些总量关系在外部经济模型和垄断竞争模型中都存在,因此,如果不进一步研究,我们无法确定是外部经济假设还是垄断竞争假设可代表实际的城市。然而,根据可在实际城市中真正成立的不同假设,我们得出不同的政策建议,也即如果外部经济假设是有效的,则不需要补贴(对公司或家

庭),N_p^0代表最优(即首选)城市规模。[29]然而,如果垄断竞争假设是有效且成立的,为实现最大效用 $\hat{u}_p^0$ 所进行的补贴计划则是必需的,$\hat{N}_p^0$ 代表最优的城市规模。

8.5 结论

在本章中,我们发展了城市集聚经济的两个相关模型,即外部经济模型和垄断竞争模型。结果表明,从这两个模型中导出的城市总产出具有相同的结构关系。因此,从城市总量描述性分析的角度来看,垄断竞争模型可以看作外部经济模型的一个具体例子。然而,从规范性分析的角度来看,这两个模型得出的结果大不相同。因此,在上述模型的应用中,必须确定哪个模型更接近于代表实际城市经济。

在我们的垄断竞争模式中,我们聚焦于各种本地生产者服务的可获得性(它是集聚经济的来源)。同时,我们可以建立以消费者集聚为特征的垄断竞争模型,这里,消费者集聚主要聚焦于本地消费服务,如餐馆、剧院、美容店等。可以设想一个拥有可贸易品产业和(本地消费者的)服务业的城市。服务业为消费者提供各种差异化的服务,并具有垄断竞争市场结构。

在消费者具有多样性产品偏好的情形下,城市人口的增加导致可获得的消费服务数量的增加,由此引致家庭效用向上移动(回顾 5.2 节中的讨论)。这反过来会降低城市实际工资,促使可贸易品产业能够雇用更多的工人。通过这种机制,消费者的多样性产品偏好成为形成城市集聚经济的基本源泉。参见 Hobson(1987)、Abdel-Rahman(1988)以及 Fujita(1988)在这一领域的初步研究。Rivera-Batiz(1988)发展了一种模型,这种模型能够考察生产者服务和消费者服务的多样性,同时增大对城市集聚经济的影响。最后,我们可以建立一个类似的模型来检验本地公共品多样性在城市集聚经济中发挥的作用。

书目备注

8.2 节中的外部经济模型基于传统的具有马歇尔外部性的城市规模模型。Henderson(1974,1977,1987)、Arnott(1979)、Kanemoto(1980,第 2 章)、Upton(1981)以及 Abdel-Rahman(即将出版)等学者对传统的城市规模模型进行了研究。在建立这些城市模型之前,Chipman(1970)建立了一种具有马歇尔外部性的一般均衡模型,并证明规模报酬递增(来自马歇尔外部性)与完全竞争均衡可以兼容。在建立本节的模型时,我们从 Henderson(1977)以及 Kanemoto(1980)那里获益良多。关于多产业的城市规模模型,可

---

[29] 换句话说,当有 M/N_p^0 个城市规模为 N_p^0 的城市时,所有家庭都可以在没有任何补贴(除了总级差地租的份额为 TDR/N)的情形下实现最大效用 u_p^0。

参见 Henderson(1977,1985)和 Abdel-Rahman(即将出版)。

8.3 节和 8.4 节的垄断竞争模型根据 Abdel-Rahman 和 Fujita(1987)的研究建立。这项工作反映了一种新的研究兴趣,即在张伯伦垄断竞争框架下对产品多样性建模。其中,张伯伦垄断竞争框架已经通过 Dixit 和 Stiglitz(1977)使用 CES 型效用函数得到规范化。在国际经济学中,Ethier(1982)以及 Krugman(1979)采用了这种方法。读者可参见 Fujita(1988)空间维度的张伯伦垄断竞争模型,该模型引入了企业(和家庭)的土地消费和区位选择。

附录 A 基础数学与消费者理论

在本附录中,我们回顾一些在正文中使用过的基本数学概念和来自消费者理论的结论。在此给出的陈述没有证明,有关这些主题的完整解释,读者可以参考,例如,Henderson 和 Quandt(1980)、Takayama(1974)、Varian(1984),以及 Barten 和 Böhm(1982)等文献。

A.1 凹凸函数

设 R 表示实数集。对于任意的正整数 n,n 维欧式空间 $R^n = \{(x_1, x_2, \cdots, x_n) \mid x_i \in R, i = 1, 2, \cdots, n\}$ 表示所有 n 元实数组构成的集合。

因为在凸集上定义了凸函数和凹函数,我们首先介绍后者的概念。$\boldsymbol{R}^n$ 中的凸集是这样一个集合,连接集合中任意两点的线段也在该集合中。更确切地说,如果对于任意的 $\boldsymbol{x}, \boldsymbol{y} \in C$,所有 $\alpha, 0 \leq \alpha \leq 1$,都满足 $\alpha \boldsymbol{x} + (1-\alpha) \boldsymbol{y} \in C$,则称 $\boldsymbol{R}^n$ 的子集 C 为凸集。

凸集的例子:

1. $\boldsymbol{R}^n$ 中的一段直线;
2. $\boldsymbol{R}^n$ 中的球面;
3. $\boldsymbol{R}^n$ 中的非负象限 $\boldsymbol{R}_+^n = \{\boldsymbol{x} = (x_1, x_2, \cdots, x_n) \mid x_i \geq 0, i = 1, 2, \cdots, n\}$;
4. $\boldsymbol{R}^n$ 本身。

接下来,设 f 是定义在 $\boldsymbol{R}^n$ 中的一个凸集 C 上的实值函数。如果对于任意的 $\boldsymbol{x}, \boldsymbol{y} \in C$,满足

$$f(\alpha \boldsymbol{x} + (1-\alpha) \boldsymbol{y}) \geq \alpha f(\boldsymbol{x}) + (1-\alpha) f(\boldsymbol{y}) \quad \forall \alpha, 0 \leq \alpha \leq 1$$

则称 f 为凹函数。

类似地,如果对于任意的 $\boldsymbol{x}, \boldsymbol{y} \in C$,满足

$$f(\alpha x+(1-\alpha)y) \leq \alpha f(x)+(1-\alpha)f(y) \quad \forall \alpha, 0 \leq \alpha \leq 1$$

则称 f 为凸函数。

因此,当且仅当 $-f$ 是凹函数时,f 是凸函数。如果上述的不等式对于所有的 $x \neq y$ 和 $\alpha \neq 0,1$ 都严格成立,我们就说 f 是严格凹的或严格凸的。图 A.1 描述了部分在 R 中的严格凹函数,类似地,图 A.2 描述了一个严格凸函数。注意到线性函数 $f(x) = \sum_{i=1}^{n} a_i x_i + b$ 既是凹函数也是凸函数。

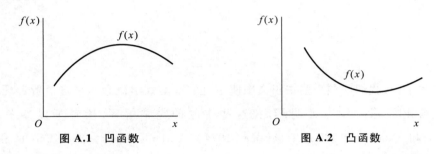

图 A.1　凹函数　　　　　　图 A.2　凸函数

如果一个函数是可微的,则我们有如下关于凹(或凸)函数的等价定义:

性质 A.1　设 f 是定义在 R 中一个开区间 I 上的实值函数,且假设对于任意的点 $x \in I$,其二阶导数 $f''(x)$ 存在,则

（ⅰ）f 在 I 上是凹的(凸的),当且仅当对于所有的 $x \in I$,$f''(x)$ 是非正的(非负的)。

（ⅱ）f 在 I 上是严格凹的(严格凸的),当且仅当对于所有的 $x \in I$,$f''(x)$ 是负的(正的)。

（如果要）将这些结论扩展到 R^n 上的函数,请参阅本附录开头所提及的文献。

凹函数和凸函数的一些重要性质如下:

性质 A.2　设 f 是 R^n 中一个凸集 C 上的凹(或凸)函数,则 f 在凸集 C 的任何内点上都是连续的。

性质 A.3　设 f 是 R^n 中一个凸集 C 上的实值函数,则有

（ⅰ）如果 f 是凹函数,则对于任意的 $\alpha \in R$,集合 $\{x | x \in C, f(x) \geq \alpha\}$ 是凸集。

（ⅱ）如果 f 是凸函数,则对于任意的 $\alpha \in R$,集合 $\{x | x \in C, f(x) \leq \alpha\}$ 是凸集。

然而,我们可以很容易地看到（ⅰ）[或（ⅱ）]的逆命题并不总是成立。换句话说,即使对于任意的 $\alpha \in R$,集合 $\{x | x \in C, f(x) \geq \alpha\}$ 是凸的,函数 f 也可能不是凹函数。这一观察结果导致了函数范围的扩大,这些函数与效用函数关系密切(稍后将讨论)。在 R^n 中一个凸集 C 上的实值函数 f,如果对于任意的 $\alpha \in R$,集合 $\{x | x \in C, f(x) \geq \alpha\}$（$\{x | x \in C, f(x) \leq \alpha\}$）是凸的,则称其为拟凹函数(拟凸函数)。根据定义,f 是拟凹的,当且仅当 $-f$ 是拟凸的。不难得出以下性质:

性质 A.4 在 R^n 中一个凸集 C 上的实值函数 f 是拟凹的（拟凸的），当且仅当对于任意的 $x,y \in C$，满足

$$f(\alpha x+(1-\alpha)y) \geq \min\{f(x),f(y)\} \quad \forall \alpha, 0 \leq \alpha \leq 1$$

[分别地, $f(\alpha x+(1-\alpha)y) \leq \max\{f(x),f(y)\} \quad \forall \alpha, 0 \leq \alpha \leq 1$]

如果上述不等式对于所有的 $x \neq y$ 和 $\alpha \neq 0,1$ 都严格成立，我们就说 f 是严格拟凹的或严格拟凸的。

最后，注意到对于任何在 R 的区间 I 上的连续实值函数 f，点 $\{(x,f(x))|x \in I\}$ 的轨迹定义了在 R^2 上的连续曲线（或图形）。当且仅当区间 I 上的函数 f 是凹的（凸的），我们称该曲线是凹的（凸的）。同样，当且仅当 f 是严格凹的（严格凸的），我们称该曲线是严格凹的（严格凸的）。图 A.1（图 A.2）描述了一条严格凹曲线（严格凸曲线）。当函数在区间 I 上可微时，我们就说它所对应的曲线在区间 I 上是平滑的。

A.2 包络定理

在解决最大化（或最小化）问题后，我们通常会关注目标函数的最大（或最小）值是如何随着某些参数的变化而变化的。例如，在通过求解公式（2.8）右侧的最大化问题获得竞价租金 $\Psi(r,u)$ 后，我们想知道随着 r（或 u）的增加，最大值 $\Psi(r,u)$ 是如何变化的。包络定理为回答这类问题提供了一种简便方法。

首先，考虑以下简单的最大化问题：

$$\max_{x} f(x,a) \tag{A.1}$$

其中，x 为选择变量，a 为固定参数。

假设目标函数 f 是一个实值函数，其定义域 $X \times A$ 假定为 R^2 的开放子集。注意，假定 x 的最优值从 R 的开放子集 X 中选择（即选择集 X 不包含边界点）。例如，$X = R$ 或 $X = \{x \in R | x > 0\}$。假设对于任意的 $a \in A$，存在 x 的唯一最大化选择，用 $x(a)$ 表示。如果我们设定

$$M(a) \equiv f(x(a),a)$$

则 $M(a)$ 表示目标函数对每个参数值 a 的最大值。让我们来看看 $M(a)$ 是如何随着 a 而变化的。如果 f 在其定义域上连续可微，则 $M(a)$ 在 a 中是可微的。因此，利用微分的链式法则，我们有

$$\frac{dM(a)}{da} = \frac{\partial f(x(a),a)}{\partial x} \frac{dx(a)}{da} + \frac{\partial f(x(a),a)}{\partial a} \tag{A.2}$$

其中，$\partial f(x(a),a)/\partial x$ 表示偏导数 $\partial f(x,a)/\partial x$ 在 $(x,a) = (x(a),a)$ 处的值，$\partial f(x(a),a)/\partial a$ 表示 $\partial f(x,a)/\partial a$ 在 $(x,a) = (x(a),a)$ 处的值。由于从开放集合 X 中选择了最优值

$x(a)$，因此最大化的一阶条件要求 $\partial f(x(a),a)/\partial x = 0$。故公式（A.2）的简化形式为

$$\frac{dM(a)}{da} = \frac{\partial f(x(a),a)}{\partial a} \tag{A.3}$$

这通常称为包络定理。为了理解这一结果，请注意，在公式（A.2）中，$dM(a)/da$ 由两项组成。第二项 $\partial f(x(a),a)/\partial a$ 表示参数 a 的边际变化对 x 固定在 $x(a)$ 处时目标函数 f 产生的直接效应。第一项表示参数 a 通过对 x 的最优选择的影响而对 f 产生的间接效应（或引致效应）。然后包络定理（A.3）表明，与直接效应相比，这种间接效应过小以至于我们在计算参数 a 的边际变化对目标函数的影响时可以忽略它。

我们可以很容易地将包络定理扩展到多变量和参数的情形。为此，现在让我们在最优问题（A.1）中假设 $\boldsymbol{x} \equiv (x_1, x_2, \cdots, x_m)$ 表示 m 个选择变量的向量，并且 $\boldsymbol{a} \equiv (a_1, a_2, \cdots, a_n)$ 表示 n 个参数的向量。现在假设函数 f 为实值函数，其定义域为 $X \times A$，其中，X 是 $\boldsymbol{R}^m$ 上的一个开放子集，A 是 $\boldsymbol{R}^n$ 上的一个开放子集。假设 $x(\boldsymbol{a}) \equiv (x_1(\boldsymbol{a}), x_2(\boldsymbol{a}), \cdots, x_m(\boldsymbol{a}))$ 表示对于每个 $\boldsymbol{a} \in A$，$\boldsymbol{x}$ 的唯一最大化选择，则对于每个 $\boldsymbol{a} \in A$，目标函数的最大值由 $M(\boldsymbol{a}) \equiv f(x(\boldsymbol{a}),\boldsymbol{a})$ 给出。假设 f 在定义域 $X \times A$ 上是连续可微的，则对于每个 $i=1,2,\cdots,n$，

$$\frac{\partial M(\boldsymbol{a})}{\partial a_i} = \sum_{j=1}^{m} \frac{\partial f(x(\boldsymbol{a}),\boldsymbol{a})}{\partial x_j} \frac{\partial x_j(\boldsymbol{a})}{\partial a_i} + \frac{\partial f(x(\boldsymbol{a}),\boldsymbol{a})}{\partial a_i}$$

其中，$\partial f(x(\boldsymbol{a}),\boldsymbol{a})/\partial x_j$ 表示 $\partial f(\boldsymbol{x},\boldsymbol{a})/\partial x_j$ 在 $(\boldsymbol{x},\boldsymbol{a})=(x(\boldsymbol{a}),\boldsymbol{a})$ 处的值，$\partial f(x(\boldsymbol{a}),\boldsymbol{a})/\partial a_i$ 表示 $\partial f(\boldsymbol{x},\boldsymbol{a})/\partial a_i$ 在 $(\boldsymbol{x},\boldsymbol{a})=(x(\boldsymbol{a}),\boldsymbol{a})$ 处的值。同样，由于假定选择集合 X 是开放集合，所以（最大化的）一阶条件要求对于每个 $j=1,2,\cdots,m$，满足 $\partial f(x(\boldsymbol{a}),\boldsymbol{a})/\partial x_j = 0$。因此，我们得到以下包络定理：

$$\frac{\partial M(\boldsymbol{a})}{\partial a_i} = \frac{\partial f(x(\boldsymbol{a}),\boldsymbol{a})}{\partial a_i}, i=1,2,\cdots,n \tag{A.4}$$

有关包络定理进一步扩展到约束方程的情形，请参阅本附录开头所提及的文献。

A.3 消费者理论的基本结论

在本节中，我们从消费者理论中总结了需求函数及其相关函数的一些重要特征。在下面的讨论中，用 $\boldsymbol{P}^n \equiv \{x=(x_1,x_2,\cdots,x_n) \in \boldsymbol{R}^n | x_i > 0, i=1,2,\cdots,n\}$ 表示 $\boldsymbol{R}^n$ 的正象限。$\boldsymbol{R}^n$ 中任意的 $\boldsymbol{x}=(x_1,x_2,\cdots,x_n)$ 和 $\boldsymbol{y}=(y_1,y_2,\cdots,y_n)$，如果对于所有的 i 存在 $x_i \geq y_i$，则有 $\boldsymbol{x} \geq \boldsymbol{y}$；如果对于所有的 i 存在 $x_i > y_i$，则有 $\boldsymbol{x} \gg \boldsymbol{y}$。另外，我们定义 $\boldsymbol{x} \cdot \boldsymbol{y} = \sum_{i=1}^{n} x_i y_i$。

现在让我们考虑下面的消费者效用最大化问题：

$$\max_{\substack{x_i > 0 \\ i=1,\cdots,n}} U(x_1, x_2, \cdots, x_n) \quad \text{s.t.} \quad \sum_{i=1}^{n} p_i x_i \leq I$$

或简化为

$$\max_{x \in P^n} U(x) \quad \text{s.t.} \quad \boldsymbol{p} \cdot \boldsymbol{x} \leq I \tag{A.5}$$

其中，U 表示消费者的效用函数，$\boldsymbol{x} = (x_1, x_2, \cdots, x_n)$ 表示消费向量，$\boldsymbol{p} = (p_1, p_2, \cdots, p_n)$ 表示给定的价格向量，I 表示消费者的收入。请注意，我们将消费集限定为 $\boldsymbol{P}^n$，且在本书中总是假定最优消费水平为正。为此，假设效用函数 U 满足以下条件：

假设 A.1 U 是定义在 $\boldsymbol{P}^n$ 上的实值函数，而且

（ⅰ）U 为二阶连续可微（即其所有二阶偏导数存在且连续）；

（ⅱ）U 是严格拟凹的，且任何商品对于 (i,j) 的边际替代率关于 x_i 递减；

（ⅲ）对于所有的 i，边际效用为正，即对于所有的 $i = 1, 2, \cdots, n$ 和 $x \in \boldsymbol{P}^n$，满足 $\partial U(x)/\partial x_i > 0$；

（ⅳ）无差异曲面的范围包含于 $\boldsymbol{P}^n$ 之中。

条件（ⅱ）和条件（ⅲ）意味着 U 为严格拟凹的［参见 Barten 和 Böhm (1982)］。条件（ⅳ）表示无差异曲线与坐标轴不相交，也就是说，每种商品都是必不可少的。

请注意，对于两种商品的情形，即 $n = 2$，假设 A.1 等价于假设 2.1 以及条件（2.3）和（2.5）（见第 2 章）。我们采用假设 A.1 中较强的条件，因为它们在下面的分析中提供了更清晰的结果。

对于每个给定的价格向量 $\boldsymbol{p}$ 和收入 I 求解方程式（A.5），我们得到了一组马歇尔需求函数（或非补偿需求函数），由下式表示：

$$\hat{x}(\boldsymbol{p}, I) \equiv (\hat{x}_1(\boldsymbol{p}, I), \hat{x}_2(\boldsymbol{p}, I), \cdots, \hat{x}_n(\boldsymbol{p}, I)) \tag{A.6}$$

这些函数具有以下性质（给定假设 A.1）：

性质 A.5 对于每个 $i = 1, 2, \cdots, n$，所有的 $\boldsymbol{p} \gg 0$ 和 $I > 0$，马歇尔需求函数 $\hat{x}_i(\boldsymbol{p}, I)$ 都有明确定义，且

（ⅰ）$\hat{x}_i(\boldsymbol{p}, I)$ 在 $(\boldsymbol{p}, I)$ 上连续可微；

（ⅱ）对于所有的 $\boldsymbol{p} \gg 0$ 和 $I > 0$，有 $\hat{x}_i(\boldsymbol{p}, I) > 0$；

（ⅲ）$\sum_{i=1}^{n} p_i \hat{x}_i(\boldsymbol{p}, I) = I$。

关于性质 A.5 的证明（以及本节中其他性质的证明），参见 Barten 和 Böhm (1982)。

下面，我们定义与 U 相关的间接效用函数

$$V(\boldsymbol{p}, I) = \max\{U(\boldsymbol{x}) \mid \boldsymbol{p} \cdot \boldsymbol{x} \leq I, \boldsymbol{x} \in \boldsymbol{P}^n\} \tag{A.7}$$

它表示在每个价格向量 $\boldsymbol{p}$ 和收入 I 下可达到的最高效用水平。通过定义可知：

$$V(\boldsymbol{p},I) = U(\hat{x}_1(\boldsymbol{p},I), \hat{x}_2(\boldsymbol{p},I), \cdots, \hat{x}_n(\boldsymbol{p},I)) \tag{A.8}$$

通过假设 A.1 和性质 A.5,可推出以下性质:

性质 A.6 对于所有的 $\boldsymbol{p} \gg 0$ 和 $I>0$,间接效用函数 $V(\boldsymbol{p},I)$ 都有明确定义,且

(ⅰ) $V(\boldsymbol{p},I)$ 在 $(\boldsymbol{p},I)$ 上二阶连续可微;

(ⅱ) $\partial V(\boldsymbol{p},I)/\partial I > 0$,即 V 是收入的增函数;

(ⅲ) 对于所有的 i, $\partial V(\boldsymbol{p},I)/\partial p_i < 0$,即 V 是每种商品价格的减函数;

(ⅳ) $V(\boldsymbol{p},I)$ 在 $\boldsymbol{p}$ 上是拟凸函数。

让我们考虑方程 $u = V(\boldsymbol{p},I)$。因为 V 在 I 上是连续且递增的,所以对每个价格向量 $\boldsymbol{p}$,其反函数 $I = E(\boldsymbol{p},u)$ 都存在,其中,$E(\boldsymbol{p},u)$ 被称为支出函数。根据定义,$E(\boldsymbol{p},u)$ 表示在价格向量 $\boldsymbol{p}$ 下实现效用水平 u 所需的最低收入。从 V 和 E 的定义可看出,以下关系是一致的:

$$u \equiv V(\boldsymbol{p}, E(\boldsymbol{p},u)) \text{ 和 } I \equiv E(\boldsymbol{p}, V(\boldsymbol{p},I)) \tag{A.9}$$

为不失一般性,可以假定 $\inf\{V(\boldsymbol{p},I) \mid \boldsymbol{p} \gg 0, I > 0\} = -\infty$,$\sup\{V(\boldsymbol{p},I) \mid \boldsymbol{p} \gg 0, I > 0\} = \infty$。使用性质 A.6 和关系式(A.9),我们可以推出以下性质:

性质 A.7 对于所有的 $\boldsymbol{p} \gg 0$ 和 $u \in \boldsymbol{R}$,支出函数 $E(\boldsymbol{p},u)$ 都有明确定义,且

(ⅰ) $E(\boldsymbol{p},u)$ 在 $(\boldsymbol{p},u)$ 上二阶连续可微;

(ⅱ) $\partial E(\boldsymbol{p},u)/\partial u > 0$,即 E 是效用 u 的增函数;

(ⅲ) 对于所有的 i,$\partial E(\boldsymbol{p},u)/\partial p_i > 0$,即 E 是每种商品价格的增函数;

(ⅳ) $E(\boldsymbol{p},u)$ 在 $\boldsymbol{p}$ 上是凹函数。

支出函数的另一种定义由下式给出:

$$E(\boldsymbol{p},u) = \min\{\boldsymbol{p} \cdot \boldsymbol{x} \mid U(\boldsymbol{x}) \geq u, \boldsymbol{x} \in \boldsymbol{P}^n\} \tag{A.10}$$

对于每个给定的 $(\boldsymbol{p},u)$,通过求解上述最小化问题,可获得一组希克斯需求函数(或补偿需求函数),由下式表示:

$$\tilde{\boldsymbol{x}}(\boldsymbol{p},u) \equiv (\tilde{x}_1(\boldsymbol{p},u), \tilde{x}_2(\boldsymbol{p},u), \cdots, \tilde{x}_n(\boldsymbol{p},u)) \tag{A.11}$$

从这些定义中可立即得到以下一对附加的恒等式,它们描述了希克斯需求函数和马歇尔需求函数之间的基本关系:

$$\hat{\boldsymbol{x}}(\boldsymbol{p},I) \equiv \tilde{\boldsymbol{x}}(\boldsymbol{p}, V(\boldsymbol{p},I)) \text{ 和 } \tilde{\boldsymbol{x}}(\boldsymbol{p},u) \equiv \hat{\boldsymbol{x}}(\boldsymbol{p}, E(\boldsymbol{p},u)) \tag{A.12}$$

这些希克斯需求函数具有如下重要性质(根据假设 A.1):

性质 A.8 对于每个 $i=1,2,\cdots,n$,所有 $\boldsymbol{p} \gg 0$ 和 $I>0$,希克斯需求函数 $\tilde{x}_i(\boldsymbol{p},u)$ 都有明确的定义,且

(ⅰ) $\tilde{x}_i(\boldsymbol{p},u)$ 在 $(\boldsymbol{p},u)$ 上连续可微;

(ⅱ) 对于所有的 i,$\tilde{x}_i(\boldsymbol{p},u) = \partial E(\boldsymbol{p},u)/\partial p_i > 0$;

(ⅲ) 对于所有的 i,$\partial \tilde{x}_i(\boldsymbol{p},u)/\partial p_i = \partial^2 E(\boldsymbol{p},u)/\partial p_i^2 < 0$,即每种商品的希克斯需求的自

身价格效应为负。

最后,这些结论引出了以下重要关系,这些关系阐明了价格变化对马歇尔需求的影响。根据关系式(A.12)中的第二个恒等式,对于每个 i 和 j,都有

$$\frac{\partial \tilde{x}_j(\bm{p},u)}{\partial p_i} = \frac{\partial \hat{x}_j(\bm{p},I)}{\partial p_i} + \frac{\partial \hat{x}_j(\bm{p},I)}{\partial I}\frac{\partial E(\bm{p},u)}{\partial p_i}$$

但是,由于 $\partial E(\bm{p},u)/\partial p_i = \tilde{x}_i(\bm{p},u)$ [来自性质 A.8(ii)],因此必然有

$$\frac{\partial \hat{x}_j(\bm{p},I)}{\partial p_i} = \frac{\partial \tilde{x}_j(\bm{p},u)}{\partial p_i} - \frac{\partial \hat{x}_j(\bm{p},I)}{\partial I}\tilde{x}_i(\bm{p},u) \tag{A.13}$$

这称为斯勒茨基方程。在这个方程中,由商品 i 的价格上升所引起的对商品 j 的马歇尔需求的影响,可以分解为两种单独的效应:替代效应 $\partial \tilde{x}_j(\bm{p},u)/\partial p_i$ 和收入效应 $-(\partial \hat{x}_j(\bm{p},I)/\partial I)\tilde{x}_i(\bm{p},u)$。特别地,通过设定 $i=j$,我们可以看到

$$\frac{\partial \hat{x}_i(\bm{p},I)}{\partial p_i} = \frac{\partial \tilde{x}_i(\bm{p},u)}{\partial p_i} - \frac{\partial \hat{x}_i(\bm{p},I)}{\partial I}\tilde{x}_i(\bm{p},u) \tag{A.14}$$

但是由于性质 A.8(iii)意味着 $\partial \tilde{x}_i(\bm{p},u)/\partial p_i < 0$,因此,如果 $\partial \hat{x}_i(\bm{p},I)/\partial I$ 为正,则商品 i 的马歇尔需求的自身价格效应为负。具有正收入效应的商品[即 $\partial \hat{x}_i(\bm{p},I)/\partial I > 0$]称为正常商品(或高档商品)。如果 $\partial \hat{x}_i(\bm{p},I)/\partial I$ 为负(即商品 i 是劣等品),则 $\partial \tilde{x}_i(\bm{p},u)/\partial p_i$ 可能为正,在这种情况下,商品 i 为吉芬商品。

附录 B 运输成本与地租

在本附录中,我们通过一系列关于运输成本函数和土地分配的合理假设,证明了一个城市的总运输成本(TTC)和总级差地租(TDR)之间存在一种简单的一般关系。同前文一样,我们认为 CBD 是一个点,假设所有家庭都是同质的,所以具有相同的运输成本函数 $T(r)$。因此,分别定义 TTC 和 TDR 如下:

$$\text{TTC} = \int_0^{r_f} T(r) n(r) dr \tag{B.1}$$

$$\text{TDR} = \int_0^{r_f} (R(r) - R(r_f)) L(r) dr \tag{B.2}$$

其中,$n(r)$、$R(r)$、$L(r)$ 和 r_f 分别表示家庭分布、地租曲线、土地分布和城市边缘距离。虽然我们首先在土地利用均衡的背景下讨论这些问题,但如果认为 TDR 表示总级差影子租金,那么可以很容易地看出,同样的关系也适用于最优土地利用。

首先,我们举一个简单的例子,该例子已由 Mohring(1961)检验完成。家庭的特点是,每个家庭都居住在很大的土地单元面积上(即对土地需求完全无弹性)。然后我们可以得出结论:在均衡状态下,城市边缘内任何地方的土地租金和运输成本之和必须保持为常数,即

$$R(r) + T(r) = 常数 \quad \forall r \leq r_f \tag{B.3}$$

否则,家庭可以通过向外或向内迁移来节省土地和交通费用,并把这些资金用于其他商品以提高它们的效用。这与均衡相矛盾,因此关系式(B.3)必须成立。在均衡状态下,城市边缘地区还存在以下标准关系:

$$R(r_f) = R_A$$

由于 $T(r) + R(r)$ 的恒定性意味着 $T(r) + R(r) = T(r_f) + R(r_f)$,因此我们最终可得

$$(R(r) - R_A) + T(r) = T(r_f) \quad \forall r \leq r_f \tag{B.4}$$

也就是说,在城市边缘内任何地方的级差地租和运输成本之和等于城市边缘地区的运输

成本。这种关系如图 B.1 所示。①

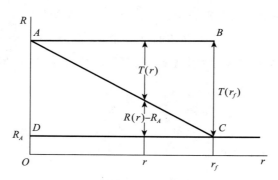

图 B.1 级差地租和运输成本的关系

现在,假设运输成本函数是线性的:

$$T(r) = ar$$

则在图 B.1 中,直线 AC 的斜率为 a。进一步假设,在每个距离处(一个线性城市的)土地数量恒定为 θ:

$$L(r) = \theta$$

则在图 B.1 中,TDR 等于 ACD 的面积乘以宽度 θ。由于每个家庭的规模是统一的,当 $r \leq r_f$ 时,$N(r) = \theta$,因此,TTC 等于 ABC 的面积乘以宽度 θ。又由于 ABC 的面积等于 ACD 的面积,因此我们可以得出结论:TDR 等于 TTC。

我们假设城市是圆形的或扇形的,而不是线性的:

$$L(r) = \theta r$$

由于当 $r \leq r_f$ 时,$R(r) - R_A = a(r_f - r)$,且 $n(r) = \theta r$,故

$$\text{TDR} = \int_0^{r_f} (R(r) - R_A) L(r) dr = \int_0^{r_f} a(r_f - r) \theta r dr = \left(\frac{a\theta}{6}\right) r_f^3$$

$$\text{TTC} = \int_0^{r_f} T(r) n(r) dr = \int_0^{r_f} ar \theta r dr = \left(\frac{a\theta}{3}\right) r_f^3$$

因此,TDR = TTC/2。② 综上所述,我们可以得出结论:

$$\text{TDR} = \begin{cases} \text{TTC} & \text{如果 } T(r) = ar, L(r) = \theta \\ \text{TTC}/2 & \text{如果 } T(r) = ar, L(r) = \theta r \end{cases} \quad (\text{B.5})$$

---

① 关系式(B.4)可重新表示为 $R(r) - R(r_f) = T(r_f) - T(r)$,意味着在每个地方,级差地租都等于节省的运输成本。早在 Alonso(1964)之前的租金理论文献中,这一简单结论就在某种程度上被过度强调了。然而,应注意到,只有当每个家庭的土地面积固定为常数时,这一结论才成立。

② Mohring(1961)对这一结论提供了一个巧妙的几何解释。以一个完整的圆形城市为例,即 $\theta = 2\pi$。在图 B.1 中,如果我们围绕轴 AD 将矩形 $ABCD$ 旋转 360°,就可以得到一个圆柱体。这个圆柱体的体积是 TDR 与 TTC 之和。TDR 由底和高相同的圆锥体的体积给出。由于圆锥体的体积是具有相同底和高的圆柱体积的 1/3,因此 TDR 是 TTC 的一半。遗憾的是,这种几何解释并没有扩展到以下可变土地面积的情形。

我们能在多大程度上推广上述结论？可能正如读者们已经注意到的那样，对关系式（B.5）的推导是基于固定土地面积的假设。因此，当土地需求具有弹性时，关系式（B.5）仍然成立。这可利用 Arnott（1979）介绍的方法加以说明。

假设每个家庭的住宅选择行为由基础模型（2.1）给出，则对于所有的 $r \leq r_f$，有 $R(r) = \Psi(r, u^*)$，并且从公式（2.27）可得

$$\frac{\partial \Psi(r, u^*)}{\partial r} = -\frac{T'(r)}{S(r, u^*)} \tag{B.6}$$

其中，u^* 表示均衡效用水平。因此，

$$R'(r) = -\frac{T'(r)}{S(r, u^*)} \tag{B.7}$$

对于每个 $r \leq r_f$，有 $n(r) S(r, u^*) = L(r)$，则

$$T'(r) n(r) = -R'(r) S(r, u^*) n(r) = -R'(r) L(r) = -(R(r) - R(r_f))' L(r) \tag{B.8}$$

其中，$(R(r) - R(r_f))' \equiv d(R(r) - R(r_f))/dr$。假设土地分布给定为

$$L(r) = \theta r^\lambda \tag{B.9}$$

其中，常数 $\lambda > -1$，运输成本函数为③

$$T(r) = a r^\mu \tag{B.10}$$

其中，常数 $\mu > 0$。那么，

$$\begin{aligned}
\text{TTC} &= \int_0^{r_f} T(r) n(r) dr \\
&= \int_0^{r_f} \frac{T'(r) n(r) T(r)}{T'(r)} dr \\
&= \int_0^{r_f} -\frac{(R(r) - R(r_f))' L(r) T(r)}{T'(r)} dr \quad \text{由公式（B.8）} \\
&= \int_0^{r_f} -\frac{(R(r) - R(r_f))' \theta r^{\lambda+1}}{\mu} dr \quad \text{由公式（B.9）和（B.10）} \\
&= \left[-(R(r) - R(r_f)) \left(\frac{\theta}{\mu}\right) r^{\lambda+1} \right]_0^{r_f} + \int_0^{r_f} (R(r) - R(r_f)) \left(\frac{\theta}{\mu}\right) (\lambda+1) r^\lambda dr \quad \text{由分部积分法} \\
&= 0 + ((\lambda+1)/\mu) \int_0^{r_f} (R(r) - R(r_f)) L(r) dr \\
&= ((\lambda+1)/\mu) \text{TDR} \tag{B.11}
\end{aligned}$$

---

③ 如果 $T(r) = T(0) + a r^\mu$ 且 $T(0) > 0$，则在后续讨论中，我们必须用 TDT 替换 TTC，其中，TDT 表示总的级差运输成本，定义为

$$\text{TDT} = \int_0^{r_f} (T(r) - T(0)) n(r) dr$$

其中,第 3 步来自关系式(B.8),第 4 步来自关系式(B.9)和(B.10),第 5 步运用了分步积分法。

由此可得

$$\text{TDR} = \frac{\mu}{\lambda+1}\text{TTC} \tag{B.12}$$

请注意,在特殊情形下,关系式(B.12)包含关系式(B.5)。也就是说,即使土地需求是有弹性的,关系式(B.5)也成立。从上述推导中也可以明显看出,不管城市是封闭的还是开放的,不管城市的土地是由在外土地所有者所有还是公共所有,关系式(B.12)都成立。在最优土地利用情形下,从公式(3.63)可知,

$$R'(r) = \partial\psi(Y^0 - G^* - T(r), \bar{u})/\partial r = -T'(r)/s(Y^0 - G^* - T(r), \bar{u}) \tag{B.13}$$

其中,$R(r)$表示影子地租曲线。因此,对于一个最优城市,用关系式(B.13)代替关系式(B.7)可以得到同样的结果(B.12)。综上所述,可以得出如下结论:

命题 B.1 假设土地分布为

$$L(r) = \theta r^{\lambda}, \lambda > -1$$

每个家庭的运输成本函数为

$$T(r) = ar^{\mu}, \mu > 0$$

则在均衡城市或最优城市情形下,可得 $\text{TDR} = \frac{\mu}{\lambda+1}\text{TTC}$。

特别地,有

$$\text{TDR} = \begin{cases} \text{TTC} & \text{如果 } T(r) = ar, L(r) = \theta \\ \text{TTC}/2 & \text{如果 } T(r) = ar, L(r) = \theta r \end{cases}$$

结果的简单性和普遍性使其受到较多的关注。[④] 此外,其还具有实证应用性。例如,

[④] 在命题 B.1 的推导中,我们假设每个家庭的住宅选择行为由基础模型(2.1)给出。然而很容易看出,只要关系式(B.6)成立,这个命题在任何家庭行为模型中都是成立的。例如,在时间扩展模型(2.42)或穆斯模型(2.70)—(2.71)中,关系式(B.6)成立[回想一下公式(3.106)]。但请注意,在时间扩展模型中,$T(r)$包括货币成本和时间成本。同时,没必要假设所有家庭都是同质的。考虑 m 类家庭的住宅选择基础模型(2.1),其中,每个家庭类型 i 的运输成本函数为 $T_i(r) = a_i r^{\mu}, i = 1,2,\cdots,m$。在均衡状态下,从公式(4.9)可知,对每个 r,$n_i(r)$为正,我们有 $R(r) = \Psi_i(r, u_i^*)$,且 $R'(r) = \partial\Psi_i(r, u_i^*)/\partial r = -T_i'(r)/S_i(r, u_i^*)$。因此,

$$\text{TTC} = \int_0^{r_f} \sum_{i=1}^m T_i(r) n_i(r) dr = \int_0^{r_f} \sum_{i=1}^m \frac{T_i'(r) n_i(r) T_i(r)}{T_i'(r)} dr = \int_0^{r_f} \sum_{i=1}^m -\frac{R'(r) S_i(r, u_i^*) n_i(r) T_i(r)}{T_i'(r)} dr$$

$$= \int_0^{r_f} -R'(r) \frac{r}{\mu} \sum_{i=1}^m S_i(r, u_i^*) n_i(r) dr = \int_0^{r_f} -R'(r) \left(\frac{r}{\mu}\right) L(r) dr = \int_0^{r_f} -\frac{(R(r) - R(r_f))' \theta r^{\lambda+1}}{\mu} dr$$

其中,最后一步根据关系式(B.9)推得。因此,继续进行与以前相同的计算,我们可以得到关系式(B.12)。事实上,即使当每个运输成本函数在各个方向上是线性的时[即 $T_i(r) = a_i(\omega) r^{\mu}$,其中,$\omega$ 是从任意基线到 CBD 的角度],这个关系式也成立。此外,如果将地租 $R(r)$ 替换为土地价格 $P(r)$(即土地资产价格),则在没有郁金香狂热期望的完全预期下,动态城市模型中的总级差地价和运输成本的总贴现值之间也存在同样的关系(这一点将在我们计划的第二本书中加以说明)。在现实城市[或者关系式(B.12)或其动态版本]中,对这一关系进行实证检验将会很有趣。有关此话题的进一步讨论,请参见 Arnott(1981)以及 Arnott、Pines 和 Sadka(1986)。

在运输投资的成本-收益分析中,常常需要估算 TDR 的变化。虽然直接估算 TDR 很困难,但估算 TTC 却相对容易。

书目备注

如前所述,关系式(B.5)首先由 Mohring 在固定土地面积的情形下推出,然后由 Arnott (1979)在可变土地面积的情形下推出,Arnott(1981)则对该结论进行了各种扩展。

附录 C 本书的数学注释

C.1 例 2.1 的计算

$u = \alpha \log z + \beta \log s = \log z^{\alpha} s^{\beta}$。因此,$e^u = z^{\alpha} s^{\beta}$ 且 $z = s^{-\beta/\alpha} e^{u/\alpha}$。所以 $Z(s,u) = s^{-\beta/\alpha} e^{u/\alpha}$。根据公式(2.10)可知,

$$\frac{Y-T(r)-Z(s,u)}{s} = -\frac{\partial Z(s,u)}{\partial s} = \frac{\beta}{\alpha} s^{-(\beta/\alpha)-1} e^{u/\alpha} = \frac{\beta}{\alpha}(s^{-\beta/\alpha} e^{u/\alpha}) s^{-1} = \frac{\beta}{\alpha} Z(s,u) s^{-1}$$

因此,$Y-T(r) = ((\beta/\alpha)+1) Z(s,u) = \alpha^{-1} Z(s,u)$(由于 $\alpha+\beta=1$)$= \alpha^{-1} s^{-\beta/\alpha} e^{u/\alpha}$。从而我们有

$$Z(s,u) = \alpha(Y-T(r)), S(r,u) = \alpha^{-\alpha/\beta}(Y-T(r))^{-\alpha/\beta} e^{u/\beta}$$

则有

$$\Psi(r,u) = \frac{Y-T(r)-Z(s,u)}{S(r,u)} = \frac{Y-T(r)-\alpha(Y-T(r))}{S(r,u)} = \frac{(1-\alpha)(Y-T(r))}{S(r,u)}$$

$$= \beta(Y-T(r)) [\alpha^{-\alpha/\beta}(Y-T(r))^{-\alpha/\beta} e^{u/\beta}]^{-1}$$

$$= \alpha^{\alpha/\beta} \beta (Y-T(r))^{1/\beta} e^{-u/\beta}$$

C.2 HS 模型最优条件的推导(3.4 节)

给定一组参数 Y^0、$\bar{u}$ 和 N,满足 $-\infty < Y^0 < \infty$,$-\infty < \bar{u} < \infty$,且 $N>0$,我们将与 HS 模型相关的剩余最大化问题表述如下:

$$\max_{r_f, n(r), s(r)} \int_0^{r_f} [Y^0 - T(r) - Z(s(r), \bar{u}) - R_A s(r)] n(r) dr \quad \text{(C.1)}$$

$$\text{s.t.} \quad n(r) s(r) \leq L(r) \quad 对于 r \leq r_f \quad \text{(C.2)}$$

$$\int_0^{r_f} n(r)\,dr = N \tag{C.3}$$

其中,$r_f \geq 0$,$n(r) \geq 0$,且当 $r \in [0, r_f]$ 时,$s(r) > 0$。这里假定满足假设 2.1、2.2、3.1 和 3.2。该最大化问题可以认为是 Bolza-Hestenes[参见 Hestenes(1966)、Takayama(1974)或 Van Long 和 Vousden(1977)]最优控制问题的一个特例(即无微分方程的退化情形)。因此,运用最优控制理论的极大值原理,我们可以推导出如下 HS 问题的最优条件(必要条件)[对于以下分析中使用的极大值原理,请参阅 Hestenes(1966,定理 11.1)或者等价的 Takayama(1974,定理 8.C.4)或 Van Long 和 Vousden(1977,定理 1)]。

假定 $(r_f, n(r), s(r); 0 \leq r \leq r_f)$ 是 HS 问题的一个解,其中,假定每个 $n(r)$ 和 $s(r)$ 在 $[0, r_f]$ 上是分段连续的,则极大值原理要求存在乘数 λ_0 和 G,满足

(i) $\lambda_0 \geq 0$,$(\lambda_0, G) \neq (0, 0)$。

(ii) 对于每个 $r \in [0, r_f]$,$(n(r), s(r))$ 都使得如下汉密尔顿函数达到最大化:

$$H \equiv \lambda_0 [Y^0 - T(r) - Z(s, \bar{u}) - R_A s] n - Gn$$

s.t. 公式(C.2),$n \geq 0, s > 0$

(iii) $\hat{H} \equiv \lambda_0 [Y^0 - T(r) - Z(s(r), \bar{u}) - R_A s(r)] n(r) - Gn(r)$ 在 $[0, r_f]$ 上是连续的,且在 r_f 处,$\hat{H} = 0$。

由于 r_f 可以自由选择(满足 $r_f \geq 0$),同时不难证明 $\lambda_0 > 0$[参见 Van Long 和 Vousden(1977,第 16 页)],因此,为不失一般性,我们可以设置 λ_0 等于 1。故条件(ii)可重述如下,即对于每个 $r \in [0, r_f]$,$(n(r), s(r))$ 必定是如下最大化问题的一个解:

$$\max_{n,s} H = \left[\frac{Y^0 - G - T(r) - Z(s, \bar{u})}{s} - R_A\right] ns$$

s.t. $ns \leq L(r)$,$n \geq 0, s > 0$

回顾性质(3.2)定义的竞价租金函数 $\psi(I, u)$ 和最大竞价土地面积函数 $s(I, u)$。由于 $\psi(Y^0 - G - T(r), \bar{u}) < R_A$ 意味着目标函数括号内的项对于任意的 $s > 0$ 都是负的,为了使目标函数最大化,必须满足 $n(r)s(r) = 0$。也就是说,$n(r) = 0$ 时,$s(r)$ 可以是任何正数。

然而,如果 $\psi(Y^0 - G - T(r), \bar{u}) > R_A$,则为了使目标函数最大化,我们必须设定 $n(r)s(r)$ 等于 $L(r)$,$s(r) = s(Y^0 - G - T(r), \bar{u})$。因此,$n(r) = L(r)/s(Y^0 - G - T(r), \bar{u})$。总之,我们有

$$\psi(Y^0 - G - T(r), \bar{u}) > R_A \Rightarrow \begin{cases} s(r) = s(Y^0 - G - T(r), \bar{u}) \\ n(r) = L(r)/s(Y^0 - G - T(r), \bar{u}) \end{cases} \tag{C.4}$$

$$\psi(Y^0 - G - T(r), \bar{u}) < R_A \Rightarrow n(r) = 0, s(r) > 0 \tag{C.5}$$

接下来,回想一下,$\psi(Y^0 - G - T(r), \bar{u})$ 关于 r 连续递减,且在某个距离处变为零(性质 3.2)。因此,如果 $\psi(Y^0 - G - T(0), \bar{u}) \geq R_A$,我们可以定义唯一一个距离 $\hat{r}$,使得

$$\psi(Y^0-G-T(\hat{r}),\bar{u})=R_A \qquad (C.6)$$

如果 $\psi(Y^0-G-T(0),\bar{u})<R_A$，则我们定义 $\hat{r}=0$。假设 $r_f<\hat{r}$，则由于当所有的 $r\leqslant r_f$ 时，有 $\psi(Y^0-G-T(r),\bar{u})>R_A$，从关系式（C.4）我们可知 $\hat{H}=[\psi(Y^0-G-T(r_f),\bar{u})-R_A]L(r_f)>0$ [由于假设 3.1, $L(r_f)>0$]，而这违背了最后的条件（iii）。因此，最优城市边缘距离 r_f 必须满足 $r_f\geqslant\hat{r}$。事实上，我们很容易看出，对于任意的 $r_f\geqslant\hat{r}$，都可得到 $[n(r),s(r);0\leqslant r\leqslant r_f]$，使其满足条件（i）—（iii）。从关系式（C.5）我们可得

$$n(r)=0 \quad 对于\ \hat{r}<r<r_f \qquad (C.7)$$

然而，由于关系式（C.7），目标函数（C.1）的值不被任何 $r_f\geqslant\hat{r}$ 的选择影响。因此，为了方便起见，我们可以设置 $r_f=\hat{r}$。还要注意，如果 $\hat{r}=0$，则人口约束永远无法满足，因此，它必须满足 $\hat{r}>0$。故我们可以通过以下关系式来定义最优城市边缘距离 r_f：

$$\psi(Y^0-G-T(r_f),\bar{u})=R_A \qquad (C.8)$$

还要注意，在 $r=r_f$ 处，$n(r)$ 和 $s(r)$ 的最优值不能唯一地确定。根据最优控制理论的约定，为了使 $n(r)$ 和 $s(r)$ 在 r 中左连续，设

$$s(r_f)=s(Y^0-G-T(r_f),\bar{u}),\ n(r_f)=L(r_f)/s(Y^0-G-T(r_f),\bar{u}) \qquad (C.9)$$

最后，对于每个 $r\geqslant 0$，我们定义 $R(r)$ 如下：

$$R(r)=\begin{cases}\psi(Y^0-G-T(r),\bar{u}) & 对于\ r\leqslant r_f \\ R_A & 对于\ r\geqslant r_f\end{cases} \qquad (C.10)$$

然后分别在关系式（C.4）、（C.5）、（C.8）、（C.9）和（C.10）中设定 G 等于 G^*，我们可以得出结论：如果 $(r_f,n(r),s(r);0\leqslant r\leqslant r_f)$ 表示 HS 问题的一个解，则必须满足条件 (3.59)—(3.63)。

接下来，为了说明这些条件对于 HS 问题的一个最优解 $[r_f,n(r),s(r);0\leqslant r\leqslant r_f]$ 来说既是必要条件也是充分条件，请注意，该问题不包括任何微分方程（因此也不包括任何状态变量）的约束，并且关系式（C.4）和（C.5）是满足要求（ii）的充分条件 [在这里，如果 $\psi(Y^0-G-T(r),\bar{u})=R_A$，那么我们选择 $s(r)=s(Y^0-G-T(r),\bar{u})$ 且 $n(r)=L(r)/s(Y^0-G-T(r),\bar{u})$]。因此，我们可以从 Van Long 和 Vousden（1977，定理 6）中得出结论：对于任意固定 $r_f>0$ 的 HS 问题的一个最优解 $(n(r),s(r);0\leqslant r\leqslant r_f)$ 来说，关系式（C.2）、（C.3）、（C.4）和（C.5）共同表示了它的一组充分条件。此外，如果我们确定 r_f 满足条件（C.8），则可以很容易地看出，对于 $r\leqslant r_f$，有 $\hat{H}\geqslant 0$；对于所有的 $r\geqslant r_f$，有 $\hat{H}=0$。因此，从 Seierstad（1984a,b）我们可以得出结论：这些必要条件 (3.59)—(3.63) 也代表了 HS 问题的最优解的充分条件。

C.3　性质 3.3 的证明

回想一下剩余函数 $\mathscr{G}(Y^0,u,N)$，其定义为

$$\mathscr{G}(Y^0, u, N) \equiv \max_{r_f, n(r), s(r)} \int_0^{r_f} [Y^0 - T(r) - Z(s(r), u) - R_A s(r)] n(r) dr \qquad (C.11)$$

约束条件为关系式(3.46)和(3.47),并且人口成本函数$C(u, N)$定义为

$$C(u, N) \equiv \min_{r_f, n(r), s(r)} \int_0^{r_f} [T(r) + Z(s(r), u) + R_A s(r)] n(r) dr \qquad (C.12)$$

约束条件为关系式(3.46)和(3.47)。

因此,下式同样成立:

$$\mathscr{G}(Y^0, u, N) = NY^0 - C(u, N) \qquad (C.13)$$

为了证明性质3.3,我们首先得出一些基本结论。

引理 C.1 $\mathscr{G}(Y^0, u, N)$在u上连续递减。

证明:从公式(C.13)可知,$\partial \mathscr{G}(Y^0, u, N)/\partial u = -\partial C(u, N)/\partial u = -\int_0^{r_f} (\partial Z(s(r), u)/\partial u) n(r) dr < 0$[根据公式(5.27)]。

引理 C.2 $\lim_{u \to -\infty} \mathscr{G}(Y^0, u, N) = N(Y^0 - T(0))$

证明:在z-s空间的正向限中,我们任意选择一条从原点出发的射线,并且令$(z(u), s(u))$表示该射线与每条效用水平为u的无差异曲线的交点,则

$$z(u)/s(u) = Z(s(u), u)/s(u) = k(\text{一个正的常数})$$

根据关系式$\int_0^{r(u)} L(r)/s(u) dr = N$定义$r(u)$,然后由函数$C(u, N)$的定义可知

$$C(u, N) \leq \int_0^{r(u)} \frac{[T(r) + Z(s(u), u) + R_A s(u)] L(r)}{s(u)} dr$$

$$= \int_0^{r(u)} \frac{T(r) L(r)}{s(u)} dr + \int_0^{r(u)} k L(r) dr + \int_0^{r(u)} R_A L(r) dr$$

$$< NT(r(u)) + \int_0^{r(u)} k L(r) dr + \int_0^{r(u)} R_A L(r) dr$$

由假设2.1可知,当$u \to -\infty$时,有$s(u) \to 0$。因此,当$u \to -\infty$时,有$r(u) \to 0$。由定义可知,$NT(0) < C(u, N)$。因此,可以得出结论:

$$C(u, N) \to NT(0) \quad \text{当} u \to -\infty \text{时} \qquad (C.14)$$

正如文中显示的那样,这意味着,

$$\mathscr{G}(Y^0, u, N) \to N(Y^0 - T(0)) \quad \text{当} u \to -\infty \text{时}$$

引理 C.3 $\lim_{u \to -\infty} \mathscr{G}(Y^0, u, N) = -\infty$

证明:对于每个$u \in (-\infty, \infty)$,假设$(r_f(u), n(r, u), s(r, u); 0 \leq r \leq r_f(u))$为关系式(C.11)中最大化问题的解[相当于关系式(C.12)中最小化问题的解],并且命题3.8保证解的唯一存在性,则根据定义可得

$$C(u, N) = \int_0^{r_f(u)} [T(r) + Z(s(r, u), u) + R_A s(r, u)] n(r, u) dr \qquad (C.15)$$

由于 $C(u,N)$ 在 u 上是递增的（回忆引理 C.3.1 的证明），所以存在 $\lim_{u\to\infty} C(u,N) \equiv \tilde{C}$。假设 $\tilde{C}<\infty$，则

$$\int_0^{r_f(u)} Z(s(r,u),u) n(r,u) dr < \tilde{C} < \infty \quad 对于任意的 u \in (-\infty,\infty)$$

这意味着，

$$\bar{z}(u) \equiv \int_0^{r_f(u)} \frac{Z(s(r,u),u) n(r,u)}{N} dr < \tilde{C}/N \quad 对于任意的 u \in (-\infty,\infty)$$

(C.16)

已知 s，设 $S(z,u)$ 是 $U(z,s)=u$ 的解。由于 $U(z,s)$ 在 z 和 s 上是拟凹且递增的，故 $S(z,u)$ 在 z 上是凸的且递减的。根据定义，$\int_0^{r_f(u)} n(r,u)/N dr = 1$。因此，使用詹森恒等式[参见 Feller(1971，第 153 页)]，有

$$\bar{s}(u) \equiv \int_0^{r_f(u)} \frac{s(r,u) n(r,u)}{N} dr$$
$$= \int_0^{r_f(u)} \frac{S(Z(s(r,u),u),u) n(r,u)}{N} dr$$
$$\geq S(\bar{z}(u),u) \quad (根据詹森恒等式)$$
$$> S(\tilde{C}/N,u) \quad [根据公式(C.16)]$$

由于当 $u\to\infty$ 时，$S(\tilde{C}/N,u)\to-\infty$，因此，这意味着当 $u\to\infty$ 时，$\bar{s}(u)\to\infty$。由于假设 $R_A>0$，故我们从公式（C.15）可知

$$\tilde{C} \geq \lim_{u\to\infty} \int_0^{r_f(u)} R_A s(r,u) n(r,u) dr \equiv \lim_{u\to\infty} R_A N \bar{s}(u) = \infty$$

这与初始假设 $\tilde{C}<\infty$ 矛盾。因此，$\tilde{C}=\infty$ 必定成立，即

$$\lim_{u\to\infty} C(u,N) = \infty \tag{C.17}$$

所以 $\lim_{u\to\infty} \mathscr{G}(Y^0,u,N) = -\infty$。

引理 C.4 $G(Y^0,u,N)$ 在 u 上连续递减。

证明：我们可以使用第 5 章的结论来证明这一点。也即，如果我们让 $G(Y^0,u,N)\equiv G$，且 $\text{TDR}(Y^0,u,N)\equiv\text{TDR}$，则可以从公式（5.10）中得到下列恒等式：

$$N(Y^0-G) = C(u,N) + \text{TDR} \tag{C.18}$$

从这个等式出发，如果我们重复与公式（5.21）—（5.25）相同的过程，则可以得出如下结论：

$$Y^0-G = \partial C(u,N)/\partial N \tag{C.19}$$

从关系式（C.19）和公式（5.25）可以得出 $Y^0-G=Y(u,N)$ 或

$$G = Y^0 - Y(u,N) \tag{C.20}$$

由于 $Y(u,N)$ 在 u 上连续递增[性质 5.2(ⅱ)],因此,G 在 u 上连续递减。

引理 C.5 $\lim_{u\to-\infty}G(Y^0,u,N)=Y^0-T(0)$ 和 $\lim_{u\to\infty}G(Y^0,u,N)=-\infty$

证明:由关系式(C.20)和性质 5.2(ⅲ)可得

$$\lim_{u\to-\infty}G=Y^0-\lim_{u\to-\infty}Y(u,N)=Y^0-T(0)$$

$$\lim_{u\to\infty}G=Y^0-\lim_{u\to\infty}Y(u,N)=Y^0-\infty=-\infty$$

现在我们可以证明性质 3.3。也就是说,引理 C.3.1—C.3.3 一起证明了性质 3.3(ⅰ),引理 C.3.4 和 C.3.5 一起证明了性质 3.3(ⅱ)。

C.4 关系式(3.83)的证明

现在假设 $u_a^* \geq u_b^*$,则从恒等式(2.20)可以得出

$$V(\Psi_a(0,u_a^*),I_a(0))=u_a^*\geq u_b^*=V(\Psi_b(0,u_b^*),I_b(0))$$

由于 V 在 I 上递增而在 R 上递减,并且假设 $I_a(0)\leq I_b(0)$,因此,上述不等式表明 $\psi_a(0,u_a^*)\leq\psi_b(0,u_b^*)$。然后,因为 ψ_a 比 ψ_b 更陡峭,所以对于任意的 $0<r\leq r_f^a$,我们有 $\psi_a(r,u_a^*)<\psi_b(r,u_b^*)$。由于补偿需求函数 $\tilde{s}(R,u)$ 关于 R 递减而关于 u 递增(根据土地的正常属性),因此,这反过来表明

$$S_a(r,u_a^*)=\tilde{s}(\Psi_a(r,u_a^*),u_a^*)>\tilde{s}(\Psi_b(r,u_b^*),u_b^*)=S_b(r,u_b^*),0<r\leq r_f^a$$

由于 $r_f^a(r_f^b)$ 是参数改变之前(之后)的城市边缘距离,因此,

$$\int_0^{r_f^a}\frac{L(r)}{S_a(r,u_a^*)}dr=N=\int_0^{r_f^b}\frac{L(r)}{S_b(r,u_b^*)}dr$$

上述两个关系式表明 $r_f^a>r_f^b$,这与关系式(3.82)矛盾。因此,关系式(3.83)必定成立。

C.5 性质 3.4 的证明

首先,我们得出一些基本结论。假设 u^* 是均衡效用水平,且 $I(r)\equiv Y-T(r)$。对于公式(2.8)应用包络定理,有

$$\Psi_r(r)\equiv\frac{\partial\Psi(r,u^*)}{\partial r}=-\frac{T'(r)}{S(r,u^*)} \tag{C.21}$$

$$\Psi_I(r)\equiv\frac{\partial\Psi(I(r),u^*)}{\partial I}=\frac{1}{S(r,u^*)} \tag{C.22}$$

$$\Psi_u(r)\equiv\frac{\partial\Psi(r,u^*)}{\partial u}=-\frac{Z_u(r)}{S(r,u^*)} \tag{C.23}$$

其中，$\Psi(I,u)$ 由公式（3.2）定义，且在 $(s,u) = (S(r,u^*), u^*)$ 处，有 $Z_u(r) \equiv \partial Z(s,u)/\partial u$。由公式（C.21）和（C.22）可得

$$\Psi_I(r) = -\Psi_r(r)/T'(r) \tag{C.24}$$

接下来，在均衡状态下，我们有

$$R(0) = \Psi(0, u^*) = \psi(I(0), u^*) \tag{C.25}$$

$$R_A = \Psi(r_f, u^*) = \psi(I(r_f), u^*) \tag{C.26}$$

而且，因为 $N = \int_0^{r_f} L(r)/S(r, u^*) dr$，且 $1/S(r, u^*) = -\Psi_r/T'(r)$ [根据公式（C.21）]，故可得

$$N = \int_0^{r_f} \frac{-L(r)\Psi_r}{T'(r)} dr \tag{C.27}$$

由于假设 R_A 和 N 是常数，因此公式（C.25）、（C.26）和（C.27）关于 Y 的全微分分别为

$$\frac{dR(0)}{dY} = \Psi_I(0) + \Psi_u(0)\frac{du^*}{dY} \tag{C.28}$$

$$0 = \Psi_I(r_f)\left(1 - T'(r_f)\frac{dr_f}{dY}\right) + \Psi_u(r_f)\frac{du^*}{dY} \tag{C.29}$$

$$0 = \int_0^{r_f} \frac{L(r)}{T'(r)}\left(\Psi_{rI} + \Psi_{ru}\frac{du^*}{dY}\right) dr - \frac{L(r_f)}{T'(r_f)}\Psi_r(r_f)\frac{dr_f}{dY} \tag{C.30}$$

让我们定义

$$l(r) = \frac{L(r)}{T'(r)} \bigg/ \frac{L(r_f)}{T'(r_f)} \tag{C.31}$$

然后，从公式（C.30）可知

$$0 = \int_0^{r_f} l(r)\left(\Psi_{rI} + \Psi_{ru}\frac{du^*}{dY}\right) dr + \Psi_r(r_f)\frac{dr_f}{dY} \tag{C.32}$$

求解方程（C.29）和（C.32）得到 du^*/dY，使用公式（C.24），我们有

$$\frac{du^*}{dY} = \frac{-\int_0^{r_f} l(r)\Psi_{rI} dr + \Psi_I(r_f)}{\int_0^{r_f} l(r)\Psi_{ru} dr - \Psi_u(r_f)}$$

通过分部积分，得

$$\frac{du^*}{dY} = -\frac{l(0)\Psi_I(0) + \int_0^{r_f} l'\Psi_I dr}{l(0)\Psi_u(0) + \int_0^{r_f} l'\Psi_u dr} \quad [\text{因为 } l(r_f) \equiv 1] \tag{C.33}$$

其中，$l' \equiv dl(r)/dr$。将公式（C.33）代入公式（C.28），我们有

$$\frac{dR(0)}{dY} = \Psi_I(0) \frac{\int_0^{r_f} l'[(\Psi_u/\Psi_u(0)) - (\Psi_I/\Psi_I(0))]dr}{l(0) + \int_0^{r_f} l'\Psi_u/\Psi_u(0)dr}$$

通过公式(C.22)和(C.23)可得

$$\frac{dR(0)}{dY} = \Psi_I(0) \frac{\int_0^{r_f} l'(Z_u(r) - Z_u(0))/S(r,u^*)dr}{l(0)Z_u(0)/S(0,u^*) + \int_0^{r_f} l'Z_u/S(r,u^*)dr} \quad (C.34)$$

现在,如果 $L(r)/T'(r)$ 是常数,则因为对于任意的 r,有 $l'(r) = 0$,所以从公式(C.34)我们可知 $dR(0)/dY = 0$,这意味着情况(ii)成立。如果对于任意的 r, $l'(r)$ 不为零,则我们进一步观察有

$$Z_u(r) - Z_u(0) = \int_0^r Z_{ur}(r)dr$$
$$= \int_0^r Z_{us}(S(r,u^*),u^*) \frac{\partial S(r,u^*)}{\partial r}dr < 0 \quad (C.35)$$

由于 $\partial S(r,u^*)/\partial r > 0$[根据公式(2.28)],且 $Z_{us} = Z_{su} < 0$(根据 s 的正态分布),因此该式是负的。由公式(C.22)可知,$\Psi_I(0) > 0$;由公式(2.4)可知,$Z_u > 0$。因此,如果对于任意的 r, $l' > 0$,则根据公式(C.34)和(C.35),我们有 $dR(0)/dY < 0$,这意味着情况(i)成立。最后,由于 $S(r,u^*)$ 关于 r 递增,由公式(C.35)可知,对于任意的 $r > 0$,$Z_u/S(r,u^*) < Z_u(0)/S(0,u^*)$,因此,如果对于任意的 r, $l' < 0$,则

$$l(0)\frac{Z_u(0)}{S(0,u^*)} + \int_0^{r_f} l'\frac{Z_u}{S(r,u^*)}dr > l(0)\frac{Z_u(0)}{S(0,u^*)} + \int_0^{r_f} l'\frac{Z_u(0)}{S(0,u^*)}dr = \frac{Z_u(0)}{S(0,u^*)} > 0$$
(C.36)

故公式(C.34)的分母是正的。因此,如果对于任意的 r, $l' < 0$,我们可以从公式(C.34)和(C.35)中得出 $dR(0)/dY > 0$,则这意味着情况(iii)是成立的。

C.6 性质 4.10 和 4.11 的证明

这两个性质的证明是基于一组具有某些特征的函数 $(a_i(u), b_i(u), R_i(r); i = 1, 2, \cdots, m)$ 的存在性与唯一性。首先,我们需要做初步分析。由于性质 P.2 和性质 P.3 是标准的且纯技术性的[参见 Fujita(1984)的证明],因此省略对它们的证明。关于定义 4.1,我们得出以下结论:

P.1 在定义 4.1 中,有效定义域 D^0 可以表述如下:

$$D^0 = \{(r,u) | 0 \leq r < \bar{r}(u), -\infty < u < \infty\} \quad (C.37)$$

其中，$\bar{r}(u)$ 是 u 的非增函数，使得对于任意的 u，有 $0 \leq \bar{r}(u) \leq \bar{r}$；对于某些 u，有 $\bar{r}(u) > 0$。

因此，
$$(r,u) \in D^0 \Rightarrow (x,v) \in D^0 \quad \forall \, 0 \leq x \leq r, -\infty < v \leq u \tag{C.38}$$

证明：定义 4.1 的条件（ⅰ）和（ⅱ）要求 D^0 是拓扑子空间 D 的一个开集，且 D^0 不为空。从条件（ⅳ）可知，对于任意的 $(r,u) \in D^0, r < \bar{r}$。从条件（ⅲ）可知，任何此类集合 D^0 都可以用方程 (C.37) 的形式表示，其边界线 $\bar{r}(u)$ 是非增的且不恒为零，另外，对于任意的 $u, 0 \leq \bar{r}(u) < \bar{r}$。这意味着方程 (C.38) 成立。

接下来我们引入如下定义：

定义 C.1 设 Ψ 是定义 4.1 中一个性状良好的竞价租金函数。当且仅当满足以下三个条件时，我们称函数 $a(u)$ 是一个与 Ψ 相关的性状良好的内部边界函数：

（ⅰ）$a: (-\infty, \tilde{u}) \to [0, \tilde{a}]$，其中，$\tilde{u}$ 和 $\tilde{a}$ 是某些常数，满足 $\tilde{u} \in (-\infty, \infty]$，$\tilde{a} \in [0, \infty)$；

（ⅱ）在区间 $(-\infty, \tilde{u})$ 上，$a(u)$ 是关于 u 的连续且非减函数，并且在达到 $\tilde{a}$ 之前是递增的，其中，$\lim_{u \to -\infty} a(u) = 0, \lim_{u \to \tilde{u}} a(u) = \tilde{a}$；

（ⅲ）对于所有的 $u \in (-\infty, \tilde{u})$，$\Psi(a(u), u) > 0$，并且 $\lim_{u \to \tilde{u}} \Psi(a(u), u) = 0$。

给定一个性状良好的函数 $a(u)$，定义如下：
$$X = \{(r,u) \mid 0 \leq r < \infty, -\infty < u < \tilde{u}\}$$
$$X^0 = \{(r,u) \mid a(u) < r, -\infty < u < \tilde{u}\}$$

设 S 是定义 4.1 中性状良好的土地面积函数。对于任意的 $(r,u) \in D$，定义
$$f(r,u) = L(r)/S(r,u)$$
其中，假定 $L(r)$ 满足假设 4.1，并在定义域 X 上定义函数 F 如下：
$$F(b,u;a(\cdot)) = \int_{a(u)}^{b} f(r,u) \, dr \tag{C.39}$$

然后，使用定义 4.1 中的条件，我们可以证明：

P.2

（ⅰ）F 在 X 上是连续的；

（ⅱ）在 $X - X^0$ 上，$F(b,u;a(\cdot)) \leq 0$；

（ⅲ）$X^0 \cap D^0 = \{(r,u) \mid a(u) < r < \bar{r}(u), -\infty < u < \tilde{u}\} \neq \emptyset$，其中，$\bar{r}(u)$ 是定义在性质 P.1 中的函数；

（ⅳ）在 $X^0 \cap D^0$ 上，$F(b,u;a(\cdot))$ 是正的，关于 b 递增，且关于 u 递减；

（ⅴ）对于任意的 $b > 0, \lim_{u \to -\infty} F(b,u;a(\cdot)) = \infty$；

（ⅵ）在 $X - D^0$ 上，$F(b,u;a(\cdot))$ 是关于 b 的常数。

接下来，给定一个正数 N，考虑下述方程：

$$F(b,u;a(\cdot))=N \tag{C.40}$$

其中，$a(\cdot)$ 是先前给定的性状良好的内部边界函数。定义上述方程的解集为

$$S=\{(b,u)\,|\,F(b,u;a(\cdot))=N,(b,u)\in X\} \tag{C.41}$$

使用性质 P.2，我们可以得出如下结论：

P.3 常数 $\hat{u}\equiv\hat{u}(a(\cdot),N)\in(-\infty,\tilde{u}]$，常数 $\hat{b}\equiv\hat{b}(a(\cdot),N)\in[\tilde{a},\infty)$，满足

（ⅰ）集合 $S\cap D^0$ 可以由一个（单值）函数 $b(u)\equiv b(u;a(\cdot),N):(-\infty,\hat{u})\to(0,\hat{b})$ 唯一表示；

（ⅱ）在区间 $(-\infty,\hat{u})$ 上，$b(u)$ 是关于 u 连续且递增的函数，其中 $\lim\limits_{u\to-\infty}b(u)=0$，$\lim\limits_{u\to\hat{u}}b(u)=\hat{b}$；

（ⅲ）在区间 $(-\infty,\hat{u})$ 上，$\Psi(b(u),u)$ 关于 u 是正的、连续且递减的，其中 $\lim\limits_{u\to-\infty}\Psi(b(u),u)=\infty$，$\lim\limits_{u\to\hat{u}}\Psi(b(u),u)=0$。

设 $U(r)\equiv U(r;a(\cdot),N)$ 是 $r=b(u)$ 在 $(-\infty,\hat{u})$ 上的反函数，则由性质 P.3 我们可以立即得出以下结论：

P.4

（ⅰ）$U:(0,\hat{b})\to(-\infty,\hat{u})$；

（ⅱ）在区间 $(0,\hat{b})$ 上，$U(r)$ 关于 r 是连续且递增的函数，其中 $\lim\limits_{r\to 0}U(r)=-\infty$，$\lim\limits_{r\to\hat{b}}U(r)=\hat{u}$。

此外，在 $(0,\hat{b})$ 上，我们将函数 $\hat{R}(r)\equiv\hat{R}(r;a(\cdot),N)$ 定义为

$$\hat{R}(r)=\Psi(r,U(r))\equiv\Psi(r,U(r;a(\cdot),N)) \tag{C.42}$$

然后，从性质 P.4 中我们可以得出结论：

P.5

（ⅰ）$\hat{R}:(0,\hat{b})\to(0,\infty)$；

（ⅱ）在区间 $(0,\hat{b})$ 上，$\hat{R}(r)$ 是关于 r 连续且递减的函数，其中 $\lim\limits_{r\to 0}\hat{R}(r)=\infty$，$\lim\limits_{r\to\hat{b}}\hat{R}(r)=0$；

（ⅲ）$\hat{R}(\cdot)$ 比 Ψ 更陡峭，也就是说，当 $\hat{R}(r)=\Psi(r,u)$ 时，

$$\hat{R}(x)>\Psi(x,u) \quad \forall x<r$$
$$\hat{R}(x)<\Psi(x,u) \quad \forall r<x<\hat{b} \tag{C.43}$$

证明：（ⅰ）和（ⅱ）可从性质 P.4 中立即得到。为了证明（ⅲ），假设 $\hat{R}(r)=\Psi(r,u)$。取 $r'\in(0,\hat{b})$，其中，$r'\neq r$。根据定义，$\hat{R}(r)=\Psi(r,u)=\Psi(r,U(r))$，且 $\hat{R}(r')=\Psi(r',U(r'))$，其中，$u(\cdot)$ 是 $b(\cdot)$ 的反函数。如果 $r'<r$，则从性质 P.4（ⅱ）中可得 $U(r')<U(r)$。因此，由于 Ψ 性状良好，对于所有的 x，$\Psi(x,U(r'))>\Psi(x,U(r))$，故 $\Psi(x,U(r'))>0$。由于 $\hat{R}(r')=\Psi(r',U(r'))>0$，故 $\hat{R}(r')>\Psi(r',U(r))$。如果 $r'>r$，则从性质

P.4(ⅱ)中可得 $U(r')>U(r)$。因此,对于任意的 $x\in(0,\hat{b})$,$\Psi(x,U(r'))<\Psi(x,U(r))$,故 $R(r')=\Psi(r',U(r'))<\Psi(r',U(r))$。由此我们得到公式(C.43)。

接下来,假设一组性状良好的竞价租金函数 $\Psi_i(i=1,2,\cdots,m)$ 可以根据相对陡峭度排序,如假设 4.3 所示。然后我们得到以下内容:

P.6 取一组竞价租金函数 Ψ_i 和 Ψ_j,其中,$i<j$。取任意的 $u_i\in(-\infty,\infty)$,并且假设 $\Psi_i(0,u_i)>0$,则对于具有正高度的竞价租金曲线 $\Psi_i(\cdot,u_i)$ 上的每个点,都存在经过该点的唯一竞价租金曲线 $\Psi_j(\cdot,u_j)$。

证明:设 A 是具有正高度的曲线 $\Psi_i(\cdot,u_i)$ 上的一个点,且 B 是曲线 $\Psi_i(\cdot,u_i)$ 与 R 轴的交点(由 D 上 Ψ_i 的连续性可知该交点存在)。根据性质 4.2,存在唯一始于交点 B 的竞价租金曲线 $\Psi_j(\cdot,u'_j)$。由于 Ψ_i 比 Ψ_j 更陡峭,对于每个 r,有 $\Psi_i(r,u_i)<\Psi_j(r,u'_j)$,而且 $\Psi_i(r,u_i)>0$ 且 $r\neq 0$,因此,根据性质 4.1 和 4.4,存在唯一经过点 A 的竞价租金曲线 $\Psi_j(r,u)$。

接下来,基于假设 4.2 和 4.3 中的竞价租金函数 $\Psi_i(i=1,2,\cdots,m)$,引入以下定义:

定义 C.2 我们将函数 $b_i(u)(i=1,2,\cdots,m)$ 称为与 Ψ_i 相关的性状良好的外边界函数,当且仅当

(ⅰ) $b_i(u):(-\infty,\hat{u}_i)\to(0,\hat{b}_i)$,其中,$\hat{u}_i$ 和 $\hat{b}_i$ 是常数,满足 $\hat{u}_i\in(-\infty,\infty)$,$\hat{b}_i\in(0,\infty)$;

(ⅱ) 在区间 $(-\infty,\hat{u}_i)$ 上,$b_i(u)$ 是关于 u 连续且递增的,其中,$\lim_{u\to-\infty}b_i(u)=0$,$\lim_{u\to\hat{u}_i}b_i(u)=\hat{b}_i$;

(ⅲ) 在区间 $(-\infty,\hat{u}_i)$ 上,$\Psi_i(b_i(u),u)$ 是关于 u 连续且递减的正值,其中,$\lim_{u\to-\infty}\Psi_i(b_i(u),u)=\infty$,$\lim_{u\to\hat{u}_i}\Psi_i(b_i(u),u)=0$。

定义 C.3 我们说边界租金曲线 $R_i(r)(i=1,2,\cdots,m)$ 是性状良好的,当且仅当

(ⅰ) $R_i(r):(0,\hat{b}_i)\to(0,\infty)$,其中,根据定义 C.2(ⅰ),$\hat{b}_i$ 是正的常数。

(ⅱ) 在区间 $(0,\hat{b}_i)$ 上,$R_i(r)$ 是关于 r 连续且递减的,其中,$\lim_{r\to 0}R_i(r)=\infty$,$\lim_{r\to\hat{b}_i}R_i(r)=0$。

(ⅲ) $R_i(r)$ 比所有的 $\Psi_j(j=i,i+1,\cdots,m)$ 都更陡峭。也就是说,对于 r 和 u,当 $R_i(r)=\Psi_j(r,u)$,且所有的 $x<r$ 时,有 $R_i(x)>\Psi_j(x,u)$;对于 $r<x<\hat{b}_i$,有 $R_i(x)>\Psi_j(x,u)$。

现在我们准备证明主要结论。假设 4.1—4.3 始终成立。

P.7 方程(4.18)在有效域 D_1^0 上的解集可由一个性状良好的外部边界函数 $b_1(u):(-\infty,\hat{u}_1)\to(0,\hat{b}_1)$ 唯一表示,其中,$\hat{u}_1$ 和 $\hat{b}$ 是常数,满足 $\hat{u}_1\in(-\infty,\infty)$,$\hat{b}_1\in(0,\infty)$。

证明:在性质 P.3 中,设 $a(u)\equiv 0$,且 $\Psi=\Psi_1$,则由性质 P.3 可得出性质 P.7。

P.8 设 $U_1(r)$ 是性质 P.7 中性状良好的外部边界函数 $r=b_1(u)$ 的反函数。函数 $R_1(r)$ 由方程(4.19)定义,则 $R_1(r):(0,\hat{b}_1)\to(0,\infty)$,且它也是性状良好的。

证明：在性质 P.5 中，设 $\hat{R}(r) = R_1(r)$，且 $\Psi(r,u) = \Psi_1(r,u)$。由于 Ψ_1 比任意的 $\Psi_j(j=2,3,\cdots,m)$ 更陡峭，故由性质 P.5 可得出性质 P.8。

P.9 假设边界租金函数 $R_{i-1}(r):(0,\hat{b}_{i-1}) \to (0,\infty)$ 是性状良好的$(i=2,3,\cdots,m)$，则方程(4.20)在定义域 D_i^0 上的解集可由一个性状良好的内部边界函数 $a_i(u):(-\infty,\tilde{u}_i) \to (0,\hat{b}_{i-1})$ 唯一表示，其中，$\tilde{u}_i \in (-\infty,\infty]$ 且 $\lim_{u \to \tilde{u}_i} a_i(u) = \hat{b}_{i-1}$。

证明：由定义(4.22)可知，对于任意的 $a \in (0,\hat{b}_{i-1})$，有 $R_{i-1}(a) = \Psi_{i-1}(a,U_{i-1}(a))$。因此，由性质 P.6 可知，存在唯一效用水平 $V_i(a) \in (-\infty,\infty)$，使得 $R_{i-1}(a) = \Psi_{i-1}(a,U_{i-1}(a)) = \Psi_i(a,V_i(a))$。由于当 $a \in (0,\hat{b}_{i-1})$ 时，$R_{i-1}(a)$ 是递减的，故对于任意的 $0 < a_1 < a_2 < \hat{b}_{i-1}$，有 $R_{i-1}(a_1) = \Psi_i(a_1,V_i(a_1)) > R_{i-1}(a_2) = \Psi_i(a_2,V_i(a_2))$。由于 $R_{i-1}(r)$ 比 Ψ_i 更陡峭，点$(a_2,R_{i-1}(a_2))$ 将位于曲线 $\Psi_i(r,V_i(a_1))$ 的下方，因此，由性质 4.4 可知，$V_i(a_2) > V_i(a_1)$。也就是说，$V_i(a)$ 在区间 $(0,\hat{b}_{i-1})$ 上是递增的。$V_i(a)$ 在 $(0,\hat{b}_{i-1})$ 上的连续性直接来源于 R_{i-1} 在 $(0,\hat{b}_{i-1})$ 上的连续性和 Ψ_i 在 D_i^0 上的连续性。同时，对于任意的 $a \in (0,\hat{b}_{i-1})$，有 $\Psi_i(a,V_i(a)) = R_{i-1}(a) < \infty$，且 $\lim_{a \to 0} \Psi_i(a,V_i(a)) = \lim_{a \to 0} R_{i-1}(a) = \infty$。因此，由于 $V_i(a)$ 关于 a 是递增的，故 $\lim_{a \to 0} V_i(a) = -\infty$。此外，由于 $V_i(a)$ 在 $(0,\hat{b}_{i-1})$ 上是递增的，故 $\lim_{a \to \hat{b}_{i-1}} V_i(a)$ 唯一存在（可能等于 ∞）。设 $\tilde{u}_i \equiv \lim_{a \to \hat{b}_{i-1}} V_i(a)$，则 $\tilde{u}_i \in (-\infty,\infty]$。现在设 $a_i(u):(-\infty,\tilde{u}_i) \to (0,\hat{b}_{i-1})$ 是 $V_i(a):(0,\hat{b}_{i-1}) \to (-\infty,\tilde{u}_i)$ 的反函数，则根据 $a_i(u)$，定义 C.1 的所有条件都得到满足，由此我们可以得出性质 P.9 的结论。

P.10 假设内部边界函数 $a_i(u):(-\infty,\tilde{u}_i) \to (0,\hat{b}_{i-1})$ 性状良好$(i=1,2,\cdots,m)$，则方程(4.21)在 D_i^0 上的解集可由一个性状良好的外部边界函数 $b_i(u):(-\infty,\hat{u}_i) \to (0,\hat{b}_i)$ 唯一表示，其中，$\hat{u}_i \in (-\infty,\tilde{u}_i)$，$\hat{b}_i \in [b_{i-1},\infty)$。

证明：在性质 P.3 中，设 $a(u) = a_i(u)$，且 $\Psi = \Psi_i(i=2,3,\cdots,m)$，则由性质 P.3 可得出性质 P.10。

P.11 设 $U_i(r)$ 是性质 P.10 中性状良好的外部边界函数 $b_i(u)(i=2,3,\cdots,m)$ 的逆函数 $R_i(r)$ 由方程(4.22)定义，则有 $R_i(r):(0,\hat{b}_i) \to (0,\infty)$，且它也是性状良好的。

证明：通过和性质 P.8 类似的推理，由性质 P.5 可得出性质 P.11。

从性质 P.7 到性质 P.11，我们可以立刻得出：

定理 C.1 在假设 4.1—4.3 下，可以唯一定义一组函数 $a_i(u), b_i(u), R_i(u); i = (1,2,\cdots,m)$，并且每个函数都是性状良好的。

最后，我们证明性质 4.10 和性质 4.11。

性质 4.10 的证明：性质 4.10 的（ⅰ）、（ⅱ）和（ⅳ）可立即由定理 C.1 和定义 C.3 得出。由性质 P.10 可知，$0 < \hat{b}_1 \leq \hat{b}_2 \leq \cdots \leq \hat{b}_m$。从构造中也可以清楚地看到，没有一组边界租金曲线是彼此相交的。因此，性质 10 的（ⅲ）也成立。

性质 4.11 的证明：

（ⅰ）首先，由定理 C.1 可知，每个 $a_i(u)$、$b_i(u)$ 和 $R_i(u)$ 都可以唯一定义，并且都是性状良好的。其次，由于 R_m 是性状良好的，故关系式(4.23)确定了唯一值 r_m^*（第 4 章注释⑫适用于此处）。由于 $R_A = R_m(r_m^*) \equiv \Psi_m(r_m^*, U_m(r_m^*))$，其中，$U_m$ 是函数 b_m 的反函数，u_m^* 等于 $U_m(r_m^*)$。接下来，$\Psi_m(r, u_m^*)$ 在 $[0, r_m^*]$ 上是连续且为正的，并且 R_{m-1} 是性状良好的。因此，关系式(4.25)唯一地定义了 r_{m-1}^*。然后，在关系式(4.26)中，u_{m-1}^* 由 $U_{m-1}(r_{m-1}^*)$ 唯一给出，其中，U_{m-1} 是 b_{i-1} 的反函数。类似地，每对 (r_i^*, u_i^*) 都可以唯一确定（$i = m-2, \cdots, 1$）。

（ⅱ）通过关系结构，可以明显地看出成对的集合 (r_i^*, u_i^*)（$i = 1, 2, \cdots, m$）与由关系式(4.16)定义的市场租金曲线 $R(r)$ 一起构成了均衡的土地利用。

（ⅲ）假设成对的集合 (r_i', u_i')（$i = 1, 2, \cdots, m$）和由关系式(4.16)定义的 $R(r)$ 构成了一个均衡的土地利用。首先，假设 $u_1' < u_1^*$，则曲线 $\Psi_1(r, u_1')$ 位于曲线 $\Psi_1(r, u_1^*)$ 的上方。根据曲线 $R_1(r)$ 的定义，$(r_1', \Psi_1(r_1', u_1'))$ 必定是曲线 $R_1(r)$ 上的一个点，相对于点 $(r_1^*, \Psi_1(r_1^*, u_1^*))$，它位于曲线 $R_1(r)$ 的上半段。也就是说，$r_1' < r_1^*$，且 $\Psi_1(r_1', u_1') > \Psi_1(r_1^*, u_1^*)$。通过递归，我们可以得出 $r_i' < r_i^*$，且 $\Psi_i(r_i', u_i') > \Psi_i(r_i^*, u_i^*)$（$i = 2, 3, \cdots, m$）。因此，$\Psi_m(r_m', u_m') > \Psi_m(r_m^*, u_m^*) = R_A$，这与均衡条件(4.15)矛盾。类似地，我们可以证明 $u_1' > u_1^*$ 不可能成立。因此，$u_1' = u_1^*$，且 $r_1' = r_1^*$。通过递归，我们可以得出对所有的 $i = 2, 3, \cdots, m$，$u_i' = u_i^*$，且 $r_i' = r_i^*$。因此，仅存在唯一均衡。

C.7 HS 模型最优条件的推导（4.4 节）

最优条件 $OC(\bar{u})$ 可以用类似于性质 C.2 的方法导出。假设 $(r_f, n_i(r), s_i(r); i = 1, 2, \cdots, m, 0 \leq r \leq r_f)$ 是 $HS(\bar{u})$ 问题的一个解，其中，对于任意的 $i = 1, 2, \cdots, m, n_i(r)$ 和 $s_i(r)$ 在 $[0, r_f]$ 上是分段连续的。最大化原理 [参见 Hestenes(1966，定理 11.1)，Takayama(1974，定理 8.C.4)，或 Van Long 和 Vousden(1977，定理 1)]要求存在一组乘数 $(\lambda_0, G_i, i = 1, 2, \cdots, m)$，有

（ⅰ）$\lambda_0 \geq 0 (\lambda_0, G_1, G_2, \cdots, G_m) \neq (0, 0, 0, \cdots, 0)$；

（ⅱ）对于每个 $r \in [0, r_f]$，$(n_i(r), s_i(r); i = 1, 2, \cdots, m)$ 都使得如下汉密尔顿函数达到最大化：

$$H \equiv \lambda_0 \sum_{i=1}^{m} [Y_i^0 - T_i(r) - Z_i(s_i, \bar{u}_i) - R_A s_i] n_i - \sum_{i=1}^{m} G_i n_i$$

$$\text{s.t.} \quad \sum_{i=1}^{m} s_i n_i \leq L(r)$$

$$n_i \geq 0, s_i > 0, i = 1, 2, \cdots, m$$

(iii) $\hat{H} \equiv \lambda_0 \sum_{i=1}^{m} [Y_i^0 - T_i(r) - Z_i(s_i(r), \bar{u}_i) - R_A s_i(r)] n_i(r) - \sum_{i=1}^{m} G_i n_i(r)$ 在 $[0, r_f]$ 上是连续的,且在 r_f 处,$\hat{H} = 0$。

由于 r_f 可以自由选择,故不难得出 $\lambda_0 > 0$ [参见 Van Long 和 Vousden(1977,第16页)]。因此,在不失一般性的情况下,我们可以设置 $\lambda_0 = 1$。所以条件(ii)可以重述如下,即对于每个 $r \in [0, r_f]$,$(n_i(r), s_i(r); i = 1, 2, \cdots, m)$ 必是如下最大化问题的一个解:

$$\max_{n_i, s_i} H = \sum_{i=1}^{m} \left[\frac{Y_i^0 - G_i - T_i(r) - Z_i(s_i, \bar{u}_i)}{s_i} - R_A \right] n_i s_i \quad (C.44)$$

$$\text{s.t.} \quad \sum_{i=1}^{m} n_i s_i \leq L(r), n_i \geq 0, s_i > 0, i = 1, 2, \cdots, m \quad (C.45)$$

回顾竞价租金函数 $\Psi_i(I, u)$ 和相关的最大竞价土地面积函数 $s_i(I, u)$,$i = 1, 2, \cdots, m$,对于每个 $r \geq 0$,我们定义 $R(r)$ 如下:

$$R(r) \equiv \max\{\max_i \psi_i(Y_i^0 - G_i - T_i(r), \bar{u}_i), R_A\}$$

我们可以很容易地看到,如果 $(s_i(r), n_i(r); i = 1, 2, \cdots, m)$ 要使得受条件(C.45)约束的 H 最大化,它必须满足

$$\psi_i(Y_i^0 - G_i - T_i(r), \bar{u}_i) < R(r) \Rightarrow n_i(r) = 0$$

$$n_i(r) > 0 \Rightarrow \begin{cases} \psi_i(Y_i^0 - G_i - T_i(r), \bar{u}_i) = R(r) \\ s_i(r) = s_i(Y_i^0 - G_i - T_i(r), \bar{u}_i) \end{cases}$$

使用这些关系式并且回顾对于每个 $i = 1, 2, \cdots, m$,$\Psi_i(Y_i^0 - G_i - T_i(r), \bar{u}_i)$ 在 r 上是递减的,可以很容易地得到最优条件(4.38)—(4.42)。与性质 C.2 中采用的方法类似,我们也可以很容易证明这些必要条件也表示了 $HS(\bar{u})$ 最优化问题的充分条件。

C.8 关系式(4.59)的证明

现在,假设

$$u_2^a \geq u_2^b \quad (C.46)$$

则由性质(2.20),对于每个 r,有

$$V(\Psi_2^a(r, u_2^a), Y_2^a - T(r)) = u_2^a \geq u_2^b = V(\Psi_2^b(r, u_2^b), Y_2^b - T(r))$$

由于 V 关于 R 是递减的,关于 I 是递增的,且对于所有的 r,有 $Y_2^a - T(r) < Y_2^b - T(r)$,因此,上述不等式表明,对于所有的 r,有

$$\Psi_2^a(r, u_2^a) < \Psi_2^b(r, u_2^b) \quad (C.47)$$

由于 $R_1(r)$ 关于 r 是递减的,因此,从图 4.10 中必然可知

$$r_1^a > r_1^b \quad (C.48)$$

由于补偿需求函数 $\bar{s}(R,u)$ 关于 R 递减,关于 u 递增(根据土地的正常属性),因此,根据性质(2.25)以及不等式(C.46)和(C.47),我们有

$$S_2^a(r,u_2^a) = \bar{s}(\Psi_2^a(r,u_2^a),u_2^a) > \bar{s}(\Psi_2^b(r,u_2^b),u_2^b) = S_2^b(r,u_2^b) \quad (C.49)$$

但是,根据人口限制,它必须满足

$$\int_{r_1^a}^{r_2^a} \frac{L(r)}{S_2^a(r,u_2^a)} dr = N_2 = \int_{r_1^b}^{r_2^b} \frac{L(r)}{S_2^b(r,u_2^b)} dr$$

接下来,根据关系式(C.48)和(C.49),它必须满足 $r_2^a > r_2^b$。但是这与关系式(4.58)相矛盾。因此,我们得出关系式(4.59)必然成立。

C.9 性质 4.13 的证明

利用性质 3.4 我们可以用几何方式证明性质 4.13。在图 C.1 中,使曲线 $R_1(r)$ 和 $R_2^b(r)$ 表示与图 4.10 中相同的边界租金曲线。类似地,在图 C.1 中,使曲线 $\Psi_2^a(r,u_2^a)$ 和 R_A 表示与图 4.10 中相同的曲线。回想一下,$R_2^b(r)$ 是第二条边界租金曲线(在收入 Y_2^b 下),第一条边界租金曲线由 $R_1(r)$ 给出。现在在图 C.1 中,用点 J 表示曲线 $R_1(r)$ 和 $\Psi_2^a(r,u_2^a)$ 之间的交点,假设第一条边界租金曲线由垂线 R_1^0[而不是 $R_1(r)$]给出,且其经过点 J。然后,通过使用第一条边界租金曲线,我们可以得到虚拟的第二条边界租金曲线(在收入 Y_2^b 下),由图 C.1 中的曲线 $R_2^0(r)$ 表示。我们可以很容易地看到,曲线 $R_2^0(r)$ 在 r 处也是递减的,并且在有限距离处与 r 轴相交。设点 L 表示曲线 $R_2^0(r)$ 和农地租金线 R_A 之间的交点,设 $\Psi_2^b(r,u_2^0)$ 是经过点 L 的竞价租金曲线(对于收入 Y_2^b 下的类型 2)。例如,假设 $L(r)/T'(r)$ 在所有 r 上是递增的[情况(ⅰ)]。然后根据性质 3.4(ⅰ),我们可以得出结论:曲线 $\Psi_2^b(r,u_2^0)$ 和曲线 R_1^0 的交点 M 一定低于点 J。(注意,当 R 轴平行移动到距 O 点任何距离的位置时,性质 3.4 都是成立的。在本例中,它在图 C.1 中的距离 r^0 处。)由此,我们可以得出结论:如果 $\Psi_2^b(r,u_2')$ 是经过点 J 的竞价租金曲线(对于收入 Y_2^b 下的类型 2),则该竞价租金曲线和边界租金曲线 $R_2^0(r)$ 之间的交点 K 必然高于农地租金曲线 R_A[因为点 L 是曲线 $R_2^0(r)$ 和曲线 R_A 之间的交点]。由于点 J 是曲线 $R_1(r)$ 和曲线 R_1^0 之间的交点,因此实际的第二条边界租金曲线 $R_2^b(r)$ 也必须经过点 K。所以曲线 $R_2^b(r)$ 和直线 R_A 之间的交点 N 位于点 K 之下。此外,由均衡竞价租金函数 $\Psi_2^b(r,u_2^b)$ 的定义可知其经过点 N,且位于曲线 $\Psi_2^b(r,u_2')$ 之下。因此,我们可以得出结论:曲线 $\Psi_2^b(r,u_2^b)$ 和曲线 $R_1(r)$ 之间的交点必定位于点 J 之下,并且得出性质 4.13(ⅰ)中的结论。以类似的方法,我们也可以证明性质 4.13 中的(ⅱ)和(ⅲ)。

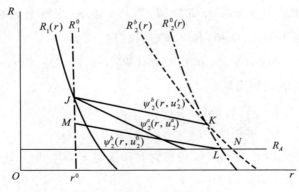

图 C.1 性质 4.13（ⅰ）的证明

C.10 性质 5.5 和 5.6 的证明

C.10.1 性质 5.5

（ⅰ）根据关系式(5.27)，有 $\partial C(u,N)/\partial u > 0$；根据关系式(C.14)，有 $\lim_{u\to-\infty} C(u,N) = NT(0)$；根据关系式(C.17)，有 $\lim_{u\to\infty} C(u,N) = \infty$。

（ⅱ）根据性质 5.2（ⅰ）和关系式(5.25)，$\partial C(u,N)/\partial N = Y(u,N) > 0$。为了证明 $\lim_{N\to 0} C(u,N) = 0$，我们随意选择一个土地面积 $s>0$，然后根据定义，有

$$C(u,N) \leq N[T(r_f^N) + Z(s,u) + R_A s]$$

其中，r_f^N 由如下关系式定义

$$\int_0^{r_f^N} L(r) dr = Ns$$

由于 r_f^N 是 N 的减函数并递减至零，因此我们可以得出结论：$\lim_{N\to 0} C(u,N) = 0$。接下来，由于 $C(u,N)$ 关于 N 是严格凸的（如下所示），且 $\partial C(u,N)/\partial N > 0$，因此 $\lim_{N\to\infty} C(u,N) = \infty$。

（ⅲ）根据关系式(5.25)和性质 5.2（ⅱ），有 $\partial^2 C(u,N)/\partial N^2 = \partial Y(u,N)/\partial N > 0$。同样，根据关系式(5.25)和性质 5.2（ⅲ），有 $\lim_{N\to\infty}\partial C(u,N)/\partial N = \lim_{N\to\infty} Y(u,N) = \infty$。

（ⅳ）根据关系式(5.25)和性质 5.2（ⅱ），有 $\partial^2 C(u,N)/\partial N \partial u = \partial Y(u,N)/\partial u > 0$。

C.10.2 性质 5.6

根据关系式(5.25)和性质 5.2（ⅰ），有 $\lim_{N\to 0}\partial C(u,N)/\partial N = \lim_{N\to 0} Y(u,N) > 0$。使用关系式(5.25)和性质 5.2，我们同样可以证明性质 5.6 的（ⅱ）—（ⅳ）。

C.11 性质 5.8 的证明

必要性。假设 $(\hat{u}, \hat{N})$ 是问题 (5.62) 的一个解,则根据定义 $\hat{N} > 0$。由于 $C(u, N)$ 在 u 上是递增的,它必须满足对于所有的 $N > 0$, $F(N) \leq C(\hat{u}, N)$,且 $F(\hat{N}) = C(\hat{u}, \hat{N})$,因此,通过设置 (u', N') 等于 $(\hat{u}, \hat{N})$,条件 (5.67) 得到满足。

充分性。假设存在 u' 和 N' 满足条件 (5.67),则
$$F(N')/N' = C(u', N')/N'$$
条件 (5.67) 也表明,
$$F'(N') \geq C_N(u', N')$$
其中,$C_N(u, N) = \partial C(u, N)/\partial N$。此外,由于 $C(u', N)$ 在 N 上是严格凸的,因此有
$$C(u', N')/N' < C_N(u', N')$$
以上三个条件共同表明 $F(N')/N' < F'(N')$,因此有
$$0 < N' < N^a \tag{C.50}$$
另外,条件 (5.67)、性质 5.6 (ⅱ) 和 5.6 (ⅲ) 共同表明存在唯一的 u'',使得
$$C_N(u'', 0) = F(N^a)/N^a$$
接下来,由于 $C(u'', N)$ 在 N 上是严格凸的,它满足
$$F(N) < C(u'', N) \quad \forall N > 0 \tag{C.51}$$
因此,如果 $(\hat{u}, \hat{N})$ 是问题 (5.62) 的一个解,条件 (5.67) 和 (C.51) 共同表明
$$u' \leq \hat{u} < u'' \tag{C.52}$$
条件 (5.67) 也表明 $N' \leq \hat{N}$。由此,回顾关系式 (5.66),它满足
$$N' \leq \hat{N} < N^a \tag{C.53}$$

设
$$X = \{(u, N) \mid u' \leq \hat{u} \leq u'', N' \leq \hat{N} \leq N^a, F(N) - C(u, N) \geq 0\}$$
则由关系式 (C.52) 和 (C.53) 可知,当且仅当 $(\hat{u}, \hat{N})$ 是下面问题的解时,$(\hat{u}, \hat{N})$ 是问题 (5.62) 的一个解:
$$\max u \quad \text{s.t.} \quad (u, N) \in X \tag{C.54}$$

由于函数 $F(N)$ 和 $C(u, N)$ 在 $\mathbf{R}^2$ 上是连续的,因此关系式 $F(N) - C(u, N) \geq 0$ 定义了 $\mathbf{R}^2$ 中的一个闭集。故 X 是 $\mathbf{R}^2$ 中的一个紧集。此外,由于问题 (C.54) 表示在一个紧集上的连续函数的最大化问题,因此它有解。综上所述,我们可以得出结论:问题 (5.67) 有解。

C.12 均衡租金曲线的比较（7.3.1 小节）

首先，让我们说明在图 7.5（和图 7.4）中，点 β 必须位于曲线 $\hat{R}(r)$ 上点 α 的下方。由于竞价租金函数 ψ 关于 v 递减，且在 $r=b^*$ 处有 $E(r-b^*)=E_{\min}$，因此，它满足

$$\psi(Y_W^0-T_W(r), u_W^*/E(r-b^*)) > \psi(Y_W^0-T_W(r), u_W^*/E_{\min}) \quad \forall\, b^* < r < r_f^* \tag{C.55}$$

$$\equiv \Psi_W(r, u_W^*/E_{\min}) \quad \forall\, b^* < r < r_f^*$$

现在，假设下面的设定 x 成立：在曲线 $\hat{R}(r)$ 上，点 β 不位于点 α 的下方。由于 $\hat{R}(r)$ 关于 r 递减，因此该设定意味着

$$b^* \leqslant b_0 \tag{C.56}$$

由于曲线 $\hat{R}(r)$ 比曲线 $\Psi_u(r, u_w^0)$ 更陡峭，且当 $r=b^*$ 时，$\Psi(Y_w^0-T_w(r), u_w^*/E(r-b^*)) = \Psi_w(r, u_w^*/E_{\min})$，因此设定 x 也意味着

$$\Psi_W(r, u_W^*/E_{\min}) \geqslant \Psi_W(r, u_W^0) \quad \text{对于 } b^0 \leqslant r \leqslant r_f^0 \tag{C.57}$$

这反过来表明（因为 Ψ_W 在 u 上递减）

$$u_W^*/E_{\min} \leqslant u_W^0 \tag{C.58}$$

注意，关系式（C.55）、（C.56）和（C.57）共同表明

$$b^* \leqslant b^0 < r_f^0 < r_f^* \tag{C.59}$$

此外，由于对于任意的 $r > b^*$，最大竞价土地面积函数 s 和 S_W 关于 u 递增，且 $E(r-b^*) > E_{\min}$，则有

$$s(Y_W^0-T_W(r), u_W^*/E(r-b^*)) < s(Y_W^0-T_W(r), u_W^*/E_{\min}) \quad \text{对于 } b^* < r < r_f^*$$

$$\equiv S_W(r, u_W^*/E_{\min}) \quad \text{对于 } b^* < r < r_f^*$$

$$\leqslant S_W(r, u_W^0) \quad \text{对于 } b^* < r < r_f^* \tag{C.60}$$

根据关系式（C.58），我们可以很容易地看到，如果关系式（C.59）和（C.60）成立，则两个人口约束条件（7.105）和（7.107）不能同时满足。因此，我们必然得出结论：设定 x 不成立，点 β 必须位于曲线 $\hat{R}(r)$ 上点 α 的下方。

接下来，我们说明在图 7.5 中，曲线 $\psi(Y_W^0-T_W(r), u_W^*/E(r-b^*))$ 在某处必与曲线 $\Psi_W(r, u_W^0)$ 相交。现在假设，

$$\psi(Y_W^0-T_W(r), u_W^*/E(r-b^*)) < \Psi_W(r, u_W^0) \quad \forall\, b^* < r < r_f^* \tag{C.61}$$

由于 $S_W(r, u_W^0) \equiv s(Y_W^0-T_W(r), u_W^0) = \hat{s}(\psi_W(r, u_W^0), Y_W^0-T_W(r))$，且 $s(Y_W^0-T_W(r), u_W^*/E(r-b^*)) = \hat{s}(\psi(Y_W^0-T_W(r), u_W^*/E(r-b^*)), Y_W^0-T_W(r))$，结合性质（3.5），同时由于马歇尔需求函数 $\hat{s}(R, I)$ 关于 R 递减，因此它满足

$$s(Y_W^0-T_W(r),u_W^*/E(r-b^*))>S_W(r,u_W^0) \quad 对于 \ b^*<r<r_f^* \tag{C.62}$$

然而,由于关系式(C.61)也表明 $b^0<b^*<r_f^*<r_f^0$,故如果关系式(C.62)成立,则意味着两个人口约束条件(7.105)和(7.107)不能同时成立。因此,我们可以从图 7.5 得出结论:曲线 $\psi(Y_W^0-T_W(r),u_W^*/E(r-b^*))$ 在某处必与曲线 $\Psi_W(r,u_W^0)$ 相交。

C.13 HS_T 模型最优条件的推导

为了便于推导 HS_T 模型的最优条件,我们先给出一些观察结果。约束(7.128)可以用以下微分形式等价地表示:

$$\dot{N}(r)=-n(r) \quad 对于 \ 0\leqslant r\leqslant r_f, N(r_c)=N, N(r_f)=0 \tag{C.63}$$

其中,$\dot{N}(r)\equiv dN(r)/dr$。根据关系式(7.123),有 $T(r_c)=0$。因此,通过分步积分,有

$$\int_{r_c}^{r_f}T(r)n(r)dr=-\int_{r_c}^{r_f}T(r)\dot{N}(r)dr=-[T(r)N(r)]_{r_c}^{r_f}+\int_{r_c}^{r_f}T'(r)N(r)dr$$

$$=\int_{r_c}^{r_f}T'(r)N(r)dr=\int_{r_c}^{r_f}c\left(\frac{N(r)}{L_T(r)}\right)N(r)dr \tag{C.64}$$

因为根据关系式(7.123),有 $T'(r)\equiv dT(r)/dr=c(N(r)/L_T(r))$。利用关系式(C.63)和(C.64),最初的 HS_T 问题(7.126)—(7.129),可以重新表述如下:

$$\max_{r_f,n(r),s(r),L_T(r)}\mathscr{G}=\int_{r_c}^{r_f}\{[Y^0-Z(s(r),u)-R_As(r)]n(r)-c(N(r)/L_T(r))N(r)-R_AL_T(r)\}dr \tag{C.65}$$

$$\text{s.t.} \quad \dot{N}(r)=-n(r) \tag{C.66}$$

$$n(r)s(r)+L_T(r)\leqslant L(r) \tag{C.67}$$

$$n(r)\geqslant 0, s(r)>0, L_T(r)>0 \tag{C.68}$$

$$N(r_c)=N, N(r_f)=0 \tag{C.69}$$

假设 $(r_f,n(r),s(r),L_T(r);r_c\leqslant r\leqslant r_f)$ 表示上述 HS 问题的解,即假设每个 $n(r)$、$s(r)$、$L_T(r)$ 在区间 $[r_c,r_f]$ 上分段连续,则最大化原则[参见 Hestenes(1966,定理 11.1),Takayama(1974,定理 8.C.4),或 Van Long 和 Vousden(1977,定理 1)]要求存在一组乘数 λ_0 和 $\lambda(r)$,其中,$r_c\leqslant r\leqslant r_f$,满足

(i) $\lambda_0\geqslant 0$,对于任意的 $r\in[r_c,r_f],(\lambda_0,\lambda(r))\neq(0,0)$;

(ii) 对于每个 $r\in[r_c,r_f],(n(r),s(r),L_T(r))$ 都使得下面的哈密尔顿函数达到最大化:

$$H\equiv\lambda_0[Y^0-Z(s,u)-R_As]n-c(N(r)/L_T)N(r)-R_AL_T-\lambda(r)n \tag{C.70}$$

s.t. 公式(C.67)和(C.68);

(iii) 对于每个 $r \in (r_c, r_f)$，在点 $(n, s, L_T) = (n(r), s(r), L_T(r))$ 处，有

$$\dot{\lambda}(r) = -\partial H/\partial N \qquad (C.71)$$

其中，$\dot{\lambda}(r) \equiv -d\lambda(r)/dr$；

(iv) $\hat{H} \equiv \lambda_0 [Y^0 - Z(s(r), u) - R_A s(r)] n(r) - c(N(r)/L_T(r)) N(r) - R_A L_T(r) - \lambda(r) n(r)$ 在 $[r_c, r_f]$ 上连续，且在 r_f 处，$\hat{H} = 0$。

由于 r_f 可以自由选择，故不难证明 $\lambda_0 > 0$ [参见 Van Long 和 Vousden（1977，第 16 页）]。在不失一般性的情况下，我们可以设置 λ_0 等于 1。因此，如果我们定义 $L_H \equiv ns$，条件 (ii) 可以重新表述如下，即对于每个 $r \in [r_c, r_f]$，$(n(r), s(r), L_H(r), L_T(r))$ 必定是下述最大化问题的解：

$$\max_{n, s, L_H, L_T} H = \left[\frac{Y^0 - \lambda(r) - Z(s, u)}{s} - R_A\right] L_H - c\left(\frac{N(r)}{L_T}\right) N(r) - R_A L_T \qquad (C.72)$$

$$\text{s.t.} \quad L_H + L_T \leq L(r), L_H \geq 0, L_T \geq 0 \qquad (C.73)$$

$$sn = L_H, n \geq 0, s > 0 \qquad (C.74)$$

需要注意的是，此最大化问题可以分两步解决。首先，给定任意的 $L_H > 0$，为了使 H 最大化，我们必须选择 s 以使关系式 (C.72) 括号内的第一项最大化。因此，利用竞价租金函数 $\Psi(I, u)$ 和最大竞价土地面积函数 $s(I, u)$ [由关系式 (3.2) 定义]，我们可以得出结论：如果 $L_H(r) > 0$，它必定满足

$$s(r) = s(Y^0 - \lambda(r), u), \quad n(r) = L_H(r)/s(Y^0 - \lambda(r), u) \qquad (C.75)$$

$$\frac{Y^0 - \lambda(r) - Z(s(r), u)}{s(r)} = \psi(Y^0 - \lambda(r), u) = \max_s \frac{Y^0 - \lambda(r) - Z(s, u)}{s} \qquad (C.76)$$

当 $L_H(r) = 0$ 时，显然，$n(r) = 0$，且 $s(r)$ 可以是任意正数。由此，我们需要条件 (C.75) 和 (C.76) 始终成立。因此，最大化问题 (C.72)—(C.74) 现在简化为下述问题：

$$\max_{L_H, L_T} [\psi(Y^0 - \lambda(r), u) - R_A] L_H - c(N(r)/L_T) N(r) - R_A L_T \qquad (C.77)$$

$$\text{s.t.} \quad L_H + L_T \leq L(r), L_H \geq 0, L_T \geq 0 \qquad (C.78)$$

引入一个乘数 $DR(r)$，我们将相关的拉格朗日函数定义为

$$\mathcal{L} = [\psi(Y^0 - \lambda(r), u) - R_A] L_H - c(N(r)/L_T) N(r) - R_A L_T +$$
$$DR(r)[L(r) - L_H - L_T]$$

由于函数 $c(\omega)$ 关于 ω 是严格凸的（根据假设），所以下面的库恩-塔克条件代表了上述最大化问题达到最优时的充要条件集合：

$$\frac{\partial \mathcal{L}}{\partial L_H} = \psi(Y^0 - \lambda(r), u) - (R_A + DR(r)) \leq 0 \qquad (C.79)$$

$$[\psi(Y^0 - \lambda(r), u) - (R_A + DR(r))] L_H(r) = 0 \qquad (C.80)$$

$$\frac{\partial \mathscr{L}}{\partial L_T} = c'\left(\frac{N(r)}{L_T(r)}\right)\left(\frac{N(r)}{L_T(r)}\right)^2 - (R_A + \mathrm{DR}(r)) \leqslant 0 \tag{C.81}$$

$$\left[c'\left(\frac{N(r)}{L_T(r)}\right)\left(\frac{N(r)}{L_T(r)}\right)^2 - (R_A + \mathrm{DR}(r))\right] L_T(r) = 0 \tag{C.82}$$

$$\mathrm{DR}(r)[L(r) - L_H(r) - L_T(r)] = 0 \tag{C.83}$$

$$L_H(r) + L_T(r) \leqslant L(r), L_H(r) \geqslant 0, L_T(r) \geqslant 0, \mathrm{DR}(r) \geqslant 0 \tag{C.84}$$

接下来,条件(C.71)意味着

$$\dot{\lambda}(r) = c(N(r)/L_T(r)) + c'(N(r)/L_T(r))N(r)/L_T(r)$$

这意味着

$$\lambda(r) = \int_{r_c}^{r} c\left(\frac{N(x)}{L_T(x)}\right) dx + \int_{r_c}^{r} c'\left(\frac{N(x)}{L_T(x)}\right)\frac{N(x)}{L_T(x)} dx + g$$

其中,g 是某些常数。因此,如果定义

$$l(r) \equiv \int_{r_c}^{r} c'(N(x)/L_T(x))(N(x)/L_T(x)) dx \tag{C.85}$$

则有

$$\lambda(r) = T(r) + l(r) + g \tag{C.86}$$

进一步,定义

$$R(r) \equiv R_A + \mathrm{DR}(r) \tag{C.87}$$

$$\psi_T(N(r)/L_T(r)) \equiv c'(N(r)/L_T(r))(N(r)/L_T(r))^2 \tag{C.88}$$

由于 $\mathrm{DR}(r) \geqslant 0$,且 $R(r) \geqslant R_A$,故根据关系式(C.75)和(C.79)—(C.88),我们可以得到以下关系:对于每个 $r \in [r_c, r_f]$,

$$R(r) = \max\{\psi(Y^0 - g - l(r) - T(r), u), \psi_T(N(r)/L_T(r)), R_A\} \tag{C.89}$$

$$R(r) = \psi(Y^0 - g - l(r) - T(r), u) \quad \text{如果 } n(r) > 0, \text{即 } L_H(r) > 0 \tag{C.90}$$

$$R(r) = \psi_T(N(r)/L_T(r)) \quad \text{如果 } L_T(r) > 0 \tag{C.91}$$

$$s(r) = s(Y^0 - g - l(r) - T(r), u) \tag{C.92}$$

$$n(r) = L_H(r)/s(Y^0 - g - l(r) - T(r), u) \tag{C.93}$$

$$l(r) = \int_{r_c}^{r} c'\left(\frac{N(x)}{L_T(x)}\right)\left(\frac{N(x)}{L_T(x)}\right) dx \tag{C.94}$$

最后,为了获得决定最优边缘距离 r_f 的条件,回想一下,根据定义,$N(r_f) = 0$,因此,利用关系式(C.82)、(C.88)和最后的条件(iv),并且回顾关系式(C.76),我们可得

$$[R_A + \mathrm{DR}(r_f)] L_T(r_f) = 0 \tag{C.95}$$

$$\psi_T(N(r_f)/L_T(r_f)) = 0 \tag{C.96}$$

$$[\psi(Y^0 - g - l(r_f) - T(r_f), u) - R_A] L_H(r_f) - R_A L_T(r_f) = 0 \tag{C.97}$$

假设 $R(r_f) > R_A$，即 $DR(r_f) > 0$，则根据关系式（C.95），有 $L_T(r_f) = 0$。进一步，根据关系式（C.83），$DR(r_f) > 0$ 和 $L_T(r_f) = 0$ 共同表明 $L_H(r_f) = L(r_f) > 0$（根据假设）。因此，根据关系式（C.97），它必须满足

$$\psi(Y^0 - g - l(r_f) - T(r_f), u) = R_A \tag{C.98}$$

然而，由关系式（C.89）、（C.96）和（C.98）可知 $R(r_f) = R_A$，故与假设相矛盾。因此，它必须满足

$$R(r_f) = R_A \tag{C.99}$$

距离 $\hat{r}$ 由以下关系式定义：

$$\psi(Y^0 - g - l(\hat{r}) - T(\hat{r}), u) = R_A \tag{C.100}$$

因为对于 $r \leq r_f$，有 $l'(r) \geq 0$，$\partial\Psi(Y^0 - g - l(r) - T(r), u)/\partial r = -[l'(r) + T'(r)]/s(Y^0 - g - l(r) - T(r), u) < 0$。也就是说，家庭竞价租金曲线关于 r 总是递减的。利用该结果，以类似于附录 C.2 中的方法，我们可以很容易地证明最优距离 r_f 可以是任何距离，而且 $r_f \geq \hat{r}$。因此，为方便起见，我们总是要求在 r_f 处，关系式（C.98）成立。我们现在可以很容易看到条件（C.89）—（C.94）和（C.98）可以重新表述为条件（7.133）—（7.138）。

为了表明对于最优性来说，这些必要条件同时也代表了一组充分条件，注意到，由于假设函数 $c(\omega)$ 是凸的，因此函数 $c(N)N$ 关于 N 也是凸的。这意味着函数 $c(N/L_T)N \equiv L_T c(N/L_T)(N/L_T)$ 在 (N, L_T) 上是凸的［参见 Rockafellar（1970，第 35 页）］。所以拉格朗日函数 $\mathscr{L}$［在关系式（C.78）之后引入］在 (L_H, L_T, N) 上是凹的。因此，根据 Van Long 和 Vousden（1977，定理 6），我们可以得出结论：对于任意固定的 r_f，条件（C.89）—（C.94）代表了最优化的充要条件。我们也可以很容易地确定，对于所有的 $r \leq r_f$，$\hat{H} \geq 0$；对于所有的 $r \geq r_f$，$\hat{H} \leq 0$。因此，我们可以从 Seierstad（1984a, b）中得出结论：关系式（7.123）、（7.127）—（7.129）和（7.133）—（7.138）代表了 HS_T 问题最优化的充要条件。

C.14 表 8.1 的比较静态计算

C.14.1 u 变化的影响

为了检验 u 的变化产生的影响，我们将函数 $g(N) \equiv W(N)$ 重写为 $W(N, u)$。由于 $\partial W/\partial u = 0$，故根据等式 $W(N, u) = Y(N, u)$ 的全微分，可得

$$\frac{dN}{du} = \left(\frac{\partial W}{\partial N} - \frac{\partial Y}{\partial N}\right)^{-1} \frac{\partial Y}{\partial u}$$

根据土地的一般性假设，有 $\partial s(Y - Y(r), u)/\partial u > 0$。由此，根据性质 5.2，$\partial Y(N, u)/\partial u > 0$。在一个稳态均衡中，$\partial W/\partial N < \partial Y/\partial N$。因此，$dN/du < 0$。这意味着如果一个均衡城市

规模 N^* 是稳定的,则它关于 u 是递减的。表 8.1 u 行中的其余结果直接来自关系式 (8.50)—(8.56)。

C.14.2 p_x 变化的影响

获取 p_x 行结果的方式类似于获取 u 行结果的方式。

C.14.3 ρ 变化的影响

同理,根据等式 $W(N,\rho) = Y(N,\rho)$ 的全微分,可得

$$\frac{dN}{d\rho} = -\left(\frac{\partial W}{\partial N} - \frac{\partial Y}{\partial N}\right)^{-1} \frac{\partial W}{\partial \rho}$$

将方程(8.52)取对数并对 ρ 求偏导,代入方程(8.50),有

$$\partial W/\partial \rho = -(\nu W/\rho^2)\log n$$

假设 $n>1$,由此可得 $\partial W/\partial \rho<0$。因此,在一个稳态均衡中,我们可以得出结论:$dN/d\rho<0$。所以在一个稳态均衡中,$N^*$ 是 ρ 的减函数。此外,$W(N(\rho),\rho)$ 对 ρ 求导,有

$$\frac{dW}{d\rho} = \frac{\partial W}{\partial N} \frac{dN(\rho)}{d\rho} + \frac{\partial W}{\partial \rho}$$

由于 $\partial W/\partial N>0$,$dN(\rho)/d\rho<0$,并且 $\partial W/\partial \rho<0$,因此上式为负。接下来,将方程(8.51)取对数并对 ρ 求导,有

$$\frac{1}{X}\frac{dX}{d\rho} = -\frac{v}{\rho^2}\log n + \left(\frac{v}{\rho}+\alpha\right)\frac{1}{N}\frac{dN}{d\rho}$$

假设 $n>1$,则 $\log n>0$。如上所示,$dN/d\rho<0$。因此,$dX/d\rho<0$。ρ 行的其余结果也可以通过相同的方法获得。

C.14.4 f 和 c 变化的影响

我们可以类似地分别获得表 8.1 中 f 行和 c 行的结果,特别是,由公式(8.38)我们得到 $(1/p_q)(dp_q/dc) = 1/c+(1/W)(dW/dc)$,因此,

$$\frac{dp_q}{dc} \gtreqless 0 \quad \text{当} \frac{dW}{dc}\frac{c}{W} \gtreqless -1 \text{ 时}$$

我们可以很容易地看到 $dW/dc<0$。因此,dp_q/dc 是正还是负取决于弹性 $(dW/dc)(c/W)$ 是大于还是小于 -1。

参 考 文 献

Abdel-Rahman, H. M. (in press). Agglomeration economies, types and sizes of cities. *Journal of Urban Economics.*

Abdel-Rahman, H. M. (1988). Product differentiation, monopolistic competition and city size. *Regional Science and Urban Economics*, 18, 69-86.

Abdel-Rahmari, H. M., and Fujita, M. (1987). Product variety, Marshallian externalities and city sizes. Working Papers in Regional Science and Transportation, No. 114. University of Pennsylvania, Philadelphia.

Alonso, W. (1964). *Location and Land Use.* Cambridge, MA: Harvard University Press.

Altmann, J. L., and De Salvo, J. S. (1981). Tests and extensions of the Mills-Muth simulation model of urban residential land use. *Journal of Regional Science*, 21, 1-21.

Anas, A. (1980). A model of residential change and neighborhood tipping. *Journal of Urban Economics*, 7, 358-370.

Anas, A. (1987). *Modeling in Urban and Regional Economics.* Chur, Switzerland: Harwood.

Anas, A., and Dendrinos, D. S. (1976). The new urban economics: A brief survey. In G. J. Papageorgiou, ed., *Mathematical Land Use Theory*, pp.23-51. Lexington, MA: Lexington Books.

Anas, A., and Moses, L. M. (1979). Mode choice, transport structure and urban land use. *Journal of Urban Economics*, 6, 228-246.

Ando, A. (1981). *Development of a Unified Theory of Urban Land Use*, Ph.D. dissertation. University of Pennsylvania, Philadelphia.

Arnott, R. J. (1979). Optimal city size in a spatial economy. *Journal of Urban Economics*, 6, 65-89.

Arnott, R. J. (1981). Aggregate land rents and aggregate transport costs. *Economic Journal*, 91, 331-347.

Arnott, R., and MacKinnon, J. (1978). Market and shadow land rents with congestion. *American Economic Review*, 68, 588-600.

Arnott, R. J., MacKinnon, J. G., and Wheaton, W. C. (1978). The welfare implications of spatial interdependence. *Journal of Urban Economics*, 5, 131-136.

Arnott, R. J., Pines, D., and Sadka, E. (1986). The effects of an equiproportional transport improvement in a fully-closed monocentric city. *Regional Science and Urban Economics*, 16, 387-406.

Arnott, R. J., and Riley, J. G. (1977). Asymmetrical production possibilities, the social gains from inequality and the optimum town. *Scandinavian Journal of Economics*, 79, 301-311.

Arrow, K. J., and Hahn, F. H. (1971). *General Competitive Analysis*. San Francisco: Holden-Day.

Asami, Y., Fujita, M., and Smith, T. E., (1987). On the foundations of land use theory. Working Papers in Regional Science and Transportation, No. 112. University of Pennsylvania, Philadelphia.

Bailey, M. J. (1959). Note on the economics of residential zoning and urban renewal. *Land Economics*, 35, 288-292.

Barten, A. P., and Böhm, V. (1982). Consumer theory. In K. J. Arrow and M. D. Intriligator, eds., *Handbook of Mathematical Economics*, Vol. 2, pp. 381 - 429. Amsterdam: North-Holland.

Baumol, W. J., and Oates, W. E. (1975). *The Theory of Environmental Policy*. Englewood Cliffs, NJ: Prentice-Hall.

Beckmann, M. J. (1957). On the distribution of rent and residential density in cities. Paper presented at the Inter-Departmental Seminar on Mathematical Applications in the Social Sciences, Yale University.

Beckmann, M. J. (1973). Equilibrium models of residential land use. *Regional and Urban Economics*, 3, 361-368.

Beckmann, M. J. (1974). Spatial equilibrium in the housing market. *Journal of Urban Economics*, 1, 99–107.

Bellman, R. (1957). *Dynamic Programming*. Princeton, NJ: Princeton University Press.

Berglas, E., and Pines, D. (1981). Clubs, local public goods, and transportation models: A synthesis. *Journal of Public Economics*, 15, 141–162.

Berliant, M. (1984). A characterization of the demand for land. *Journal of Economic Theory*, 33, 289–300.

Berliant, M. (1985a). Equilibrium models with land: A criticism and an alternative. *Regional Science and Urban Economics*, 15, 325–340.

Berliant, M. (1985b). An equilibrium existence result for an economy with land. *Journal of Mathematical Economics*, 14, 53–56.

Berliant, M., and Dunz, K. (1987). The welfare theories and economies with land and a finite number of traders. Mimeograph, Department of Economics, University of Rochester, Rochester, N.Y.

Berliant, M., and ten Raa, T. (1987). On the continuum approach of spatial and some local public goods or product differentiation models. Working Paper 72, Rochester Center for Economic Research, Rochester, N.Y.

Brueckner, J. K. (1979). Spatial majority voting equilibria and the provision of public goods. *Journal of Urban Economics*, 6, 338–351.

Brueckner, J. K. (1981). A dynamic model of housing production. *Journal of Urban Economics*, 10, 1–14.

Brueckner, J. K. (1982). A test for allocative efficiency in the local public sector. *Journal of Public Economics*, 19, 311–331.

Carliner, G. (1973). Income elasticity of housing demand. *Review of Economics and Statistics*, 55, 528–532.

Casetti, E. (1971). Equilibrium land values and population density in an urban setting. *Economic Geography*, 47, 16–20.

Chamberlin, E. H. (1933). *The Theory of Monopolistic Competition*. Cambridge, MA: Harvard University Press.

Chipman, J. S. (1970). External economies of scale and competitive equilibrium, *Quarterly Journal of Economics*, 86, 347–385.

Cornes, R., and Sandler, T. (1986). *The Theory of Externalities, Public Goods, and Club Goods*. New York: Cambridge University Press.

Courant, P. N., and Yinger, J. (1977). On models of racial prejudice and urban residential structure. *Journal of Urban Economics*, 4, 272-291.

Debreu, G. (1959). *Theory of Value.* New York: Wiley.

DeSalvo, J. S. (1985). A model of urban household behavior with leisure choice. *Journal of Regional Science*, 25, 159-174.

Dixit, A. K. (1973). The optimum factory town. *Bell Journal of Economics and Management Science*, 4, 637-651.

Dixit, A. K., and Stiglitz, J. E. (1977). Monopolistic competition and optimum product diversity, *American Economic Review*, 67(3), 297-308.

Ethier, W. (1982). National and International Returns to Scale in the Modem Theory of International Trade. *American Economic Review*, 72, 389-405.

Feller, W. (1971). *An Introduction to Probability Theory and Its Applications*, 2nd ed., Vol. 2. New York: Wiley.

Fisch, O. (1976). Spatial equilibrium with local public goods: Urban land rent, optimal city size and the Tiebout hypothesis. In G. J. Papageorgiou, ed., *Mathematical Land Use Theory*, pp. 177-197. Lexington, MA: Lexington Books.

Flatters, F., Henderson, J. V., and Mieszkowski, P. (1974). Public goods, efficiency and regional fiscal equalization. *Journal of Public Economics*, 3, 99-112.

Fujita, M. (1978). *Spatial Development Planning: A Dynamic Convex Programming Approach.* Amsterdam: North-Holland.

Fujita, M. (1984). Existence and uniqueness of equilibrium and optimal land use: Boundary rent curve approach. Working Papers in Regional Science and Transportation, No. 89. University of Pennsylvania, Philadelphia.

Fujita, M. (1985). Existence and uniqueness of equilibrium and optimal land use: Boundary rent curve approach. *Regional Science and Urban Economics*, 15, 295-324.

Fujita, M. (1986a). Urban land use theory. In J. J. Gabszewicz, Thisse J.-F., Fujita, M., and Schweizer, U. *Location Theory*, pp.73-149. Chur, Switzerland: Harwood.

Fujita, M. (1986b). Optimal location of public facilities: Area dominance approach. *Regional Science and Urban Economics*, 16, 241-268.

Fujita, M. (1988). A monopolistic competition model of spatial agglomeration: Differentiated product approach. *Regional Science and Urban Economics*, 18, 87-124.

Fujita, M., and Kashiwadani, M. (1976). A study on theoretical relations between market and optimum urban residential theories. *Annals of Regional Science*, 5, 107-134 (in

Japanese).

Fujita, M., and Smith, T. E. (1985). Existence of continuous residential land use equilibria. Working Papers in Regional Science and Transportation, No. 98. University of Pennsylvania, Philadelphia.

Fujita, M., and Smith, T. E. (1987). Existence of continuous residential land-use equilibria. *Regional Science and Urban Economics*, 17, 549–594.

Goldstein, G. S., and Gronberg, T. J. (1984). Economies of scope and economies of agglomeration. *Journal of Urban Economics*, 16, 91–104.

Grieson, R. E., and Murray, M. P. (1981). On the possibility and optimality of positive rent gradients. *Journal of Urban Economics*, 9, 275–285.

Hartwick, P. G., and Hartwick, J. M. (1974). Efficient resource allocation in a multinucleated city with intermediate goods. *Quarterly Journal of Economics*, 88, 340–352.

Hartwick, J. M., Schweizer, U., and Varaiya, P. (1976). Comparative statics of a residential economy with several classes. *Journal of Economic Theory*, 13, 396–413.

Helpman, E., and Pines, D. (1980). Optimal public investment and dispersion policy in a system of open cities. *American Economic Review*, 70, 507–514.

Helpman, E., Pines, D., and Borukhov, E. (1976). The interaction between local government and urban residential location: Comment. *American Economic Review*, 66, 961–967.

Henderson, J. M., and Quandt, R. E. (1980). *Microeconomic Theory*, 3rd ed., New York: McGraw-Hill.

Henderson, J. V. (1974). The sizes and types of cities. *American Economic Review*, 64, 640–656.

Henderson, J. V. (1977). *Economic Theory and the Cities*. New York: Academic Press.

Henderson, J. V. (1981). The economics of staggered work hours. *Journal of Urban Economics*, 9, 349–364.

Henderson, J. V. (1982). Systems of cities in closed and open economies. *Regional Science and Urban Economics*, 12, 280–303.

Henderson, J. V. (1985). *Economic Theory and the Cities*, 2nd ed., New York: Academic Press.

Henderson, J. V. (1986). Efficiency of resource usage and city size. *Journal of Urban Economics*, 19, 47–70.

Henderson, J. V. (1987). Systems of Cities and Inter-City Trade. In P. Hansen et al., *Systems of Cities and Facility Location*, pp.71–119. Chur, Switzerland: Harwood.

Herbert, J. D., and Stevens, B. H. (1960). A model of the distribution of residential activity in urban areas. *Journal of Regional Science*, 2, 21-36.

Hestenes, M. R. (1966). *Calculus of Variations and Optimal Control Theory*. New York: Wiley.

Hicks, J. R. (1946). *Value and Capital*, 2nd ed. Oxford: Clarendon Press.

Hildenbrand, W. (1974). *Core and Equilibria of a Large Economy*. Princeton, NJ: Princeton University Press.

Hobson, P. A. R. (1987). Optimum product variety in urban areas. *Journal of Urban Economics*, 22, 190-197.

Hochman, O. (1982a). Congestible local public goods in an urban setting. *Journal of Urban Economics*, 11, 290-310.

Hochman, O. (1982b). Clubs in an urban setting. *Journal of Urban Economics*, 12, 85-101.

Hochman, O., and Ofek, H. (1977). The value of time in consumption and residential location in an urban setting. *American Economic Review*, 67, 996-1003.

Hochman, O., and Ofek, H. (1979). A theory of the behavior of municipal governments: The case of internalizing pollution externalities. *Journal of Urban Economics*, 6, 416-431.

Isard, W. (1956). *Location and Space Economy*. Cambridge, MA: MIT Press.

Kain, J. F. (1987). Computer simulation models of urban location. In E. S. Mills, ed., *Handbook of Regional and Urban Economics*, Vol. 2, pp. 847-875. Amsterdam: North-Holland.

Kanemoto, Y. (1977). Cost-benefit analysis and the second best land use for transportation. *Journal of Urban Economics*, 4, 483-503.

Kanemoto, Y. (1980). *Theories of Urban Externalities*. Amsterdam: North-Holland.

Kanemoto, Y. (1987). Externalities in space. In T. Miyao and Y. Kanemoto, *Urban Dynamics and Urban Externalities*, pp. 43-103. Chur, Switzerland: Harwood.

Karmann, A. (1982). Spatial barter economies under locational choice. *Journal of Mathematical Economics*, 9, 259-274.

Kern, C. R. (1981). Racial prejudice and residential segregation: The Yinger model revisited. *Journal of Urban Economics*, 10, 164-172.

King, A. T. (1980). General equilibrium with externalities: A computational method and urban applications. *Journal of Urban Economics*, 7, 84-101.

Koide, H. (1985). *Studies in the Spatial Structure of Urban Concentration*. Ph. D. dissertation, University of Pennsylvania, Philadelphia.

Koide, H. (1988). Spatial provision of local public goods with spillover effects. *Regional Sci-*

ence and Urban Economics, 18, 283–305.

Koopmans, T. C. (1957). *Three Essays on the State of Economic Science*. New York: McGraw-Hill.

Krugman, P. (1979). Increasing returns, monopolistic competition and international trade. *Journal of International Economics*, 9, 469–479.

Kuroda, T. (1988). Location of public facilities under the spill-over effect. Working Papers in Regional Science and Transportation, No. 122. University of Pennsylvania, Philadelphia.

Legey, L., Ripper, M., and Varaiya, P. (1973). Effect of congestion on the shape of a city. *Journal of Economic Theory*, 6, 162–179.

LeRoy, S. F., and Sonstelie, J. (1983). Paradise lost and regained: Transportation innovation, income, and residential location. *Journal of Urban Economics*, 13, 67–89.

Levhari, D., Oron, Y., and Pines, D. (1978). A note on unequal treatment of equals in an urban setting. *Journal of Urban Economics*, 5, 278–284.

Lösch, A. (1954). *The Economics of Location*. New Haven, CT: Yale University Press.

MacKinnon, J. G. (1974). Urban general equilibrium models and simplical search algorithms. *Journal of Urban Economics*, 1, 161–183.

Malinvaud, E. (1972). *Lectures on Microeconomic Theory*. Amsterdam: North-Holland.

Mills, E. S. (1972a). *Studies in the Structure of the Urban Economy*. Baltimore, MD: Johns Hopkins University Press.

Mills, E. S. (1972b). *Urban Economics*. Glenview, IL: Scott, Foresman.

Mills, E. S., ed. (1987). *Handbook of Regional and Urban Economics*. Amsterdam: North-Holland.

Mills, E. S., and de Ferranti, D. M. (1971). Market choices and optimum city size. *American Economic Review*, Papers and Proceedings, 61, 340–345.

Mills, E. S., and Hamilton, B. W. (1984). *Urban Economics*, 3rd ed., Glenview, IL: Scott, Foresman.

Mirrlees, J. A. (1972). The optimum town. *Swedish Journal of Economics*, 74, 114–135.

Miyao, T. (1978a). Dynamic instability of a mixed city in the presence of neighborhood externalities. *American Economic Review*, 68, 454–463.

Miyao, T. (1978b). A probabilistic model of location choice with neighborhood effects. *Journal of Economic Theory*, 19, 357–368.

Miyao, T. (1978c). A note on land use in a square city. *Regional Science and Urban Economics*, 8, 371–379.

Miyao, T. (1981). *Dynamic Analysis of the Urban Economy.* New York: Academic Press.

Miyao, T., and Kanemoto, Y. (1987). *Urban Dynamics and Urban Externalities.* Chur, Switzerland: Harwood.

Miyao, T., Shapiro, P., and Knapp, D. (1980). On the existence, uniqueness, and stability of spatial equilibrium in an open city with externalities. *Journal of Urban Economics*, 8, 139–149.

Mohring, H. (1961). Land values and the measurement of highway benefits. *Journal of Political Economy*, 69, 236–249.

Moses, L. N. (1962). Towards a theory of intra-urban wage differentials and their influence on travel patterns. *Papers and Proceedings of the Regional Science Association*, 9, 53–63.

Muth, R. F. (1969). *Cities and Housing.* Chicago: University of Chicago Press.

Muth, R. F. (1971). The derived demand for urban residential land. *Urban Studies*, 8, 243–254.

Niedercom, J. H. (1971). A negative exponential model of urban land use densities and its implications for metropolitan development. *Journal of Regional Science*, 11, 317–326.

Odland, J. (1976). The spatial arrangement of urban activities: A simultaneous location model. *Environment and Planning A*, 8, 779–791.

Oron, Y., Pines, D., and Sheshinski, E. (1973). Optimum vs. equilibrium land use pattern and congestion toll. *Bell Journal of Economics and Management Science*, 4, 619–636.

Papageorgiou, G. J. (1978a). Spatial externalities. I: theory. *Annals of the Association of American Geographers*, 68, 465–476.

Papageorgiou, G. J. (1978b). Spatial externalities. II: Applications. *Annals of the Association of American Geographers*, 68, 477–492.

Papageorgiou, G. J., and Casetti, E. (1971). Spatial equilibrium residential land values in a multicentre setting. *Journal of Regional Science*, 11, 385–389.

Papageorgiou, Y. Y., and Pines, D. (1987). The logical foundations of urban economics are consistent. Paper presented at the 34th North American Meeting of Regional Science Association, Baltimore, MD.

Pines, D., and Sadka, E. (1981). Optimum, second-best, and market allocations of resources within an urban area. *Journal of Urban Economics*, 9, 173–189.

Pines, D., and Sadka, E. (1986). Comparative statics analysis of a fully closed city. *Journal of Urban Economics*, 20, 1–20.

Polinsky, A. M. (1977). The demand for housing: A study in specification and grouping.

Econometrica, 45, 447-461.

Ricardo, D. (1817). *The Principles of Political Economy and Taxation* (republished 1886, London: John Murray).

Richardson, H. W. (1977a). *The New Urban Economics: And Alternatives*. London: Pion.

Richardson, H. W. (1977b). On the possibility of positive rent gradients. *Journal of Urban Economics*, 4, 60-68.

Richter, D. K. (1980). A computational approach to resource allocation in spatial urban models. *Regional Science and Urban Economics*, 10, 17-42.

Riley, J. G. (1973). Gammaville: An optimal town. *Journal of Economic Theory*, 6, 471-482.

Riley, J. G. (1974). Optimal residential density and road transportation. *Journal of Urban Economics*, 1, 230-249.

Rivera-Batiz, F. (1988). Increasing returns, monopolistic competition, and agglomeration economies in consumption and production. *Regional Science and Urban Economics*, 18, 125-153.

Robson, A. J. (1976). Cost-benefit analysis and the use of urban land for transportation. *Journal of Urban Economics*, 3, 180-191.

Rockafellar, R. T. (1970). *Convex Analysis*. Princeton NJ: Princeton University Press.

Romanos, M. C. (1977). Household location in a linear multi-center metropolitan area. *Regional Science and Urban Economics*, 7, 233-250.

Rose-Ackerman, S. (1975). Racism and urban structure. *Journal of Urban Economics*, 2, 85-103.

Rose-Ackerman, S. (1977). The political economy of a racist housing market. *Journal of Urban Economics*, 4, 150-169.

Sakashita, N. (1987a). Optimum location of public facilities under the influence of the land market. *Journal of Regional Science*, 27, 1-12.

Sakashita, N. (1987b). Optimum design of public facilities under alternative rent redistribution schemes. Paper presented at the 34th North American Meeting of Regional Science Association, Baltimore, MD.

Samuelson, P. A. (1954). The pure theory of public expenditure. *Review of Economics and Statistics*, 36, 387-389.

Samuelson, P. A. (1983). Thünen at two hundred. *Journal of Economic Literature*, 21, 1468-1488.

Sasaki, K. (1987). A comparative static analysis of urban structure in the setting of endogenous income. *Journal of Urban Economics*, 22, 53-72.

Schnare, A. B. (1976). Racial and ethnic price differentials in an urban housing market. *Urban Studies*, 13, 107-120.

Schnare, A. B., and MacRae, C. D. (1978). The dynamics of neighborhood change. *Urban Studies*, 15, 327-331.

Schuler, R. E. (1974). The interaction between local government and urban residential legation. *American Economic Review*, 64, 682-696.

Schuler, R. E. (1976). The interaction between local government and urban residential location: Reply and further analysis. *American Economic Review*, 66, 968-975.

Schweizer, U. (1983). Efficient exchange with a variable number of consumers. *Econometrica*, 51, 575-584.

Schweizer, U. (1985). Theory of city system structure. *Regional Science and Urban Economics*, 15, 159-180.

Schweizer, U. (1986). General equilibrium in space and agglomeration. In J. J. Gabszewicz et al., *Location Theory*, pp. 151-185. Chur, Switzerland: Harwood.

Schweizer, U., Varaiya, P., and Hartwick, J. (1976). General equilibrium and location theory. *Journal of Urban Economics*, 3, 285-303.

Scotchmer, S. (1982). Hedonic prices, crowding and optimal dispersion of population. Paper presented at the Table Ronde Modeles Economiques de la Localisation et des Transports, Paris.

Scotchmer, S. (1985). Hedonic prices and cost/benefit analysis. *Journal of Economic Theory*, 37, 55-75.

Scotchmer, S. (1986). Local public goods in an equilibrium: How pecuniary externalities matter. *Regional Science and Urban Economics*, 16, 463-481.

Seierstad, A. (1984a). Sufficient conditions in free final time optimal control problems: A comment. *Journal of Economic Theory*, 32, 367-370.

Seierstad, A. (1984b). Sufficient conditions in free final time optimal control problems. Mimeograph, Department of Economics, University of Oslo.

Solow, R. M. (1973). On equilibrium models of urban locations. In J. M. Parkin, ed., *Essays in Modern Economics*, pp.2-16. London: Longman.

Solow, R. M., and Vickrey, W. S. (1971). Land use in a long narrow city. *Journal of Economic Theory*, 3, 430-447.

Stahl, K. (1983). A note on the microeconomics of migration. *Journal of Urban Economics*, 14, 318-326.

Stiglitz, J. E. (1977). The theory of local public goods. In M. Feldstein and R. P. Inman, eds., *The Economics of Public Services*, 274–333. New York: Macmillan.

Strotz, R. H. (1965). Urban transportation parables. In J. Margolis, ed., *The Public Economy of the Urban Communities*, pp. 127–169. Baltimore, MD: Johns Hopkins University Press.

Stull, W. J. (1974). Land use and zoning in an urban economy. *American Economic Review*, 64, 337–347.

Sullivan, A. M. (1983a). The general equilibrium effects of congestion externalities. *Journal of Urban Economics*, 14, 8–104.

Sullivan, A. M. (1983b). Second-best policies for congestion externalities. *Journal of Urban Economics*, 14, 105–123.

Sullivan, A. M. (1986). A general equilibrium model with agglomerative economies and decentralized employment. *Journal of Urban Economics*, 20, 55–74.

Takayama, A. (1972). *International Trade*. New York: Hold, Rinehart & Winston.

Takayama, A. (1974). *Mathematical Economics*. Hinsdale, IL: Dryden Press.

Tauchen, H. (1981). The possibility of positive rent gradients reconsidered. *Journal of Urban Economics*, 9, 165–172.

Tiebout, C. M. (1956). A pure theory of local expenditures. *Journal of Political Economy*, 64, 416–424.

Upton, C. (1981). An equilibrium model of city size. *Journal of Urban Economics*, 10, 15–36.

Van Long, N., and Vousden, N. (1977). Optimal control theorems. In J. D. Pitchford and S. J. Tumovsky, eds., *Application of Control Theory to Economic Analysis*, pp. 9–34. Amsterdam: North-Holland.

Varian, H. R. (1984). *Microeconomic Analysis*, 2nd ed., New York: Norton.

von Thünen, J. H. (1826). *Der Isolierte Staat in Beziehung auf Landwirtschaft und Nationalekonomie*. Hamburg: Perthes.

Wheaton, W. C. (1974a). A comparative static analysis of urban spatial structure. *Journal of Economic Theory*, 9, 223–237.

Wheaton, W. C. (1974b). Linear programming and locational equilibrium: The Herbert-Stevens model revisited. *Journal of Urban Economics*, 1, 278–288.

Wheaton, W. C. (1976). On the optimal distribution of income among cities. *Journal of Urban Economics*, 3, 31–44.

Wheaton, W. C. (1977). Income and urban residence: An analysis of consumer demand for location. *American Economic Review*, 67, 620–631.